# 权威·前沿·原创

皮书系列为
"十二五""十三五""十四五"时期国家重点出版物出版专项规划项目

BLUE BOOK

智库成果出版与传播平台

跨境电商蓝皮书
BLUE BOOK OF CROSS-BORDER E-COMMERCE

# 中国跨境电商发展报告
## （2025）

ANNUAL REPORT ON THE DEVELOPMENT OF CROSS-BORDER E-COMMERCE IN CHINA (2025)

新质生产力赋能跨境电商高质量发展
New Quality Productive Forces Enable the High-Quality Development of Cross-Border E-Commerce

组织编写 / 河南国际数字贸易研究院
　　　　　全球（郑州）跨境电商研究院
主　　编 / 张大卫　吕　村　喻新安
副 主 编 / 潘维成　王小艳

社会科学文献出版社
SOCIAL SCIENCES ACADEMIC PRESS (CHINA)

图书在版编目(CIP)数据

中国跨境电商发展报告.2025：新质生产力赋能跨境电商高质量发展 / 张大卫，吕村，喻新安主编；潘维成，王小艳副主编. --北京：社会科学文献出版社，2025.5. --（跨境电商蓝皮书）. --ISBN 978-7-5228-5249-2

Ⅰ.F724.6

中国国家版本馆 CIP 数据核字第 2025UL4995 号

跨境电商蓝皮书
## 中国跨境电商发展报告（2025）
——新质生产力赋能跨境电商高质量发展

| | |
|---|---|
| 组织编写 / | 河南国际数字贸易研究院<br>全球（郑州）跨境电商研究院 |
| 主　　编 / | 张大卫　吕　村　喻新安 |
| 副 主 编 / | 潘维成　王小艳 |

| | |
|---|---|
| 出 版 人 / | 冀祥德 |
| 责任编辑 / | 张　超 |
| 责任印制 / | 岳　阳 |

| | |
|---|---|
| 出　　版 / | 社会科学文献出版社·皮书分社（010）59367127<br>地址：北京市北三环中路甲 29 号院华龙大厦　邮编：100029<br>网址：www.ssap.com.cn |
| 发　　行 / | 社会科学文献出版社（010）59367028 |
| 印　　装 / | 三河市东方印刷有限公司 |
| 规　　格 / | 开　本：787mm×1092mm　1/16<br>印　张：24.75　字　数：370 千字 |
| 版　　次 / | 2025 年 5 月第 1 版　2025 年 5 月第 1 次印刷 |
| 书　　号 / | ISBN 978-7-5228-5249-2 |
| 定　　价 / | 168.00 元 |

读者服务电话：4008918866

▲版权所有 翻印必究

## 《中国跨境电商发展报告（2025）》
## 编委会

主　任　张大卫　吕　村　喻新安

副主任　潘维成　王小艳

编　委　张建伟　王少华　王桂丽　杨　挺　郭　凯
　　　　王晓峰　刘　杰　袁卫东　栗亚冰　王岳丹
　　　　张煜坤　李豪强　侯东伟

# 主要编撰者简介

**张大卫** 经济学博士，博士生导师，中国国际经济交流中心原副理事长兼秘书长，河南省政府原副省长，河南国际数字贸易研究院学术委员会主任。长期从事区域经济和产业经济的研究工作。参与指导编制河南省"十二五"规划，主持编制河南省"十五"计划、"十一五"规划、中原城市群规划、郑州航空港经济综合实验区发展规划等。对跨境电商理论与实务有深入研究，主持编写《打造中国经济升级版》《航空经济概论》《国际著名智库机制比较研究》《E 国际贸易——下一代贸易方式的理论内涵与基础框架》《中国跨境电商发展报告》等。

**吕 村** 二级教授，郑州职业技术学院党委书记。教育部职业教育教学基础专家库专家、科技部科技评估专家库专家、教育部人事司评审专家库专家；河南省党的教育政策研究专家库专家、河南省教育厅学术技术带头人、河南省网络教育名师；郑州市专业技术拔尖人才、郑州市第一层次文化名家、"四个一批"人才、郑州市知名社科专家、郑州市十大科技女杰。曾任郑州工程技术学院党委委员、党委宣传部部长，文化遗产与艺术设计学院院长。公开发表学术论文70余篇，主持完成省级以上科研项目17项，出版专著12部。

**喻新安** 经济学博士，教授，研究员，河南省第十一届政协常委，河南省社会科学院原院长，享受国务院政府特殊津贴专家，河南省优秀专家，河南省杰出专业技术人才，河南经济年度人物（2011），中国区域经济学会副会长，国家统计局"中国百名经济学家信心调查"特邀经济学家，河南省高校智库联盟理事长，河南国际数字贸易研究院首席专家。河南省"十五"至"十四五"规划专家委员会成员。主持国家级、省部级课题40余项，发表论文400余篇，出版著作50多部（个人专著8部）。获省部级特等奖、一等奖10项。

# 序

  2024年是实现"十四五"规划目标任务的关键一年，中国经济"稳"的格局更加巩固，"进"的步伐日益坚定，"好"的因素逐渐汇聚，创新驱动正逐步成为经济增长的新引擎。这一年，新质生产力不断激发外贸新动能，我国外贸实现了总量、增量、质量"三量"齐升，全年货物贸易进出口总值达到43.85万亿元，同比增长5%，规模再创历史新高，连续8年保持货物贸易第一大国地位，为稳定全球产业链供应链做出贡献，充分彰显了中国经济高质量发展的良好态势，进一步推动了中国式现代化建设进程。

  2024年，受选举活动频繁、大国博弈加剧、地区冲突升级等多重因素影响，全球经济复苏依旧缓慢，发达国家和发展中国家经济增长呈现分化，经济全球化的动力和阻力高度交织，全球供应链产业链频繁遭遇"卡链""断链"等风险冲击。与此同时，新一轮科技革命和产业变革深入发展，新业态、新模式、新技术为区域经济增长带来新机遇。当下，全球科技创新迈入密集活跃期，以科技创新引领新质生产力发展，深度赋能中国产业数字化转型升级。创新成为中国外贸企业应对全球挑战、抢占市场先机的关键，"不能坐等风来，要主动追风去"，越来越多出海产品在品质、性能、服务等方面实现了突破性进展，国际市场竞争力持续增强。

  党的十八大以来，中国政府坚持创新在现代化建设全局中的核心地位，将创新视为引领发展的第一动力，为新质生产力发展注入源头活水，展现中国经济新的发展范式。在全球化竞争日趋激烈和国际贸易格局深刻变革的背

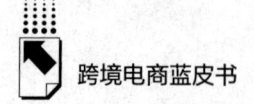

景下，技术创新助力企业提升产品附加值、优化供应链效率，推动"中国制造"向"中国智造"跃升。新能源汽车、光伏设备等战略性新兴产业的突破性进展，不仅深刻重塑了我国出口商品结构，更在国际市场上构筑了崭新的竞争优势。与此同时，数字化创新催生跨境电商、市场采购贸易等新业态，借助智能物流、区块链溯源等技术应用，显著降低了交易成本，拓展了"一带一路"新兴市场。在全球价值链重构的关键历史节点上，中国外贸"新"势力奏响了创新发展的激昂乐章，跨境电商在全球经济浪潮中砥砺前行、创新突破，实现了从规模扩张向质量效益的转型升级，为中国在全球贸易体系中保持长期竞争力奠定基础。

2025年是中国跨境电商综合试验区建设十周年，经过十年精耕细作，跨境电商已成为推动外贸数字化转型和全球贸易规则重构的重要引擎。作为国家深化改革开放的"试验田"，杭州、深圳、郑州等165个跨境电商综试区通过制度创新、技术赋能和产业融合，构建了覆盖全国的多层次开放平台，在"买全球、卖全球"方面的优势和潜力持续释放。新发展阶段下，跨境电商依靠以技术与知识资本为主的投入，推动劳动者、劳动资料、劳动对象优化组合和更新跃升，并使包括信息资源在内的各种市场要素资源得以优化配置，构建了更加高效、更加智能、更具个性化的商品流通和服务供给体系，打造了全方位、立体化的跨境电商数字生态，为中国经济高质量发展增添新动能。

跨境电商通过对生产要素进行创新性的配置，契合了新质生产力发展的特征和要求，推动了从社会劳动分工、专业化协作到国际经贸规则与政府监管体系等一系列深远变革。在这一过程中，通过创新融合不断产生新产业、新模式、新业态，为跨境电商高质量发展带来时代契机。因此，本年度蓝皮书以"新质生产力赋能跨境电商高质量发展"为主题，聚焦跨境电商高质量发展中的难点和堵点问题，用创新性思维探究跨境电商在新时代背景下的发展路径。本书由河南国际数字贸易研究院、全球（郑州）跨境电商研究院联合研创，连续六年跟踪研究我国跨境电商发展情况，汇集全国知名专家团队的智慧，对跨境电商进行深入思考。希望本书能为中国跨境电商长远发展贡献一份力量，也希望书中的内容能为各位读者带来启发和帮助，共同推动中国跨境电商在创新发展中锻造全球竞争力。

中国国际经济交流中心原副理事长兼秘书长

2025年3月

# 摘　要

2024年，全球经济增速放缓、需求疲软，叠加贸易保护主义抬头和地缘冲突加剧，国际贸易遭遇前所未有的挑战。面对外部压力加大、内部困难增多的双重考验，我国跨境电商以科技创新为驱动，积极运用新技术、适应新趋势、培育新动能，在全球经济格局的深刻变革中持续蜕变成长，展现出强大坚韧的生命力。2024年，党的二十届三中全会提出"健全促进实体经济和数字经济深度融合制度""健全因地制宜发展新质生产力体制机制"，中央经济工作会议提出"积极发展服务贸易、绿色贸易、数字贸易"，这为跨境电商的韧性增长和高质量发展指明了方向。目前，我国跨境电商发展从"高速增长"转向"稳健前行"，从商品出口转向供应链出海，从粗放式发展转向合规出海，已经步入以新质生产力为核心驱动力的新阶段。本书以"新质生产力赋能跨境电商高质量发展"为主题，全面总结了2024年中国跨境电商发展的新环境、新特点和新挑战，深入分析了中国跨境电商行业发展新趋势，从新技术、新服务、新业态、新动能、新优势等多个维度探索我国跨境电商行业高质量发展路径，旨在通过新质生产力推动我国跨境电商迈向绿色可持续发展。

2024年，技术革新与生态共建交织出全球贸易新图景，我国跨境电商行业也经历深度变革，呈现产业变革与技术创新深度融合的发展趋势。一是政策支持与制度创新成为核心驱动力。为适应国际贸易政策调整和市场供需变化，跨境电商监管服务政策与时俱进，构筑起从国家到地方的政策矩阵，为行业转型升级提供强有力支撑。二是技术创新引领行业全面升级。大数

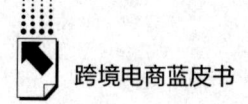

据、区块链、人工智能等技术被广泛应用于精准营销、智能物流及供应链管理，全面提升跨境电商供应链的可控性和韧性。三是多元化渠道布局与新兴市场拓展成为增长新引擎。跨境电商企业践行多元化出海战略，电商平台、独立站、线下商超多渠道布局，货架电商、内容电商、社交电商共同发力，在坚守欧美传统成熟市场的同时，拓展东南亚、中东、非洲和拉美等新兴市场，积极探索持续增长路径。四是绿色可持续与个性化消费趋势显著。面对欧美消费者对绿色环保产品的青睐，跨境电商卖家采用绿色生产线、可循环包装、环保材料等打造绿色供应链，并通过数据挖掘实现精准供给，满足消费者个性化定制需求。五是物流与供应链模式革新成为竞争关键。"海运集拼+海外仓"模式逐步取代传统直邮，规避关税政策波动风险，"东南亚生产+全球配送"供应链布局进一步强化成本优势。

在我国跨境电商发展的壮阔蓝图中，新质生产力不仅是应对当前挑战的关键，更是引领行业走向更高质量发展的必由之路。新质生产力通过数字化技术重塑跨境电商生产要素组合方式，显著提升全要素生产率，推动跨境电商供应链向数智化、绿色化方向演进，促进中国企业深度嵌入全球供应链体系。特别是AI技术在跨境电商领域广泛且深入的应用，从选品到销售，从内容生成到客户服务，全方位提升了运营效率和用户体验，成为推动行业高质量发展的强大引擎。跨境电商依托人工智能、大数据、云计算等数字技术，替代劳动力和资本驱动的传统模式，从货物贸易向"数字贸易2.0"跃迁，逐渐形成以知识资本为主导、数字技术为杠杆、制度型开放为支撑的新质生产力演进路径。

**关键词：** 跨境电商　新质生产力　高质量发展　人工智能　供应链出海

# 目　录

## Ⅰ 总报告

**B.1** 新质生产力赋能跨境电商高质量发展
　　——2024~2025年跨境电商总体形势与应对策略
　　………………………………… 河南国际数字贸易研究院、
　　全球（郑州）跨境电商研究院课题组 / 001

## Ⅱ 专题篇

**B.2** 向"新"而行　以"质"出海
　　——新质生产力重构跨境电商竞争新格局 …………… 殷文佳 / 039
**B.3** 从外贸"新三样"看我国跨境电商领域的新质生产力
　　………………………………………………………… 潘　勇 / 053
**B.4** AI大数据模型：跨境电商的新引擎与变革力量
　　………………………………… 邢朝阳　张小霞　侯东伟 / 067
**B.5** 人工智能技术在跨境电商行业的应用研究与前景分析
　　………………………………… 吴　悦　肖雪松　宋以佳 / 084

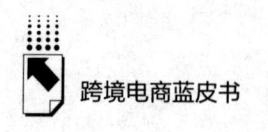

## Ⅲ 区域篇

**B.6** 新质生产力促进河南省跨境电商高质量发展的策略研究
　　………………………………………… 王岳丹　徐　峰　张义新 / 099

**B.7** 四川跨境电商产业带出海的实践探索与破局之道
　　……………………………………………… 刘　茜　舒　杨　宋　静 / 114

**B.8** 黄河流域跨境电商高质量协同发展研究
　　——黄河流域跨境电商产业联盟的实践报告………… 刘保军 / 131

**B.9** 南阳艾制品产业跨境电商发展研究…………… 张金灿　赵　敏 / 143

**B.10** 新发展格局下平舆县户外休闲用品产业带建设研究
　　………………………… 张煜坤　崔福霞　韩　振　李　杨 / 160

## Ⅳ 综合篇

**B.11** 新质生产力下高职院校跨境电商国际化人才培养的实践与创新
　　——以郑州职业技术学院为例 ………… 任方军　陆雅琦 / 175

**B.12** "丝路电商"国际合作成效及策略研究
　　……………………… 洪　勇　李　峰　崔鑫烨　刘怀宇 / 187

**B.13** 跨境电商产业链供应链全球化布局研究 ……………… 王　莉 / 202

**B.14** 跨境电商企业品牌出海策略研究 ……………………… 宋思远 / 215

**B.15** 跨境电商出口企业财税风险管理研究
　　……………………………………… 侯东伟　贺蓓蓓　陶　冶 / 230

**B.16** 跨境电商产业带企业出海策略研究 ………… 杨　兰　张丹丹 / 242

# Ⅴ 探索篇

B.17 跨境电商视角下数据跨境流动监管2.0阶段的合规路径分析
　　……………………………………………………… 苗　凯 / 253
B.18 "一带一路"倡议背景下跨境电商"职教出海"路径与策略
　　……………………………………………… 周文超　陆雅琦 / 266
B.19 跨境电商领域ESG及可持续发展研究…… 王小艳　张　萌 / 278
B.20 数智化背景下工业品跨境电商发展的困境与策略研究
　　——以机械制造类目为例 ………………………… 陆雅琦 / 292
B.21 数字平台治理现状、挑战及策略研究 …………… 何欣如 / 305
B.22 "文化出海"对中国数字贸易发展的影响研究
　　……………………………………………… 李豪强　张　萌 / 321

**附录一**
2024年中国跨境电商行业大事记 ………………………………… / 336
**附录二**
2024年中国跨境电商综试区重点政策 …………………………… / 339
**附录三**
中国跨境电商综试区十周年大事记 ……………………………… / 343

Abstract ……………………………………………………………… / 350
Contents ……………………………………………………………… / 353

皮书数据库阅读使用指南

003

# 总 报 告

## B.1
## 新质生产力赋能跨境电商高质量发展

——2024~2025年跨境电商总体形势与应对策略

河南国际数字贸易研究院、全球（郑州）跨境电商研究院课题组\*

**摘 要：** 2024年，全球经济政治环境经历新一轮深刻调整，多个国家与地区的外贸政策发生重大变革，让本就复杂的国际贸易形势增添了更多不稳定因素。因此，如何推动跨境电商实现韧性增长和高质量发展，成为行业亟待解决的关键问题。党的二十届三中全会提出"健全促进实体经济和数字

---

\* 课题组组长：喻新安、吕村；副组长：王小艳、潘维成；课题组成员：周文超、杨中昭、王岳丹、张煜坤、李豪强、侯东伟、李佳威、张楠楠、张萌、杨兰。执笔：王小艳，河南国际数字贸易研究院副院长、研究员，主要研究方向为跨境电商、数字贸易、品牌出海；王岳丹，河南国际数字贸易研究院办公室主任、副研究员，主要研究方向为跨境电商、数字贸易、数字经济；张煜坤，河南国际数字贸易研究院政策研究部部长、副研究员，主要研究方向为跨境电商、国际金融、跨境支付结算、国际及国内税制；李豪强，河南国际数字贸易研究院助理研究员，主要研究方向为跨境物流、数字贸易；侯东伟，河南国际数字贸易研究院助理研究员，主要研究方向为跨境电商、数字贸易、跨境电商运营；李佳威，郑州职业技术学院教师，全球（郑州）跨境电商研究院研究人员，主要研究方向为物流与运营管理、跨境电商；张楠楠，郑州职业技术学院教师，全球（郑州）跨境电商研究院研究人员，主要研究方向为跨境电商、国际商务、国际金融。

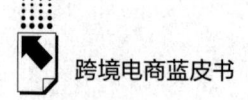

经济深度融合制度""健全因地制宜发展新质生产力体制机制",这为行业发展指明了方向。跨境电商的高质量发展,离不开新质生产力对生产关系、生产方式的深度重塑,充分发挥新质生产力对跨境电商的赋能作用,是推动我国跨境电商可持续发展的关键路径和基础支撑。结合当前国内外经济环境,本文系统分析2024年中国跨境电商发展面临的新环境、新格局和新挑战,总结出跨境电商供应链出海、企业合规出海、新质生产力赋能、品牌与品质双轮驱动、内容生产力爆发、商业模式创新等发展趋势。新的发展阶段,我国跨境电商应依托新质生产力集成科技创新和产业变革的力量,以新技术构建智能化供应链体系、以新动能推动品牌建设与本土化布局、以新服务完善海外综合服务体系、以新业态加强企业赋能与生态共建、以新优势提升政策与监管适应性,合力推动我国跨境电商高质量发展。

**关键词:** 跨境电商 新质生产力 供应链出海 合规出海 数字技术

2024年,全球经济在温和复苏中保持韧性,通胀有所缓和,贸易出现回暖,总体呈现"低增长、中通胀、高债务、强股市"的特征。但全球经济仍面临持续性的不确定因素,地缘冲突、单边行径、保护主义等挑战上升,特朗普政府眼花缭乱的政策调整,导致全球政治经济环境的不确定性与复杂性显著增强。与此同时,新一轮科技革命和产业变革正在改写世界经济版图,全球科技创新浪潮汹涌,新经济形态不断涌现,人工智能、未来能源等新领域成为全球经济增长的新引擎;绿色转型成为大势所趋,从新能源汽车的圈粉到可再生能源的大规模开发利用,为全球经济增长注入新动力;"全球南方"占世界经济比重提升,在全球贸易、投资和产业分工中发挥越来越重要的作用,为全球经济增长带来新气象。

2024年,在"外部压力加大、内部困难增多"的复杂严峻形势下,中国经济总体平稳、稳中有进,全年GDP增长5%,为世界经济复苏增长注入更多动力和信心。世界贸易组织(WTO)数据显示,2024年前三季度我国出口和进口占国际市场份额分别达到14.5%和10.5%，同比分别提升0.3个和0.1个百分点，我国货物贸易第一大国的地位进一步巩固。[①] 在风高浪急的世界经济大海上，"中国号"巨轮之所以能破浪前行，其深层次的动力密码来自新质生产力的澎湃动能和硬核支撑。新质生产力通过科技创新、产业升级和绿色转型，推动我国以跨境电商为代表的外贸新业态重塑全球价值链，成为我国经济转型升级、实现高质量发展的关键因素，以及塑造全球贸易竞争新优势、展现大国担当的重要力量。

## 一 中国跨境电商发展的新环境

### （一）全球经济在大变局中缓慢复苏

2024年，全球经济展现出超预期的韧性，呈现缓慢复苏态势，各大国际组织普遍估算2024年全球经济增长在2.6%~3.2%区间。[②] 但世界经济在缓慢复苏中仍呈现动能不足、增长失衡的特征，不同经济体、国别之间增长分化明显。国际货币基金组织（IMF）估算，2024年发达经济体增长1.7%，其中，美国经济增长较为强劲，增长2.8%，欧元区经济复苏乏力，增长0.8%；新兴市场和发展中经济体表现亮眼，整体经济增长4.2%，其中，亚洲新兴市场增长5.2%，撒哈拉以南非洲经济增长3.8%。[③] 得益于世界经济温和增长和全球通胀趋缓，全球贸易需求总体上升，世界贸易组织估算2024年全球货物贸易增长2.9%，摆脱了2023年

---

[①] 《国新办举行"中国经济高质量发展成效"系列新闻发布会 介绍2024年全年进出口情况》，国新网，2025年1月13日。
[②] 世界银行2025年1月发布《全球经济前景》，预计2024年全球经济增长2.7%；国际货币基金组织（IMF）2025年1月发布《世界经济展望》，预计2024年全球经济增长3.2%；经济合作与发展组织（OECD）2024年12月预计2024年全球经济增长3.2%；联合国2025年1月发布《2025年世界经济形势与展望》，预计2024年全球经济增长2.8%。
[③] 国际货币基金组织（IMF）：《世界经济展望》，2025年1月。

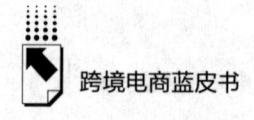

贸易量萎缩的困境。[①] 联合国贸易和发展会议（UNCTAD）估算，2024年全球贸易额达到创纪录的33万亿美元，同比增长3.3%。[②] 但当前全球经济发展仍面临诸多不确定性因素，美国新一届政府的对外政策可能成为影响全球经济复苏进程的最大变数，如特朗普新政府广泛大幅加征关税，可能引发全球范围内的贸易限制和内向型发展政策加剧，全球经济将在"困"与"韧"中艰难复苏。

### （二）逆全球化加速全球产供链重构

2017年以来，以美国为首的发达国家开始推行经济民族主义和贸易保护主义，逆全球化潮流从经济领域蔓延到政治领域，全球产业链供应链从市场、利润、成本导向的对外扩张，转向以国家安全、意识形态、政府干预为主的内向收缩，导致全球产业链供应链呈现本土化、区域化、多元化发展态势。一方面，欧美国家提高进口关税，设置绿色壁垒、技术壁垒等非关税壁垒，滥用反倾销措施和知识产权保护手段，以限制外国商品进入本国市场；另一方面，美国等国家大力推行供应链"近岸外包"，逐步将布局在海外尤其是中国的中低端制造业转移到邻国生产布局，构建起"排他性"供应链体系，人为破坏全球供应链生态和国际经贸秩序。我国企业基于供应链全球化布局和降低贸易壁垒的双重考量，将部分产业链环节转移到其他国家，如一些劳动密集型产业向东南亚转移，技术密集型产业则在欧洲、北美等地寻找合作机会或建立研发中心。在逆全球化风潮之下，全球产业链供应链加速重构，贸易制裁、经济制裁以及出口管制等制裁与反制裁斗争愈发激烈，中国企业出海和全球化过程将面临更多风险和挑战。

### （三）中国外贸实现"三量"齐升

2024年，面对世界经济复苏乏力、地缘政治紧张、外部需求收缩等风

---

[①] 世界贸易组织（WTO）：《全球贸易展望与统计报告》，2025年4月。
[②] 联合国贸易和发展会议：《全球贸易最新动态》，2024年12月。

险挑战，我国外贸顶风破浪、顶压前行，交出了一份总量、增量、质量"三量"齐升的"成绩单"。一是总量稳步攀升。2024年我国货物贸易规模创历史新高，进出口总值达到43.85万亿元，同比增长5%。其中出口25.45万亿元，同比增长7.1%，连续8年保持增长，展现出较强竞争力；进口18.39万亿元，同比增长2.3%，连续16年保持全球第二大进口国地位。二是增量加速跃升。2024年我国外贸的增长规模达到2.1万亿元，相当于一个中等国家一年的外贸总量；相较于"十三五"收官的2020年，进出口总值增加了11.63万亿元，增量是"十三五"期间五年增量的1.5倍。三是质量全面提升。我国进出口产品结构不断优化升级，2024年机电产品出口增长8.7%，占出口总值的比重达到59.4%，其中高端装备出口增长超过四成；进口产品持续多元有效供给，机电产品进口增长7.3%，大宗商品进口量增长5%，其中能矿产品从 共建"一带一路"国家进口的比重提升0.3个百分点。[①] 2024年我国外贸平稳增长，贸易规模稳步扩大，外贸结构持续优化，国际竞争优势不断巩固，实现了"货真价实"的高质量发展。

## （四）新质生产力激发外贸新动能

新质生产力集成科技创新和产业变革的力量，推动我国外贸向新发力、逐绿而行，为外贸国际竞争力跃升提供强大的技术和产业基础。一方面，2024年我国外贸含"新"量不断上升，新产品新业态新品牌不断涌现，更多高科技属性的新产品加速出海，电动汽车、3D打印机、工业机器人出口分别增长13.1%、32.8%、45.2%；跨境电商新业态全年进出口额达到2.63万亿元，同比增长10.8%，占整个进出口的比重提升到6%；中国品牌出海势头不断增长，自主品牌占我国出口比重达到21.8%，一批响当当的中国品牌在国际市场脱颖而出。另一方面，2024年我国外贸"绿风"拂动，风力发电机组出口增长71.9%，光伏产品连续4年出口超过2000亿元，锂电

---

① 《国新办举行"中国经济高质量发展成效"系列新闻发布会 介绍2024年全年进出口情况》，国新网，2025年1月13日。

池出口39.1亿个，绿色能源出口创历史新高；新能源车热销海外市场，电动摩托车和自行车出口值首次突破400亿元，电动汽车出口量首次突破200万辆。① 新质生产力通过新制造、新技术、新业态、新服务推动中国对外贸易新旧动能转换，从"老三样"到"新三样"，从"中国制造"到"中国智造"，从以轻纺等劳动密集型产品为主到以机电产品等高附加值产品为主，我国外贸行业发生的"新旧之变"，展现了新质生产力驱动外贸高质量发展、塑造国际竞争优势的强劲动能。

### （五）电子商务国际合作走深走实

自2016年11月我国与智利首签电子商务合作备忘录以来，"丝路电商"国际合作不断走深走实，已成为多双边经贸合作的新渠道、高质量共建"一带一路"的金名片。截至2024年底，我国已与33个国家签署双边电子商务合作备忘录并建立合作机制，② 成功举办"丝路云品"电商节、"丝路云品过大年"等活动，推动伙伴国共享中国大市场；与30个国家和地区签署23个自贸协定，③ 且在签订的双边自贸协定或者正在升级的自贸协定中，均将跨境电商作为一个新的条款纳入双边自贸协定中，如2024年11月我国与秘鲁签署了自贸协定升级议定书，新增了包括电子商务在内的5个章节；我国也积极参加世界贸易组织（WTO）电子商务协定谈判，推动82个成员于2024年7月发布了WTO《电子商务协议》的"稳定文本"。我国在推进电子商务国际合作过程中，持续推进规则和标准的互联互通，与伙伴国探讨电子认证和签名、在线消费者权益保护、网络安全、跨境数据流动等议题，并创建制度型开放新平台"丝路电商"合作先行区，对接高标准国际经贸规则，为推动全球数字经济领域规则、规制、管理、标准的国际化探索新路。

---

① 《国新办举行"中国经济高质量发展成效"系列新闻发布会 介绍2024年全年进出口情况》，国新网，2025年1月13日。
② 《2024年，丝路电商伙伴国增至33个，形成10项成果》，中宏网，https://www.zhonghongwang.com/show-54-370300-1.html。
③ 《商务部：我国已与30个国家和地区签署23个自贸协定》，《证券日报》2025年1月10日。

## 二 中国跨境电商发展的新格局

### （一）跨境电商质升量稳，新动能作用显著增强

**1. 市场规模稳步扩大，发展质量持续提升**

2024年，我国跨境电商继续保持稳健增长，全年进出口总额达2.63万亿元，同比增长10.8%（见图1），高于同期我国外贸整体增速5.8个百分点，成为我国外贸高质量发展的新引擎和全球经贸领域的新亮点。当前，我国跨境电商渗透率不断提升，产业生态体系持续优化。商务部数据显示，截至2024年第一季度，我国跨境电商企业数量已超过12万家，跨境电商企业累计在海外注册商标超过3万个，跨境电商产业园区超1000个，建设海外仓超2500个；① 另据海关数据，2024年中国海关跨境电商备案企业数量达到75119家，增长15.15%，其中广东（15754家）、浙江（12820家）、山东

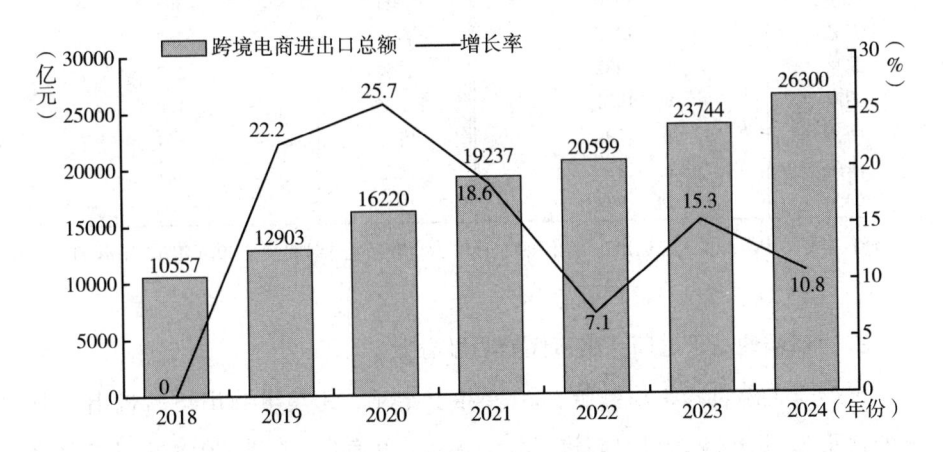

图1 2018~2024年中国跨境电商进出口总额及增长率

注：2018~2023年数据为海关修正后数据，2024年数据为海关初步统计数据。
资料来源：根据海关总署数据综合整理。

---

① 《全国跨境电商主体超12万家 建设海外仓超2500个》，中国政府网，2024年6月4日。

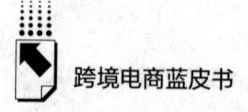

（12290家）跻身三强，占备案总数的54.4%（见表1）。① 跨境电商在"卖全球"方面的潜力进一步释放，在"买全球"方面的优势也在持续彰显，对各行各业的带动和赋能作用更加突出，为全球经贸合作开辟更为广阔的增量空间。

表1 2024年中国海关跨境电商备案企业数量

单位：家

| 地区 | 跨境电商相关企业 | 地区 | 跨境电商相关企业 |
| --- | --- | --- | --- |
| 广东 | 15754 | 天津 | 950 |
| 浙江 | 12820 | 陕西 | 804 |
| 山东 | 12290 | 重庆 | 734 |
| 江苏 | 6418 | 广西 | 558 |
| 福建 | 3763 | 山西 | 538 |
| 上海 | 2643 | 云南 | 491 |
| 四川 | 2030 | 新疆 | 487 |
| 河北 | 1908 | 贵州 | 349 |
| 江西 | 1736 | 黑龙江 | 312 |
| 辽宁 | 1576 | 内蒙古 | 309 |
| 安徽 | 1495 | 吉林 | 268 |
| 北京 | 1482 | 甘肃 | 267 |
| 湖南 | 1471 | 宁夏 | 168 |
| 河南 | 1291 | 青海 | 54 |
| 海南 | 1136 | 西藏 | 43 |
| 湖北 | 974 | | |

资料来源：中国海关企业进出口信用信息公示平台，数据统计时间截至2024年12月31日。

**2. 出口增速高于进口，出口优势明显增强**

根据海关总署修正后数据，2024年上半年，跨境电商出口占进出口总额的比重为78.62%，出口与进口比为3.7（见表2）。② 自2018年以来，跨

---

① 数据来源于中国海关企业进出口信用信息公示平台，http://credit.customs.gov.cn/，数据统计时间截至2024年12月31日。
② 海关总署统计分析司：《2024年上半年中国跨境电商进出口情况》，http://www.customs.gov.cn/customs/302249/zfxxgk/2799825/302274/jcyjfxwz9/index.html。

境电商出口额始终保持高速增长,且出口增速高于进出口总额增速,跨境电商出口的比较优势明显增强,而跨境电商进口在2021年之后增速明显下降。跨境电商出口与进口之比持续上升,从2018年的1.4增长到2024年上半年的3.7,说明我国产品在国际市场上的竞争力不断提高。一方面,近些年国产消费品牌崛起,成为激发国内消费市场潜力的主力军,不仅能够满足国内市场需求,也得到越来越多海外消费者的肯定,导致出口扩张,外需持续走强,而国内消费者对海外产品的需求相对走弱。另一方面,随着我国跨境电商平台风靡全球,物流、海外仓等外贸基础设施逐渐完善,跨境电商企业有机会拓展更广阔的全球市场,进一步增强了我国跨境电商出口领域的竞争优势。

表2 2018年至2024年上半年跨境电商进出口总体情况

| 时间 | 金额(亿元) |  |  | 同比增速(%) |  |  | 出口进口比 |
|---|---|---|---|---|---|---|---|
|  | 进出口 | 出口 | 进口 | 进出口 | 出口 | 进口 |  |
| 2018年 | 10557 | 6116 | 4441 | — | — | — | 1.4 |
| 2019年 | 12903 | 7981 | 4922 | 22.2 | 30.5 | 10.8 | 1.6 |
| 2020年 | 16220 | 10850 | 5370 | 25.7 | 39.2 | 9.1 | 2.0 |
| 2021年 | 19237 | 13918 | 5319 | 18.6 | 28.3 | -0.9 | 2.6 |
| 2022年 | 20599 | 15321 | 5278 | 7.1 | 10.1 | -0.8 | 2.9 |
| 2023年 | 23744 | 18409 | 5335 | 15.3 | 20.2 | 1.1 | 3.5 |
| 2024年上半年 | 12463 | 9799 | 2664 | 13.0 | 18.7 | -3.9 | 3.7 |

资料来源:海关总署统计分析司,2024年11月。

**3. 投融资热度稳定,资本市场更趋理性**

随着我国跨境电商行业进入成熟期,市场规模稳定增长,资本市场对跨境电商行业保持热情的同时,也更加理性和谨慎。2024年资本市场对跨境电商企业融资的热度呈现"两极分化"的特征。一方面,证券市场融资热度不减。2024年耀泰股份、傲基科技、绿联科技等跨境电商大卖,易达云和连连数字等跨境服务商纷纷上市成功,吉宏股份、东方国际等也陆续提交IPO,体现了资本市场对跨境电商行业的关注与信心。另一方面,非证券金融市场表现"惨淡"。据河南国际数字贸易研究院统计,2024年我国跨境电商领域共发生39起投融资事件，融资金额8亿元左右，融资数量和规模双双骤减。融资动态集中分布在年初1月、2月和年中7月、8月（见图2），融资轮次集中在天使轮和A轮（见图3）。总体来看，跨境电商行业呈现"好的更好，差的更差"两极分化的局面，跨境电商投融资市场也进入调整期，资本市场更加理性，投资人为发挥资金最大效用，更偏向于投资成长稳定的跨境电商企业。

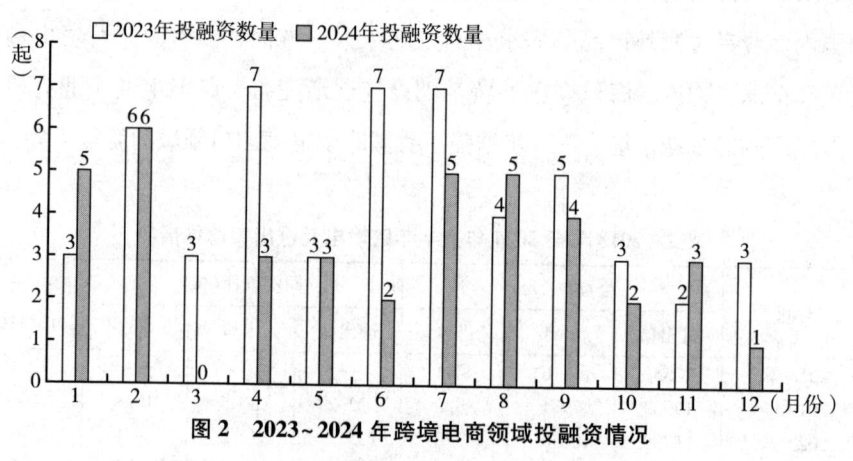

**图2　2023~2024年跨境电商领域投融资情况**

资料来源：河南国际数字贸易研究院汇总统计。

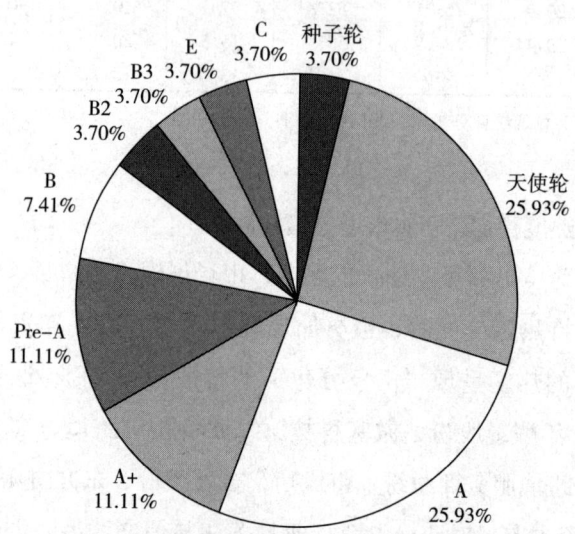

**图3　2024年我国跨境电商企业融资轮次**

资料来源：河南国际数字贸易研究院汇总统计。

## （二）政策红利持续释放，发展动能加速集聚

**1. 国家政策发力显效，夯实产业发展底盘**

2024年，国务院多部门协同发力，出台一系列促进跨境电商高质量发展的政策文件（见表3）。一是大力推动跨境电商出口发展。支持跨境电商赋能产业发展，鼓励平台企业、链主企业深入地方特色产业带，培育更多跨境电商出海主体。二是加快海外仓高质量发展。加大对跨境电商海外仓企业支持力度，编制跨境电商出口海外仓业务退税操作指引，推进海外智慧物流平台建设，完善海外基础设施和物流网络建设。三是优化跨境电商监管模式和服务水平。简化申报程序，优化退税、退货流程，畅通融资渠道，支持综试区为企业提供海外法务、税务等涉外服务。这些政策全方位加快培育外贸新动能，为我国跨境电商行业提升全球竞争力筑牢根基，助力我国外贸在复杂多变的国际环境中稳健前行。

表3　2024年跨境电商相关重点国家政策文件

| 发布时间 | 政策 | 发布机构 | 发文字号 | 主要内容 |
| --- | --- | --- | --- | --- |
| 2024年1月 | 《稳外贸稳外资税收政策指南》 | 国家税务总局 | — | 规范跨境电商零售出口税收管理，引导出口企业在线上综合服务平台登记出口商品信息并进行免税申报 |
| 2024年4月 | 《关于进一步优化贸易外汇业务管理的通知》 | 国家外汇管理局 | 汇发〔2024〕11号 | 小微跨境电商企业凭交易电子信息办理货物贸易外汇收支业务时，可免于办理"贸易外汇收支企业名录"登记 |
| 2024年4月 | 《数字商务三年行动计划(2024~2026年)》 | 商务部 | 商电函〔2024〕77号 | 推动数字技术和商务领域深度融合，加快跨境电商数字化转型，提升跨境电商的创新能力和发展水平，打造跨境电商发展的良好生态环境等 |
| 2024年6月 | 《关于拓展跨境电商出口推进海外仓建设的意见》 | 商务部等九部门 | 商贸发〔2024〕125号 | 积极培育跨境电商经营主体；加大金融支持力度；加强相关基础设施和物流体系建设；优化监管与服务；积极开展标准规则建设与国际合作 |

续表

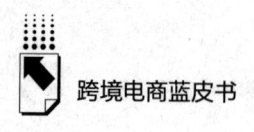

| 发布时间 | 政策 | 发布机构 | 发文字号 | 主要内容 |
|---|---|---|---|---|
| 2024年8月 | 《跨境电商出口海外仓出口退（免）税操作指引》 | 国家税务总局 | — | 为跨境电商出口海外仓企业提供翔实办税指导，帮助企业深入准确理解出口退（免）税政策规定，熟练掌握出口退（免）税业务办理操作流程，更好地适应行业发展新形势，促进跨境电商出口海外仓业态蓬勃发展 |
| 2024年11月 | 《关于促进外贸稳定增长的若干政策措施》 | 商务部 | 商贸发〔2024〕288号 | 持续推进海外智慧物流平台建设，支持有条件的地方探索建设跨境电商服务平台，为企业提供海外法务、税务资源等对接服务 |
| 2024年11月 | 《关于进一步促进跨境电商出口发展的公告》 | 海关总署 | 2024年第167号 | 取消跨境电商出口海外仓企业备案；简化出口单证申报手续；扩大出口拼箱货物"先查验后装运"试点；推广跨境电商零售出口跨关区退货监管模式 |

资料来源：根据国务院及商务部、国家税务总局、国家外汇管理局、海关总署等部门政策文件综合整理。

**2. 地方政策靶向发力，助力行业高质量发展**

为了落实国家政策要求，各地政府精准施策，出台一系列契合本地实际的政策举措（见表4），进一步挖掘跨境电商发展潜力，稳定和扩大本地外贸规模。一是优化跨境电商发展环境。福建、浙江、广东、陕西、四川、重庆、天津等省市纷纷出台跨境电商高质量发展行动计划，从强化主体引育、畅通国际物流、创新监管服务、加大金融支持等方面协同发力，激发外贸增长新动能。二是促进跨境电商与产业深度融合。江苏、浙江等省份积极推动跨境电商生态体系建设，通过"跨境电商+产业带"释放强大聚合效应，提升当地产业国际竞争力。三是健全跨境电商服务配套。陕西、山东等省份出台专项政策，积极推进跨境电商海外仓建设，加大对跨境电商产业园的支持力度，不断提升地方政府的公共服务供给能力。各地政府立足自身资源禀赋和发展阶段，因地制宜出台有效的政策措施，筑牢区域跨境电商可持续发展的政策基石。

表4  2024年地方政府出台的跨境电商支持政策文件

| 地区 | 发布时间 | 发文机构 | 文件名称 |
| --- | --- | --- | --- |
| 福建 | 2024年1月 | 福建省商务厅 | 《关于推动福建省跨境电商创新发展的若干措施》 |
| 江苏 | 2024年1月 | 南京海关 | 《海关支持南京市跨境电商高质量发展细化落实措施》 |
| | 2024年2月 | 南通市人民政府办公室 | 《南通市推进跨境电商高质量发展行动计划（2024~2026年）》 |
| | 2024年2月 | 淮安市政府办公室 | 《淮安市推进跨境电商高质量发展行动计划（2024~2026年）》 |
| | 2024年4月 | 常州市人民政府办公室 | 《常州市推进跨境电商高质量发展三年行动计划（2024~2026年）》 |
| 陕西 | 2024年2月 | 陕西省商务厅 | 《加快跨境电商和海外仓高质量发展实施方案》 |
| | 2024年6月 | 陕西省商务厅 | 《跨境电商产业园认定支持办法》 |
| 广东 | 2024年3月 | 广州市商务局 | 《广州市进一步推动跨境电子商务高质量发展若干政策措施》 |
| | 2024年7月 | 横琴粤澳深度合作区经济发展局 | 《横琴粤澳深度合作区促进跨境电商产业高质量发展扶持办法（试行）》 |
| 重庆 | 2024年9月 | 九龙坡区政府办公室 | 《九龙坡区推动跨境电子商务示范区高质量发展行动计划（2024~2027年）》 |
| 浙江 | 2024年8月 | 浙江省政府办公厅 | 《浙江省加力推动跨境电商高质量发展行动计划（2024~2027年）》 |
| | 2024年9月 | 杭州市人民政府办公厅 | 《杭州市加力推动跨境电商高质量发展行动计划》 |
| | 2024年10月 | 嘉兴市人民政府办公室 | 《嘉兴市加力推动跨境电商高质量发展实施方案（2024~2027年）》 |
| | 2024年11月 | 温州市人民政府办公室 | 《温州市提速推进跨境电商高质量发展实施方案（2024~2027年）》 |
| 海南 | 2024年9月 | 海南省商务厅等12部门 | 《关于推进跨境电子商务高质量发展的指导意见》 |
| 四川 | 2024年10月 | 四川省商务厅、四川省发展和改革委员会、成都海关、国家外汇管理局四川省分局 | 《推动跨境电商高质量发展助力外贸稳规模优结构行动方案（2024~2027年）》 |
| 山东 | 2024年10月 | 山东省11部门 | 《山东省推进海外仓建设促进跨境电商发展行动方案（2024~2026年）》 |
| 天津 | 2024年11月 | 天津市人民政府办公厅 | 《天津市推动跨境电商高质量发展实施方案》 |

续表

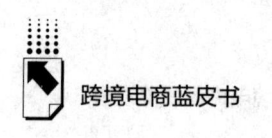

| 地区 | 发布时间 | 发文机构 | 文件名称 |
|---|---|---|---|
| 河南 | 2024年1月 | 河南郑州航空港区投资促进局 | 《河南郑州航空港区跨境电商扶持办法》 |

资料来源：根据各地公开发布的政策文件综合整理。

### （三）品牌建设提级加速，全球影响力日益提升

**1. 品牌出海，彰显中国力量**

全球化背景下，越来越多的中国产品和品牌通过跨境电商迅速崛起，展现出强大的市场竞争力与品牌影响力，推动中国从"产品出海"迈向"品牌出海"。根据海关总署数据，2024年中国自主品牌出口圈粉无数，占我国出口比重为21.8%，同比提升0.8个百分点，大批国货潮牌正在全球刮起"中国风"。[①]《2024中国品牌全球信任指数》也显示，2024年被调研标杆中国品牌平均净信任度达到61.6%，比肩品牌强国的水平，整体中国品牌全球信任度净值由2019年的0上升至20%，[②] 这一数据增长折射出中国品牌实力。与此同时，越来越多的中国跨境电商企业深刻认识到品牌的价值，从产品研发、设计、生产、营销到售后的全链条进行品牌建设，稳健迈向品质高端的品牌道路。2024年中国卖家在亚马逊全球站点上售出的商品数量，同比增长超过20%；中国品牌型卖家在亚马逊上的销售额实现了近30%的增长。[③] 品牌出海是我国跨境电商行业迈向高质量出海的必由之路，企业必须坚持长期主义，从消费者的真实需求出发，不断优化产品和服务，以品质赢得全球消费者的广泛信任，让世界见证更多中国品牌的力量。

---

[①] 《国新办举行"中国经济高质量发展成效"系列新闻发布会 介绍2024年全年进出口情况》，国新网，2025年1月13日。
[②] 益普索：《2024中国品牌全球信任指数》，2024年12月。
[③] 《新经济观察 | 跨境电商跑出"加速度"，亚马逊助力中国卖家拥抱全球商机》，封面新闻，2024年12月11日，https://www.thecover.cn/news/f/jy04slhJOH90qSdq8Jkw==。

## 2. 平台出海，重构全球电商格局

近年来，我国电商平台竞相角逐海外战场，凭借商业模式创新和技术能力积累搅动全球跨境电商市场格局。一是中国电商平台下载量领跑全球。2024年，Temu全球下载量达5.5亿次，同比增长69%，成为2024年全球下载量最高的购物应用程序；Temu全球累计下载量接近9亿次，牢牢占据全球电商应用下载量和增速的榜首。[①] 在韩国市场，中国跨境电商平台的渗透力正持续增强，Temu成为2024年韩国成年人新增下载量最高的应用程序，抖音海外极速版（TikTok Lite）和"全球速卖通"分别排名第二和第五。[②] 二是商业模式创新为全球电商市场注入新活力。中国出海"四小龙"横空出世，带火了"全托管""半托管"模式，吸引了亚马逊、Shopee、Ozon等知名平台效仿，尤其是"半托管"模式或将成为全球监管政策收紧情况下的破局点。三是"逆向海淘"加速中国传统电商平台出海步伐。2024年，京东推出"全球织网计划2.0"，淘宝从"大服饰全球包邮计划"升级为"淘宝天猫出海增长计划"，唯品会也开通了海外物流通道，为海外消费者提供更多选择。中国电商平台组团出海以及"全托管""半托管"模式的兴起，打破了困扰中国商家多年的"平台话语权较弱"局面，给出海企业提供了全新的商业基础设施。

## 3. 服务出海，助力企业出海远航

随着我国跨境电商从粗放式的产品出海转向高质量的品牌出海，从广泛的全球化布局发展为精准的本土化运营，构建境内外一体化的跨境电商服务生态体系，已成为行业实现持续增长的迫切需求与关键路径。在这样的背景下，综合服务、跨境支付、数字营销、SaaS服务、物流服务等跨境电商服务企业，纷纷将服务链条向海外本地延伸，全力提升海外本土化服务能力，为中国企业出海保驾护航。如连连国际拥有66项支付牌照及相关资质，服

---

[①]《拼多多Temu拿下全球第一》，电商派，2025年2月11日，https://www.dsb.cn/p/01jks8y5r9w2w8bdhgsvzbecyv。

[②]《中国跨境电商平台强势崛起，韩国市场中的数字奇迹？》，人民网，2024年12月30日，http://korea.people.com.cn/n1/2024/1230/c407366-40392418.html。

务覆盖超过100个国家及地区，支持使用超过130种货币进行交易，累计服务商户和企业超490万家，① 在美国、新加坡等全球多个国家和地区设立办公室，组建辐射全球核心区域的本土化团队，为中国出海企业拓展全球市场提供全力支持。货拉拉的海外品牌Lalamove于2014年开始布局海外市场，凭借团队人才、业务场景、平台服务等本土化策略，实现了业务的快速增长，十年间已在东南亚、拉美、中东欧等全球11个国家400个城市开展业务。出海服务商作为链接国内企业和国际市场的纽带，帮助跨境电商企业跨越语言、文化、法律和商业环境的障碍，快速建立起在目标市场的业务基础，为中国跨境电商企业在全球化电商浪潮中稳健前行提供了有力支撑。

### （四）"三新"领域活力迸发，新质生产力加快成长

**1. 产品创新带动制造"向新"**

目前，以跨境电商为代表的外贸新业态，通过研发优化和工艺创新等方式撬动产业链的无限生机。一方面，跨境电商企业通过增加研发投入，开发出"未被满足需求"的新产品，提升产品竞争力。宇树科技研发出一款广受好评的智能健身泵，重量只有700克，可以满足消费者随时随地的健身需求，为普通人盖了一间"口袋里的专业健身房"。国产便携制冰机品牌EUHOMY（灏米）在海外市场"大杀四方"，针对欧美"无冰不欢"的饮食习惯和居家经济的消费模式设计，让品牌在激烈的市场竞争中迅速破圈。另一方面，跨境电商企业注重ESG建设，在产品设计中融入环保理念和先进的生产工艺，推动企业绿色可持续发展。如致欧科技将猫爬树产品包装箱二次利用以打造简易猫窝，实现从产品概念到实际生产的跨越，不仅有利于绿色环保，更提高了消费者的品牌认可度。在跨境电商供给日益饱和的趋势下，跨境电商企业唯有通过产品创新打造差异化优势，提升产品和品牌附加值，增加海外用户黏性，才能在竞争激烈的市场中脱颖而出。

---

① 《连连国际获评"年度卓越跨境金融服务机构"》，"连连国际"微信公众号，2025年2月5日。

## 2. AI 技术驱动运营效率"革新"

数字经济时代，AI 技术已成为跨境电商新一轮发展的关键驱动力，全面渗透到智能选品、市场调研、用户分析、产品创新、营销推广、品牌建设等业务场景，在跨境电商领域掀起一场由数据驱动的效率革命。跨境电商平台是 AI 研发应用的核心建设者，为卖家提供全链路智能解决方案，重塑商业模式与业务流程。如亚马逊推出购物助手 Rufus 和卖家助手 Amelia，阿里巴巴国际站推出 OKKI AI 工作台和 AI 生意助手 2.0，Shopify 与 OpenAI 合作推出 Sidekick，让 AI 真正成为中小企业的生产力工具。各大跨境电商卖家也积极拥抱 AI 技术，推动业务流程的自动化和智能化，全面提高运营效率和决策科学性。如华凯易佰仅 2024 年上半年就通过 AIGC 引擎助力智能决策 14549 万次，各平台文案生成 1407 万次，生成广告关键词 673 万条，采购价格优化和找货信息分析 177 万条。[①] AI 技术为跨境电商注入更多科技内涵，推动行业从"人力密集型"向"技术驱动型"转型，助力跨境电商在智能化、个性化和全球化的道路上迈出更大步伐。

## 3. 绿色理念助力发展空间"焕新"

随着绿色环保和可持续发展理念日益深入人心，秉持绿色理念的跨境电商企业愈发受到认可与青睐。亚马逊官方数据显示，绿标产品点击率提高 32 倍，年销量提升 12%，2021～2024 年已有超过 1 亿亚马逊用户从传统产品切换到绿标产品。2023 年，亚马逊上已有超过 140 万种绿标产品，同比增长 157%，绿标产品销售数量累计达到 11.6 亿件，同比增长 42%。[②] 为塑造全球品牌形象并实现可持续发展，众多跨境电商企业将绿色理念内化到战略规划、生产经营和企业文化中，在产品开发、原材料采购、包装、供应链管理、物流、客户体验、绿色运营、人力资本和社会福祉等关键环节持续提升"含绿量"。如 2024 年 SHEIN 推出"evoluSHEIN by Design"可持续服饰计划，开发可再生环保技术生产线，建立可持续生产标准和供应

---

① 华凯易佰：《2024 年半年度报告》，2024 年 8 月 26 日。
② 《亚马逊再出新政策！多家大卖已入局》，跨境电商头条，2024 年 12 月 18 日。

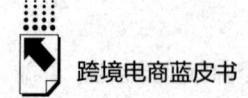

链解决方案，并在仓储物流环节引入新能源，在仓库屋顶安装光伏发电设备，启用新能源卡车运输，为传统产业推动ESG建设和打造绿色新质生产力提供样板。

## （五）外贸基础设施逐步完善，跨境供应链更具韧性

### 1. 海外仓助力中国卖家打通"最后一公里"

在跨境电商竞争日趋激烈的背景下，"最后一公里"配送成为影响客户体验、关乎企业竞争力的关键环节，导致跨境电商的竞争重点转向海外末端建设和本土化运营。海外仓作为跨境电商重要的境外节点和新型外贸的基础设施，在企业优化供应链体系、打通"最后一公里"方面发挥重要作用。2024年以来，我国出台一系列海外仓支持政策，鼓励、规范海外仓发展。截至2024年第一季度，中国企业建设的海外仓超2500个，面积超3000万平方米，其中专注于服务跨境电商的海外仓超1800个，面积超2200万平方米。[①] 同时，跨境电商平台为提升平台服务质量、打造差异化竞争优势，纷纷加码"最后一公里"末端配送体系建设。2024年，菜鸟积极建设海外综合物流中心，"全球五日达"国际快递产品扩展至14个国家，帮助速卖通全球平均送货时效缩短了50%。[②] Temu全面启用欧洲本地仓库进行物流配送，计划通过本地仓库处理80%的欧洲订单。Shopee宣布将在巴西米纳斯吉拉斯州和巴伊亚州分别开设六个新物流中心，以改善巴西市场"最后一英里"配送问题。

### 2. 包机出运成为跨境电商货物出海新选择

随着Temu、SHEIN等跨境电商平台规模化运用跨境直邮模式，包机出运成为跨境电商出口的新选择，航空市场呈现"货运电商化"发展势头。当前，全球80%的国际电商依赖航空运输，2024年上半年我国跨境电商货物在空港型物流枢纽机场国际出港货物中占比最高达到61%，最

---

[①] 《全国跨境电商主体超12万家 建设海外仓超2500个》，中国政府网，2024年6月4日。
[②] 《双11前菜鸟"全球5日达"覆盖14国，送货时效提升50%》，https://baijiahao.baidu.com/s?id=1812672676892043735&wfr=spider&for=pc。

低也超过了15%。① 当然，这种灵活和更具效率的运力选择离不开丰富的国际网络航线和充足的航空运力支持。2024年，杭州空港口岸新增或恢复往返迈阿密、温哥华、墨西哥城、大阪、洛杉矶、德比的6条国际货运航线，稳定运行的全货机航线达到17条，每周开行航班120余架次，跨境电商货运总量达到12.72万吨，同比增长72.8%，占出口货运总量的70.27%。② 2024年，郑州机场全年增开郑州至法兰克福、巴黎、大阪等19条新国际货运航线，累计开通57条货运航线，出口跨境电商货运量达9.4万吨，单日最高处理近600吨。③ 包机出运是跨境电商物流模式的一次革新，为出海企业架起了通往全球市场的快速通道，更为跨境电商全球化发展插上了腾飞的翅膀。

### （六）综试区发展模式日趋成熟，产业带加速出海

#### 1. 综试区锚定比较优势，找准高质量发展着力点

2015年杭州获批首个综试区，就此开启全国跨境电商综试区建设新征程。十年间，综试区建设从杭州发端，迅速向全国蔓延，截至2024年底已在165个城市落地开花。部分优秀综试区深挖所在城市"资源富矿"，在横向对标中精准锚定自身比较优势，找准了跨境电商高质量发展的发力点。如郑州前期以通关和物流为导向，借助便捷通关和功能口岸优势，大量集聚全国其他省份的跨境电商出口货源，也吸引各大跨境电商进口平台落地郑州。既无机场又无海港的苏州综试区，始终把推动产业带与跨境电商深度融合作为主攻方向，将体量庞大的制造业优势变成跨境出海的"底气"。南京依托雄厚的制造业基础和"中国软件名城"的优势，形成了以工业品出海为突破口、以优质软件服务为特色的城市发展之路。外贸产业不占优势的长沙和成都，凭借城市吸引力、营商环境和人才基础，成为沿海跨境电商大卖内迁

---

① 《盘点2024年我国航空货运市场：发展势头强劲多方竞跑新赛道》，中国民航网，2025年1月15日，http://www.caacnews.com.cn/1/tbtj_/202501/t20250116_1384364_wap.html。
② 《包机出运成为跨境电商货物"出海"新选择》，中国海关网，2025年1月9日，http://www.customs.gov.cn/hangzhou_customs/575606/575608/6305830/index.html。
③ 《助力"机场小镇"变"航空新城"郑州空港枢纽有何发展密码？》，《河南商报》2025年2月11日。

的首选区域。站在下一个十年的新起点，很多跨境电商综试区蓄势待发，毅然踏上乘势进阶的奋进征途：浙江明确提出打造高能级跨境电商国际枢纽省，杭州率先实施跨境电商综试区2.0战略，全力建设全球数贸港核心区，广州提出建设"跨境电商之城"，宁波要建成高能级"买全球、卖全球"跨境电商国际枢纽城市。未来，跨境电商综试区必将在加快贸易强国建设、培育新质生产力的进程中承担更为重要的历史使命。

2. "跨境电商+产业带"加速融合，奏响产业出海强音

在国家大力推进"跨境电商+产业带"发展、跨境电商平台赋能传统产业转型出海的背景下，诸多传统外贸产业带通过跨境电商实现了全球业务拓展和品牌打造，为中国跨境电商高质量发展提供强力支撑。产业带内企业专注于特定领域的生产制造，积累了深厚的技术与工艺水平，借助产业带的规模效应，不仅提升了产品价格竞争力，也为跨境电商提供了稳定的供应链。如洛阳钢制家具产业带从OEM代工转向跨境电商，通过亚马逊等电商平台成功打通海外终端市场。当地明星企业双彬公司依托产业链优势，升级柔性制造，采用"B2C+B2B"的双品牌战略，仅用三年时间便登顶亚马逊金属办公柜销量第一。浙江永康保温杯产业带拥有强大的生产能力和完善的产业链，贡献了全球超过60%的保温杯产量，通过跨境电商平台等渠道出海，不仅扩大了海外市场销量，更带动了品牌意识觉醒，众多中国保温杯逐渐以品牌化面貌走向世界。"跨境电商+产业带"的融合渗透释放强大力量，跨境电商给传统产业带插上数字化、国际化翅膀，而全国1100多个产业带的丰富资源和深厚制造业基础，更成为我国跨境电商驰骋全球市场的重要根基。

# 三　中国跨境电商发展的新挑战

## （一）全球经贸走向不确定性增强

### 1. 逆全球化思潮抬头

近年来，世界进入新的动荡变革期，"小墙高筑""脱钩断链"等逆全

球化思潮抬头，全球经贸规则与合作机制受到严峻挑战。《世界开放报告2024》显示，2023年世界开放指数预估为0.7542，同比下降0.12%，比2019年下降0.38%，比2008年下降5.43%，①震荡收缩趋势明显，全球开放环境寒意渐浓。以美国为首的西方发达国家为了维系自身在全球产业链、科技领域的垄断优势，蓄意筑起重重技术壁垒、关税壁垒和绿色壁垒，全方位遏制后发国家技术研发和产业升级，并以意识形态挑动对立对抗，加剧了世界经济的撕裂风险。据世界贸易组织模型预测，如世界陷入全面政治竞争的最坏情况，全球供应链将面临巨震，平均收入将下降5%，平均贸易额将下降13%。② 国际环境波谲云诡，中国作为全球货物贸易第一大国，未来货物出口将不可避免受到冲击，以出口为主的跨境电商行业也将充满未知与变数。

2. 全球经贸博弈加剧关税壁垒

近年来，税收成为各经济体经贸博弈的焦点，各国相互加征关税等经贸保护手段令全球贸易成本显著提高，拖累了全球经济与贸易增长。一是小额免税政策收紧。2024年巴西打响变革第一枪，对50美元以下进口包裹征收20%关税。与此同时，美国、欧盟、墨西哥、东南亚、南非相继推出或拟推出紧缩政策，或是提高税率，或是取消免税门槛（见表5），逐步削弱了跨境直邮小包的传统优势，大幅度增加了跨境卖家的运营成本，导致低价值、薄利润商品的利润空间被严重挤压。二是"政治税"搅乱全球贸易秩序。特朗普激进的关税政策加剧了美国与其他国家之间的贸易紧张局势，而美国作为我国跨境电商卖家的主要目的国，其政策调整对我国跨境电商发展将产生较大影响。全球经济博弈将加大我国出海企业的市场风险，加剧市场割裂风险，推动全球供应链加速重构重塑。

---

① 中国社会科学院世界经济与政治研究所、虹桥国际经济论坛研究中心：《世界开放报告2024》，2024年10月。
② 中国社会科学院世界经济与政治研究所、虹桥国际经济论坛研究中心：《世界开放报告2024》，2024年10月。

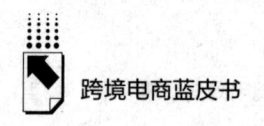

表5 主要国家和地区针对小额税收变动的政策汇总

| 国家/地区 | 政策 |
|---|---|
| 美国 | 取消价值低于800美元小额包裹最低限度豁免 |
| 欧盟 | 拟取消150欧元的进口关税门槛 |
| 墨西哥 | 对所有外国电商平台征收16%的增值税,对138个与服装有关的进口商品征收35%的关税,对17个与纺织业有关的进口商品征收15%的关税 |
| 巴西 | 对50美元以下的所有进口电商包裹征收20%的关税;对于价值在50.01美元到3000美元之间的商品,按60%的税率征税,同时享受20美元的固定税额减免 |
| 南非 | 对进口服装包裹征收45%的进口关税、15%的增值税 |
| 马来西亚 | 对网上销售的不超过500令吉的低价进口商品征收10%的低价商品税 |
| 新加坡 | 对进口价值低于400新元的产品征收8%的销售税 |
| 越南 | 取消100万越南盾(约合288.8元人民币)进口商品的免税政策,进口增值税提升10% |

资料来源:河南国际数字贸易研究院综合整理。

## (二)中企出海遭遇多重阻力

### 1. 海外市场监管力度提升

近年来,在全球经济疲软的大背景下,很多国家的进口商品监管日渐趋于严苛,从商品准入、平台监管等角度为我国企业出海设置更高的门槛。一是从商品端来看。目前,海外市场对商品流通标准监管日益严格,如2024年上半年,欧盟修订化妆品生产禁限清单,自2025年起,含有禁止原料的化妆品将不得在欧盟市场销售;同年,欧盟颁布《通用产品安全法规》(GPSR),为提高产品安全性和可追溯性,要求商家必须提供更全面、透明的信息来保护欧盟当地消费者权益。同时,各国出于"保护本土产业"目的加大对进口商品的监管力度,纷纷采取"税收+监管"双管齐下的方式,以此降低海外进口商品规模,提高外商本土产业投资。如2024年泰国对价格低于1500泰铢(约合300元人民币)的进口商品征收增值税,对中国进口的商品由"随机检查"改为"100%检查";而SHEIN在巴西主动布局本土供应链,从而给当地政府"吃下一颗定心丸"。二是从平台端来看。近年来，跨境"四小龙"在驰骋全球的同时，海外国家对中国跨境电商出海平台的"围追堵截"也日益加剧。Temu、SHEIN等在东南亚部分国家面临着各种严厉监管、审查甚至暂停使用的命运；欧盟对Temu、SHEIN等启动《数字服务法》调查程序，一旦调查结果成立，将处以该公司全球营收6%的罚款。面对日益复杂的出海环境，中国跨境电商行业需要花更多时间走更难走的路。

2. 平台竞争加剧企业竞争

2024年，在中国电商平台崛起的背景下，全球跨境电商既有格局被重塑，新兴跨境平台与老牌电商平台之间的全球市场争夺战愈演愈烈。一是"卷服务"。随着托管模式的兴起，平台对物流时效的要求进一步提升，备货由"可选项"逐渐变成"必选项"，自发货卖家也逐渐被挤到淘汰的边缘。同时，亚马逊、Temu、速卖通、Shopee等平台为了提升消费者购物体验，都曾上线"仅退款"政策，但部分消费者滥用规则恶意退款的行为，导致合规经营的卖家承担了不合理的损失。二是"卷价格"。在托管模式的价格优势面前，各大电商平台纷纷"被迫"加入"低价+补贴"阵营，亚马逊、OZON等平台推出降佣金、平台比价，Temu、淘宝、京东等推出跨境包邮服务，TikTok、SHEIN等平台则进一步降低商家入驻门槛。平台"卷服务""卷价格"策略裹挟着卖家陷入内卷旋涡，一定程度上导致行业竞争失序，严重影响行业的创新能力与可持续发展。

3. 绿色环保压力增大

近年来，绿色环保与可持续发展理念日益深入人心，全球各经济体对生态保护要求和ESG信息披露规则日趋严格。如随着《欧盟电池和废电池法规》（2023年生效）、《欧盟碳边境调解机制》（CBAM，2023年10月生效）、《可持续产品生态设计法规》（ESPR，2024年7月生效）、《企业可持续发展尽职调查指令》（CSDDD，2024年7月生效）等相关立法的陆续实施，跨境电商企业将面临欧盟严格的碳排放监管要求和越来越多的绿色壁垒。同时，欧盟《企业可持续发展尽职调查指令》（CSDDD）和德国《供应链尽职调查法》（SCDDA）都要求企业必须对供应链中环境影响做尽责管

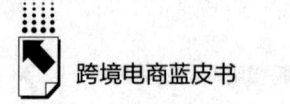

理，也就是说，绿色环保要求不局限于企业内部运营，而是扩展至整个供应链上下游直接或间接的商业伙伴关系，这无疑加大了企业绿色供应链管理的复杂性和合规风险。当前，绿色环保治理逐渐呈现政治化与地缘化倾向，泛化成欧美大国博弈的重要工具，将气候变化问题与贸易问题捆绑，以气候治理为名，行新型贸易保护之实，以此构建起对发展中国家国际贸易和产业低碳转型的新型壁垒。跨境电商企业一定要高度重视绿色环保议题，否则可能在无意中落入欧美 ESG 合规的"丛林陷阱"中，面临业务流失、国际声誉受损甚至巨额罚款等风险。

### （三）跨境服务生态尚待完善

#### 1. 跨境物流服务待提升

近年来，伴随着跨境电商行业的快速发展，我国跨境物流服务出海步伐也逐渐加快，但跨境物流与跨境电商仍存在供需不对称、数量和质量不平衡等情况。一是海外仓服务能力和水平有待加强。当前，我国海外仓智慧化运营水平不高，如数据整合能力弱、智能分析系统不完善等，仓储管理、订单处理、物流配送等环节的效率不高，难以满足快速变化的市场需求。同时，海外仓企业"鱼龙混杂"，行业服务质量参差不齐，部分海外仓企业为获取更大利润，默许灰关避税、敏感商品入库等不合规操作，行业合规意识有待提高。二是逆向物流服务能力待提升。长期以来，跨境电商的退货始终面临"退货难、成本高、周期长"等行业痛点，这让中小商家和海外消费者备受困扰。受跨境电商冗长的产业链条限制，逆向物流服务环节复杂且费用高，与发达国家 4%的逆向物流服务成本相比，我国跨境电商逆向物流成本高达 20%[1]，大大提高了跨境电商企业的运营成本。跨境物流是提升跨境电商供应链效率的基础保障，因此，推动跨境物流服务由"量"到"质"升级是当下需要解决的重要问题。

#### 2. 商家面临跨境维权困境

近年来，跨境电商维权案件频发，出海企业对维权的体会都是"百感

---

[1] 杭州先略投资咨询有限公司：《2022~2026年逆向物流行业发展研究报告》，2022年8月。

交集",维权结果往往不了了之。一是"维权无门"。当前,平台的不平等条款和地位将维权者挡在门外。《亚马逊服务商业解决方案协议》规定,任何争端解决程序将仅在个人基础上进行,而不是以集体、联合或代表行动的形式进行;SHEIN在服务协议中也将争议解决限定在个人基础上,要求卖家放弃集体、合并或代表诉讼。面对高额诉讼费,很多商家只能选择"忍气吞声"。此外,跨境电商责任主体不明确,海外环节不在国内监管范围,使得维权相对烦琐,导致各服务商间"互相扯皮"。如跨境电商卖家和物流企业之间的合同一般属于多式联运合同,有些会被层层外包给其他承运商,一旦出现丢件、缺件,很难确定问题出现在物流链的哪个环节,因此,一直以来丢件都是困扰出海企业的难题。二是出海企业维权意识不强。对于中小微企业而言,海外维权案件的专业性更强,复杂的诉讼和司法程序、高昂的仲裁和诉讼成本,使得它们普遍缺乏应对信心和能力,往往最终被迫妥协,选择支付和解金私下和解。因此,公平的司法救济渠道和便捷的涉外法律通道成为卖家的核心诉求。

### 3. 跨境人才服务体系滞后

近年来,跨境电商行业的迅猛发展带来了对专业人才的迫切需求,但供需不匹配、流失率高、稳定性低、分布不均衡等仍是困扰行业高质量发展的顽疾。一是人才需求类型发生转变。跨境电商本土化和品牌化的加快发展,急需具有全球化视野和专业知识背景的复合型人才,那些掌握海外文化习俗、市场需求、涉外法律、国际税务、大数据分析、AI技术等专业人才成为行业的"香饽饽"。但目前我国跨境电商人才更多集中在运营、营销推广、客服、物流等常规领域,导致跨境电商常规领域往往"僧多粥少",而专业领域则"一人难求"。二是跨境电商人才相关评价标准欠缺。当前,我国缺少普遍且权威的跨境电商职业资格认证和人才评价体系,使得我国跨境电商人才的评价难以量化评估,企业难以通过标准化指标筛选合适人才。三是人才区域分布不均衡。当前,跨境电商人才主要分布在沿海发达城市,内陆地区尤其是位于县域的跨境电商产业带存在"招人难、留人难"问题。

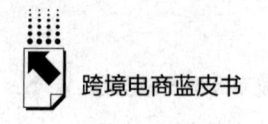

## （四）出海企业"内功"与"合规"待提升

### 1.跨境电商企业"内功"待沉淀

在全球监管体系和税收政策持续收紧的大环境下，跨境电商行业的运营成本显著攀升。在此背景下，部分跨境电商企业因自身产品竞争力欠缺、品牌建设滞后，难以凭借品牌溢价抵御成本压力，被迫退出市场，未能实现可持续发展。一是产品附加值有待提高。2024年全球电商市场掀起了一场"低价内卷"浪潮，平台间、卖家间不断压低交易价格，争夺市场份额，导致"内卷式"竞争逐渐加剧。在各国陆续取消"小额免税"的情况下，"低价电商"不仅难以维持最低利润，品牌建设更是无从谈起。二是品牌化有待提高。近年来，越来越多的企业开始重视品牌建设，品牌出海取得一定的成效，但也存在品牌能力建设不足问题。部分跨境电商企业未能深入挖掘自身独特优势，缺少与同类品牌产品的差异性，品牌同质化现象比较突出，在本土强势品牌和全球化品牌的双重夹击下无法突出重围。部分跨境电商企业误把商标当品牌，在完成商标注册的法律流程后，却没有在"顾客心智"中完成注册；误把爆款当品牌，热衷打造爆款，往往忽略爆款具有短期时效性而缺乏持续品牌内涵的特性，难以形成长期稳定的市场影响力。

### 2.跨境电商企业"合规"待加强

合规是企业出海的必备通行证，诸多跨境电商企业因忽视海外合规要求，在知识产权保护、数据合规等领域屡屡碰壁。一是知识产权合规。当前知识产权问题成为跨境电商出海企业合规的"重灾区"，2023年中国企业在美知识产权诉讼新立案增至1173起，同比增长19.0%，其中涉及跨境电商的案件有1092起，占比高达93.1%；中国跨境电商企业作为被告的案件达1033起，占涉及跨境电商案件数量的94.60%；新立案跨境电商案件共涉及中国企业17894家次，中国企业作为被告的为17783家次，占比99.38%。[①]其中，仿冒和抄袭是出海企业知识产权侵权的主要表现形式，跨境平台

---

① 中国知识产权研究会：《2024中国企业海外知识产权纠纷调查》，2024年6月。

Temu 曾多次因侵犯 SHEIN 自主品牌多项版权受到美国法院的判罚。二是数据合规。跨境电商行业涵盖交易与支付等环节，是数据跨境流动的重要应用场景，在各国完善数据合规法规、加强数据合规监管的背景下，跨境电商平台及企业成为重点监管对象。受欧盟《通用数据保护条例》、美国《加州消费者隐私法案》等法规影响，各经济体纷纷出台数据保护政策。据联合国贸易和发展会议统计，全球 194 个国家中有 137 个国家和地区通过立法来保护数据和隐私权，比例高达 71%，其中有 75 个国家设立独立的个人数据保护机构，以保障数据规范的落实与执行。[①] 随着全球各国监管政策的收紧和平台监管的日益严格，我国跨境电商企业的合规问题被逐渐放大，已经成为左右商家长期稳定发展的"生命线"。

## 四 中国跨境电商发展的新趋势

### （一）供应链出海替代商品出口成大势所趋

在全球贸易格局深度调整与产供链加速重构的进程中，跨境电商领域迎来深刻变革，供应链出海替代传统商品出口态势愈发显著，中国企业迈入生态出海新阶段。此前，跨境电商以商品出口为主，依赖低价策略，通过跨境电商平台将国内制成品销往海外市场。但近年来，逆全球化思潮持续发酵，在保护本国工业的同时，也增加了各国的贸易成本，导致中国商品出口面临越来越多的风险挑战。如 2024 年以来，美国、欧盟、印度、泰国、越南等国家和地区陆续抬高关税门槛、拓宽贸易限制范围，加剧了我国外贸出口压力。在此形势下，很多跨境电商企业借助海外建厂、并购重组、建立海外公司、构建本土供应链网络等方式，实现从"走出去"到"融进去"的供应链出海，推动生产制造能力在全球的优化配置与高效运用。供应链出海不仅

---

① 敦煌网集团、中国互联网经济研究院、亚马逊云科技：《跨境电商隐私合规白皮书》，2024 年 7 月。

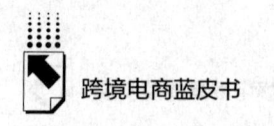

有助于企业规避贸易壁垒、削减税务成本、提升市场竞争力,还能在全球运营和扩张中为目的国的经济和社会发展做出积极贡献。供应链出海不仅是跨境电商顺应时代潮流的战略选择,更是提升出海层次和深度、推动全球产业协同共进的主动抉择。

### (二)"合规出海"成为行业共识

我国跨境电商历经初期低基数、高增速的粗放式发展阶段后,正稳步迈入韧性增长和高质量发展阶段,"合规发展"成为企业出海的生命线。一是监管趋严促进运营合规。鉴于全球各国监管架构的不断健全以及出海企业本土化的持续深入,跨境电商企业在市场准入资质审核、知识产权、财税合规、绿色环保、海外用工及劳动保护等合规方面的制度颗粒度愈发精细。二是数字治理推动数据合规。各国对数据隐私、安全和规范的要求持续升级,如欧盟《通用数据保护条例》细化执行、美国《加州消费者隐私法案》扩展适用范围、俄罗斯要求数据本地化存储、东南亚限制敏感行业数据出口,跨境电商在数据安全、隐私保护、数据跨境流动等方面的合规义务被提升至全新高度。三是关税变动引发税务合规。海外关税与税务政策进入频繁调整期,多国进一步收紧免税额度,东南亚、拉美等新兴市场的增值税合规压力增大。加之国内金税四期"以数治税"系统的上线运行,相关部门为督促我国跨境电商企业牢固树立合规意识、切实提升合规出海的综合能力,亦显著加大了对跨境电商企业涉税等合规问题的监督检查与违规打击力度。在中企出海蔚然成势的背景下,"合规出海"成为行业共识,将从多维度、全方位深刻改变跨境电商行业的发展轨迹与生态格局。

### (三)新质生产力成为行业核心驱动力

跨境电商已迈入以新质生产力为核心驱动的新阶段,通过技术革命性突破、生产要素创新性配置、产业深度转型升级,为我国外贸竞争力跃升提供了强大的技术和产业支撑。一是新质生产力通过技术突破性创新提高跨境供应链效率。利用物联网、大数据分析和人工智能等数字技术,外贸企业构建数字化供应链管理系统，实现用户洞察、产品设计、采购、生产、履约、营销等全过程高效协同，提高了供应链的效率、效益和韧性。二是新质生产力通过生产要素高效配置优化外贸产品结构。新质生产力推动经济从资源、劳动力、资本等传统生产要素驱动的粗放式发展模式，逐步转向数据、人才等新型生产要素驱动的集约式发展模式，带动了服务、数据、技术、创意等无形资产贸易和跨国流动，推动跨境电商平台交付对象从"有形"商品扩展到"无形"的数字化产品和数字服务。三是新质生产力通过产业深度转型升级提升外贸产业价值。新质生产力驱动传统产业走上高端化、智能化、绿色化转型之路，从加工制造向着更为复杂的设计研发、品牌建设以及市场营销等环节转型，高技术、高附加值、绿色低碳等产品出口快速增长，极大增强了产业链各环节的价值创造能力。新质生产力通过新制造、新技术、新业态、新服务推动中国对外贸易新旧动能转换，已成为我国外贸构建新发展格局、实现高质量发展、塑造国际竞争优势的新动能。

### （四）"品质+品牌"构筑出海竞争力

随着丰富多样的商品不断涌入跨境电商市场，品质和品牌如同鸟之双翼，成为跨境电商开拓全球市场、拓展商业版图的重要密码。一是品质是企业立足市场的定海神针。面对快速迭代的消费需求，跨境电商企业唯有以创新为桨，持续锻造自主研发能力，坚持专业化、差异化的产品策略，从原料筛选到工艺革新，从功能升级到美学设计，在专业品质、前沿科技等维度全方位突破，方能为全球消费者提供兼具品质质感、科技含量与时尚品味的购物体验。二是品牌是角逐全球市场的制胜利器。在物质丰富且竞争激烈的全球市场环境中，低价竞争逐渐失利，企业需秉持长期主义，将产品和技术创新注入每一款产品中，以差异化产品与文化附加值构筑坚固的品牌护城河。特别是越来越多的品牌融入中华文化元素，借助文化力量提升品牌的独特性和吸引力，并融合绿色环保、可持续发展、社会责任等价值理念，更能与消费者的精神诉求同频共振。本质上，品质是品牌赢得消费者信赖的基石，只有锚定消费者的体验和需求，持续提升产品和服务，才能最终实现产品复购率增

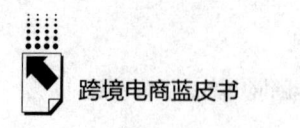

长和品牌的长久发展。提升产品品质、加速品牌建设，已成为众多出海企业破局突围的战略共识，更是跨境电商行业行稳致远的关键所在。

## （五）内容生产力重构行业增长逻辑

随着存量经济时代的全面到来，全球消费趋势正经历深刻变革，线上、线下、公域、私域时刻都在用内容与消费者进行对话，内容生产力将成为引领企业穿越周期、获取未来增长的关键动力。在内容载体方面，货架电商、内容电商、搜索电商和社交电商之间的界限愈发模糊，不同类型的电商平台都渴望用"好内容"实现消费者从"种草"到"拔草"的营销闭环。在内容消费方面，消费者不再满足于单一产品介绍，跨境电商企业需要通过视频制作、深度图文等形式，使消费者了解产品故事、品牌文化、使用教程等深度内容，更好地传递产品卖点和品牌价值观。在内容创作方面，在AI、大数据分析、增强现实（VR）、虚拟现实（AR）等数字技术的助力下，企业将轻松打造基于AI图文与短视频的全链路"内容工厂"解决方案，秒级批量产出模特图、场景图、商品详情页、直播切片、营销短视频等全链路素材，在帮助企业提升制作效率的同时，同步增强"种草"效果。未来，"好内容"将成为驱动增长的第一生产力，企业一定要培育内容生产力，以优质内容找到与消费者同频的情感连接点，提升消费者的购买力和复购率，也为企业创造与消费者深度互动的机会。在AI技术的赋能下，跨境电商行业将迎来更加高效、多元、富有创意的内容生态，为消费者带来前所未有的沉浸式购物体验。

## （六）商业模式创新重塑全球电商格局

在全球电商市场竞争日益激烈的态势下，商业模式创新作为撬动跨境电商格局的关键杠杆，将引发新一轮全球电商深刻变革。跨境电商平台作为商业生态的塑造者和创新探索的主力军，在深刻改变全球电商版图的同时，也带动国际物流、跨境服务等全链条的重大变革。诸如Temu掀起的社交电商风暴、TikTok引领的兴趣电商潮流、小红书坚守的内容电商风格，打破了传统货架电商的营销和获客方式,利用社交网络的裂变传播与精准兴趣推荐,迅速触达海量用户,极大缩短消费者从兴趣产生到购买决策的路径,给亚马逊等老牌电商平台带来巨大挑战。中国电商平台创新的"全托管""半托管"模式,更是推动了跨境电商供应链的重新洗牌。为应对新平台冲击,亚马逊等传统电商平台加速转型,推出低价商城,积极融合社交、兴趣元素,加大在个性化推荐算法和社交互动功能方面的投入,力求留住并拓展用户群体。未来,跨境电商将在商业模式创新的驱动下持续演进,新老平台竞争将更加激烈,相互探寻对方的优势领域,更多新兴电商模式将不断涌现。中国平台的增长速度和新颖的电商模式,正在重塑一个更分散多元、快速变动的全球线上购物形态。

## 五 新质生产力赋能跨境电商高质量发展的路径

新质生产力是创新起主导作用,通过理论创新、制度创新、科技创新、文化创新,摆脱传统经济增长方式,建设现代化经济发展体系。发展新质生产力,是运用数字化、智能化、绿色化等方式,提升生产效率、创新商业模式和催生发展动能,这与跨境电商高质量发展目标高度一致。新质生产力之"新",主要体现在新技术、新动能、新服务、新业态、新优势等多个维度。借助新兴、前沿的数字技术,帮助跨境电商企业实现数字化升级,迅速捕捉并响应市场需求变化,助力产业链供应链效率提升、多元化服务能力提高,对全球贸易供应链体系进行深度重塑。这一过程不仅涉及产业链供应链的优化配置、企业数字化产业生态革新,还涵盖国际经贸规则演变、政府监管体系调整,这些多领域的深刻变革,正是新质生产力驱动跨境电商迈向高质量、高效能、高效率发展的有力体现。

### (一)新技术:构建智能化供应链体系

1.拥抱科技创新,提高供应链竞争力

跨境电商企业要提升数据要素利用能力,通过科技创新赋能产业链供应

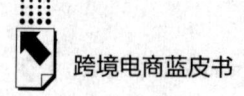

链现代化水平提升，实现生产方式的柔性化、个性化和智能化，提高跨境电商企业出海核心竞争力。跨境电商各类主体要加大数字技术应用，围绕消费者需求场景、实际需求及情绪价值，创新研发多元化的智能产品，推动"硬核"科技提供舒适便捷的"软性"体验。跨境电商企业可借助跨境电商平台数据沉淀，利用大数据分析挖掘，精准把握消费趋势，改进升级传统生产工艺、技术和流程，助力新产品设计研发和工艺创新。充分发挥AI技术在人机交互、文图（视频）生成、智能设计等方面便捷高效、易于操作的显著优势，不断拓展在跨境电商领域的应用场景，助力跨境电商在市场洞察、客服场景、用户体验等多维度实现质的飞跃，推动AI工具从单纯的"降本增效"转向"流程再造"，最终实现"全方位赋能"。推动跨境电商与AI+VR/AR等数字技术融合应用，利用AI数字人主播、智能客服等构建沉浸式购物场景，增强消费者个性化、智能化的购物体验，拉近品牌与消费者的距离。

2. 推动数智升级，提高供应链韧性

支持跨境电商企业将大数据、人工智能等技术运用于全流程供应链管理，实现对供应链上下游、全链条、各环节运行管控的数据化、模型化、可视化，精准提升跨境电商供应链的可控性和韧性。加强大数据、人工智能、区块链等新技术应用，大力拓展AI自动化技术、AI识别类技术、AI决策类技术应用场景，依托数据驱动和网络协同的创新模式，打造精准化管控、智能化管理、自动化执行的智慧供应链体系。夯实跨境电商数字基础设施，推动数字化平台和海外智慧物流平台建设，促进跨境电商信息流、资金流和物流的高效流动。推动"链主"型企业建设数字化供应链平台，整合跨境电商平台、卖家、物流商、服务商等供应链内外的各个环节和产业链内外的各个参与者，创新利用AI技术实现数据共享、协同合作，推动跨境电商全链条实现自动响应和智能决策。鼓励各地数据交易中心与重点产业链供应链工业互联网平台对接，建立行业大数据平台，深度挖掘并利用行业数据，助力跨境电商产业链供应链现代化水平提升。

## （二）新动能：推动品牌建设与本土化布局

### 1. 推动品牌出海，提高国际影响力

在关税增加、内卷严重、成本上升等不利因素背景下，品牌化发展成为企业长远发展的重要驱动力。跨境电商企业要设计开发具备特色功能、独特辨识度、用途明确的品牌产品，深耕垂直细分类目，增强品牌的辨识度和认知度。结合目标市场宗教文化、消费习惯等，打造具有本土特色的子品牌，利用品牌故事、公益项目、环保倡议等塑造品牌形象，与消费者建立情感共鸣，积极抢占用户心智、树立品牌口碑。充分利用海外网红和本土 KOL 资源，建立涵盖直播带货、短视频、微短剧等全渠道内容营销体系，形成从种草到转化的完整闭环。积极发挥 AI 技术在品牌合规出海方面的重要作用，依托 AI 技术提升企业海外法律风险意识，有效规避知识产权、专利侵权，降低涉诉、涉敏问题风险，有效提升品牌企业出海风险防范能力。

### 2. 深耕本土化，融入当地商业生态

践行团队、营销、服务等本土化战略，帮助出海企业融入本土商业生态。支持出海企业打造本土化团队，构建一支具有国际化思维和本土化嗅觉的多元团队，提升本土化运营能力。鼓励有条件的企业通过品牌自营店、商超柜台等线下销售渠道，融入目标市场商圈，形成多元化销售布局，构筑品牌的海外影响力。研究本土的购买模式和渠道偏好，积极入驻本土区域性电商平台、垂直电商平台，探索与海外本土合作伙伴、明星达人、全球知名 IP 联合推出限定或联名产品。布局 TikTok、X、Facebook 等本土化社交媒体矩阵，结合热点事件、节假日等深度本土化内容创作，合理利用当地代言人、媒体平台进行品牌推广，持续转化沉淀私域流量。加强与本土物流配送、金融支付等服务商的协同共进，与目标市场政府部门、行业组织深度合作，确保产品与服务符合目标市场诉求、认证标准和知识产权保护等规定。积极组织和参与社会公益事业和活动，主动开展本地供应链布局谋划，赋能当地产业生态建设。

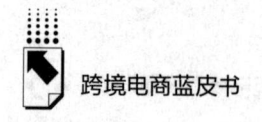

## （三）新服务：完善海外综合服务体系

### 1. 健全客户服务体系，增加消费者黏性

客户服务体系是企业长期稳定发展的关键，跨境电商企业的客户来源广泛且市场多元，可靠高效的客户服务体系有助于企业开拓国际市场。售前服务聚焦需求挖掘，通过市场调查、客户反馈、平台数据等多渠道了解各地区消费者的个性化需求，熟悉各国对消费者权益保护的法律要求，如退货政策、隐私保护等，通过技术手段和服务创新，满足全球消费者的需求变化。售中服务重在充分沟通、及时响应，建立专业化的客服团队，强化资源整合、信息共享、专业技能，拓展电子邮件、电话、短视频以及社交媒体平台等多渠道客服支持，提供个性化、高品质、立体化的消费体验。售后服务侧重提供增值服务、增加黏性，建立健全海外售后服务体系，实现跨平台协同、多方联动、可视化追溯等功能，满足海外客户对售后服务的及时、高效和专业等诉求，提高用户满意度和复购率，塑造全球化品牌心智。

### 2. 提升出海专业服务水平，护航企业出海

各类服务商要延伸海外服务网络，提升出海专业服务水平，为出海企业提供全链条数字化护航服务。一是支持跨境电商平台整合海外优质服务资源。鼓励跨境电商平台与国际服务商建立长期合作关系，整合跨境服务资源，打造报关、物流、金融、营销、技术等一站式专业服务产品，为中小卖家提供低成本、高效率出海机会。二是鼓励搭建全球物流服务网络。持续拓展跨境电商货运包机、海运快船、中欧班列、TIR卡班等多元运输方式，加密跨境物流运输网络和境外物流枢纽中心的线路，为出海卖家提供多样化运输选择。同时，大力推进智慧化、数字化海外仓建设，引导海外仓企业与海外本土物流配送、信息平台、监管机构等深度对接，扩展专业化服务功能和多元化服务场景，助力出海企业降本增效提质。三是建立海外知识产权纠纷解决机制。积极与海外法律服务机构开展长期、深度、全方位的合作，强化国内外协作、多元主体合力，为出海企业合法权益提供保障，帮助企业搭建海外知识产权侵权风险防范和预警机制。

### 3. 构建数字化服务能力，提升服务效率

跨境服务企业要构建全球化数字解决方案，打造数字化工具，构建出海服务矩阵，助力中国企业拓展国际市场。一是鼓励地方建设跨境电商服务平台。支持具备条件的地方建设跨境电商服务平台，搭建集跨境物流、通关检验、资质认证、海外财税合规、知识产权、涉外法律等于一体的行业综合服务平台，吸引海外服务商通过线上开展服务对接、下单结算等业务，持续提升数智化跨境服务能力。二是建立国际人才综合服务平台。围绕资源共享、精准匹配，吸纳和培养 AI 技术、数据分析、内容创作等多元化复合型人才，为各国人才提供便捷化、一站式、友好型的服务体验，拓宽出海企业国际化人才引进渠道，弥补海外市场对跨境电商相关技术人才的需求。三是支持海外数字基础设施建设。鼓励大型跨境服务企业开展数字基础设施及应用探索，聚焦数据中心、网络安全以及数据治理等领域开展多方合作，推动面向全球的可信数据服务，打造跨境电子提单核验平台，提供贸易单据核验服务，提供更加全面、高效、智能的数字化产品方案和服务。

## （四）新业态：加强企业赋能与生态共建

### 1. 跨境电商+新业态，推动行业融合发展

跨境电商与其他行业、新兴技术、商业模式不断融合出新，表现出较强的延展性和融合创新力。支持"跨境电商+产业带"模式发展，拓展农产品、工业品、大件货物、特种商品通过跨境电商渠道拓展国际市场，推动制造业企业与跨境电商重点平台、服务商深度对接，推动更多特色优势产业带加速出海，逐步实现产业及配套服务产业数字化转型出海。优化升级海外仓等新型外贸基础设施功能，拓展分销、配送、退换货、展览展示、供应链金融等本土化服务功能。支持跨境电商利用直播、短视频、社交媒体等重塑消费场景，催生新的消费需求。支持跨境电商与服务贸易融合发展，跨境电商平台从找产品、找工厂拓展为找服务，推动服务贸易成为跨境电商平台新的增长点。推动中国文化产品通过跨境电商走向全球市场，发挥网络文学、网络游戏、短视频等数字文化产品传播优势，创新利用特色文化 IP 打造、周边产品

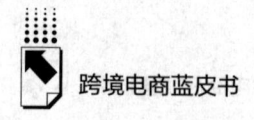

开发等多元化方式传递文化和情感,促进国潮出海和文化出海。

#### 2. 跨境电商+绿色供应链,推动可持续发展

"绿色""低碳"等可持续发展理念是跨境电商高质量发展的重要因素,出海企业应从绿色消费、绿色包装、绿色物流、绿色供应链等多方面提升绿色化水平。加大新能源、绿色低碳等环保产品的研发投入,创新绿色环保原材料、工艺,提高产品的"绿色"属性。着力打造可视化、可溯源的绿色供应链体系,塑造贯穿产品全生命周期的绿色理念。支持行业头部企业牵头组建行业绿色供应链联盟,联合上下游企业探索绿色供应链建设,开展供应链全链条绿色化管控。支持企业加强绿色技术、专业人员、绿色商品检测认证、绿色标识等方面的投入,优化提升从原材料采购到产品交付的跨境供应链全流程绿色化水平。鼓励跨境电商企业积极参与行业国际性绿色环保标准制定,深化与国际性组织、协会、检验和认证机构合作,不断提升行业话语权。鼓励跨境电商企业与国内外工厂开展产品回收、二次利用合作,搭建跨境电商二手转售平台,减少资源浪费,让闲置物品焕发新价值。

#### 3. 跨境电商+智慧物流,推动行业协同发展

适应跨境电商碎片化、高时效、多频次特点,加强数字技术在跨境物流中的应用,推动柔性制造与智慧物流的供需匹配和无缝衔接。扩大数智化技术在跨境物流全链条各环节的应用场景,通过自动分拣、AGV(自动导航车)、自动识别等智能软硬件,实现物流各环节精细化、动态化、可视化管理,有效推动国际物流供应链降本增效,打造国际智慧物流网络生态。依托海量数据智能预测库存需求、智能路径规划和分仓调拨,提升机器人和自动化设备自主学习能力,实时优化仓库作业流程和应对复杂多变的仓储环境。支持利用智能运输机器人、无人车、无人机等多种智能运输设备,满足多环境多场景下的运输需求,有效提升物流运输效率,实现物流供应链降本增效。打造具备路线规划、车辆调度、风险预警、多式联运等功能的智能化运输管理系统,集成跨境电商企业、中欧班列、航空公司、快递公司等各方数据,实现运输过程实时的可视化、智能化、可控化,为运输安全、物流履约保驾护航。

### （五）新优势：提升政策与监管的适应性

**1. 强化政策支持，筑牢产业发展支撑**

根据国际贸易政策调整和市场供需变化情况，及时优化跨境电商相关政策，更好发挥支持政策的牵引作用和乘数效应。扎实推进跨境电商综试区建设，更好发挥综试区考核评估的示范引领作用，探索可复制的经验模式，促进跨境电商规范化和规模化发展。支持各地制定跨境电商出海法律风险防范及合规指导手册，切实为跨境电商全球化和高质量发展"保驾护航"。支持地方建设集政策服务、海外法务、金融服务、信用保险等于一体的跨境电商综合服务平台，围绕中小微跨境电商企业实际需求，创新定制财税、营销、售后、合规等服务产品，推进综试区公共服务提质增效。鼓励各地政府部门学习借鉴先进地区跨境电商发展的成功经验做法，探索建立跨区域监测、监管协作机制，加强部门间监管协作、数据互通、政策互享。

**2. 推动智慧监管，全面提升监管效能**

加强大数据、人工智能等前沿技术在跨境电商监管环节中的应用，扩大"智能审图""自动识别""智能监控"等应用范围，在合规监管的要求下，探索将更多海关监管流程前置并嵌入企业作业流程中，不断提升跨境电商进出口的便利化水平。推动国家金融监管总局、国家外汇管理局及金融机构加强协作联动，优化外贸综合金融服务和支付结算环境，引导金融机构运用数字技术创新监管工具，基于线上订单及其他经营数据分析，开发跨境电商纯信用贷款，切实解决小微企业资金流转难题。积极推动"智慧海关"跨境合作建设，开展智能化、数字化技术国际合作研究，弥补各国（地区）海关之间的数字鸿沟。推动国际贸易"单一窗口"领域的国际合作，与其他国家或地区海关开展数据共享、联合监管、互助执法，简化国家间进出口流程，维护国际贸易秩序和国家安全。

**3. 加强国际合作，扩大制度型开放**

深化电子商务、数字贸易规则、进出口便利化、小额关税豁免、平台监管及边境后规则等方面的国际合作，与"丝路电商"伙伴国共同塑造数字贸

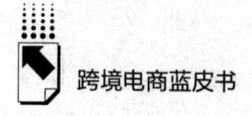

易国际规则。有序推进电子商务国际合作，深化与共建"一带一路"国家"软硬件"基础设施的互联互通，推动形成电子签名、电子合同、电子单证等方面的国际标准。建立完善数据安全标准体系，多方共同完善数据监管体制机制，鼓励拥有关键技术的公司参与数据安全标准体系建设。鼓励跨境电商企业、行业协会和研究机构在国际舞台发声，不断扩大中国与国际经贸链接边界，引导跨境电商平台深化与各国政府和海关的沟通与合作，积极争取更有利的政策支持和通关便利。加快推进国内国外标准一体化进程，形成适应经济全球化的标准制定机制，统筹各领域的标准化力量形成有效合力。

## 参考文献

商务部国际贸易经济合作研究院：《"跨境电商+产业带"高质量发展报告》，2024年5月。

飞书深诺：《2024年度全球跨境电商平台深度解析：新模式下的新格局》，2024年7月。

艾媒咨询：《2024年中国跨境电商软件服务行业报告》，2024年6月。

敦煌网集团、中国互联网经济研究院、亚马逊云科技：《跨境电商隐私合规白皮书》，2024年7月。

尼尔森、京东国际：《2024中国跨境进口消费趋势白皮书》，2024年6月。

沙利文、PingCAP：《中国企业全球化运营白皮书——从"走出去"迈向"融入"的可持续之旅》，2024年6月。

国海证券：《中国电商强势出海，跨境物流迎来投资机遇》，2024年3月。

毕马威：《2024中国制造业企业出海白皮书：踏浪前行，中国制造业企业加速高质量"全球化"发展》，2024年5月。

AMZ123：《2024年跨境电商行业年度报告》，2025年1月。

雨果跨境：《2025年跨境电商行业趋势报告》，2025年1月。

亚马逊全球开店：《解锁中国工厂七步出海》，2025年2月。

亿迈跨境生态平台：《2024年跨境电商产业带研究报告——聚焦产业带，跨境电商的新增长引擎》，2025年2月。

# 专题篇

## B.2
## 向"新"而行 以"质"出海
### ——新质生产力重构跨境电商竞争新格局

殷文佳[*]

**摘 要：** 作为以科技创新为主导、以高质量发展为特征的先进生产力形态，新质生产力通过技术创新、要素创新和产业创新，推动跨境电商在商业模式、供应链管理和服务体验等方面实现质的飞跃，为行业发展注入强劲动能，成为推动和重塑全球贸易新格局的重要力量。本文阐述了跨境电商的发展现状、跨境电商与新质生产力融合的现状，分析了新质生产力引领下跨境电商发展面临的问题，包括新技术应用初期存在的潜在风险、政策不确定性导致的系统性风险、无序竞争带来的利润压缩、知识产权纠纷造成的成本攀升、信息壁垒带来的监管难度提升、政策比拼产生的资源内耗，并提出通过探索跨境数据资产资本化、建立行业可信数据空间、提供普惠性人工智能服务、加大知识产权纠纷服务力度、优化产业顶层设计等针对性的对策建议。

---

[*] 殷文佳，上海市虹口区科经委三级主任科员、九三学社虹口区委副秘书长，非执业注册会计师，公职律师，主要研究方向为跨境电商以及科技政策。

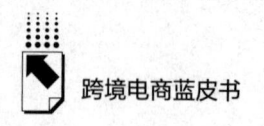

**关键词：** 跨境电商　海外仓　新质生产力　人工智能　数据要素

从2014年到2024年这十年间，跨境电商"千帆竞发"，成为外贸新业态的最强生力军，在我国外贸史上谱写了"智联天下、贸通四海"的华丽乐章。近年来，以人工智能、大数据、云计算为代表的新一轮科技革命和产业变革深入发展，推动生产要素不断演进和迭代，成为助力千行百业发展的新质生产力。作为以科技创新为主导、以高质量发展为特征的先进生产力形态，新质生产力通过技术创新、要素创新和产业创新，推动跨境电商在商业模式、供应链管理和服务体验等方面实现质的飞跃，为行业发展注入强劲动能，成为推动和重塑全球贸易新格局的重要力量。

面对新质生产力加速与跨境电商深度融合发展的新形势、新阶段，跨境电商高质量发展的"风口"与"风险"并存。一方面，以新技术、新产业为代表的新质生产力助力跨境电商高质量发展，通过深化人工智能、区块链等新一代信息技术与跨境电商的融合创新，不断培育新业态新模式，打造智慧供应链体系，构建开放共赢的跨境电商生态圈，持续提升我国跨境电商的国际竞争力和话语权。另一方面，如何通过政策"发力"优化营商环境，业态"谋新"拓展发展空间，技术"强质"提升核心竞争力，充分发挥新质生产力在助推传统产业数字化赋能、智能化升级和绿色化转型方面的引领和助力作用，从而推动我国跨境电商向更高质量、更有效率、更可持续的方向发展，是护航我国跨境电商全球化、逐鹿国际舞台的关键所在。

## 一　跨境电商发展现状

### （一）外贸的"新增长极"

早在2021年，国务院办公厅发布的《关于加快发展外贸新业态新模式的意见》（国办发〔2021〕24号文）中，就已明确跨境电商与海外仓、保税维修、市场采购贸易、外贸综合服务、离岸贸易为六大外贸新业态，战略地位得到国家层面的充分肯定。在全球贸易格局深度重构和数字化转型加速推进的背景下，跨境电商作为数字贸易的重要载体，已经成为我国外贸新业态的主要形式、推动外贸高质量发展的新引擎和增长极。海关总署数据显示，2019~2023 年，我国跨境电商贸易规模实现超 10 倍增长，2024 年跨境电商进出口总额达 2.63 万亿元，较 2020 年净增 1 万多亿元，同比增长10.8%，高于同期全国外贸进出口增速 5.4 个百分点，占外贸进出口规模比重提升至 6%；自主品牌出口占我国出口比重同比提升至 21.8%。[①] 跨境电商凭借其增速领跑、潜力居首、辐射带动强的"三最"特征，不仅带动了传统外贸企业数字化转型，还培育了一批具有国际竞争力的跨境电商平台和企业，推动"中国制造"向"中国品牌"跨越，已成为驱动外贸转型升级的核心引擎。

## （二）产业的"新试验田"

为支持跨境电商在交易、支付、物流、通关、退税、结汇等全流程的创新探索，2015 年 3 月，国务院批准在杭州设立首个跨境电商综试区，自此开启了我国在跨境电商领域制度和监管创新先行先试的新征程。截至 2024 年，我国跨境电商综试区已扩容至 165 个，形成覆盖全国、辐射全球的创新发展网络。2015 年以来，跨境电商综试区通过建设"六体系两平台"，在监管模式、服务体系和规则标准等方面开展系统性创新，逐步构建起适应和引领全球跨境电商发展的制度框架和监管体系，不仅为跨境电商健康发展提供了可复制、可推广的经验，更为数字时代国际贸易规则制定贡献了中国智慧。经过十余年的创新探索与实践，跨境电商综试区的建设和发展已从初期注重区域的均衡覆盖转向促优扶强，从追求高速增长转向高质量发展的成熟阶段。杭州的数字贸易创新、深圳的科技赋能实践、郑州的物流枢纽建设、

---

① 《世界各地刮起"中国风"！我国自主品牌占出口比重达 21.8%》，《羊城晚报》2025 年 1 月 13 日。

成都的产业生态培育、宁波的港口经济融合等，形成了各具特色的区域发展范式。此外，综试区创新的"跨境电商+产业带"模式，将数字贸易与实体经济深度融合，通过数字化改造、品牌化运营和国际化拓展，全面赋能各地优势产业集群，成为我国深化改革开放、培育产业新动能的重要"试验田"。

### （三）政策的"新催化剂"

跨境电商的蓬勃发展，离不开政策红利的持续释放和创新引领。自2014年首次写入政府工作报告以来，"跨境电商"已连续11年被纳入国家战略部署；我国政府通过顶层设计引领、各部委协同推进，在监管创新、通关便利、税收制度等方面持续完善政策体系，为跨境电商健康可持续发展奠定了坚实基础。截至2023年底，商务部会同有关部门出台的支持政策多达200多项，复制成熟经验做法近百项。[①] 同时，在中央政策引导下，地方政府积极作为，形成了上下联动、协同推进的政策合力。各地围绕产业集聚、生态优化、融合发展等关键领域，出台了一系列具有针对性的支持措施，并通过"先行先试—经验复制—全国推广"的政策传导路径，持续释放改革效能。如杭州、深圳等综试区率先建立"清单核放、汇总申报"通关模式，极大提高了跨境电商包裹通关时效；郑州首创的跨境电商"网购保税备货（1210）""网购保税+线下自提"等模式，在全国复制推广。

## 二 新质生产力引领跨境电商发展情况

新质生产力以创新为内核，通过技术革命性突破与生产要素创新性配置，推动跨境电商突破传统贸易效能边界，形成全要素生产率跃升的发展范式。人工智能技术突破、服务资源全球配置、物流基建数智升级等新型生产要素的系统性重构，正在重塑跨境电商的产业形态、商业模式和生态体系。

---

① 《超12万家、超10倍……新动能激发新活力！我国跨境电商发展"蒸蒸日上"》，央视网，2024年6月4日。

## （一）新技术驱动跨境电商工具革命

生成式人工智能（AIGC）技术的突破及其在跨境电商领域的广泛应用，正在驱动跨境电商全链条的工具革命。以 ChatGPT、DeepSeek 为代表的 AIGC 新技术，与跨境电商融合应用场景愈发深入，涵盖从选品、市场调研、用户分析、产品创新到智能营销等跨境电商全链路。亚马逊、阿里巴巴等众多跨境电商巨头，纷纷推出专为跨境商家设计的 AI 工具。如亚马逊的 AI 卖家助手 Amelia、Video Generator 等，能够帮助卖家进行市场调研、商品详情页撰写、预先合规审查和营销短视频生成，有效降低了卖家端的选品开发和内容生产成本；阿里巴巴国际站利用 AI 重构"人货场"匹配逻辑，其智能发品系统能够使商品信息匹配精度提升至 92%，广告 ROI 提高 40%。[1] 有专家认为，未来 51% 的线下商机将被 AI 服务，80% 的商业价值将会在 AI 驱动下进入再分配周期，产业将进入"智能要素驱动"的新阶段。[2] 跨境电商 AI 时代正加速到来，不仅拉动跨境电商全球化竞争力比拼转向算法迭代速度、数据资产厚度和智能工具生态构建能力的竞逐，而且将为中国品牌全球化发展带来前所未有的新机遇。

## （二）新服务重构跨境电商供应链生态

海外仓作为跨境贸易的"前置神经末梢"，是跨境电商实现快速交付、当地售后维修和深度本土化的关键配套要件，正在引发跨境电商交付服务体系的结构性变革。商务部数据显示，截至 2024 年，我国海外仓数量超 2500 个，面积超 3000 万平方米，其中专注于服务跨境电商的海外仓超过 1800 个，面积超 2200 万平方米。[3] 当前，海外仓正经历深度数智化变革，数据

---

[1] 《阿里国际站张阔：AI 正在重塑外贸的供需匹配和经营模式》，https://baijiahao.baidu.com/s?id=1814226950270187555&wfr=spider&for=pc。

[2] 《阿里国际站张阔：AI 正在重塑外贸的供需匹配和经营模式》，https://baijiahao.baidu.com/s?id=1814226950270187555&wfr=spider&for=pc。

[3] 罗珊珊：《海外仓连点成线、织线成网》，《人民日报》2024 年 8 月 5 日。

显示，超80%的海外仓已启动数智化转型，90%以上的海外仓企业部署了仓储管理系统（WMS）和企业资源计划（ERP）等核心信息化工具。[①] 上海、重庆等地成立的海外仓联盟，通过海外仓储资源整合、标准制定和服务网络建设，显著提升跨境供应链协同效率。此外，作为我国跨境电商卖家的主流发货方式，智能前置仓履约模式正在催生跨境电商"本土化2.0"新时代。通过将仓储网络与本土化服务深度融合，海外仓服务商已实现从"标准化仓储服务"向"定制化供应链解决方案"的战略升级。这种转变不仅将末端配送时效提升至"当日达/次日达"水平，更通过本地化售后、合规运营、消费洞察等增值服务，推动跨境电商从单纯的商品贸易转向全链路在地化运营，开启了全球电商竞争的新纪元。

### （三）新基建助力跨境电商效能提升

依托数字技术与港口基建资源的深度融合，我国正逐步构建起高效协同的智慧物流网络体系，为跨境贸易供应链注入新动能。以中远海运开发的"船视宝"平台为例，该系统通过整合船舶自动识别系统（AIS）数据，构建起覆盖全球的航运大数据中枢，可实现船舶动态的实时监控、航线智能规划、港口拥堵预警等核心功能，并为海上应急救援提供精准数据支持。截至2024年第一季度，船视宝平台已沉淀8000万条船舶全生命周期数据，平台企业用户超过1000家，提供数据API接口961个。[②] 港口基建领域的创新实践同样成效显著。上海港于2024年7月成功完成跨境电商"9610"海运首单试点，标志着我国首个跨境电商专属海运通道正式开通。该模式能够承载大批量、多规格、多品类的商品，且具有显著的物流稳定性和成本优势，为跨境电商企业出口低附加值和高货量包裹提供了更多元的物流选择。新技术赋能下的"数字基建+港口创新"双轮驱动模式，不仅有利于降低跨境物流成本、缩短通关监管时效，还能通过标准化单证流转、区块链溯源等技术

---

[①] 数据来源于2023年8月22日商务部外贸司举办的"2023外贸新业态培训"内部稿。
[②] 《中远海科业绩说明会：船视宝系列引领航运数字化已沉淀8000万条船舶全生命周期数据》，新浪财经，2024年5月28日。

应用，构建起全链路可视化的跨境供应链体系，为我国跨境电商从"高速增长"向"高质量发展"转型夯实基础。

## 三 跨境电商与新质生产力融合发展面临的问题

### （一）新技术应用初期存在的潜在风险

基于生成式人工智能当前发展阶段，跨境电商与AIGC等数字技术的融合仍处于探索期，技术红利释放背景下的机遇与挑战并存。一方面，生成式人工智能显著提升行业效率，如亚马逊AI工具使商品视频制作成本从150~500美元降至5美元[1]，阿里巴巴国际站研发AI发品工具，卖家上传一个关键词或一张产品图，AI就能自动生成全套商品信息，发品时间由原来的60分钟缩短至最快60秒。[2] 另一方面，技术应用初期各项法律法规和政策制度尚未健全，导致AI生成内容知识产权归属存在争议、AIGC技术应用增加数据泄露风险等问题。如欧盟曾出现多起跨境电商AI文案侵权纠纷；AI大模型为恶意攻击和黑客入侵提供了新场景，诱发数据泄露、滥用等数据安全问题。此外，AI技术应用抬高了跨境电商技术门槛、拉大了技术代差，将加剧跨境电商市场竞争分化。因此，如何在降本增效与风险防控间构建平衡机制，将成为推动技术深度融合的关键命题。

### （二）政策不确定性导致的系统性风险

2025年初，全球跨境电商面临前所未有的政策巨震。美国特朗普政府在2月1日签署行政令，宣布对中国、墨西哥和加拿大加征关税，并取消

---

[1] 数据来源于2023年9月亚马逊卖家大会闭门演示文稿，会上亚马逊高管提及："通过AI工具（指Amazon Generative AI Video），商品视频制作成本从行业平均的150~500美元/条降至5美元/条。"该数据未在公开新闻稿中披露。

[2]《阿里巴巴国际站刘宇：发挥服务贸易基建竞争力，扶持服务贸易企业出海》，深圳新闻网，2024年9月26日，https://www.sznews.com/news/content/2024-09/26/content_31237352.htm。

800美元进口商品的"最低限度"免税门槛，①导致中国输美小额包裹成本骤增，致使Temu、SHEIN等以直发货"全托管"模式为主的中国电商平台首当其冲受到波及。此后，特朗普政府专门针对中国商品累计加征高达145%的关税，并于2025年5月2日正式取消对华小额包裹免税政策。与此同时，欧洲与东南亚国家同步收紧监管，欧盟拟取消150欧元以下商品免税政策，要求电商平台承担商品质量责任，并加强海关查验；②越南自2025年2月18日起取消小额包裹增值税豁免；墨西哥则对快递进口商品加征17%~19%关税。③由地缘政治所引发的国际外贸政策连锁反应，将削弱中国商品低价优势，增加中小卖家成本压力，影响中国企业供应链的全球化布局。

### （三）无序竞争带来的利润压缩

随着我国跨境电商历经十余年的快速发展迈入成熟稳定阶段，跨境电商早期的流量红利逐渐消失，平台内卷和成本上升双重挤压卖家利润。以纺织、轻工、鞋包等为代表的产业存在"低技术产品产能过剩、品种结构单一、创新动力不足"等问题，而这类产品正是跨境电商的主力货源。④"跨境电商+产业带"战略的推进，意味着不同商家的货源很可能来自类似或者相同工厂，电商平台的比价功能和"全托管"模式，致使同款商品的价格信息迅速在不同商家和消费者之间"对齐"，加剧了价格竞争。2024年，超六成卖家表示净利润较2023年有所下滑，其中32%的卖家净利润下滑超过50%，超五成跨境卖家的营收、利润均不及预期。⑤从成本支出项来看，物

---

① 《低于800美元货物取消豁免！特朗普关税新政将影响超10亿件小包裹》，https://baijiahao.baidu.com/s?id=1823019238001547224&wfr=spider&for=pc。
② 《欧盟：将强化在线电商平台监管并呼吁取消小额豁免规则》，亿邦动力，2025年2月6日，https://www.ebrun.com/20250206/571090.shtml。
③ 《越南政府：自2月18日起，将停止对通过快递进口的小额商品免征增值税》，https://baijiahao.baidu.com/s?id=1820450017138161078&wfr=spider&for=pc。
④ 商务部国际贸易经济合作研究：《"跨境电商+产业带"高质量发展报告》，2024年4月。
⑤ AMZ123跨境电商：《2024跨境电商行业年度报告》，2025年1月。

流仓储费、营销广告费的上涨是压缩卖家利润空间的主要原因（见表1）。此外，海外仓数量的非理性扩张，也在不断压缩行业利润率，海外仓企业"增收不增利"乃至"不增收不增利"的现象越来越明显。以美国为例，除热门城市外，仓储行业已初露过度竞争、供过于求的迹象：2024年第一季度美国平均仓库空置率跃升至5.2%，仓储行业平均利润停滞在14%~18%。① 尽管人工智能技术通过需求预测模型、库存优化算法等不断压缩仓配成本，但技术迭代成本高企与跨境数字运营复合型人才缺乏，仍对企业发展形成掣肘。

表1 主要跨境电商平台收费情况（2023年）

| 平台 | 入驻费/年费 | 佣金比例 | 广告费占比 | 物流模式 |
| --- | --- | --- | --- | --- |
| 阿里巴巴国际站 | 基础版：3万~8万元/年 | 3%~8%（按品类） | 5%~15% | 支持自发货、阿里物流 |
| 亚马逊 | 无年费（专业卖家39.99美元/月） | 8%~20%（含FBA配送费） | 10%~30% | FBA为主，仓储费另计 |
| eBay | 免费入驻 | 10%~15% | 1%~5% | 卖家自选物流 |
| 速卖通 | 1万~3万元/年（类目保证金） | 5%~8% | 3%~10% | 无忧物流、菜鸟官方仓 |
| Temu | 0元入驻 | 佣金+供货价价差（20%~30%） | 平台主导流量 | "全托管"模式（平台负责物流） |

资料来源：阿里巴巴国际站、亚马逊、eBay、速卖通、Temu等平台官网，具体收费细则以各平台官方为准。

### （四）知识产权纠纷造成的成本攀升

对于存在知识产权高危风险的跨境电商，其全球化、数字化、碎片化特征天然加剧知识产权风险。近年来，我国跨境电商在全球快速扩张的同时，随之而来的知识产权纠纷风险显著攀升。2023年中国企业在美知识产权诉讼新立案达1173起，同比增长19%，其中专利诉讼447起，增长56.1%，

---

① AMZ123跨境电商：《2024跨境电商行业年度报告》，2025年1月。

商标诉讼 757 起，增长 5.4%；诉讼结果方面，65.7% 的专利诉讼以和解撤案，66.1% 的商标诉讼被告因缺席应诉被判败诉，专利和商标诉讼平均判赔额分别为 2371.72 万美元、117.98 万美元，高额的赔偿金直接侵蚀卖方利润。2023 年中国企业在美涉及跨境电商案件 1092 起，其中中国企业作为被告的案件占比 94.6%，新立案的涉及中国企业的跨境电商案件中，99.38% 的被告为中国企业，涉案中国企业数量显著上升。[①] 此外，随着 AI 技术在跨境电商领域的深度应用，生成式人工智能在商标和内容创作、智能选品等环节的运用，叠加全球监管力度强化，或将引发技术革命带来的全球性合规风暴。

### （五）信息壁垒带来的监管难度提升

目前海关对于跨境电商有两套统计体系，一是精准口径，对 9610、9710、9810、1210 跨境电商监管方式代码项下的数据汇总。二是全业态测算口径，利用统计模型对一定规模以上跨境电商平台数据和跨境电商监管代码项下数据加总得出的测算数据汇总。因此，不同测算口径下的跨境电商贸易额数据会有所不同。从监管方式来看，企业和平台跨境电商交易数据主要来自各综试区的跨境电商公共服务平台，而各综试区公共服务平台之间因系统不互通，一定程度上存在信息壁垒。同时，受报关企业自主申报和 9610 "清单核放、汇总申报"等因素影响，真实的卖方、商品品类、平台交易数据等无法精确统计。从申报选择来看，贸易商会根据成本和便利性考量，自主选择报关方式，一些通过邮政国际小包、一般贸易报关而实际为跨境电商的数据无法体现在跨境电商监管方式代码项下，同时行业还一定程度上存在买单出口、个人账户收汇漏税等不合规现象。

### （六）政策拼比产生的资源内耗

政策为发展之重器，良策是善治的前提。海关承担跨境电商的货物进出

---

[①] 中国知识产权研究会、国家海外知识产权纠纷应对指导中心：《2024 中国企业海外知识产权纠纷调查》，2024 年 6 月。

口监管、关税征收等职责，商务部承担制定和实施国内外经济贸易政策、推进扩大对外开放等职责，职责指标往往决定政策指向。目前考核各省市商务条线外贸工作的绩效体系中，贸易额增长率作为定量指标占相当大比重，其次为出台贸易促进政策、优化营商环境等定性指标。在全国口岸通关一体化的背景下，跨境电商贸易额尤其是跨境电商9610、9710、9810等海关监管代码下数据几乎可以无成本迁移，因此导致不少地方围绕跨境电商贸易额出台补贴政策。然而此类政策有悖于《公平竞争审查条例》中建设全国统一大市场的原则，尤其是9710项下补贴（9710为跨境电商B2B模式，本质是通过平台成交的一般贸易），不但扭曲贸易公司和报关公司的真实经营成本，还会降低正规报关公司的价格竞争力。从短期来看，对地方跨境电商贸易增量有提升作用，但长期来看，各地的政策内卷会带来整体的行政资源内耗。

## 四 跨境电商与新质生产力融合发展的对策和建议

### （一）以行业要素数据化驱动数字经济创新应用

#### 1. 推进跨境数据资产资本化

跨境电商因其广泛的产业图谱和海量的成交规模，在供应链、订单信息、商品类别、平台流量等节点存在大量的可资产化、可交易化的数据资产。可探索由国家数据局牵头，推动相关政府部门、电商平台、行业协会等共同参与制定跨境电商领域的数据标准和规范，建立数据要素价值共创的应用生态，将跨境电商交易、流量、支付、报关、物流信息等数据形成数据资产，构建全国一体化跨境电商数据要素市场。

#### 2. 探索建立行业可信数据空间

可信数据空间是基于共识规则，联接多方主体，实现数据资源共享共用的一种数据流通利用基础设施，是数据要素价值共创的应用生态。2024年11月，国家数据局发布《可信数据空间发展行动计划（2024~2028年）》，

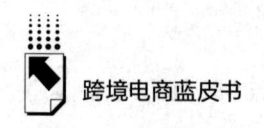

计划到2028年建成100个以上可信数据空间，初步形成与我国经济社会发展水平相适应的数据生态体系。结合数据要素资产化，通过跨境电商可信数据空间，实现"商、贸、航"跨境数据安全高效流通，提升海关、外汇、市场监管等部门信息协同，并提供供应链管理、融资精准风控、知识产权合规等衍生功能，有效防控头部平台流量垄断。

### （二）以技术服务数智化构建利润护城河

#### 1. 提供普惠性人工智能服务

河海不择细流，故能就其深。跨境电商中小企业历来是外贸发展的重要有生力量，是助力双循环内外畅通的毛细血管。当前跨境电商领域存在显著的"技术鸿沟"和"流量垄断"：头部企业依托自研AI系统实现全链路优化，而中小企业受限于数据与算力资源，难以突破选品同质化、营销低效化等瓶颈。基于跨境电商卖家公司规模较小、专业水平参差不齐、员工流动性较大、管理多平台账号矩阵等特点，通过提供普惠性跨境电商垂类大模型，结合智能选品、全球政策合规自动化（如根据欧盟《数字服务法案》要求，自动规避夸大宣传词汇，降低下架风险）、供应链风险预判（如结合历史数据与天气、新闻政治事件，预警海运航线延误概率）、税务合规计算（如根据RCEP成员国关税规则生成最优报关方案）、利润模型优化、图片短视频智能生成等功能，在降低行业进入门槛和运营成本的同时，还能规避多平台矩阵账号的冗余AI插件费用。

#### 2. 加大知识产权纠纷服务力度

跨境电商多为小额订单，主要通过第三方平台网站的交易规则解决纠纷，而极少采用单独诉讼方式解决知识产权纠纷，国际争端解决困难。面对知识产权保护国际规则深度重构的态势，亟须构建"前端预警—中端应对—后端救济"的全周期管理体系。前端依托产业园区和跨境电商平台等构建综合性的跨境电商服务生态系统，联合市场监管、商务、税务、行业协会等部门，建立重点产业专利、商标等导航，强化合规人才培育，进行普惠性政策宣贯。中端通过在重点跨境电商国家和地区设立跨境电商海外纠纷中心，完善跨国应诉协作网络。后端设立海外知识产权维权援助基金，支持出口信用保险、进出口银行等金融机构推出更多针对海外知识产权的金融产品，帮助企业降低维权成本。

### （三）以治理体系数治化提升服务效能

#### 1. 优化产业顶层设计

不断优化跨境电商综试区治理体系，因地制宜建立科学考评体系。中国的地理多样性使各省份的产业特色各异，经济贡献度无法简单量化和横向比较，各跨境电商产业带之间因产品的海外本土化能力、交付的便利化水平有所差异，如纺织服装、3C电子、家居家具、五金用品、机械设备零配件等面向C端的日用消费品是现阶段跨境电商的主流品类，而港口型城市则拥有跨境电商供应链的天然优势。建议商务部门在对跨境电商进行绩效评价时，将更多的数据要素嵌入考核体系，如各地区资源禀赋、跨境电商产业链的培育、优化营商环境等，减少单纯贸易额增量指标的比重，形成更为科学化、精细化的考评体系。提升政策精准扶持水平，鼓励地方政府对跨境电商与海外仓企业信息系统建设、引进和培育数字化人才、出口信用保险保费及仓储物流费用实施阶梯式补贴政策。完善风险防御体系，推广"政策性保险+商业保险"双重保障机制，将买方破产、货款拒付、知识产权纠纷等风险纳入出口信用保险承保范围，对战争、外汇管制等政治风险设立专项风险补偿基金。创新融资支持机制，针对海外仓以租赁为主导致的抵押融资受限问题，建议发挥政府引导基金与国企产业投资基金的杠杆效应，对共建"一带一路"国家及龙头企业优先提供融资增信支持，破解"融资难、融资贵"困局。

#### 2. 推进信用赋能与投资便利化改革

一方面，建立海外仓重点企业白名单制度，推动RCEP成员互认海外仓企业信用评级，实现AEO高级认证与仓储服务标准对接，降低跨国监管重复审查成本。联合国际商会制定《海外仓数字化运营规范》，将企业信用信息、知识产权合规等内容应用纳入信用评价指标，引导行业从价格竞争转向服务质量竞争。另一方面，积极提升跨境电商和海外仓企业境外投资便利化水平。根据商务部和国家发改委发布的《企业境外投资管理办法》，企业开展境外投资需要分别获得商务部境外投资备案证书和国家发改委相关行政许可，流程复杂且耗时较长。建议参照自贸区离岸贸易白名单管理模式，对高资信信用评级的跨境电商和海外仓企业，实施"备案制+负面清单"境外投资管理。

### 3. 促进民营企业参与公平竞争

一是促进民营企业参与公平竞争。积极贯彻落实习近平总书记在民营企业座谈会上的重要讲话精神，支持民营企业参与海外竞争，强化对企业间过度竞争的合规引导和监管规范。从跨境电商产业链来看，中小卖家尤其是民营企业占到了绝大多数。从海外仓来看，全国海外仓运营面积规模排名前列的企业如纵腾（福建）、递四方（深圳）、万邑通（上海）等均为民营企业。海外仓属于相对重资产的行业，与国资背景企业相比，民营企业存在进入门槛高、合资背景弱等困境。二是积极利用数字技术，着力构建促进民营经济发展的制度保障体系和营商环境，使民营跨境电商和海外仓企业公平参与国际竞争、同等受到法律保护。比如利用政务云、微信小程序等工具，加强各项惠企政策的宣传落实，扩大"免申即享"政策覆盖面，保障民营企业应享尽享。

## 参考文献

跨境眼研究院：《2024海外仓蓝皮书》，2024年5月。

王岳丹：《各地跨境电商发展困局分析之跨境电商出口数据流失》，"EWTO研究院"微信公众号，2024年10月9日。

王岳丹：《各地跨境电商发展困局分析之"跨境电商+产业带"》，"EWTO研究院"微信公众号，2024年12月9日。

王小艳：《全国跨境电商综试区考核评估榜单出炉！跨境电商综试区的"护城河"在哪里？》，"EWTO研究院"微信公众号，2024年9月1日。

李峰、洪勇：《AIGC对跨境电商的影响、存在的问题及对策》，载张大卫、吕村、喻新安主编《中国跨境电商发展报告（2024）》，社会科学文献出版社，2024。

# B.3 从外贸"新三样"看我国跨境电商领域的新质生产力

潘勇*

**摘　要：** 近年来，我国外贸领域中以电动载人汽车、锂电池、太阳能电池为代表的"新三样"跨境电商异军突起，成为我国外贸新质生产力的新引擎。本文从外贸"新三样"与新质生产力的构成要素出发，分析了新质生产力驱动外贸"新三样"跨境电商发展的机制，并基于海关总署统计数据，分析了"新三样"跨境出口产地分布和出口目的地分布。最后，基于目前"新三样"跨境电商行业存在的贸易壁垒与政策风险增加、物流与供应链面临挑战、市场竞争力与品牌影响力亟须提升、技术创新能力与知识产权意识有待提高等问题，从技术创新与升级、市场拓展与多元化、供应链优化与协同、品牌建设与提升方面提出建议策略。

**关键词：** 新质生产力　外贸"新三样"　跨境电商

近年来，外贸"新三样"呈现迅猛的发展态势，2023年合计出口1.06

---

\* 潘勇，博士，二级教授，博士生导师，河南财经政法大学电子商务与现代服务业研究院院长，中国信息经济学会副理事长，教育部高等学校电子商务类专业教学指导委员会委员，全国电子商务教育与发展联盟（"50"人论坛）副理事长，河南省电子商务专业咨询委员会委员，河南国际数字贸易研究院兼职研究员。董藤藤、赵乐杉、王丰翼、谷世豪和朱应钦参加了本文的资料搜集和整理工作，在此表示感谢。

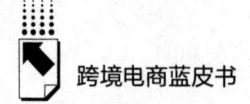

万亿元，首次突破万亿元大关，① 2024年在部分国家关税施压的情况下仍能保持万亿元以上的稳定发展，② 成为我国外贸出口的重要增长极。从国际市场份额来看，我国"新三样"产品已在全球市场占据领先地位。截至2023年，以太阳能电池为例，我国光伏组件产量已连续16年居全球首位，多晶硅、硅片、电池片、组件等产量产能的全球占比均在80%以上。③ 在锂电池领域，2023年全球动力电池装机量前十企业中，中国企业占据六席，市场份额超过60%，中国申请的动力电池专利占据了全球的74%，已成为驱动电机最大的生产国。④ 电动载人汽车方面，2021年、2022年，我国汽车出口量连续迈上了200万辆、300万辆的台阶，2023年更是跨越了两个百万量级的台阶，出口了522.1万辆，同比增长57.4%。我国每出口3辆汽车就有1辆是电动载人汽车。2024年，我国电动载人汽车出口量首次突破200万辆。⑤ 在市场分布上，我国"新三样"产品出口覆盖全球200多个国家和地区，不仅在欧美等传统发达国家市场深受欢迎，在共建"一带一路"国家和新兴市场国家也展现出强劲的增长势头，太阳能电池和锂电池等产品的出口量持续攀升，为当地的能源转型和基础设施建设提供了有力支持。而电动载人汽车凭借其性价比优势和技术创新，在中亚、东南亚等地区的市场份额逐步扩大。在亚马逊、速卖通、Shopee等国际知名电商平台，以及国内的阿里巴巴国际站、TikTok等，都成为"新三样"产品跨境销售的重要阵地，为"新三样"产品拓展全球市场提供了新的路径与机遇。

---

① 《2023年"新三样"产品合计出口增长29.9%，首次突破万亿元大关——中国外贸新引擎日益强劲》，《人民日报》（海外版）2024年1月26日，http://shenyang.customs.gov.cn/shenzhen_customs/511680/511681/5652100/index.html。
② 《信心2024！我国"新三样"年出口破万亿元大关》，央视网，2024年12月28日，https://news.cctv.com/2024/12/28/ARTIaOomEh9uA9uvGLHSe9he241228.shtml。
③ 《从"微不足道"到"担当大任"，技术创新驱动中国光伏发展提速》，中国新闻网，2024年10月15日，https://www.chinanews.com.cn/cj/2024/10-15/10301945.shtml。
④ 《中国锂电出海迈入2.0阶段，共创全球新繁荣》，https://baijiahao.baidu.com/s?id=1820555200546826181&wfr=spider&for=pc。
⑤ 《中国电动汽车出口首次突破200万辆，可以从北京连到罗马》，https://baijiahao.baidu.com/s?id=1821107003159349492&wfr=spider&for=pc。

# 从外贸"新三样"看我国跨境电商领域的新质生产力

## 一 外贸"新三样"与新质生产力的构成要素

### (一)外贸"新三样"定义与范畴

外贸"新三样",即电动载人汽车、锂电池、太阳能电池,作为我国战略性新兴产业的代表性产品,在全球绿色能源转型和科技创新的浪潮中崭露头角。

电动载人汽车通常指以电力为主要动力来源,搭载一定数量乘客的机动车辆。其范畴涵盖纯电动汽车、插电式混合动力汽车和氢燃料电池汽车等。这类汽车以其零排放或低排放、高性能、智能化等特点,成为汽车产业转型升级的重要方向。

锂电池是一类由锂金属或锂合金为负极材料、使用非水电解质溶液的电池。外贸领域中的锂电池主要包括锂离子动力电池、储能电池和消费类电池等,其凭借高能量密度、长寿命、快速充电等优势,成为推动新能源产业发展的核心要素。

太阳能电池,又称为"太阳能芯片"或"光伏电池",是一种利用太阳光直接发电的光电半导体薄片。它能够将太阳能转化为电能,广泛应用于分布式光伏发电系统、大型地面光伏电站等领域。在外贸中,太阳能电池主要包括晶体硅太阳能电池、薄膜太阳能电池等不同类型产品,是实现可再生能源大规模应用的重要基础。

### (二)外贸"新三样"与新质生产力的构成要素

新质生产力的构成要素多元且相互关联,共同支撑起其先进的生产体系。科技创新是核心要素,通过持续的研发投入与技术突破,为生产力发展提供源源不断的动力。在"新三样"产业中,宁德时代在锂电池技术研发上的持续创新,使其在全球市场占据领先地位,其研发的高能量密度、长寿命的电池产品,满足了电动汽车、储能等领域日益增长的需求,推动了整个

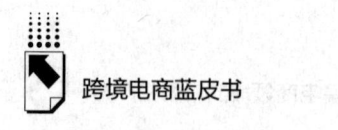

产业的发展。

数据作为新型生产要素，在新质生产力中发挥着关键作用。在跨境电商领域，数据能够帮助"新三样"企业了解全球市场需求、消费者偏好，从而优化产品设计与营销策略。借助大数据分析，企业可以精准定位目标市场，推出符合当地消费者需求的产品，提高市场占有率。

人才是新质生产力的重要支撑。在"新三样"跨境电商企业中，既需要具备专业技术知识的研发人才，不断推动产品创新，也需要精通跨境电商运营的管理人才，拓展市场渠道，提升企业的竞争力。

资本、政策等要素也对新质生产力的发展至关重要。充足的资本为科技创新与产业发展提供资金支持，政府对新能源产业的补贴政策，促进了"新三样"产业的快速发展。

### （三）外贸"新三样"的新质生产力特征

创新性是其首要特征，表现为技术创新、产品创新、商业模式创新等多个方面。"新三样"企业通过持续的技术创新，不断推出具有更高性能、更符合市场需求的产品。特斯拉在电动汽车领域的创新，不仅体现在电池技术、自动驾驶技术上，还体现在其独特的直销商业模式上，打破了传统汽车销售的渠道限制。

高效性也是新质生产力的显著特征。借助先进的技术与生产模式，新质生产力能够实现生产效率的大幅提升。在光伏产品生产中，智能化生产线能够实现24小时不间断生产，且产品质量稳定性更高。

智能化是新质生产力的重要发展趋势。随着人工智能、物联网等技术的广泛应用，生产过程实现了自动化、智能化控制。在锂电池生产企业中，利用人工智能算法对生产过程进行实时监测与优化，提高了生产的精准度与可靠性。

绿色化是新质生产力顺应时代发展的必然要求。"新三样"产业作为绿色产业的代表，在生产过程中注重资源节约与环境保护，推动经济社会的可持续发展。电动载人汽车的普及，减少了对传统燃油的依赖；光伏产品的大规模应用，为实现清洁能源替代提供了重要支撑。

## 二 新质生产力驱动外贸"新三样"跨境电商发展的机制

### (一)技术创新驱动机制

**1. 生产技术革新提升产品竞争力**

对于"新三样"产品而言,生产技术的持续革新是提升其竞争力的关键。以新能源汽车为例,传统燃油汽车在能源利用效率、尾气排放等方面存在诸多局限,而新能源汽车通过采用锂离子电池技术,实现了能源的高效转化与零排放。宁德时代研发的 CTP(Cell to Pack)技术,省去了电池模组组装环节,有效增加了新能源汽车的续航里程。特斯拉的超级工厂采用先进的自动化生产线,机器人能够精确完成车身焊接、零部件装配等复杂工序,大幅缩短了生产周期,降低了人工成本与人为误差。这种高效的生产模式,使特斯拉能够快速响应市场需求,占据全球新能源汽车市场的重要份额。先进的智能驾驶技术使新能源汽车在技术含量与用户体验方面超越了传统燃油汽车,为其跨境电商销售提供了有力支撑。

**2. 数字化运营优化跨境电商流程**

人工智能技术在跨境电商物流配送中的应用,实现了物流路线的智能规划与配送效率的提升。在客户服务方面,人工智能客服的应用为客户提供了更加便捷、高效的服务体验。智能客服能够 7×24 小时全天候在线,快速响应客户的咨询与投诉。基于大数据分析的客户画像技术,能够帮助企业深入了解客户的偏好、购买行为等信息,实现精准营销与个性化推荐。

### (二)资源配置优化机制

**1. 数据要素引领资源精准配置**

在新质生产力的架构下,数据已然成为驱动外贸"新三样"跨境电商资源精准配置的核心要素。在生产环节,企业依据对市场数据的深度分析,精准定位不同区域、不同消费群体对"新三样"产品的需求特点,从而优

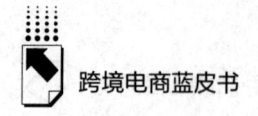

化生产计划,合理安排产能。如欧洲市场对小型、节能型电动汽车的需求呈上升趋势,而北美市场则更青睐续航里程长、动力强劲的车型。基于此,企业针对性地调整生产布局,在欧洲工厂增加小型电动汽车的生产线,在北美工厂加大长续航车型的生产投入,实现了生产资源的精准配置。

2. 创新要素集聚促进产业协同

创新要素的集聚是推动外贸"新三样"跨境电商产业协同发展的关键动力,人才、资金、技术等要素的有机融合,能够构建起高效协同的产业链生态,提升产业整体竞争力。对于"新三样"跨境电商产业而言,汇聚多领域专业人才至关重要。如比亚迪汇聚了来自全球的顶尖人才,研发团队不断攻克电池技术、智能驾驶技术等关键难题,运营团队则凭借对国际市场的深入了解,成功推动比亚迪电动汽车在全球市场的热销,实现了研发与运营环节的高效协同。

在"新三样"产业中,电池技术、光伏技术、智能网联技术等的创新升级,不仅推动了产品的升级换代,还带动了相关零部件制造、充电设施建设、物流配送等产业的协同发展。如新能源汽车的快速发展,促使电池制造商与汽车制造商紧密合作,共同研发高性能电池系统,同时也推动了充电桩制造商加快技术创新,提高充电速度与便利性,实现了新能源汽车产业链的协同发展。

## (三)市场拓展机制

1. 新质生产力催生新市场需求

在"新三样"领域,技术创新推动产品性能持续提升,为消费者带来全新体验,进而开拓了新的市场空间。特斯拉 Model S 车型搭载的先进电池技术,使其续航里程可达 600 英里以上,满足了消费者对长途出行的需求,其 Autopilot 智能驾驶辅助系统,为用户提供了更加便捷、安全的驾驶体验,推动了电动汽车在全球市场的普及。宁德时代研发的钠离子电池,满足了可再生能源并网、智能电网等领域对储能设备的需求,催生了新的市场需求。

## 2. 跨境电商平台助力全球市场布局

跨境电商平台凭借其强大的资源整合能力与全球化的营销网络，为"新三样"企业拓展全球市场提供了有力支持。如阿里巴巴国际站平台通过数据分析发现欧洲市场对小型、节能型电动汽车的需求较大，于是针对性地推出符合欧洲市场需求的车型，并制定了相应的广告投放、促销活动等营销策略，成功打开了欧洲市场。亚马逊的 FBA（Fulfillment by Amazon）服务，通过在全球各地建立仓储中心，实现了货物的快速存储与配送，提高了客户满意度，同时，平台还提供物流跟踪、退货换货等一站式服务。在速卖通平台，通过举办"绿色能源节"等专题活动，集中展示了"新三样"产品的品牌与优势，吸引了大量全球消费者的关注，进一步拓展了市场份额。

# 三 新质生产力背景下"新三样"跨境贸易发展现状

## （一）电动载人汽车

### 1. 电动载人汽车跨境出口产地分布

据海关统计数据在线查询平台数据①，2023 年，上海市出口值最高，为 172.1 亿美元，占全国电动载人汽车出口额的 44.8%；浙江省出口值第二，为 44.7 亿美元，占全国电动载人汽车出口额的 11.6%；广东省以 32.9 亿美元排第三，占 8.6%。另外，长三角地区出口值比较高，总计为 235.7 亿美元，占全国电动载人汽车出口额的 61.3%。

产生这种分布的主要原因有以下几点。①产业基础与配套。上海是中国重要的汽车工业基地之一，拥有上汽集团等大型传统汽车企业，在汽车研发、生产、制造等方面积累了丰富经验和技术。浙江的吉利汽车等企业在传统汽车领域也有深厚底蕴，转型发展新能源汽车具有先天优势。②产业集聚。前沿的数字化、智能化技术加速渗透，不仅让新能源汽车整车厂能在 4

---

① 中华人民共和国海关总署海关统计数据在线查询平台，http://stats.customs.gov.cn/。

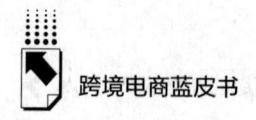

小时车程内高效解决配套零部件供应难题，更促使知识、技术、数据等新生产要素汇聚融合。③完整的产业链。长三角地区拥有完整的新能源汽车产业链，并且人工智能、量子计算等新技术不断融入产业链各环节，激活了数据资源与创新潜能，形成以创新驱动、高科技含量为特色的新质生产力。④市场需求与出口优势叠加。长三角地区既有巨大的市场需求，又因临海天然优势，为新能源汽车产业的发展提供了良好的市场环境。跨境电商借助便捷渠道优势，将融合新技术的新能源汽车推向全球，让新质生产力在国际市场得以验证与拓展。⑤交通与物流优势。上海有洋山港，浙江有宁波舟山港，都是世界级的港口。企业通过这些港口出口产品，运输成本低、效率高，便于将产品推向国际市场，在全球市场竞争中占据优势。

2.电动载人汽车出口目的地分布

据海关统计数据在线查询平台数据，在出口目的地方面，2023年比利时的进口金额为55.92亿美元，是所有国家中最高的；英国的进口金额为47.36亿美元，位居第二；西班牙的进口金额为30.49亿美元，位居第三。

产生这种分布的主要原因有以下几方面。①地理位置得天独厚。比利时地处欧洲心脏地带，坐拥欧洲最为繁忙的两大港口之一，完备且发达的物流网络纵横交错，能够便捷地将货物高效分发至欧洲其他各国，为贸易往来提供了坚实的物流保障。②政策扶持力度大。上述这些国家纷纷出台一系列利好政策，如针对电动载人汽车的进口给予税收优惠等专项支持，极大激发了电动载人汽车的进口活力，为其市场拓展创造了有利条件。③市场需求旺盛。这些国家对环保与可持续发展理念高度认同，并且民众对于新技术的接纳程度普遍较高，因而催生了对电动载人汽车的强劲需求。

## （二）锂离子蓄电池

1.锂离子蓄电池跨境出口产地分布

据海关统计数据在线查询平台数据，2023年，福建省出口值最高，为182.6亿美元，占全国锂离子蓄电池出口额的28.1%；广东省出口值第二，为154.8亿美元，占全国锂离子蓄电池出口额的23.8%；江苏省出口值第三，为130.3亿美元，占全国锂离子蓄电池出口额的20.0%。另外，长江三角洲地区出口值比较高，总计为232.5亿美元，占全国锂离子蓄电池出口额的35.8%。

　　锂离子蓄电池出口企业多集中于福建省、广东省、江苏省的原因主要有以下几点。①产业链配套完善。福建省在电池材料研发和生产方面有独特优势，如厦门钨业在正极材料领域具有领先地位，为锂离子蓄电池制造提供了关键的原材料支持。宁德时代作为全球动力电池龙头企业，总部位于福建宁德，带动了大量上下游企业集聚，如在宁德当地形成了包括材料供应、电池配件生产等在内的完整产业链配套企业。珠三角地区是国内重要的制造业基地，在锂电池产业链的上下游配套方面具有显著优势，拥有格林美、珠海冠宇、天赐材料等大量产业链企业，涵盖了电池材料、电池组件、电池回收等各个环节，能够实现资源的高效配置和协同发展。②交通与物流便利。福建省有厦门港、福州港，江苏省有连云港、南通港等重要港口，广东省有广州港、深圳港等世界级港口，这些港口为锂离子蓄电池制造企业的原材料进口和产品出口提供了便捷的运输通道。特别是江苏省和福建省虽然在原材料的直接获取上不占优势，但发达的物流网络和良好的产业配套使得原材料能够快速、高效地运输到企业，保证生产的连续性。③科研实力支撑。福建省内高校和科研机构为锂电池产业培养和输送了大量专业人才，如厦门大学在电化学等相关领域的科研实力较强，为企业的技术创新和发展提供了人才保障。江苏省有南京大学、东南大学等高校，在电化学、材料科学等领域科研实力强劲，为锂离子蓄电池制造提供了技术支持和创新动力。

## 2. 锂离子蓄电池出口目的地分布

　　据海关统计数据在线查询平台数据，中国锂离子蓄电池出口最多的国家是美国、德国和越南等。美国连续多年成为中国锂电池的最大出口国，因为美国对电动汽车和储能系统等高技术、高附加值产品的需求增长迅速，同时美国市场对锂电池的质量要求较高，中国电池产品能够满足这一市场需求。德国作为欧洲最大的经济体，对新能源汽车和可再生能源存储系统的需求增长较快，推动了对中国锂离子蓄电池的进口需求。越南的制造业发展迅速，

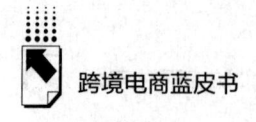

特别是电子和汽车产业，对锂电池的需求增长，同时越南与中国地理位置接近，物流成本较低，这也是中国锂电池出口越南较多的原因之一。

### （三）光伏电池（太阳能电池）

#### 1. 光伏电池跨境出口产地分布

据海关统计数据在线查询平台数据，从出口值来看，2023年，江苏省的出口值最高，共出口131.1亿美元，占全国光伏电池出口总额的30%；浙江省位居第二，出口值为124.2亿美元，占出口总额的28.4%；江西省出口额为49.1亿美元，占比为11.2%。

产生这样分布的主要原因如下。①政策支持与产业规划。江苏将光伏产业作为重点产业进行规划指导，13地市纷纷出台政策及支持措施鼓励地方光伏产业发展。浙江省发布了《浙江省能源发展"十四五"规划》《浙江省光伏产业高质量发展行动方案（征求意见稿）》等，明确了光伏装机和产业产值等目标，为光伏产业发展提供了清晰的方向。江西省政府出台了一系列政策支持光伏产业发展，将光伏产业作为战略性新兴产业进行重点培育。②产业集群效应。江苏省涵盖了硅料、硅片、电池片、组件等各个环节，如常州的天合光能、无锡的尚德等知名企业，推动了产业集群的形成，提升了产业协同效应和规模优势。浙江形成了以嘉兴、宁波等地为中心的产业集群。晶科、正泰、东方日升等企业在此布局，带动了上下游企业集聚，形成了良好的产业生态和完善的产业链配套。③资源与成本优势。江西拥有丰富的硅矿资源，为光伏产业提供了充足的原材料。此外，江西的劳动力资源丰富，生产成本相对较低。④交通与物流便利。江苏省有连云港、南通港等重要港口；浙江地处长三角南翼，交通便利，有利于光伏产品的运输和销售，便于与国内外市场进行对接，同时也便于引进国内外先进的技术和设备。

#### 2. 光伏电池出口目的地分布

据海关统计数据在线查询平台数据，欧洲和亚洲是中国光伏电池的主要出口目的地。2023年，荷兰、巴西、印度三个国家占据出口国家的前三名，出口值分别为 90.3 亿美元、37.3 亿美元与 31.7 亿美元。

中国光伏电池的出口主要集中在欧洲和亚洲市场，与这些地区对可再生能源的高需求和政策支持密切相关。欧洲作为清洁能源转型的先行者，对光伏产品的需求一直比较旺盛，荷兰、比利时、德国、法国等国的进口金额都较高。亚洲市场，尤其是印度、巴基斯坦、印度尼西亚等新兴市场国家，由于经济增长和能源需求上升，对光伏电池的需求也在不断增加。

## 四 新质生产力背景下外贸"新三样"跨境电商发展的策略建议

### （一）存在的问题

**1. 贸易壁垒与政策风险增加**

近年来，国际贸易保护主义抬头，一些国家采取加征关税、设置贸易壁垒、出台补贴政策等手段，限制我国"新三样"产品的进口。如 2024 年 5 月 14 日，美国政府宣布对中国"新三样"加征关税，2024 年电动汽车关税将从 25% 提升至 100%；车用电池的关税税率从 7.5% 提高到 25%，2026 年起非车用锂电池的关税税率也将从 7.5% 提高到 25%，这将进一步影响中国"新三样"在美国市场的竞争力。[1] 2024 年，欧盟委员会决定对从中国进口的电动汽车征收为期五年的 17%~35.3% 不等的反补贴税，这将对中国电动汽车在欧洲市场的销售产生较大冲击。[2] 欧盟依据《外国补贴条例》，相继对我国光伏、风电、电动汽车等新能源领域展开反补贴调查，《新电池法》生效后，在一定程度上提高了贸易门槛。这些政策导致中国"新三样"进入欧洲、美国市场面临更高的关税和贸易壁垒。

---

[1] 《美国宣布将中国电动汽车关税提高到 100%，商务部、外交部发声！》，《中国商报》2024 年 5 月 15 日。

[2] 《欧盟决定对中国电动汽车征收为期五年的最终反补贴税》，央视新闻客户端，2024 年 10 月 30 日。

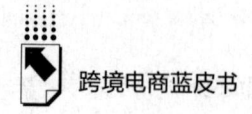

**2. 物流与供应链面临诸多挑战**

"新三样"产品具有体积大、重量重（如电动载人汽车）或运输条件特殊（如锂电池有运输安全限制）等特殊性，决定了其物流过程中需要专业的设备、包装材料和操作流程，同时还需承担运输风险，其中锂电池属于9类危险品，运输过程中需确保不受损坏、短路、高温、挤压等，这就要求在包装、装卸、运输等环节都要严格遵守相关规定。在电动载人汽车方面，近年来随着我国电动载人汽车等产品出口量的快速增长，欧洲等主要海外市场的港口出现了拥堵现象，导致车辆无法及时运离港口。① 尽管中国电动载人汽车产业已形成完整产业链，但在全球供应链布局中仍面临一些挑战，如部分核心零部件的供应稳定性有待提高。

**3. 市场竞争力与品牌影响力仍需提升**

随着"新三样"市场的火热，全球众多企业纷纷涌入，市场竞争日益激烈。在电动载人汽车领域，除了国内品牌竞争，还面临欧美传统汽车巨头以及新兴电动汽车品牌的竞争。在国际市场上，价格战时有发生，压缩了企业利润空间。尽管我国"新三样"产品在技术和性价比上有优势，但品牌影响力与国际知名品牌相比仍有差距。部分跨境电商企业在品牌推广上投入不足，缺乏品牌故事与文化内涵，品牌定位不清晰，导致在国际市场上消费者对品牌的认知度和忠诚度较低。

**4. 技术创新能力与知识产权意识有待提高**

"新三样"行业技术更新换代迅速，企业需要持续投入大量资金进行研发，以保持竞争力。然而，部分跨境电商企业因规模较小、资金有限，难以承担高额研发费用，导致技术创新能力不足。此外，在国际市场上，我国"新三样"跨境电商企业可能因不熟悉当地知识产权法规，或自身知识产权保护措施不完善，面临侵权纠纷。一些企业可能因模仿国外技术或设计，被当地企业起诉，不仅面临经济赔偿，还损害了企业声誉。

---

① 《欧洲港口，堆满卖不出去的中国电动车》，经济观察网，2024年4月22日，https://www.eeo.com.cn/2024/0422/654167.shtml。

## （二）策略建议

### 1. 技术创新与升级

（1）产品性能提升。随着技术创新不断推进，"新三样"产品性能将持续提升。如在锂电池领域，研发方向将朝着更高能量密度、更快充电速度以及更长循环寿命发展，满足消费者对新能源汽车长途出行和快速充电的需求。太阳能电池将不断提高光电转换效率，降低生产成本，增强在全球能源市场的竞争力。

（2）智能化与绿色化发展。"新三样"产品智能化趋势将更加明显。电动载人汽车将实现更高级别的自动驾驶功能，通过车联网技术与智能家居等系统实现互联互通。太阳能电池板将具备智能监测与调节功能，根据光照条件自动调整角度和输出功率。同时，绿色环保理念将贯穿产品从原材料采购、生产制造到使用与回收全生命周期。

### 2. 市场拓展与多元化

（1）新兴市场潜力释放。随着全球新能源产业的发展，新兴市场对"新三样"产品的需求将不断增长。非洲、南美洲等地区能源需求大且传统能源基础设施相对薄弱，为太阳能电池和锂电池储能系统提供了广阔的市场空间。同时，这些地区的经济发展和城市化进程加快，对电动载人汽车的需求也逐渐显现。跨境电商企业应加大在新兴市场的开拓力度，通过本地化运营、建立售后服务网络等方式，满足当地消费者需求。

（2）深化共建"一带一路"国家经贸合作。"一带一路"倡议为"新三样"跨境电商带来更多机遇。共建国家在基础设施建设、能源转型等方面需求旺盛，与我国"新三样"产业优势互补。通过加强与共建国家的贸易合作，建设跨境电商产业园、物流枢纽等，促进"新三样"产品更便捷地进入当地市场，实现互利共赢。

### 3. 供应链优化与协同

（1）数字化与智能化供应链。未来"新三样"跨境电商供应链要利用大数据、人工智能等技术，实现供应链各环节的精准预测、智能决策和协同

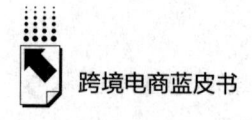

运作。通过对市场需求数据的分析，企业能够更准确地预测产品销量，合理安排生产计划和库存管理。同时，智能化的物流配送系统将实现货物的智能分拣、路径优化和实时跟踪，提高物流效率和服务质量。

（2）区域化供应链布局。为应对全球供应链风险，企业应加强区域化供应链布局。在主要目标市场或周边地区建立生产基地、仓储中心和售后服务中心，缩短供应链长度，降低运输成本和缩短运输时间，提高供应链的灵活性和响应速度。如在欧洲、东南亚等地区建立本地化生产组装线，不仅可以快速响应市场需求，还能规避部分贸易壁垒。

4. 品牌建设与提升

（1）品牌定位与塑造。跨境电商企业要更加注重品牌建设，明确品牌定位。针对不同市场和消费群体，打造具有独特价值主张的品牌形象。如针对欧美高端市场，强调产品的科技感、创新性和高品质；针对发展中国家市场，突出产品的性价比和实用性。通过品牌故事、品牌文化的传播，提升品牌在国际市场的认知度和美誉度。

（2）品牌营销多元化。企业应采用多元化的品牌营销手段。除传统的广告宣传、展会推广外，应更加注重社交媒体营销、网红合作等新兴营销方式。利用社交媒体平台的传播优势，与消费者进行互动，提高品牌知名度和用户黏性。通过与当地网红、意见领袖合作，推广产品，引导消费潮流。

**参考文献**

王如玉、柴忠东、林家兴：《全球供应链空间重构下的中国外贸"三新"：新格局、新动能与新质生产力》，《重庆大学学报》（社会科学版）2024年第3期。

赵蓓文：《新中国75年从贸易大国走向贸易强国的回顾与探索》，《世界经济研究》2024年第4期。

孔琳、柳欣雨、高庆朝：《新质生产力赋能外贸高质量发展——来自省域面板数据的实证检验》，《价格月刊》2024年第9期。

# B.4
# AI大数据模型：跨境电商的新引擎与变革力量

邢朝阳 张小霞 侯东伟*

**摘　要：** 当前AI技术正深刻改变跨境电商行业，AI大数据模型成为行业发展的关键驱动力。本文通过探讨AI在跨境电商中的多维度应用，分析其带来的变革力量，如提升客户体验、高效供应链管理、创新商业模式、提升运营效率和数据驱动决策等，并结合案例分析，探讨AI在实际跨境电商业务中的具体应用效果。但AI在实际应用过程中，也面临数据隐私与安全、监管合规、技术整合、数据质量与准确性等挑战。基于此，结合AI驱动跨境电商未来发展趋势，企业应积极拥抱技术，同时制定应对策略，以期助力跨境电商在智能化、个性化和全球化的道路上迈出更大步伐。

**关键词：** AI大数据模型　跨境电商　客户服务　供应链优化

跨境电商作为外贸新业态新模式，近年来发展迅猛。根据商务部统计，截至2024年第一季度，中国跨境电商企业已超12万家。[1] 据Statista的统计数据，2021年全球B2C跨境电商市场规模为7850亿美元，预计到2024年

---

\* 邢朝阳，北京交通大学河南校友会副秘书长，河南港然网络科技有限公司总经理，主要研究方向为AI技术应用与跨境贸易；张小霞，郑州财经学院商学院助教，主要研究方向为跨境电商、数字贸易；侯东伟，河南国际数字贸易研究院助理研究员，主要研究方向为跨境电商、数字贸易。

[1]《全国跨境电商主体超12万家》，《人民日报》2024年6月4日。

将增至约 1.8 万亿美元。[①] 这一增长不仅反映了消费者对多样化商品的需求，也凸显了技术创新在推动行业变革中的核心作用。其中，人工智能（AI）大数据模型以其强大的数据处理能力和预测精度，成为跨境电商行业的新引擎。AI 技术通过多维度的应用，正在重塑跨境电商的生态系统，如在智能选品方面，AI 算法能够分析全球消费趋势，帮助卖家优化选品策略，从而提高市场竞争力；AI 还可以实现精准营销与个性化推荐，通过构建用户画像，为消费者提供量身定制的商品推荐，从而显著提升转化率。AI 技术在跨境电商中的应用不仅带来了巨大的机遇，也带来了新的挑战，特别是数据隐私与安全问题成为关注焦点，AI 算法的偏见与公平性问题也需要进一步研究和优化。综上所述，本文将深入探讨 AI 如何通过多维度应用重塑跨境电商生态，并分析其带来的机遇与挑战。

## 一 AI 在跨境电商行业中的应用及趋势

### （一）市场分析与预测

市场分析与预测是跨境电商企业成功的关键环节，而 AI 大数据模型通过整合和分析海量数据（如社交媒体动态、搜索趋势和历史销售记录），为跨境电商企业提供精准的市场预测和决策支持。相关研究表明，基于神经网络的 AI 模型能够有效预测销售订单，帮助商家提前调整库存和营销策略。[②] 这种能力能够帮助商家洞察消费者需求和市场趋势，快速响应市场需求变化，使企业在激烈的全球竞争中抢占先机。

在具体应用中，AI 大数据模型的核心在于其能够整合来自多个渠道的

---

[①] "Cross-border business-to-consumer (B2C) e-commerce market value worldwide in 2021 and 2030", https://www.statista.com/statistics/1296796/global-cross-border-ecommerce-market-value/.

[②] Lun Xie, Jiaquan Liu, Wei Wang, "Predicting sales and cross-border e-commerce supply chain management using artificial neural networks and the Capuchin search algorithm", *Scientific Reports*, Jun 2024, https://pmc.ncbi.nlm.nih.gov/articles/PMC11165007/.

海量数据，从而为市场分析奠定坚实基础。跨境电商企业常用的主要数据来源，一是社交媒体动态。消费者在Twitter、Facebook、Instagram等平台上的讨论、评论和情绪反应是市场趋势的重要风向标。AI模型通过自然语言处理（NLP）技术，进行情感分析和话题挖掘，识别热门话题、消费者痛点和潜在需求。如某款产品在社交媒体上突然获得大量正面评价，可能预示着其市场需求的快速增长。二是搜索趋势。利用Google Trends等工具，AI模型可以监控全球消费者对特定关键词的搜索量变化。如当"可持续时尚"相关关键词的搜索量激增时，AI能够预测这一品类的潜在市场需求，帮助企业及时调整产品线和营销策略。三是历史销售记录。企业内部的销售数据是预测未来趋势的重要依据。AI模型通过分析季节性波动、促销活动效果和消费者复购行为，识别销售模式。如分析显示每年"黑色星期五"期间电子产品销量激增，AI可以据此建议商家提前备货。通过多源数据的整合，AI大数据模型构建了一个从微观消费者行为到宏观市场趋势的立体分析框架，为精准预测提供了可靠基础。

与此同时，AI模型在市场预测中依赖先进的机器学习和深度学习技术，能够处理复杂的非线性关系并挖掘数据中的隐含模式。以下是几种关键模型及应用场景。一是神经网络模型。基于深度学习技术的神经网络（如卷积神经网络CNN和循环神经网络RNN）在市场预测中表现出色。研究表明，神经网络模型在销售订单预测中的准确率显著高于传统统计方法。[1]如RNN适用于分析时间序列数据，能够预测未来几个月的销售趋势，而CNN可用于分析社交媒体中的图像数据（如消费者发布的商品照片），识别流行趋势。二是时间序列分析。ARIMA（自回归集成移动平均模型）和Prophet（Facebook开发的预测工具）等时间序列模型能够基于历史销售数据，预测未来的市场需求。这些模型擅长捕捉季节性、趋势和周期性波动。如Prophet模型可以自动识别"双十一"促销期间的销售高峰，并预测下一年

---

[1] Lun Xie, Jiaquan Liu, Wei Wang, "Predicting sales and cross-border e-commerce supply chain management using artificial neural networks and the Capuchin search algorithm", *Scientific Reports*, Jun 2024, https://pmc.ncbi.nlm.nih.gov/articles/PMC11165007/.

的增长幅度。三是情感分析。利用自然语言处理（NLP）技术，AI模型能够分析社交媒体帖子、产品评论和客户反馈中的情感倾向。如某款跨境电商产品的负面评论增加，AI可以预测其销量可能下降，并提醒商家及时改进产品质量或调整营销策略。这种能力使企业能够更精准地把握消费者态度和购买意愿。通过这些模型的应用，AI将海量数据转化为可操作的洞察，帮助企业制定前瞻性的市场策略。

未来随着AI技术的不断发展，市场预测将更加精准和智能化，为跨境电商企业带来更多机遇。一是预测新兴市场。AI模型通过分析全球经济、政治和文化因素，预测新兴市场的崛起。如分析非洲地区的移动支付普及率和电商渗透率，AI可以帮助企业提前布局这些高潜力市场。二是优化产品开发。基于市场预测和消费者需求，AI能够指导企业开发新产品。如若预测显示环保产品需求上升，企业可以优先研发可持续材料制成的商品。三是提升供应链效率。通过更精确的需求预测，AI帮助企业优化库存管理、物流配送和生产计划。如预测某款产品在"黑色星期五"的需求量后，企业可以提前安排仓储和运输，降低成本并提升效率。

综上所述，AI大数据模型通过整合社交媒体动态、搜索趋势、历史销售记录等多源数据，为跨境电商提供精准的市场分析与预测能力。从神经网络到情感分析，AI技术帮助企业捕捉市场机遇、优化资源配置，并快速响应变化。尽管面临数据质量和隐私保护等挑战，但随着技术的进步，AI在市场预测中的应用前景将更加广阔。跨境电商企业若能充分利用这一工具，必将在全球竞争中占据优势地位。

## （二）客户服务增强

在跨境电商中，语言和时区差异是客户服务的两大障碍。如客户可能使用英语、西班牙语、中文、日语等多种语言提出问题，而人工客服很难掌握所有语言；或者由于全球市场的覆盖，客户咨询可能发生在企业本地时间的非工作时段。如一家欧洲电商企业的亚洲客户在深夜（欧洲时间）查询订单状态，若无人应答，客户体验将大打折扣。这种延迟响应往往使客户感到被忽视，降低复购率。AI驱动的聊天机器人通过自然语言处理（NLP）技术，提供多语言支持。如AI可以根据客户提问自动生成个性化回复，显著提升响应速度和客户满意度。[①]具体包括以下几方面。

一是多语言支持与实时翻译。AI聊天机器人能够自动识别客户输入的语言，并在后台进行实时翻译。如当一位德语客户询问"我的包裹什么时候到？"时，AI会将问题翻译成企业的工作语言（如英语），生成答案后翻译回德语回复客户。这种无缝的语言切换能力使企业无须雇用多语种客服团队，就能服务全球市场。二是全天候在线。与人工客服受限于工作时间不同，AI机器人可以全年无休地运行。假设一位澳大利亚客户在凌晨（企业所在地时间）咨询物流状态，AI能在几秒内查询数据库并回复最新信息。这种即时性不仅提升了客户满意度，还增强了企业在竞争中的响应能力。三是个性化回复与智能推荐。AI通过分析客户的购物记录、浏览行为和历史咨询，能够生成高度个性化的回复。四是情感识别与问题升级。AI利用NLP技术分析客户输入的语气和用词，判断其情感状态。如客户输入"你们的服务太差了，我要退货！"，AI会检测到负面情绪，自动将对话转接给人工客服，或优先标记为紧急事务。这种智能筛选确保复杂或情绪化问题得到妥善处理。五是多渠道整合。AI客服不仅限于网站聊天窗口，还能无缝整合社交媒体、电子邮件和移动应用等平台。如客户通过Instagram发送订单查询，AI能在同一系统内识别客户身份并回复，无须客户重复提交信息。通过这些功能，AI客服机器人不仅解决了语言和时区的障碍，还将服务效率和用户体验提升到了新的高度。

### （三）供应链与物流优化

跨境电商涉及复杂的国际物流网络，AI通过运输路线优化、物流需求

---

[①] Octavia Blake, "The Role of AI and Machine Learning in Cross-Border E-commerce: Enhancing Personalisation and Customer Experience", https://www.iweb.co.uk/2024/10/the-role-of-ai-and-machine-learning-in-cross-border-e-commerce-enhancing-personalisation-and-customer-experience/.

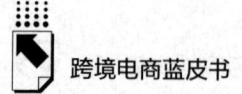

预测和智能库存管理，能大幅降低成本。如 AI 算法可根据天气、港口拥堵等变量实时调整物流计划，确保货物按时交付。① 具体包括如下几个方面。

## 1. 运输路线优化

跨境电商的货物运输通常涉及海运、空运和陆运等多种方式，运输路线的选择直接影响交付时间和成本。AI 通过实时数据分析和智能算法，为运输路线优化提供了强大的支持。一是动态路线规划。AI 算法可以整合多种实时变量，如交通状况、天气预报、港口运营状态以及海关清关效率等，动态生成最优运输路线。如当 AI 检测到某条航线因暴风雨可能延误时，它能够迅速分析备选路线（如改用空运或邻近港口转运），并根据成本和时间要求推荐调整方案。这种动态调整能力确保货物按时交付，减少因不可控因素导致的延误。二是多式联运优化。跨境物流通常采用多种运输方式（如海运至港口后转陆运），AI 可以分析历史运输数据、当前物流资源可用性以及货物紧急程度，优化多式联运方案。如对于高价值的电子产品，AI 可能推荐空运以确保快速交付；而对于大宗低值商品，则可能选择海运与铁路结合的方式降低成本。这种精细化的组合优化，不仅缩短了运输时间，还显著降低了总体物流费用。

## 2. 物流需求预测

准确预测物流需求是供应链优化的核心，AI 通过机器学习和大数据分析，为企业提供了前所未有的预测能力。一是基于历史数据的预测模型。AI 可以利用历史销售数据、节假日销售高峰、市场趋势等信息，建立高精度的需求预测模型。如在"黑色星期五"前，AI 能够预测某类商品（如电子产品）的需求激增，建议企业提前增加运输和仓储资源。这种预测能力避免了资源浪费或因供不应求导致的销售损失。二是实时需求调整。市场环境瞬息万变，AI 系统可以通过实时监控社交媒体趋势、电商平台流量变化等信号，动态调整物流需求预测。如当某款化妆品因网红推荐突然走红时，AI 能够迅速识别这一趋势，增加运输频次并优先分配仓储资源，确保供货及

---

① Douglas Longobardi, "3 Ways AI Can Improve Cross-Border E-Commerce Shipping", https://www.mytotalretail.com/article/3-ways-ai-can-improve-cross-border-e-commerce-shipping/.

时。这种快速响应能力帮助企业在竞争激烈的市场中占据先机。

3. 智能库存管理

库存管理是跨境电商供应链中的关键环节，过多库存导致资金占用，过少则影响销售。AI 通过数据驱动的分析，实现了库存管理的智能化。一是库存水平优化。AI 综合分析销售速度、供应商交货周期、仓储成本等因素，计算出每个商品的最佳库存水平。如对于畅销的手机配件，AI 可能建议保持高库存以满足即时需求；而对于季节性商品，则推荐低库存以减少积压。AI 还能根据预测的销售趋势，自动触发补货订单，确保库存动态平衡。二是多仓库协同管理。许多跨境电商企业在全球设有多个仓库，AI 可以优化库存分布，确保货物靠近需求热点。如 AI 预测到美国西海岸将迎来购物高峰时，会提前将货物从亚洲仓库调拨至西海岸仓库，缩短配送时间。这种跨区域的协同管理减少了长距离运输需求，提高了物流效率。

综上所述，AI 在跨境电商供应链与物流优化中的应用，通过优化运输路线、精准预测物流需求和实现智能库存管理，为企业带来了显著的成本节约和效率提升。以天气、港口拥堵等变量为例，AI 算法能够实时调整物流计划，确保货物按时交付，同时通过数据驱动的决策支持，帮助企业在复杂多变的国际物流网络中保持竞争优势。随着 AI 技术的进一步发展，其在跨境电商中的应用潜力将更加广阔，为行业带来更多创新和价值。

（四）个性化营销

个性化营销是指根据消费者的个人偏好、行为和互动历史，量身定制营销内容和产品推荐。在数字时代，消费者面临海量选择，个性化营销能够帮助企业脱颖而出，提升客户参与度并推动销售增长。AI 推荐系统通过分析消费者行为数据，为每位客户提供定制化产品推荐。如台湾必胜客利用 AI 将客户分群并推送个性化优惠，转化率提升了 20% 以上。[1] 这种精准营销不

---

[1] Alban Villani, "Applying AI to Global Cross-Border E-commerce and Digital Marketing", https://www.appier.com/en/blog/applying-ai-to-global-cross-border-e-commerce-and-digital-marketing.

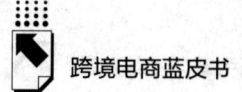

仅提升了销售额，还增强了客户忠诚度。此外，相关研究表明，80%的消费者更倾向于选择那些提供个性化体验的品牌；91%的消费者表示会优先选择提供相关优惠和推荐的品牌。① 因此，个性化营销不仅是提升销售额的工具，更是增强客户忠诚度和品牌竞争力的关键。

AI 推荐系统是实现个性化营销的核心技术，通过机器学习算法分析大量消费者数据，预测并推荐最符合个体需求的产品或服务。这些数据包括浏览历史、购买记录、人口统计信息，甚至社交媒体活动。AI 推荐系统主要依赖以下技术手段。一是协同过滤。协同过滤通过分析相似用户的行为模式进行推荐。如用户 A 和用户 B 的购买历史相似，且用户 A 购买了某款新产品，系统会将该产品推荐给用户 B。这种方法能够发现用户间的隐性关联，提升推荐的准确性。二是基于内容的过滤。该方法根据用户过去喜欢的产品属性，推荐类似的产品。如用户经常购买运动鞋，系统会推荐同类别的其他运动鞋款式。基于内容的过滤适用于新用户或冷门产品，能够弥补协同过滤在数据稀缺时的不足。三是混合推荐系统。许多企业采用协同过滤和基于内容过滤的混合模型，结合两者的优势，提供更精准的推荐。如 Netflix 的推荐系统就综合了用户的观看历史、评分以及内容相似性。② 此外，AI 推荐系统还可以通过自然语言处理（NLP）分析用户评论、社交媒体互动等非结构化数据，进一步了解用户的兴趣和情感倾向，从而优化推荐内容。这些技术手段的结合，使 AI 能够为每位客户提供高度定制化的产品推荐。

综上所述，AI 在个性化营销中的应用，不仅通过精准的客户分群和定制化推荐提升了销售转化率，还通过增强客户体验和情感连接，显著提高了客户忠诚度。随着 AI 技术的不断进步，个性化营销将进一步推动跨境电商

---

① Lun Xie, Jiaquan Liu, Wei Wang, "Predicting sales and cross-border e-commerce supply chain management using artificial neural networks and the Capuchin search algorithm", *Scientific Reports*, Jun 2024, https：//pmc.ncbi.nlm.nih.gov/articles/PMC11165007/.

② Octavia Blake, "The Role of AI and Machine Learning in Cross-Border E-commerce：Enhancing Personalisation and Customer Experience", https：//www.iweb.co.uk/2024/10/the-role-of-ai-and-machine-learning-in-cross-border-e-commerce-enhancing-personalisation-and-customer-experience/.

行业的创新与发展，为企业创造更大的商业价值。企业在实施过程中，应注重数据隐私保护、推荐准确性优化以及成本效益平衡，以确保个性化营销策略的长期成功。

## （五）欺诈检测与风险管理

在跨境电商的快速发展中，欺诈检测与风险管理成为确保交易安全和维护市场信任的核心环节。跨境交易因其全球化特性，涉及多样的支付方式、复杂的物流网络以及不同国家和地区的法规要求，使支付欺诈和假冒商品等问题尤为突出。AI技术的应用为应对这些挑战提供了高效解决方案，通过实时监控交易模式和检测异常行为，显著提升了平台的安全性和消费者的信任度。如AI模型可以在毫秒内识别可疑订单，保障平台和消费者的利益。[1]

AI在跨境电商的欺诈检测与风险管理领域中，通过多种技术手段实现了从交易监控到商品鉴别的全方位覆盖。AI的具体应用及其工作原理包括以下几方面。一是异常检测。异常检测是AI欺诈检测的核心技术之一。AI模型通过分析历史交易数据，学习正常交易模式（如支付时间、金额分布、地理位置等），从而识别出偏离这些模式的异常行为。如某用户账户突然在深夜从一个新国家发起多笔大额订单，且与历史行为不符，AI会将其标记为可疑交易。相比传统规则引擎仅能识别已知欺诈模式，异常检测的优势在于能够发现未知或新兴的欺诈手段。二是行为分析。AI通过分析用户的行为特征，建立详细的用户画像，用于识别欺诈者。如AI可以监控用户的浏览路径（如是否直接跳转到支付页面）、点击频率、设备信息（如操作系统版本、IP地址）等。欺诈者常使用自动化脚本或虚拟机进行操作，这些行为与正常用户存在显著差异。如正常用户可能在下单前浏览多个商品页面，而欺诈者可能直接批量提交订单。AI通过检测这些异常行为模式，提前预警潜在风险。三是实时监控与决策。在跨境交易中，时间是关键。AI系统

---

[1] Soliman Aljarboa, "Factors influencing the adoption of artificial intelligence in e-commerce by small and medium-sized enterprises", https://www.sciencedirect.com/science/article/pii/S2667096824000740.

能够在交易发生的毫秒内完成风险评估，并根据结果采取行动。如当用户提交订单时，AI 会综合分析交易金额、支付方式（如信用卡、电子钱包）、收货地址与 IP 地址的一致性等多个维度，计算风险评分。如果评分超过预设阈值，系统可能自动拒绝交易或将其转入人工审核。这种实时性不仅降低了欺诈损失，还确保了正常用户的交易体验不受影响。四是假冒商品检测。AI 在打击假冒商品方面也表现出色。通过图像识别技术，AI 可以比对卖家上传的商品图片与品牌官方图片，识别出仿冒品，如 AI 能够检测出商品标志的细微差异或包装上的伪造痕迹。此外，自然语言处理（NLP）技术可分析商品描述和用户评价，识别出与正品不符的特征，如"疑似假货"或"与描述不符"等关键词。这种自动化审核机制能在商品上架前拦截假冒品，减少消费者的损失。五是多维度风险评估。AI 还可以整合多源数据（如交易记录、物流信息、用户反馈）进行综合风险评估。如某卖家的商品退货率异常高，或收货地址集中在高风险地区，AI 会提高其风险评分，并建议平台采取限制措施。这种多维度分析增强了系统的全面性和准确性。

尽管 AI 在欺诈检测中成效显著，但仍面临一些挑战。一是数据质量与合规性。AI 模型依赖高质量的训练数据，但在跨境电商中，各国数据格式不一，且需遵守欧盟《通用数据保护条例》（GDPR）等隐私法规。企业可通过数据清洗和标准化提升数据质量，同时采用联邦学习技术（在本地处理数据后再汇总模型更新），确保合规性。二是对抗性攻击。欺诈者可能利用 AI 生成伪造行为绕过检测。企业需开发具备对抗性学习能力的模型，定期进行模拟攻击测试，并引入多重验证（如短信验证码或人脸识别）增强安全性。三是误报与用户体验。过高的误报率可能导致正常订单被拦截，影响用户满意度。AI 可通过引入用户反馈机制（如申诉后优化模型）降低误报率，同时在高风险交易中使用生物识别技术进行二次确认，确保准确性与便利性的平衡。

综上所述，支付欺诈和假冒商品是影响跨境电商交易安全和消费者信任的关键问题。AI 通过异常检测、行为分析、实时监控和图像识别等技术，实现了对欺诈行为的精准打击。实际数据显示，AI 不仅降低了欺诈率，还提高了平台的运营效率和用户体验。然而，企业在应用 AI 时需关注数据质量、对抗性攻击和误报率等挑战，通过技术优化和创新确保系统的可靠性。未来，随着 AI 与新兴技术的融合，其在风险管理中的作用将更加突出，为跨境电商的可持续发展提供强有力的支持。

## 二 AI 变革力量：引领跨境电商行业智能化与全球化

人工智能（AI）作为一股变革力量，正从多个维度深刻影响跨境电商的生态系统，包括提升客户体验、高效供应链管理、创新商业模式、提升运营效率以及数据驱动决策。这些方面的协同作用不仅优化了企业的运营流程，还为消费者带来了更优质的购物体验，重塑全球电商格局。

### （一）提升客户体验

个性化是 AI 在跨境电商中最为显著的变革之一，尤其是体现在个性化服务方面的广泛应用。通过先进的推荐系统和智能客服技术，AI 能够为消费者提供量身定制的购物体验。如 Netflix 的推荐算法因其精准性成为用户黏性的核心驱动力[1]，跨境电商巨头也将类似技术融入平台，分析消费者的历史行为、偏好和实时互动数据，为每位用户推荐最契合需求的商品。这种个性化推荐显著提升了用户的购买意愿和复购率，这在竞争激烈的跨境市场中尤为关键。与此同时，智能客服利用自然语言处理（NLP）技术，能够根据客户提问自动生成个性化回复，不仅缩短了响应时间，还大幅提升了客户满意度和忠诚度。

### （二）高效供应链管理

高效供应链管理则是 AI 赋能跨境电商的另一关键领域，通过预测需求

---

[1] Shantha Farris, Rich Berkman, Molly Hayes, "AI in commerce: Essential use cases for B2B and B2C", https://www.ibm.com/think/topics/ai-in-ecommerce.

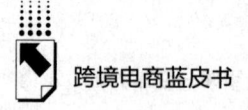

和优化资源配置显著提升了运营效率。AI利用机器学习模型分析历史销售数据、市场趋势以及外部因素（如节假日或天气变化），为企业提供精准的需求预测。如Walmart通过AI优化全球供应链，显著减少了库存积压和物流浪费。[1] AI还能通过实时数据分析优化资源配置，如动态调整仓储布局或运输路线，进一步降低运营成本。这种高效管理使企业能够从容应对跨境物流中的复杂挑战，如海关清关、多国法规等，确保供应链的稳定性和灵活性。

### （三）创新商业模式

AI催生了新的商业模式，如动态定价和订阅式服务，为跨境电商注入了创新活力并提升了客户黏性。动态定价通过AI分析市场条件、竞争对手价格和客户行为，实时调整商品价格，以最大化收入并吸引不同市场的消费者。如跨境电商利用AI优化定价策略，根据地区需求差异灵活调整价格，既提升了销售额，又保持了市场竞争力。订阅式服务则通过AI分析用户偏好，提供个性化的定期配送服务，如Spotify通过AI推荐个性化歌单[2]，为跨境电商提供了可借鉴的范例。这些创新模式不仅满足了消费者多样化的需求，还推动了行业向更具弹性和个性化的方向发展。

### （四）提升运营效率

AI的自动化技术进一步提升了跨境电商的运营效率，简化了从商品上线到订单处理的烦琐流程。如Alibaba利用AI自动翻译产品描述，支持多语言市场快速上线，同时通过AI处理合规性检查，确保商品符合各国法规要求，大幅缩短了上线时间。[3] 机器人流程自动化（RPA）在订单处理、库存

---

[1] "Smoothing Cross-Border Shipping: The Power of AI in Logistics", https://rtslabs.com/smoothing-cross-border-shipping.

[2] Glenn Steinberg, Matthew Burton, "How supply chains benefit from using generative AI", https://www.ey.com/en_us/insights/supply-chain/how-generative-ai-in-supply-chain-can-drive-value.

[3] "Cross-border e-commerce AI integrated solution", https://www.alibabacloud.com/tech-news/a/ai/4o06vq8lycq-cross-border-e-commerce-ai-integrated-solution.

管理和客户服务中也发挥了重要作用，减少了人工干预，提升了响应速度和准确性。这种技术红利不仅惠及大型企业，中小型卖家也能通过AI工具优化运营，效率的提升不仅降低了运营成本，还增强了企业对市场变化的快速反应能力。

### （五）数据驱动决策

数据驱动决策是AI赋予跨境电商的竞争优势源泉，通过深入分析客户行为和市场趋势为企业提供前瞻性洞察。如Alibaba利用AI优化广告投放，根据客户实时行为调整策略，显著提高了投资回报率。[1] 通过AI分析客户评论和销售数据，精准推荐高潜力商品，帮助消费者快速决策。这种数据驱动的洞察使企业在产品选择、定价调整和市场扩张中更具战略眼光。此外，AI还能预测客户流失风险，通过监测购买频率下降的信号，建议企业推出个性化优惠挽留客户。AI还可通过分析社交媒体数据预测新兴市场趋势，帮助企业提前布局非洲或拉美市场，从而在竞争中占据先机。

综上所述，AI在跨境电商中的变革力量通过提升客户体验、高效供应链管理、创新商业模式、提升运营效率以及数据驱动决策得以全面体现。这些维度的协同效应不仅优化了企业的内部流程，还为消费者带来了更便捷、个性化的购物体验，推动行业向智能化、个性化和全球化的新阶段迈进。未来，随着AI技术的不断突破，其在跨境电商中的应用将更加深入，将为企业和消费者创造更大的价值。

## 三 面临的挑战与对策建议

在跨境电商领域，AI的广泛应用推动了效率提升和市场竞争力增强，但企业仍面临多重挑战，包括数据隐私与安全、监管合规、技术整合、数据

---

[1] "Alibaba executives said they will develop artificial intelligence tools for overseas merchants", https：//www.reuters.com/technology/artificial-intelligence/alibaba-bets-gen-ai-tools-overseas-merchants-executive-says-2024-07-09/.

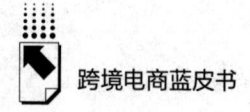

质量与准确性。这些问题不仅涉及技术层面的复杂性，还直接关系到合规性、消费者信任以及企业的长期发展。

## （一）数据隐私与安全性

跨境电商因其跨国特性需要处理大量消费者数据，如个人信息、支付记录和购买行为，这些数据的跨境传输使数据隐私与安全成为首要挑战。各国对数据保护的要求日益严格，如欧盟的《通用数据保护条例》和美国的《加州消费者隐私法》，对企业提出了高标准合规要求，若数据泄露，不仅可能导致巨额罚款，还会严重损害企业声誉。

为应对这一问题，企业可采取多层次策略：首先，采用端到端加密技术确保数据在传输和存储中的安全性；其次，定期安全审计必不可少，通过与第三方安全机构合作，持续评估其系统以符合支付卡行业数据安全标准（PCI DSS），为商家和消费者提供可靠保障；最后，隐私政策透明化也能增强用户信任，通过详细披露数据处理流程，可显著提升消费者信心。值得一提的是，数据的本地化存储正成为趋势，避免跨境传输带来的合规风险。这些措施共同构筑了数据隐私与安全的坚实防线。

## （二）监管合规性

监管合规的复杂性为跨境电商带来了另一大难题。不同国家在税收、海关、产品标准和消费者保护方面的要求千差万别，[1] 如美国对中国商品加征关税、欧盟对电子产品的 RoHS 认证等，稍有疏忽便可能导致商品被扣押、罚款甚至市场准入受限。

为有效应对，企业可借助 AI 合规工具实时监控全球法规变化并优化运营策略，帮助企业规避法律风险；此外，聘请法律专家提供支持也不可或

---

[1] Cristiano Morini, Fernando Pieri Leonardo, Vaibhav Chaudhary, Juha Hintsa, "A Paradigm Shift in Cross-Border E-Commerce Regulatory Compliance：Evidence From Brazil", https://www.worldcustomsjournal.org/article/123504-a-paradigm-shift-in-cross-border-e-commerce-regulatory-compliance-evidence-from-brazil.

缺，DHL 的全球贸易服务团队为企业量身定制合规方案，解决了复杂的海关和税收难题；更进一步，自动化合规流程能够显著提升效率，利用 AI 清关系统，通过自动生成报关文件、计算税费并优化物流路径，减少了人为错误并加快了通关速度。这种技术与人工结合的策略，不仅降低了合规成本，还为企业在全球市场的稳健运营提供了保障。

## （三）技术整合

技术整合的挑战主要源于许多传统电商企业对老旧遗留系统的依赖，这些系统往往难以与现代 AI 技术无缝对接。升级 IT 基础设施不仅成本高昂，还可能因迁移过程导致业务中断，影响企业的稳定性。

为解决这一难题，企业应采取逐步升级策略，优先改造关键模块以降低风险，同时选择模块化的 AI 工具，如 Google Cloud 的 AI 平台，其灵活的 API 设计能够轻松适配现有系统，减少技术过渡的摩擦。[①] 通过分阶段引入 AI 技术优化全球库存管理系统，可实现技术与业务的平滑衔接。这种循序渐进的方式不仅降低了成本，还确保了企业在技术升级过程中保持市场竞争力。

## （四）数据质量与准确性

数据质量与准确性直接决定了 AI 模型的性能，而跨境电商因数据来源多样且庞大，常常面临重复、不完整或错误的数据问题。

为提升数据质量，企业需要建立系统化的数据清洗流程，可利用 IBM 的 Data Refinery 自动处理多源数据，确保数据的完整性和一致性。[②] 同时，引入验证机制，如 Salesforce 的 Einstein Analytics，通过交叉验证和数据审计进一步保障输入数据的可靠性。[③] 这种数据治理策略能够显著提升 AI 模型的预测精度，为企业的战略决策提供坚实支撑。

---

[①] "Accelerate the pace of innovation by leveraging enterprise-level AI technology enhanced by the Gemini model", https：//cloud.google.com/ai-platform.

[②] IBM Watson Studio, https：//www.ibm.com/cloud/watson-studio/data-refinery.

[③] Einstein Analytics, https：//www.salesforce.com/products/einstein-analytics/overview/.

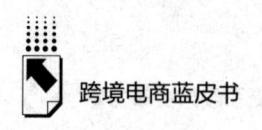

## 四　阿里巴巴的 AI 实践

阿里巴巴作为跨境电商的领导者，将 AI 广泛应用于其全球业务中，展现了技术驱动的典范。一是客户服务。Alibaba 的 AI 聊天机器人支持超过 20 种语言，提供全天候客户支持，处理了超过 80% 的常见咨询。[①] 二是供应链优化。通过菜鸟网络，Alibaba 利用 AI 预测物流需求，优化仓储和配送效率。[②] 三是个性化营销。Alibaba 的推荐系统根据消费者行为实时调整商品展示，自 2023 年 10 月上线以来，阿里巴巴国际站经过 AI 优化的商品，支付转化率提升 52%；AI 参与的买家响应率提升 26%。[③] 四是欺诈检测。AI 系统在 Lazada 平台上检测假冒商品和异常交易，2023 年拦截欺诈订单超过 500 万笔。[④] 阿里巴巴的案例表明，AI 不仅提升了运营效率，还增强了其在全球市场的竞争力，为其他企业提供了可借鉴的经验。

## 五　结论与展望

AI 大数据模型作为跨境电商的新引擎，通过精准预测、高效管理和个性化服务推动行业变革，不仅提升了客户体验和运营效率，还催生了新的商业模式。然而，数据隐私、监管合规和技术整合等挑战不容忽视。未来，随着 AI 技术的进一步成熟和应用场景的拓展，跨境电商将在智能化、个性化

---

[①] Willa, "Exploring the Dynamics of Cross-Border E-Commerce", https：//reads.alibaba.com/exploring-the-dynamics-of-cross-border-e-commerce/.

[②] "Cainiao and Alibaba Cloud are also researching various scenarios where edge computing can be employed to increase efficiency all along the supply chain", https：//www.alibabacloud.com/en/customers/cainiao-logistics?_p_lc=1.

[③] "Cross-border merchants in 2024: 'Tasting' AI, benefiting tens of thousands of sellers | Year-end planning", https：//news.futunn.com/en/post/51728017/cross-border-merchants-in-2024-tasting-ai-benefiting-tens-of?level=1&data_ticket=1740322411531246.

[④] Don Davis, "Amazon and Alibaba lead in cross-border ecommerce", https：//www.digitalcommerce360.com/2023/02/03/amazon-and-alibaba-lead-in-cross-border-ecommerce/.

和全球化的道路上迈出更大步伐。企业需积极拥抱技术，同时制定应对策略，方能在这一充满机遇与挑战的市场中实现可持续发展，进而打造国际经济合作新优势。

**参考文献**

Lee H. L., & Whang S., "Information sharing in a supply chain". *International Journal of Manufacturing Technology and Management* 1, 2000: 79-93.

Ngai E. W. T., & Wat F. K. T., "A literature review and classification of electronic commerce research". *Information & Management* 5, 2002: 415-429.

Chen M., Mao S., & Liu Y., "Big Data: A Survey", *Mobile Networks and App lications* 2, 2014: 171-209.

Zheng L., & Carter M., "Ethical AI in Global Commerce: Balancing Innovation and Privacy", *Journal of Business Ethics* 3, 2018: 741-759.

Wamba S. F., et al., "Big Data Analytics in E-Commerce: A Systematic Review and Agenda for Future Research", *Electronic Markets* 3, 2017: 243-265.

# B.5
# 人工智能技术在跨境电商行业的应用研究与前景分析

吴悦 肖雪松 宋以佳*

**摘 要：** 本文分析了跨境电商数字化工具革命的背景，特别是来自市场需求、技术进步等方面的驱动因素。在全景式介绍人工智能发展历程与现状后，着重阐述了人工智能技术在跨境电商供应链管理、营销服务、履约交付等全业务流程中的典型应用，并挑选了选品运营、营销客服、图像生成、政策咨询等细分领域的六个成熟应用案例进行解读。跨境电商行业为人工智能技术的应用提供了丰富的业务场景，持续推动人工智能技术在更多场景的应用落地。跨境电商全流程智能化水平将进一步提升，跨境电商企业需积极拥抱技术变革，构建"AI+"新型竞争力。

**关键词：** 跨境电商 人工智能 AI大模型

2024年政府工作报告首次提出开展"人工智能+"行动，这表明国家将加强顶层设计，加快形成以人工智能为引擎的新质生产力。在企业端，人工智能产业发展已驶入快车道，"让AI成为核心生产力"已经成为企业的迫切需求。2024年中国人工智能行业市场规模达7470亿元，同比增长

---

\* 吴悦，成都市跨境电子商务协会秘书长、四川外贸创新发展职教集团副秘书长；肖雪松，成都明途科技有限公司创始人、董事长，四川省大数据发展联盟专家，四川省智慧城乡大数据应用研究会人工智能专业委员会委员，成都市人工智能战略专家，贵州省电子政务云平台专家组成员；宋以佳，成都全球跨境电商服务资源中心主任。

41.0%，预计2025年达10457亿元，占全球比重达20.9%。①

人工智能与新质生产力关系密切，是新质生产力的核心驱动力之一。一方面，人工智能通过算法、算力和数据的结合，实现了从感知智能到认知智能、决策智能的跨越，推动了技术的革命性突破，提升了生产效率，催生了新的生产模式和业态；另一方面，新质生产力的发展产生了大量数据，这些数据为人工智能的训练和优化提供了丰富的素材。人工智能与新质生产力相互促进，形成了技术与应用的良性循环，特别是在跨境电商中的应用日益广泛，如智能客服、智能选品、市场数据分析等，这些应用产生了大量数据与用户反馈，推动了人工智能技术的迭代和优化，提升了跨境电商平台、商家、服务商的生态协同效率。

## 一 跨境电商数字化工具革命的时代背景与驱动力

全球贸易数字化转型正在重塑国际贸易格局，以跨境电商为代表的外贸新业态持续保持强劲增长。2024年我国外贸进出口总值达到43.85万亿元，同比增长5%，规模再创历史新高，其中跨境电商全年进出口达到2.63万亿元，增长10.8%。②

跨境电商不仅推动了外贸营销、物流、结算等环节的数字化，还促进了数字口岸、数字港口等基础设施的升级。全链条数字化提升了外贸效率，而人工智能技术作为核心驱动力，进一步推动贸易向智能化、自动化和智慧化方向发展。

由技术进步、市场需求和政策创新共同驱动的全球贸易数字化转型主要表现出以下趋势。一是交易场景数字化。跨境电商平台成为全球贸易的重要渠道，中小企业得以更便捷地进入国际市场、参与全球竞争。二是市场决策

---

① 中国广告主协会、艾媒咨询：《2024~2025年中国人工智能行业发展趋势研究报告》，2025年1月18日。
② 《国新办举行"中国经济高质量发展成效"系列新闻发布会 介绍2024年全年进出口情况》，国新网，2025年1月13日。

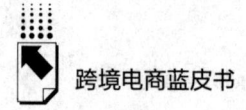

数字化。企业利用大数据分析市场趋势、消费者行为和供应链绩效，优化决策；通过人工智能技术的应用，企业能够更精准地预测需求，优化库存管理，同时敏捷应对市场波动，提升供应链效率。三是履约交付数字化。电子发票、提单和信用证等逐步取代纸质文件，减少处理时间和成本，减少人为干预发生错误的概率；电子支付方式简化跨境支付流程，降低了交易成本。物联网技术广泛应用，企业能够实时监控货物位置、温度和湿度等，供应链全流程管理透明度大大提升；人工智能技术的应用，进一步提升客户服务自动化水平。四是政策标准数字化。各国政府通过签署数字贸易协定，制定统一的数字贸易标准，持续促进跨境数据流动和电子商务发展，确保数据安全和互操作性。五是绿色贸易数字化。数字化技术帮助企业实现绿色供应链管理，减少碳排放，促进资源的再利用和循环经济模式发展。

## 二 人工智能技术发展沿革与产业图谱

### （一）人工智能技术发展沿革

人工智能技术的发展经历了多个阶段，从早期的理论探索到如今的广泛应用，不断演进和创新。具体如表1所示。

表1 人工智能技术发展沿革

| 阶段 | 起止时间 | 重要事件 | 发展概述 |
| --- | --- | --- | --- |
| 起步期 | 1950~1990年 | 神经元的数学模型提出；"图灵测试"提出；"人工智能"术语使用；"机器学习"概念明确；"计算机视觉"概念提出；单层感知器不能做非线性分类的问题解决；卷积神经网络发明和应用 | 人工智能的基本概念和理论框架的形成，应用初步尝试 |

续表

| 阶段 | 起止时间 | 重要事件 | 发展概述 |
|---|---|---|---|
| 机器学习兴起期 | 1991~2012年 | 深蓝超级计算机战胜国际象棋世界冠军；Google先后发表3篇大数据奠基论文；"深度学习"概念提出；《迁移学习的调查》文章发表 | 人工智能理论和技术的深入发展 |
| 深度学习爆发期 | 2013~2019年 | IBM Watson问答机器人参与Jeopardy回答测验比赛赢得冠军；AlexNet赢得ImageNet比赛冠军；谷歌知识图谱发布；生成对抗网络提出；TensorFlow框架开源；联邦学习提出；AlphaGo战胜人类围棋世界冠军 | 深度学习的快速发展和广泛应用 |
| 大语言模型崛起期 | 2020年至今 | GPT-3语言模型发布；《人工智能法案》提案提出；AlphaFold2预测98.5%的人类蛋白质结构；ChatGPT推出；分割一切模型推出 | 人工智能技术持续创新，人工智能与各行业深度融合；人工智能伦理、法律等问题受到关注 |

资料来源：笔者综合整理。

由表1可见，人工智能技术发展的每个阶段都有其独特的技术突破和应用成果，而随着DeepSeek国产大模型和多模态生成式AI等新技术的崛起，人工智能技术将在更多领域发挥重要作用。

## （二）人工智能行业产业链

人工智能技术产业上游为AI infra（Artificial Intelligence Infrastructure，人工智能基础设施），包含数据服务和硬件设备；中游是人工智能产业的技术核心，包括通用技术、算法模型、开发平台三个方面，涵盖机器感知、自然语言理解、机器学习、知识图谱、基础开源框架等核心技术；下游是人工智能面向C端和B端的应用场景，涉及教育、医疗、金融、制造、汽车等多个领域（见图1）。

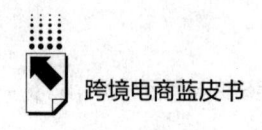

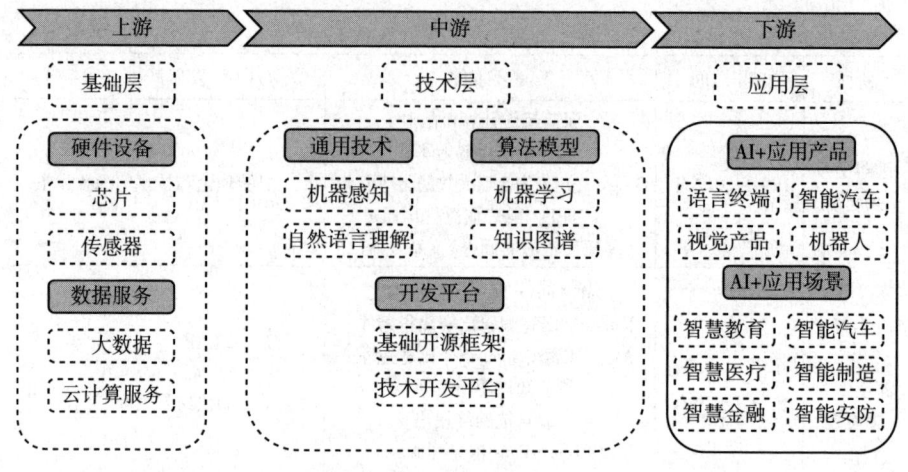

```
     ┌─上游─┐┌──────中游──────┐┌──下游──┐
     ┌基础层┐  ┌技术层┐         ┌应用层┐
```

图中内容：
- 基础层：硬件设备（芯片、传感器）、数据服务（大数据、云计算服务）
- 技术层：通用技术（机器感知、自然语言理解）、算法模型（机器学习、知识图谱）、开发平台（基础开源框架、技术开发平台）
- 应用层：AI+应用产品（语言终端、智能汽车、视觉产品、机器人）、AI+应用场景（智慧教育、智能汽车、智慧医疗、智能制造、智慧金融、智能安防）

图1 人工智能行业产业链

资料来源：前瞻产业研究院。

### 1. 上游：AI infra

人工智能基础设施，包含数据服务和硬件设备。数据服务通过采集、清洗、标注、存储和管理数据，借助物联网设备、网络爬虫获取海量数据，为模型训练提供资源。硬件设备中，人工智能芯片（GPU、FPGA、ASIC等）提供并行计算能力，智能传感器感知环境，智能服务器和云计算平台提供算力和存储，保障系统运行。

### 2. 中游：技术核心层

中游技术核心层涵盖通用技术、算法模型与开发平台。机器感知与自然语言理解技术赋予机器"看""听"与理解人类语言的能力。机器学习算法作为"大脑神经元"，精准分析预测数据。知识图谱串联信息，支撑智能应用。TensorFlow、PyTorch等基础开源框架降低开发门槛。GPT等自然语言处理（NLP）大模型擅长智能问答、文本创作等；计算机视觉（CV）大模型应用于安防、医疗、自动驾驶等领域；科学计算大模型解决复杂科研问题；模态大模型融合多模态信息，展现强大功能。这些共同推动人工智能技术持续创新与发展。

### 3. 下游：应用层

在 B 端主要用于 AI 办公、AI 教育、AI 营销、AI 金融等领域，提供智能客服助手、内容创意生成助手等服务；在 C 端主要用于智能陪伴、语音识别、直播带货等。

### （三）主流 AI 大模型与国产大模型

在人工智能的快速发展进程中，主流 AI 大模型已成为推动技术进步和应用拓展的核心力量，包括 NLP、CV、科学计算以及模态融合等领域，且在各自应用场景中展现出独特优势。

在自然语言处理（NLP）方面，GPT-4o、Copilot Pro 等模型凭借其大规模的预训练和强大的语言生成能力，在智能写作、语言翻译、问答系统等任务中，提升准确性和效率。如在文本创作场景下，GPT-4o 能够根据给定的主题和要求，快速生成结构清晰、内容丰富的文章，为内容创作者提供了有力的辅助工具。

计算机视觉（CV）大模型在图像识别、目标检测、图像分割等方面优势明显，应用于安防监控、自动驾驶、医疗影像诊断等领域。如在自动驾驶时，实时识别道路、交通标志和其他车辆，为自动驾驶系统提供决策依据，保障行车安全。

科学计算大模型专注于解决复杂的科学计算问题，如物理模拟、化学计算等，基于深度学习技术对科学数据进行建模和分析，为科研人员提供研究手段和工具。在量子计算模拟中，其能够有效处理复杂的量子态和计算过程，帮助研究人员深入理解量子现象和设计量子算法。

多模态大模型的出现进一步拓展了人工智能的应用边界，融合文本、图像、音频等多种数据模态，实现跨模态的理解和生成。如在教育领域，多模态大模型结合文本与图像，提供生动直观的学习内容，促进知识吸收。

在国产大模型方面，DeepSeek、豆包、星火等模型近年来取得了显著进展。DeepSeek 通过高效的负载均衡、FP8 混合精度训练和通信优化等策略，在保持性能的同时大幅降低训练成本，展现出强大推理、数学及编程能力，

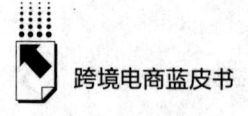

提供开源商用授权，为开发者和研究者提供技术支持。豆包模型依托自身强大的知识图谱和深度学习架构，为用户提供高质量的知识服务。星火模型在行业应用定制方面具有一定优势，满足智能客服、智能营销等场景需求，助力企业提升智能化水平。腾讯元宝在社交娱乐内容生成上展现出潜力，生成个性化文本与图像。百度搜索 AI 探索版结合大模型与搜索引擎，提升搜索结果准确性。

此外，垂直领域大模型在法律、营销、客服等领域也有一定的创新成果。中国法研"万法"大模型采用司法语料精调与司法知识引导相结合的大模型训练和应用策略，提升精准性和可信度；明途 WorkBrain 智能体模型专注于智能决策和多维度任务分析优化，在复杂学习任务的分析和优化方面表现较好；晓多科技在智能客服领域提供了高效智能的解决方案；雅意舆情大模型可以根据不同领域和主体的特定需求，提供定制化的舆情监测服务。

这些国产大模型及垂类模型的发展应用，丰富了 AI 技术生态，为我国在全球 AI 竞争中奠定坚实基础，有望推动更多领域智能化变革与创新发展。

## 三 人工智能技术在跨境电商行业的主要应用

模型、算法、算力和场景是人工智能创新过程中不可或缺的四个要素。模型和算法为人工智能提供学习和解决问题的能力，算力支撑着模型和算法的运行，而场景则为人工智能技术提供应用的方向和目标。跨境电商行业为人工智能技术应用提供了丰富的场景，从供应链管理、营销服务到履约交付的贸易全流程，已经有不少成熟的人工智能应用。

### （一）提升市场分析与预测能力

AI 技术可以帮助跨境电商企业分析市场趋势、消费者需求和竞争对手情况，智能推荐热销商品和潜在市场，优化供应链管理，降低库存风险。

代表应用：Helium 10、卖家精灵、FastMoss、EchoTik、Jungle Scout。

## （二）精准营销与个性化推荐

应用 AI 技术可以构建用户画像，了解用户的兴趣、偏好和购买行为，进行个性化推荐，提升用户购买转化率，增加平台销售额。

代表应用：Amazon Rufus，阿里巴巴国际站营销助手（Noah），Shopify Sidekick，超迹 AI。

## （三）运营智能化

跨境电商文案美工、产品上传、广告营销以及数据分析等高频、程序化工作的各个细分流程都有比较成熟的人工智能应用。

代表产品：Amazon Prime Video，Amazon AI Listing，Amazon Generator，eBay Magical Bulk Listing，阿里巴巴国际站商品运营助手（Maxwell），中国制造网 AI 助手麦可，Shopify Sidekick，Linkfox，Xmars。

## （四）自动化客服与多语言支持

AI 客服机器人可以提供 7×24 小时多语言服务，解答消费者的疑问，处理订单问题，在降低人力成本的同时提高客户满意度和忠诚度。

代表产品：阿里巴巴国际站接待助手（Eva），中国制造网 AI 助手麦可，Shopify Sidekick，超迹 AI。

## （五）物流优化与供应链管理

AI 技术在供应链管理中广泛应用，通过预测订单需求、优化库存管理和规划物流路线，显著提高了效率。如 AI 可以将库存周转率提高 25%～30%，[1] 并通过实时数据调整国际物流线路，节约运输成本。

代表产品：Amazon Amelia，Flexport。

---

[1] 《中企出海，智能化策略能解决三个难题》，《环球时报》2025 年 1 月 10 日。

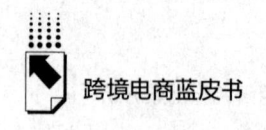

## （六）财税合规与关务智能化

人工智能技术在财税政策解读、风险预警、税务申报、关务业务等方面也有不少成熟应用，可以帮助跨境电商企业应对复杂的国际财税环境，确保跨境业务全链路风险可控。

代表产品：跨赋、FMS Plus、关贸云、EuroraAI、Avalara、Chatax、BPai。

## 四 跨境电商行业人工智能技术的应用

### （一）跨境电商 AI 选品和运营——卖家精灵

卖家精灵（www.sellersprite.com）是云雅科技研发的一款亚马逊选品运营综合性 SaaS 软件。基于大数据和人工智能技术，致力于通过数智化驱动，帮助全球亚马逊跨境卖家实现智能选品、市场分析和智能运营。卖家精灵自 2017 年上线以来，全球注册用户数突破 120 万，插件安装数突破 60 万，日活用户量高达 16 万，是中国区同类软件第一名。[①]

卖家精灵已在多个功能场景中实现 AI 与大数据的结合，陆续推出多个 AI 赋能的创新工具。AI 评论分析工具支持在插件端快速完成对产品评论的批量采集、加工和智能分析，免去了人工调研的烦琐过程，快速了解消费者画像、产品优劣势、使用场景、购买动因等信息，实现差异化产品开发和产品创新升级；AI Listing 生成器，卖家只需输入产品关键词等基本信息、偏好的文案风格等，AI 将在短时间内自动生成贴合卖家需求的 Listing，包括产品标题、五点描述、产品描述等，同时解决跨境卖家语言壁垒和产品 SEO 两大难点；AI 专利侵权查询功能，通过接入 AI 图片识别模型，智能计算产品图与专利产品图之间的相似度，判断产品在全球范围内侵权的可能性，解决了人工查询耗时长、易遗漏的问题。

---

[①] 数据来源于"卖家精灵"后台统计数据。

卖家精灵与 DeepSeek 相结合，可以进一步提升 AI 评论分析、关键词分析效率，还能对卖家精灵的市场分析报告进行深度解读，给出精准的市场策略建议。

### （二）AI 智能消费者洞察与智能客服——Shulex

2024 年 8 月 13 日，杭州数里行间科技有限公司（Shulex）面向全球 VOC 市场，推出基于生成式 AI 的"AI Agent 客服机器人"和"VOC Insight 消费者洞察"等产品解决方案，旨在重塑跨境电商行业的客户服务与选品运营交互方式。

Shulex 成立于 2021 年，一直专注于 AI+客户体验领域，目前全球注册用户数已突破 40 万，是安克创新、遨森电商、元鼎智能等头部跨境品牌的 AI 服务商[1]。凭借深度的电商行业服务经验，Shulex 通过训练亚马逊 16000 个商品类目，形成了世界主流商品的特征图谱。其 AI 技术能够深入语义理解，从消费者洞察、细分市场洞察、关键词洞察、社交媒体洞察四个维度对产品和竞品数据进行分析，帮助跨境电商不同岗位的工作人员精准捕捉、灵活分析并深度洞察客户声音。

为了进一步增强在客户体验领域的能力，Shulex 推出了能够解决复杂流程和特定任务的智能机器人——电商 Agent。不同于通用大模型 Agent，电商 Agent 专注于电商领域，它具备强大的智能响应能力，经过对数百家客户的业务场景深度总结与优化，客户可以通过可视化界面自助使用，自主设置业务流程。电商 Agent 预装了全球电商行业中近百个常见的消费者意图模型，如商品推荐、补差价、故障排查、包裹丢失、物流查询、发票查询、退货退款、投诉建议等。同时，它还整合了 Amazon API、Shopify API 等主流平台工具，并通过 Shulex VOC 中的海量消费者评论进行精准 AI 训练，从而实现比通用 AI 更高的回复正确率和客户满意度。

---

[1] 亿邦动力：《Shulex 如何用 AI Agent 定义下一代跨境客服？》，2025 年 4 月 14 日，https：// baijiahao.baidu.com/s？id=1829354944044962214&wfr=spider&for=pc。

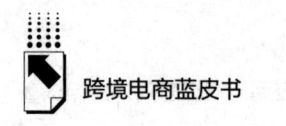

### (三) AI 智能营销引流——明途科技

企业出海的主要目的是提升其产品或服务的海外销量，而智能营销工具为跨境电商企业打开获客引流的新大门。成都明途科技有限公司作为国家专精特新"小巨人"企业，致力于探索 AI 智能体场景化应用。以 WorkBrain 智能体模型+DeepSeek 大模型为技术底座，打造智能体驱动跨境效率、体验与生态跃迁的服务场景。

在营销方面，结合智能体数字人打造 AI 说明书，融合生动的图文、视频展示，让用户既能快速获取商品信息、工艺流程，又能深入了解复杂工艺以及背后蕴含的历史文化故事，提升产品吸引力与品牌形象，助力传统工艺产品、品牌在国际市场崭露头角。

在群体协作方面，针对跨境电商选品、营销、仓储、物流等各环节打造智能体，通过任务汇聚智能体的流程协作机制，快速完成跨部门协作需求，减少信息查询，提高协作效率，实现群体创新。支持官网、H5、社交媒体多端应用，优化资源配置，降低企业的服务成本。

### (四) AI 智能报关、退税及产融信用数字化评估——明心数智

跨境电商因其主体和经营模式等特殊性，与传统贸易在税收政策、报关形式、操作步骤、物流派送等各方面差异明显，且跨境电商业务具有碎片化、包裹化的特点，在出口退税方面较一般贸易复杂程度更高。

深圳市明心数智科技有限公司基于自研的产业大数据平台底座，自主研发"跨赋"系统，以退税为核心，打通了海关、税务、物流、电商平台等企业出海全链路数据。在通用大模型的基础上融合产业小模型，以 AI 算法处理多模态数据，在业界率先推出全面 AI 化的产业出海基础服务，以 AI 报关、AI 退税及 AI 产融服务为核心切入点，目前已广泛服务于中国百万跨境电商企业。

"跨赋"系统在智能报关、智能退税和供应链智能应用三个核心环节的创新实践，在帮助跨境企业提质降本增效的同时，塑造了自身的先发优势和核心壁垒。在智能报关环节，"跨赋"系统通过 AIGC 模型对商品进行精确归类，

精准输出商品归类编码，并自动校验拦截风险订单，实现一键报关操作，彻底改变传统由人工查阅专业书籍或资深报关员判断商品海关代码分类的工作模式，降低了报关申报门槛，提高了效率和质量。在智能退税环节，"跨赋"系统自动完成单证信息的配单，并通过大数据风险监测模型对三单进行疑点核验，提高了退税申报通过率，降低了企业的合规风险。在供应链智能应用环节，"跨赋"系统打通产业链条中的信息流、物流、资金流和商流，串联生产、仓储、物流、贸易场景的经营数据，形成多重交叉数据应用，实现了产能监控、经营评估等多种智能服务，为企业提供了全面的数智化支持。

"跨赋"系统还构建了跨境电商数智生态，可满足经营环节中不同角色的需求，如跨境卖家可通过系统实现自主报关退税，财税公司可通过系统进行多企业退税代办服务，物流公司可通过系统代客户完成报关等。

## （五）AI 图像视频处理——恒图科技

成都恒图科技有限责任公司成立于 2009 年 9 月，是一家专注于视觉内容创作与人工智能融合创新的科技企业。公司拥有多项国际先进的算法技术，包括 AI 局域色调映射算法（高动态范围图像、智能图像/视频增强、单反相机 RAW 智能处理）、AI 视频处理、AI 艺术特效、AI 设计、AI 智能文档等，并获得多项发明专利。公司的核心产品 Fotor 创新性地将高效快捷的图像和视频创作技术与人工智能技术相结合，打造了一套涵盖网络端（Web）、移动设备（iOS 和 Android）、电脑桌面（Mac 和 Windows）的 AI 视觉内容创作一站式服务平台，帮助用户生成更高品质的图像和视频。Fotor 在全球拥有约 7 亿用户，月处理图片超 1 亿次，月活用户量超千万。根据 SimilarWeb 数据，在全球超 5000 个 PC 互联网 AI 产品排名中，Fotor 的月活量全球排名长期位列前 30，在国产所有 PC 互联网 AI 产品中排名前三，稳居所有国产 PC 互联网 AI 产品出海榜单第一位置。[①]

---

[①] 四川省天府峨眉计划专家联谊会秘书处：《联谊会 2024 年第七次会长办公会（扩大）会议召开》，https://mp.weixin.qq.com/s/Jv984UFw5_ 44C6JRX9WNHA。

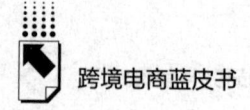

2024年1月，恒图科技在全球率先上线一站式AI长视频制作平台Clipfly，集合AI视频生成、AI视频增强、视频编辑等功能，短时间内即可生成包含细腻复杂场景、生动角色表情以及多个运动镜头的长视频，画面质量足以以假乱真。Clipfly大幅降低视频制作成本，复杂场景的视频制作成本仅40美元左右，无须此前需要专业级影棚、专业图形处理软件等数以百万计的成本投入，为影视广告、跨境电商、新闻媒体等专业领域的企业提供了更优的解决方案，满足了企业从产生创意到完整视频制作的全工作流需求。

## （六）跨境电商行业政策专家助手+数据分析助手——成都数据集团、成都国贸集团

基于持续积累的各类数据资源和建设成果，成都数据集团有限公司、成都国际贸易集团有限公司携手智能协同计算技术国家级重点实验室与天府绛溪实验室，首创数据要素认知、混合协同推理等原始创新技术，积极开展面向跨境电商行业知识领域智能问答和数据认知的产品技术研究，在AI+跨境电商综合服务领域，构建了两大典型应用场景。

一是跨境电商行业政策专家助手。通过生成式理解与问答加强企业和用户咨询过程的意图识别和行业术语理解，具备多轮连续对话、精准知识检索、长时间会话记忆、多模态理解生成、动态图表交互等灵活多样的智能化服务能力。该系统应用在跨境智能客服场景下，可解决传统自动客服在理解能力和多语言支持方面的不足，提升客户服务质量。通过收集和整理跨境电商行业政策相关的问答等知识条目，构建跨境电商政策和行业知识库，不仅能实现智能客服的多轮对话，还能根据用户的具体问题，给出更加人性化和针对性的回答，极大提升客户服务的质量和效率。

二是跨境电商公共服务平台数据分析助手。通过即问即答的方式实现自然语言的对话式数据分析，快速高效生成各类分析图表，解决人为计算时间和反馈时间较长的问题，满足了指挥决策场景的动态化、实时性需求，形成了辅助决策分析的智能应用新范式。该系统应用于跨境电商数据智能大屏场景下，以数据可视化和智能交互为核心，实现数据库与可视化大屏的高效链

接。通过自然语言交互方式,智能助手能准确理解用户意图,并根据需求快速灵活地展示相关数据,还能对数据进行深入的解释和分析,为用户提供更加全面、直观的数据服务,从而解决用户在查看和分析跨境电商数据时面临的操作烦琐和理解困难等问题。

## 五 人工智能技术在跨境电商行业应用的展望

人工智能技术在自然语言处理(NLP)、计算机视觉(CV)、机器学习(ML)等领域取得突破性进展,并逐渐深入在跨境电商领域的应用,有效解决跨境电商面临的语言障碍、文化差异、物流复杂等挑战,提升运营效率和用户体验。从智能选品到精准营销,从自动化客服到物流优化,AI技术正在重塑跨境电商的每一个环节。

### (一)更加广泛的行业应用

生成式AI在文案、图片、视频等跨境电商素材创作中已展现出高效能力,未来AI还将整合文本、图像、语音等多模态数据,构建沉浸式购物场景(如智能语音助手支持语音下单与支付,结合AR技术实现虚拟试穿)。

AI通过自然语言处理(NLP)技术实现多语言实时翻译和智能客服,打破语言与文化障碍,在自动处理退换货、物流追踪等高频问题方面也日益成熟。未来AI不会完全替代人工,但人机协同将持续深化,通过"人工决策+AI执行"模式提升效率,将运营人员从重复性任务中进一步解放出来,让更多人力资源聚焦战略创新。

AI在识别潜在法律风险、帮助企业进行全球合规与风险管理方面展现出巨大的潜力,未来AI技术还将促进各国政府推动跨境电商便利化政策,加速国际标准与合规框架的制定。

### (二)通用大模型与专用模型协同

通用大模型(如DeepSeek、Kimi等)凭借强大的自然语言理解和多任

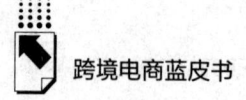

务处理能力，逐步成为跨境电商的"数字大脑"，而专用模型针对特定任务提供更加优化的分析与响应，两者的协同应用可以显著提升跨境电商的运营效率和用户体验。通用大模型与专用模型的协同应用解决跨境电商行业痛点，在推动跨境电商行业向更高效、更智能的方向发展方面拥有广阔应用前景。

### （三）AI与RPA协同增效

机器人流程自动化（Robotic Process Automation，RPA），是一种通过软件机器人（也称为"bots"）来模拟和执行重复性、规则明确的业务流程任务的技术。RPA软件机器人可以自动处理大量重复性、基于规则的工作流程任务，从而提高工作效率、减少错误，并释放人力资源，使其能够专注于更具创造性和战略性的工作。AI提供决策支持、RPA负责流程自动化，两者结合实现分析与操作的闭环，RPA与AI技术的结合将进一步提高跨境电商全流程智能化水平。

综上所述，人工智能正推动跨境电商从"人力密集型"向"技术驱动型"转型。通用大模型提供底层能力，专用模型解决垂直场景需求，RPA与AI的协同则实现效率最大化。尽管面临数据安全与文化差异等挑战，AI技术的持续迭代与政策支持将为行业创造千亿级市场机遇。未来，企业需积极拥抱技术变革，构建"AI+人"的新型竞争力，以期在全球贸易中占据先机。

**参考文献**

中国开源软件推进联盟、IBM（中国）有限公司：《可信赖的企业级生成式人工智能白皮书》，2024年5月23日。

甲子光年：《万千流变，一如既往：2024人工智能产业30条判断》，2024年12月10日。

# 区域篇

## B.6
## 新质生产力促进河南省跨境电商高质量发展的策略研究[*]

王岳丹　徐　峰　张义新[**]

**摘　要：** 近年来，河南省跨境电商整体规模从小到大、从大到优，已经成为全省外贸新质生产力的重要表现形式和载体。研究新质生产力如何推动河南省跨境电商高质量发展，是新阶段助推河南省培育新质生产力、促进外向型经济高质量发展的重要内容，对提升河南省在全球贸易中的竞争力和影响力、打造内陆地区制度型开放新高地具有重要意义。本文总结阐述了跨境电商与新质生产力的逻辑关系，全面分析了河南省跨境电商发展的现状、面临的机遇与挑战，最后提出应以新质生产力为核心动力，在助协同、兴产业、强基建、促创新、育人才等方面发力，助力河南跨境电商实现"优势再造"

---

[*] 本篇文章入选2024年中国海关学会专题征文《跨境电商可持续发展论文集》，并在2024世界互联网大会刊印发布。

[**] 王岳丹，河南国际数字贸易研究院综合研究部部长、副研究员，主要研究方向为跨境电商、数字贸易、数字经济；徐峰，郑州海关综合业务处处长；张义新，郑州新区海关四级高级主办。

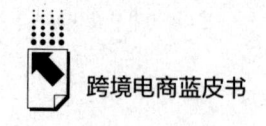

和高质量发展。

**关键词：** 新质生产力 高质量发展 跨境电商 河南外贸

2023年底召开的中央经济工作会议指出，要以科技创新推动产业创新，特别是以颠覆性技术和前沿技术催生新产业、新模式、新动能，发展新质生产力。2024年政府工作报告也提出，大力推进现代化产业体系建设，加快发展新质生产力，深入推进数字经济创新发展，促进数字技术与实体经济深度融合。

## 一 跨境电商与新质生产力的逻辑关系

### （一）跨境电商是新质生产力的代表性产业

跨境电商符合新质生产力的特征，是当前新质生产力的代表性产业之一。

从新质生产力质态看，新质生产力是摆脱传统经济增长方式、生产力发展路径的先进生产力，具有高科技、高效能、高质量特征。其中，高科技指新质生产力以创新为第一动力，并起主导作用；高效能与高质量则是要突破传统高投入和低产出、轻质量的发展模式。跨境电商的本质就是以移动互联网为技术底座，通过数字平台推动传统外贸进出口模式升级的范例。跨境电商的出现，使外贸进出口摆脱了以往需要依赖询盘、勘厂、合同、发票、电汇等超长流程、较低产出的固有模式，借助互联网技术打造数字空间，发挥数据作为数字经济时代生产要素的重要作用，搭建"短链、高效、智能"的供需对接通道，充分释放以数字化平台为代表的先进生产力效能。

从新质生产力新制造、新服务、新业态"三新"载体看，跨境电商一端连着国际市场，一端连着国内各种新旧产业的庞大体系和集群，集货物和服务贸易于一体，不仅通过跨界融合、数实结合、制造业和服务业融合，使自身成为新业态，同时也充分发挥着赋能和带动新制造、新服务发展的重要使命。

从新质生产力发展路径看，跨境电商通过将数字经济和实体经济深度融合，成为科技创新和产业创新的结合体，对劳动者、劳动资料、劳动对象等生产要素，以及全要素生产率的提高提出了更高要求。如对熟悉国际国内法律、政策、文化、财税、制度等复合型劳动者的需求替代了此前对外贸跟单、报关等单一岗位人员的需求，大数据、人工智能、区块链等生产工具替代各类展会成为主流的线上交易平台基底；虚拟数字人、生成式人工智能以及AR/VR的出现，则是将劳动对象拓展至虚拟世界；通关监管、财税等制度创新，更是有效提高了跨境电商行业的全要素生产率。

（二）新质生产力是跨境电商高质量发展的新动力

以新技术、新产业和新业态为主要内涵的新质生产力，是引领跨境电商创新和高质量发展的动力源。

一是新技术。作为"老牌"先进生产力的代表，互联网数字技术的横空出世，给传统跨境贸易活动中单一主体的劳动者带来了技术加持，通过劳动者搭配各类数字平台，帮助企业实现了数字化转型，不仅将代表需求侧的海外消费者涵盖其中，更是大幅提高了跨境贸易的供给和需求"两侧"的效率。ChatGPT的问世，在吸引各大巨头算力投资的同时，也掀起了AIGC在跨境电商行业的应用浪潮。诸如致欧科技、易佰网络等作为提供跨境电商产品的劳动者，早已把AI技术应用于文案写作、视觉内容生成、VOC（聆听用户声音）洞察、产品研发、流程自动化等多个劳动对象领域；作为劳动资料应用的典型代表，亚马逊、Facebook（Meta）、速卖通等数字交易平台也已经将AI工具嵌入平台，旨在提高平台电商卖家在运营、推广、营销等方面的劳动效率。

二是新产业。跨境电商把分属不同关境的交易主体，利用电子商务平台达成交易，并通过跨境物流等形式交付履约，实现交易闭环，打破了传统贸易的地域、场所等限制，让消费者能够更加便捷地购买全球各地的优质商品，从而形成有别于传统国际贸易产业场景的新产业链，呈现巨大的发展潜力和广阔的发展空间。如以新能源汽车、锂电池、光伏产品为代表的"新三样"，为我国外贸出口开辟了新赛道，2023年首次以超万亿元的规模，成为我国外贸出口的新增长极；在全球绿色可持续发展理念推动下，选择无污染、环保的绿色产品逐渐成为消费共识，促进了跨境电商行业环保性包装材料的改革、绿色产品的升级，以及二手商品的回收加工、再利用，衍生和壮大了二手商品交易等新型绿色产业的发展。

三是新业态。新质生产力的载体离不开实体产业，跨境电商作为数字经济与实体经济融合的重要媒介，能够助推数字经济和实体经济的深度融合，从而通过要素整合，探索和创新出适应数字经济时代经济社会发展的新业态。

## 二 河南省跨境电商发展现状分析

2014年5月，习近平总书记视察河南保税物流中心时，勉励河南要朝着"买全球、卖全球"的目标迈进。多年来，河南省始终牢记习近平总书记嘱托，持续围绕"贸易强省"建设，畅通空陆海网"四条丝路"，深度融入"一带一路"建设，不断释放跨境电商政策红利，着力推动跨境电商与产业深度融合，以跨境电商为代表的外贸新业态呈现强劲发展势头。一是河南跨境电商发展迅猛。河南省紧抓以跨境电商为代表的数字经济新业态新模式，充分发挥跨境电商"线上化、去中间化、趋中心化"优势，从无到有、迅猛发展。河南跨境电商进出口额从2015年的384亿元增长到2023年的2371.2亿元，年均增长25%以上。[1] 2024年全省跨境电商进出口

---

[1] 《"买全球，卖全球"！本周河南又一盛会将在郑州举办》，大河网，2024年5月9日，https://news.dahe.cn/2024/05-09/1754579.html。

额2666亿元、增长12.4%，① 跨境电商业务量稳居全国前列，产业链、供应链已链接全球200多个国家和地区（见图1）。二是河南跨境电商创新成果丰硕。河南坚持创新驱动，不断塑造跨境电商新优势。郑州海关首创的跨境电商网购保税备货进口模式（1210进口模式）、跨境电商零售进口退货中心仓等在全国复制推广，并率先开展跨境电商零售进口药品试点。三是河南跨境电商平台载体日趋完善。河南持续完善跨境电商载体平台建设，推动河南国际贸易"单一窗口"业务流程"串联"改"并联"，实现企业通关数据共享共用。省级跨境电商示范园区认定工作稳步开展，累计认定36个省级跨境电商示范园区和25个跨境电商人才培养暨企业孵化平台，推动全省跨境电商企业在47个国家和地区设立了216个海外仓。②

图1　2015~2024年河南省跨境电商进出口额

资料来源：河南省商务厅。

截至2024年，全省共拥有郑州、洛阳、南阳、焦作、许昌5个跨境电商综试区，开封、焦作、许昌等7个跨境电商零售进口试点和1个许昌假发

---

① 《关于河南2025提振消费、招商引资，有这些新消息!》，河南省政府网，2025年1月26日，https://www.henan.gov.cn/2025/01-26/3118408.html。
② 《"买全球，卖全球"! 本周河南又一盛会将在郑州举办》，大河网，2024年5月9日，https://news.dahe.cn/2024/05-09/1754579.html。

市场采购贸易方式试点，培育形成了装备制造、铝制品加工、电线电缆、工程机械、办公家具、仿真花、光学仪器等十多个跨境电商特色产业带。河南跨境电商的发展规模、应用水平、综试区建设水平持续提升，成为全省拓展对外贸易渠道、优化贸易结构、扩大对外开放、促进经济和产业转型的新动力。然而，随着我国跨境电商发展的不断深入，河南跨境电商快速发展的同时，也面临发展不均衡、外部压力陡增、产业带动不充分、创新发展乏力、高端人才缺乏等问题。

### （一）全省综试区数量较少、发展不均衡问题突出

截至2024年，全国共分七批设立165个跨境电商综试区，但河南省仅拥有郑州、洛阳、南阳、焦作、许昌5个跨境电商综试区，"世界钢卷尺之乡""世界钻石之都"的商丘、"中国化妆刷之乡"的周口鹿邑县等省内跨境电商优势地区并未上榜，全省综试区覆盖率仅为27.78%，远低于广东省、江苏省、浙江省以及山东省跨境电商综试区的全省覆盖，以及福建省（88.89%）、江西省（81.82%）的综试区城市覆盖水平，与河南跨境电商交易规模常年位居全国第一梯队的现状不相匹配（见表1）。此外，全省跨境电商综试区发展"不均衡"问题较为显著。一方面，郑州作为全省首个跨境电商试点城市，发展起步早、基础条件好、资源优势多、创新能力强，同时得益于郑州得天独厚的政策、区位交通、营商环境等优势，郑州跨境电商独挑全省大梁，2023年河南省跨境电商进出口规模2371.2亿元，其中，郑州市跨境电商进出口额1253.3亿元，规模占全省总额的53%。[①]另一方面，除郑州市外，省内大部分城市的跨境电商产业发展尚处于起步阶段，助力传统企业跨境转型的货代物流、金融支付、创意设计、法律诉讼、知识产权服务等配套服务产业链条有待完善。

---

① 《郑州去年跨境电商交易额超1250亿元》，《郑州日报》2024年1月10日。

表1 各省区市跨境电商综试区城市覆盖情况

单位：个，%

| 序号 | 省区市 | 综试区城市总量 | 综试区城市覆盖率 |
| --- | --- | --- | --- |
| 1 | 广东 | 21 | 100 |
| 2 | 江苏 | 13 | 100 |
| 3 | 浙江 | 12 | 100 |
| 4 | 山东 | 16 | 100 |
| 5 | 福建 | 8 | 88.89 |
| 6 | 四川 | 8 | 38.10 |
| 7 | 河南 | 5 | 27.78 |
| 8 | 辽宁 | 6 | 42.86 |
| 9 | 安徽 | 6 | 37.50 |
| 10 | 湖南 | 6 | 42.86 |
| 11 | 广西 | 4 | 28.57 |
| 12 | 河北 | 5 | 45.45 |
| 13 | 湖北 | 4 | 33.33 |
| 14 | 江西 | 9 | 81.82 |
| 15 | 陕西 | 3 | 30.00 |
| 16 | 云南 | 4 | 25.00 |
| 17 | 山西 | 3 | 27.27 |
| 18 | 黑龙江 | 4 | 30.77 |
| 19 | 新疆 | 4 | 29.00 |
| 20 | 吉林 | 4 | 44.44 |
| 21 | 海南 | 2 | 10.53 |
| 22 | 内蒙古 | 5 | 41.67 |
| 23 | 贵州 | 3 | 33.33 |
| 24 | 甘肃 | 2 | 14.00 |
| 25 | 宁夏 | 1 | 20.00 |
| 26 | 青海 | 2 | 25.00 |
| 27 | 西藏 | 1 | 14.29 |

资料来源：根据国务院批复设立跨境电商综试区的文件汇总计算。

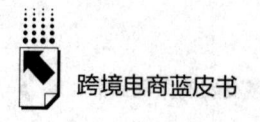

## （二）对本土特色产业的带动作用有待提升

依托郑州机场和郑州国际陆港枢纽口岸等优势，河南跨境电商规模实现了快速增长。但由于河南本土的外向型出口商品较少，河南省跨境电商业务以全国揽收、集货出境模式为主，本地产品出口规模占比较小，且多以纺织、塑料、家具及零配件等附加值较低的商品为主，大物流带动大贸易、大贸易带动大产业的发展格局尚未形成。从产业结构看，河南现有装备制造、汽车、新型材料等优势产业与跨境电商"日用消费品"的匹配度较低，工业品跨境电商发展尚处于初期阶段；洛阳钢制家具、鹿邑化妆刷、平舆户外休闲用品等省内特色产业仍处于贴牌代工（OEM）向品牌化转型的调整阶段，与跨境电商融合应用程度尚待提高；南阳食用菌、艾草制品等本地产业跨境贸易潜能尚待挖掘，跨境电商业务对优势产业的促进和带动作用仍需提升。

## （三）国际物流渠道量少价高短板有待补齐

一是国际运输成本高。从邮快渠道看，囿于河南省外向型产品不足等因素，河南跨境电商企业多采用货源地直发模式，跨境电商邮包规模远低于长三角、珠三角地区。从航空专线渠道看，河南出口产品附加值较低、高附加值产业规模小、本地货运持续增长动力不足等因素影响了本地货运包机的规模化发展，导致货运包机成本远高于客机腹舱带货成本。同时，郑州机场虽已获批第五航权，但第六、第七航权仍然缺失，直飞国际航班、洲际航班不足，平均承运完成时效高于北上广深杭等城市，不能满足跨境电商用户目的地分散、时效要求高等需求。从班列运输看，对河南装备制造、机械制造、铝制品、户外家居等优势产业而言，中欧班列（郑州）跨境电商专线与海运相比，尚不具备成本优势，且中欧班列（郑州）中亚、东盟方向站点和班次亟待拓展和加密，"陆上空中"的衔接度较低。二是海外仓结构尚需优化。河南现有海外仓中，自用型海外仓占比较高，第三方公共海外仓企业规模和体量普遍较小，不足以支撑跨境电商的快速发展需求。三是多式联运建设有待深入。河南地处中原内陆腹地，省内周口港、商丘港、信阳港仍在升级建设阶段，海运优势尚不能与沿海沿江城市相匹敌，陆海联运合作有待深入，出于运输时效考量，企业供应链渠道选择更倾向于沿海地区。

（四）综试区创新发展、规模发展压力陡增

一是创新发展方面。我国跨境电商历经十余年发展，已由初期探索突破迈入了改革创新的深水区，随着跨境电商综试区建设的全面推进，进口领域监管、模式和服务等方面制度标准已基本成熟，跨境电商零售出口监管、税收、外汇等政策体系也日渐完善。目前，各综试区创新探索的方向，主要集中在跨境B2B出口税收、外汇等政策，以及跨境电商零售进口药品试点等方面，但多属于"微观创新"，原创性和颠覆性创新探索的难度日益增大。二是规模发展方面。各地跨境电商规模化发展与跨境电商各类主体培育紧密相关，但随着全国跨境电商综试区城市的不断扩容，综试区城市间招商竞争日益激烈。从跨境电商进口看，经过十余年的探索发展，国内跨境电商进口产业生态较为完备，跨境电商进口平台已形成"总部+区域仓储中心"的布局范式，除去交通区位优势和政策支持力度外，企业布局调整的动作空间较小。从跨境电商出口看，随着中国电商平台纷纷出海，国内出口跨境电商逐渐形成"电商平台载体带动"的发展局面。对河南省而言，平台型企业缺失一直是河南省跨境电商发展的瓶颈，而培育电商平台型企业的难度远超企业卖家。此外，虽然从长期看，各大电商平台的入局，将会成为各地推动跨境电商发展的有力支撑，但在电商平台"全托管""半托管"模式下，跨境电商企业出口数据申报均交由平台合作的货代或报关企业，而河南省货代、报关企业数量较少（见表2、表3），造成本地企业跨境电商进出口数据留存的难度增大，从而在一定程度上影响了河南省跨境电商出口的总体规模。

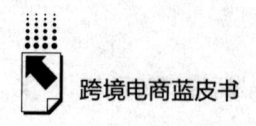

表2　2024年各省区市货代企业情况

单位：家

| 排名 | 省份 | 货代企业 2024年企业数 | 2022~2024年新企业数 |
|---|---|---|---|
| 1 | 上海 | 10932 | 1553 |
| 2 | 广东 | 8071 | 2026 |
| 3 | 山东 | 5425 | 562 |
| 4 | 浙江 | 4657 | 1481 |
| 5 | 天津 | 3412 | 427 |
| 6 | 江苏 | 3119 | 385 |
| 7 | 福建 | 2767 | 570 |
| 8 | 辽宁 | 1681 | 288 |
| 9 | 北京 | 1165 | 142 |
| 10 | 新疆 | 875 | 404 |
| 11 | 内蒙古 | 645 | 209 |
| 12 | 广西 | 642 | 276 |
| 13 | 河南 | 507 | 110 |
| 14 | 河北 | 504 | 42 |
| 15 | 重庆 | 487 | 78 |
| 16 | 湖北 | 458 | 67 |
| 17 | 四川 | 342 | 3 |
| 18 | 陕西 | 302 | 75 |
| 19 | 安徽 | 268 | 55 |
| 20 | 湖南 | 247 | 45 |
| 21 | 云南 | 247 | 3 |
| 22 | 黑龙江 | 241 | 25 |
| 23 | 江西 | 208 | 75 |
| 24 | 吉林 | 183 | 33 |
| 25 | 海南 | 127 | 58 |
| 26 | 甘肃 | 85 | 24 |
| 27 | 贵州 | 31 | 5 |
| 28 | 山西 | 26 | 1 |
| 29 | 宁夏 | 25 | 1 |
| 30 | 青海 | 9 | 1 |
| 31 | 西藏 | 4 | 1 |

资料来源：商务部公布的名单，统计时间截至2024年3月31日。

表3 2024年各省区市报关企业情况

单位：家

| 排名 | 省份 | 报关企业 2024年企业数 | 2022~2024年新企业数 |
|---|---|---|---|
| 1 | 广东 | 11917 | 5798 |
| 2 | 山东 | 3979 | 1576 |
| 3 | 上海 | 3115 | 755 |
| 4 | 浙江 | 2881 | 1522 |
| 5 | 云南 | 2073 | 1557 |
| 6 | 辽宁 | 2025 | 632 |
| 7 | 江苏 | 1954 | 566 |
| 8 | 新疆 | 1788 | 1262 |
| 9 | 天津 | 1441 | 411 |
| 10 | 北京 | 1326 | 478 |
| 11 | 广西 | 1267 | 795 |
| 12 | 内蒙古 | 1227 | 729 |
| 13 | 海南 | 1016 | 848 |
| 14 | 福建 | 979 | 337 |
| 15 | 四川 | 748 | 358 |
| 16 | 湖北 | 675 | 341 |
| 17 | 河北 | 650 | 264 |
| 18 | 黑龙江 | 564 | 291 |
| 19 | 陕西 | 411 | 204 |
| 20 | 河南 | 405 | 183 |
| 21 | 吉林 | 353 | 150 |
| 22 | 湖南 | 345 | 201 |
| 23 | 江西 | 296 | 144 |
| 24 | 重庆 | 292 | 135 |
| 25 | 安徽 | 267 | 101 |
| 26 | 贵州 | 128 | 76 |
| 27 | 甘肃 | 112 | 50 |
| 28 | 山西 | 61 | 21 |
| 29 | 宁夏 | 57 | 19 |
| 30 | 西藏 | 56 | 36 |
| 31 | 青海 | 29 | 13 |

资料来源：海关总署公布的名单，统计时间截至2024年3月31日。

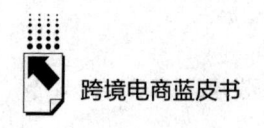

## （五）跨境电商专业人才匮乏问题尚待解决

跨境电商产业复合性强，从业人才需具备英语交流、计算机操作、线上平台及社交媒体运营、国际贸易和法律知识等多领域专业素养。随着我国跨境电商行业规模的持续增长，市场需求与人才供给严重失衡，跨境电商复合型人才缺口巨大。由于缺乏具有实操性教学的专业培训学校和基地，跨境电商人才"新鲜血液"培育不足。此外，河南省跨境电商企业多从传统企业转型升级而来，对引进培养具备跨境电商专业知识的人才重视程度不够，导致跨境电商人才与跨境电商高速发展态势不相匹配，跨境电商人才"一将难求"已经成为制约河南省跨境电商可持续发展的重要因素。

## 三 新质生产力给河南省跨境电商带来的机遇与挑战

### （一）新质生产力为河南省跨境电商发展带来的机遇

新技术、新产业、新业态的驱动，有利于河南推动跨境电商企业和产业运用人工智能、大数据、区块链、工业互联网和物联网等前沿技术，优化产业链供应链体系建设，构建智能高效的仓储物流网络系统，帮助河南跨境电商企业实现数字化转型和智能化升级。借助新质生产力赋能的河南省特色优势产业，在全省"跨境电商+产业带"的推动下，有利于促进产业与科技创新全面融合，进一步释放规模效应、降低生产成本，推动河南外向型产业结构的优化升级，提高产品附加值，提供更具全球竞争力的产品和服务。

### （二）新质生产力给河南省跨境电商发展带来的挑战

新质生产力的发展涉及技术创新、数字化转型、智能化升级等方面，将会给习惯传统出口贸易的河南跨境电商企业带来一定的思想观念转变压力。新质生产力对前沿技术的要求，意味着河南省跨境电商企业需要摒除路径依赖的"旧思想",锚定数字经济发展趋势的"新路子",不断加大产品研发、数字化升级投入力度,持续提升产品和工艺技术水平。此外,新质生产力在赋能跨境电商提高运营效率和降低成本的过程中,将大大改变传统供应链管理的运营方式,并将面临两个方面的挑战。一是较高的初期投入成本和风险,较强的市场变化应对能力,以及颠覆式的管理方式。二是复合型人才储备,用以应对科技创新引领的跨境电商发展过程中所需的高素质、高质量人才。

## 四 以新质生产力推动河南省跨境电商高质量发展的策略建议

（一）充分利用新质生产力赋能外贸新业态发展机遇,推动全省协同发展

跨境电商综试区是培育新质生产力的先锋阵地,是各地推动跨境电商新业态发展的重要载体,在我国跨境电商创新发展中发挥着积极作用。跨境电商、市场采购等外贸新业态作为数字贸易的重要组成部分,拥有广阔的发展前景。河南应充分把握新质生产力在推动河南外贸新业态发展中的重大机遇,以"全省一盘棋"为原则,支持地市积极申建跨境电商综试区、市场采购贸易方式试点,夯实河南外贸新业态发展支撑。梳理借鉴浙江、广东等先进地区政策举措,结合实际,不断完善跨境电商、市场采购、海外仓等外贸新业态政策体系。加强跨境电商综试区的顶层规划、体制机制建设,强化各综试区城市重点任务考评和考核奖励机制,充分发挥各地资源优势,推动河南跨境电商综试区均衡、互补、联动、协同发展。

（二）全力推进"跨境电商+产业带"融合发展,实现大贸易带动大产业

培育新质生产力、促进跨境电商高质量发展的根本是运用新技术、新动

能带动产业发展。因此，河南应积极推动传统产业与跨境电商产业深度融合，全面推进"跨境电商+产业带"发展，引导跨境电商企业顺应全球绿色贸易和数字经济发展趋势，加大绿色工艺技术研发投入，加强大数据、生成式人工智能（AIGC）等数字技术应用，助力传统企业数字化转型和高质量发展。持续深化工业品跨境电商、跨境电商+服务贸易的创新发展，探索推进河南重型机械、智能装备等工业品，服务贸易以及技术贸易等利用跨境电商出海。

### （三）不断完善新型基础设施建设，推动空海陆网"四路协同"发展

完善的跨境电商产业生态，是新质生产力带动河南跨境电商高质量发展的先决条件。充分发挥中国国际速递供应链有限公司、中国物流集团资源优势，利用规模化优势降低企业物流成本。加快郑州邮航枢纽建设，更好发挥郑州全国重要国际邮件枢纽口岸作用。培育壮大中州、中原龙浩等本土基地货运航空，支持新郑国际机场争取第七航权、加密航空货运专线，推进中国物流集团战略合作落地，加快国际公路运输河南集结中心、周口商丘信阳等内陆港建设，助力实现"空网陆海"四路协同发展。持续增加中欧班列（中豫号）线路站点，支持中欧班列（中豫号）运贸一体化发展。进一步强化河南"四路协同"现代化物流新优势，加强海外仓、跨境物流等基础设施建设，引育具有全球服务能力的国际物流供应链服务企业，厚植河南外贸新质生产力发展的沃土热土。

### （四）持续筑牢创新驱动发展思路，全面塑造数字经济发展新优势

聚焦全球数字经济发展新趋势，重点在智能制造、信息服务、跨境电商、数字金融、数字物流等领域，培育一批数字供应链平台和优质服务商，争创国家数字出口服务基地。探索跨境电商与服务贸易融合的数字服务贸易创新发展，争创国家服务贸易创新发展试点。继续发扬河南跨境电商零售进口试点的改革创新精神，加大对跨境电商、市场采购、海外仓、外贸综合服务、离岸贸易、保税维修六种外贸新业态创新发展研究。积极发挥行业协会政企桥梁纽带作用，为行业发展提供优质公共服务。支持全省综试区城市开

展跨境电商 B2B 出口创新，进一步突破跨境电商 B2B 出口税收、外汇、产业转型等方面的发展瓶颈。

## （五）支持新质生产力赋能智慧海关建设，构建高效便利的通关监管服务体系

积极支持智慧海关建设，充分发挥跨境电商数字经济的先天优势，充分应用"大、智、云、物、移"等新质生产力工具赋能跨境电商海关监管服务，以适应跨境电商碎片化、高时效性的特点，营造高效便利的通关监管服务新优势。同时转变监管思路，积极探索与电商平台企业的关企协同共治，以共治促进业态合规自律发展。

## （六）着力促进"政校企协"深度合作，推动构建跨境电商人才培养体系

强化"政产学研用培"六位一体人才培养模式，探索建立校企合作办学长效机制，共建跨境电商双元制培训基地，共同制订学生培养计划，企业以招生、实训、综合技能培训为主，学校以理论培训为主，打通双元制职业教育与高等教育学历提升体系，建立"双元制"应用型教育教学新机制。推动企业、教育机构、商协会合作共建跨境电商人才培训基地，创办"理论+实践"跨境电商产业学院。

## 参考文献

许文静、万正发：《新质生产力助推湖南省跨境电商高质量发展的策略研究》，《企业科技与发展》2024 年第 3 期。

陈楚仪：《从低空经济说起：新质生产力的创新该怎么做?》，"腾讯研究院"微信公众号，2024 年 3 月 22 日。

王岳丹：《从跨境电商说起，外贸新质生产力创新该怎么做?》，"EWTO 研究院"微信公众号，2024 年 4 月 18 日。

# B.7
# 四川跨境电商产业带出海的实践探索与破局之道

刘茜 舒杨 宋静*

**摘　要：** "跨境电商+产业带"作为推动跨境电商创新发展的关键路径，已成为产业带数字化转型的强劲动力和新质生产力培育的必然选择。四川省积极推动外贸创新与高质量发展，加速推进本地产业带数字化转型和国际化进程。本文基于四川省跨境电商产业带发展现状，梳理了产业带出海的实践经验和典型案例，从产业端、企业端、市场端、生态端、人才端五个维度提出了面临的现实掣肘，并建议从差异化培育"川字号"产业带、推进生产型企业转型出海、重塑市场和产品布局、搭建内外贸一体化服务体系、搭建产教融合育人体系以及构建内外双驱的跨境"贸易型产业带"等方面破局，加快促进产业带数字化转型，实现跨境电商高质量发展。

**关键词：** 跨境电商　产业带出海　服务生态　四川省

"跨境电商+产业带"是推动跨境电商创新发展的重要途径，是促进产业带数字化转型的新兴动力，也是培育新质生产力的必然要求。[1] 2024年，商务部等九部门发布《关于拓展跨境电商出口推进海外仓建设的意见》，明确指出培育"跨境电商赋能产业带"模式发展标杆。随着全球经济一体化

---

\* 刘茜，四川商务职业学院跨境电商专业骨干教师，四川外贸创新发展职教集团副秘书长，主要研究方向为跨境电商、数字贸易；舒杨，四川省商务厅外贸创新处副处长；宋静，成都市跨境电子商务协会校企合作负责人。

[1] 商务部国际贸易经济合作研究院：《"跨境电商+产业带"高质量发展报告》，2024年5月。

的加速，国际市场对各类商品的需求日益多样化和个性化，为四川特色产业带出海提供了广阔的市场空间。国内国际双循环新发展格局的形成，进一步促进了四川产业带与国际市场的对接和融合。"一带一路"倡议的深入推进和向西开放的持续深化，也为四川的跨境电商发展带来了新机遇。

## 一　四川省跨境电商产业带发展现状

### （一）四川跨境电商整体发展现状

近年来，四川以其独特的区位优势、丰富的资源禀赋以及开放包容的姿态，迅速崛起为跨境电商的新高地。市场规模方面，2020~2024年，四川省跨境电商进出口交易规模从455.7亿元增至1358.9亿元（见图1），年复合增长率达31.4%。[①] 截至2024年，全省获批8个跨境电商综试区，形成以成都平原为核心，川南、川东北为两翼的"雁阵"发展格局；备案跨境电商市场主体超4000户，形成贸易型、工贸一体型、服务型企业占比8∶1∶1的行业生态圈；据不完全统计，四川在海外自建或租赁海外仓161个、总面积107.2万平方米，分布于40个国家和地区，以海外仓为重要节点的国际营销服务体系正加速构建。[②] 生态建设方面，四川学习借鉴沿海及经济发达城市的经验做法，加快构建跨境电商生态体系，以成都综试区为主阵地，其他综试区跨境电商产业园、商协会等载体加快完善，亚马逊全球开店、阿里巴巴国际站、新蛋国际等行业巨头落户成都，菜鸟先后落地西南首家跨境产业带仓、跨境商家中心，辐射带动作用明显，为地方产业带出海打下了坚实基础。良好的跨境电商生态格局促进了省内各地经济的互联互通和行业的协同发展，尤其是成都综试区以产业地标、公服平台、行业组织为核心构建的"产业公共服务体系"驱动模式，被业界誉为具有典范意义的产业发展模

---

[①] 来源于四川省商务厅关于跨境电商的相关统计数据。
[②] 来源于四川省商务厅关于跨境电商的相关统计数据。

式，为全国跨境电商综试区建设提供了"四川方案"。政策支持方面，四川省各级政府部门聚焦当前和长远出台多项政策，支持跨境电商高质量发展（见表1）。日益扩大的跨境出海规模、持续优化的跨境生态服务体系、丰富有力的支持政策，让跨境电商成为四川省外贸高质量发展的新动能。

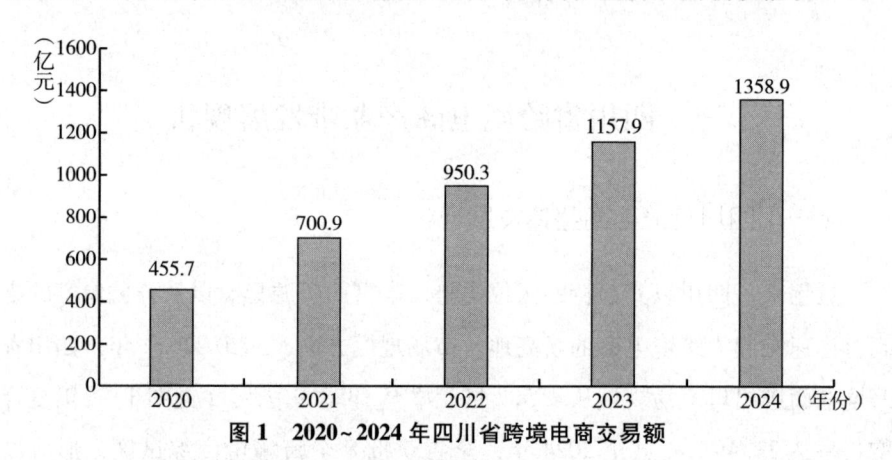

图1 2020~2024年四川省跨境电商交易额

资料来源：四川省商务厅关于跨境电商的相关统计数据。

表1 四川支持跨境电商发展的相关政策（部分）

| 时间 | 发文部门 | 政策文件 |
| --- | --- | --- |
| 2024年6月 | 四川省商务厅等四部门 | 《推动跨境电商高质量发展助力外贸稳规模优结构行动方案（2024~2027年）》 |
| 2024年5月 | 四川省商务厅 | 《四川省商务厅关于开展跨境电商产业带"源头工厂"信息收集的通知》 |
| 2024年4月 | 四川省商务厅、四川省财政厅 | 《支持民营外贸企业发展壮大十条措施》 |
| 2024年1月 | 四川省商务厅 | 《四川省海外仓高质量发展三年行动方案》 |
| 2023年8月 | 四川省商务厅 | 《关于促进外贸业态模式平台创新融合发展的指导意见》 |
| 2023年2月 | 成都综试区 | 《成都市推动跨境电商高质量发展三年行动计划(2023~2025年)》 |
| 2025年1月 | 泸州综试区 | 《推动跨境电商高质量发展助力外贸稳规模优结构行动方案（2024~2027年）》 |
| 2024年11月 | | 《泸州市推动外贸稳规模优结构高质量发展工作方案》 |
| 2024年6月 | 绵阳综试区 | 《2024年绵阳市跨境电商工作重点》 |

续表

| 时间 | 发文部门 | 政策文件 |
|---|---|---|
| 2024年9月 | 德阳综试区 | 《持续推进德阳跨境电商能级提升行动方案》 |
| 2022年6月 | | 《德阳市促进跨境电子商务产业发展三年行动计划(2022~2024年)》 |

资料来源：根据四川省人民政府、四川省商务厅，成都、泸州、绵阳、德阳等市人民政府网站综合整理。

## （二）四川跨境电商产业带发展现状

### 1. 跨境电商产业带基本情况

四川拥有完善的工业体系和制造业大类，为外贸出口奠定了产业基础，也为跨境电商的发展提供了丰富的商品资源。当前，四川正着力推动外贸创新与高质量发展，跨境电商助推本地产业带数字化转型和国际化进程加速推进。为充分挖掘"川字号"特色产业潜力，四川在2022~2024年累计公布了41条跨境电商产业带，[①] 以成都平原经济区为核心，川东北、川南、攀西经济区为支撑的产业格局已初步形成（见表2）。跨境电商与特色优势产业的深度融合，有助于更多优质本土制造企业加快融入全球采购链，推进产品出海向品牌出海的战略转变，提升产业链上下游协同效率，有利于扩大"川产川造川创"产品的国际市场份额。

表2 四川跨境电商产业带分布

| 城市 | 产业带名称 |
|---|---|
| 成都 | 二手车出口产业带、生物健康产业带、家具家居产业带、鞋靴产业带、川调产业带、电子信息产业带、川酒川茶产业带 |
| 泸州 | 竹制品产业带、白酒产业带、特色工艺品产业带 |
| 德阳 | 装备制造产业带、食品调料产业带、清洁能源产业带、中药饮片产业带、工程建材产业带 |
| 绵阳 | 电子信息产业带、汽车及零部件产业带、纺织服装产业带、新材料产业带 |
| 南充 | 丝纺服装产业带、汽配产业带、食品饮料产业带 |

---

① 《四川外贸重回万亿，三创历史之最的背后》，新浪财经，2025年1月20日。

续表

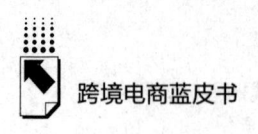

| 城市 | 产业带名称 |
|---|---|
| 眉山 | 竹制品产业带、泡菜产业带 |
| 宜宾 | 智能终端产业带、川茶产业带、竹制品产业带、白酒产业带 |
| 达州 | 轻纺服饰产业带、电子信息产业带、新材料产业带 |
| 资阳 | 女鞋产业带 |
| 广安 | 汽摩配产业带、轻纺产业带、电子信息产业带 |
| 自贡 | 先进材料产业带、恐龙文创产业带 |
| 乐山 | 小农机产业带、川茶产业带、魔芋产业带 |
| 广元 | 铝基新材料产业带 |

资料来源：四川省商务厅。

**2. 跨境电商产业带结构特点**

四川跨境电商产业带类型多元，呈现以工业为主、农业为辅、兼顾服务业的特征。从产品分类来看，产业带依托各地独特的资源优势，涵盖了从鞋靴、川调、丝纺服装、智能终端等消费品类，到装备制造、小型农业机械、汽车及零部件等工业产品，还挖掘了生物健康、中药饮片、竹制品等具备出海潜力的绿色新兴产业带。从四川省公布的41条跨境电商产业带来看，以工业品为主导的产业带占比超过1/3，而消费品产业带中，食品、调味品、川茶、川酒等农副产品占比较高，但这类产品在跨境电商物流交付和本土化上存在较高门槛。与此同时，鞋靴、服装等日用消费品产业带相较于东部沿海地区，明显缺乏竞争优势。2024年，淘天集团发布的首批"百亿产业带"中，女装、箱包、3C数码等百亿级产业带主要集中在珠三角、长三角地区，而四川产业带并未上榜。此外，四川产业带主要集中于传统制造与资源型行业，产业与跨境电商的适配性有待提升，这种产业结构特征直接导致四川省在利用跨境电商渠道推动本地产业带出海的过程中，面临较大难度。

**3. 跨境电商产业带培育实践**

四川立足产业基础和比较优势，多措并举促进传统产业数字化转型（见表3），持续培育电子信息、纺织服装、川调、装备制造等产业带"触电出海"，成功培育极米、觅瑞、柯恩斯、艾美、千和味业、英杰新能源等一批细分领域的头部品牌。连续举办"世界播"品牌出海大会和"世界播"主播挑战赛等活动,通过跨境直播方式推动"川字号"产业带加快国际化进程。2024 年,亚马逊发起 10 场"跨境全川行"系列活动,阿里巴巴国际站开展汽摩配、建材等行业专场活动 30 余场。① 积极开拓线下渠道,在俄罗斯、乌兹别克斯坦、格鲁吉亚等国家首都设立多个境外外贸综合服务中心、商品海外展销中心,联动区域性电商平台为百余种"川字号"产品提供一站式服务,以线下实体运营赋能产业带线上出海。

表3 四川跨境电商产业带部分培育活动

| 实践类型 | 实施主体 | 实施内容 | 涉及产业带 | 实践成效 |
| --- | --- | --- | --- | --- |
| 政策支持与规划 | 四川省商务厅 | 发布《推动跨境电商高质量发展助力外贸稳规模优结构行动方案(2024~2027年)》 | 全产业带 | 为跨境电商产业带的发展提供明确的方向和政策支持 |
| 产业园区和基础设施建设 | 四川省商务厅 | 发布首批省级跨境电商产业园认定名单 | 全产业带 | 构建"N 园+N 带"的跨境电商产业生态,已认定省级跨境电商产业园 8 个 |
| 市场主体倍增和生态营造 | 四川省商务厅 | 举行"跨境电商助力产业出海"培育孵化活动 | 纺织服装、汽摩配、川调、装备制造等 | 已培育和孵化多个本地成熟及新兴产业带,让更多优势产业带"触电出海" |
| | 成都综试区 | 举办西部跨境电商博览会 | 全产业带 | 2024 年展会集聚各跨境电商主流平台、国际物流、跨境支付、知识产权等生态服务企业,以及四川省各综试区、产业带源头工厂等共 300 余家 2 万余人次观展 |
| | | 举办"蓉品出海,数通全球"系列活动 | 电子信息、鞋靴、川调、家具家居等 | 吸引近 300 家企业参与现场对接,持续提升蓉品出川出海能力 |

---

① 资料来源于四川省商务厅关于跨境电商的相关统计数据。

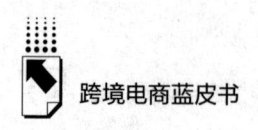

续表

| 实践类型 | 实施主体 | 实施内容 | 涉及产业带 | 实践成效 |
|---|---|---|---|---|
| 市场主体倍增和生态营造 | 成都综试区 | 搭建成都"跨境电商线上选品中心" | 电子信息、鞋靴、川调、家具家居等 | 汇聚全市跨境电商资源，打造特色优质产品一站式线上推广展示与选品专区 |
| | 德阳综试区 | 实施"装备制造跨境转型培育计划" | 装备制造等 | 超30家传统装备制造企业成功上线跨境电商平台，实现跨境出口 |
| 品牌建设和营销推广 | 四川省商务厅 | 举行"世界播"品牌出海大会 | 鞋靴、川茶、二手车出口、竹制品、川调等 | 建成上千人的跨境主播库，举办6场产业带直播活动，助力多家川造品牌跨境直播出海 |
| | 绵阳综试区 | 上线"绵品出海"服务平台 | 电子信息、新材料、汽车及零部件、纺织服装等 | 平台已入驻70余家企业，上新产品近7000件，询盘数量1200多个 |
| 国际合作与市场拓展 | 四川省商务厅 | 发布首批跨境电商产业带源头工厂清单 | 工程建材、鞋靴、川调、清洁能源、装备制造等 | 发布首批400余家跨境电商产业带源头工厂清单 |
| | 眉山综试区 | 举行竹产业中国沙特对接会 | 竹制品 | 助推眉山竹产业外向型发展 |
| 产教融合与人才培养 | 四川省商务厅 | 成立四川外贸创新发展职教集团 | 全产业带 | 联合四川校政行企84家单位，在教育教学、产教融合、社会服务等方面服务地方产业带出海 |
| | 成都综试区 | 西部跨境电商创新创业大赛 | 电子信息、家具家居、食品调料等 | 已举办四届，2024年有155支队伍738名学生参赛，培育服务产业出海的跨境电商专业人才 |

资料来源：根据四川省商务厅和各地商务局统计数据综合整理。

## （三）四川跨境电商产业带出海实践案例

**1. 案例一：德阳清洁能源（装备）产业带"从0到1"数字化出海实践**[①]

四川德阳是全国先进制造业百强市、联合国授予的清洁技术与新能源装备制造业国际示范城市、全国三大重大装备制造基地之一。全市装备制造企业超过1500家，拥有以高效清洁能源、航空与燃机等为代表的完备工业体系。德阳综试区的建立，为清洁能源（装备）产业带企业出海提供了一个试验和创新的平台。2024年，德阳实现跨境电商交易额30.6亿元，同比增长45%，在全国跨境电商综试区考核中跃级进位第二档。

（1）综合服务体系打造战略。一是加大政策支持。德阳综试区积极与跨境电商平台合作，推出"装备制造跨境转型培育计划"，对装备制造等产业带首次开展跨境电商及"上台阶"的企业进行支持和补贴。二是优化线上服务平台。搭建德阳跨境电商公共服务平台，为企业提供全链条一站式通关服务，提升外贸便利度。三是搭建线下服务团队。联合海关、税务等提供"保姆式"服务，"一对一"对口帮助企业开展跨境电商。四是产教融合输送跨境电商人才。校企联合设立西部地区首个跨境电商产业学院，打造"入校即就业，出校即毕业"联合培养模板。2024年累计培养学生500人次，为清洁能源装备制造企业出海输送技能人才。

（2）"品牌出海"战略。一是实施跨境电商产业带"品牌出海计划"，与中国制造网等平台合作，以"德阳造"品牌推广为抓手，试点打造德阳线上产业集群，开展跨境出海"破0计划"，首批推动50户企业上线，其中6户属于清洁能源装备制造企业。二是加大品牌推介工作。先后在世界清洁能源装备大赛、西部跨境电商博览会、海外资源对接会上对德阳装备制造产业进行推广，取得了较好效果。

（3）供应链柔性化定制战略。一是精准定位市场。充分利用跨境大数据，对产业细分领域进行画像，精准研判市场风向，推动储能、充电桩、节

---

[①] 本案例来源于德阳市商务局关于跨境电商相关统计数据。

能电网设备等产品加快出海步伐。二是建立柔性化产业供应链。推动一批优势清洁能源标杆企业先行先试，按照市场需求进行定制化生产，以更灵活的方式实现出海。

2024年，德阳清洁能源装备相关企业实现跨境电商交易额3亿多元，培育了英杰新能源、广海车业、东森水电等17家传统清洁能源装备出海企业。其中，英杰新能源通过阿里巴巴国际站、中国制造网等多个跨境电商渠道实现外贸零突破，将产品出口至欧美等17个国家和地区，2024年实现超1亿元的销售额。

2. 案例二：成都鞋靴产业带从"产品出海"到"品牌出海"实践①

成都被称为"中国女鞋之都"，拥有从原材料到制鞋销售的完整产业链基础。截至2024年，成都有超过1700家生产型鞋业企业和配套企业，其中最大产业集聚地为成都市双流区，区内制鞋企业165家、商贸企业1100余家，2023年全区鞋靴产业规模约280亿元，从业人员超8万人。② 在对外出口中，成都女鞋一路从俄罗斯走向欧美、中亚等地区市场，出口贸易额年年攀升。在品牌建设方面，成都鞋靴企业逐步从代工生产向自主品牌转型，首个登上国际时装周的成都女鞋品牌"Sheme"曾作为国礼赠送给访问成都的英国首相夫人等外宾。

（1）综合服务体系提升，精准匹配资源。一方面，搭建公共服务平台，打通供需对接渠道。2024年成都市商务局发布《成都跨境电商出海服务手册》，为企业提供详尽实用的服务指南；围绕鞋靴"出海"所需物流、支付、数据等跨境电商生态链，举办各类资源对接交流、沙龙活动，组织跨境电商卖家深入走进生产企业，支持企业加速"出海"。2024年10月，"蓉品出海、数通全球"鞋靴产业带专场活动中，亚马逊全球开店、阿里巴巴国际站、谷歌、速卖通等平台发布成都鞋靴产业出海专项支持计划。另一方面，打造跨境电商产业园区，助力产业集聚发展。聚焦数实融合、电商赋能，引导汇都

---

① 本案例来源于成都市跨境电子商务协会相关统计数据。
② 资料来源：成都双流区鞋服产业链商会数据统计。

时尚产业园、她妆美谷等园区积极构建鞋业外贸供应链综合服务体系，帮助更多鞋企抢订单、拓市场，加速构建以女鞋为特色的优势产业链条和供应链条。

（2）跨境电商+产业集群"跨"出新优势，推动企业转型升级。通过"小单快反"等供应链体系的创新、数字技术的应用等逐步向上游生产制造环节渗透，赋能传统产业的智能化、数字化转型升级。随着跨境电商融入制鞋产业，越来越多的企业看到蕴藏在海外的商机，并通过亚马逊、速卖通、SHEIN等平台，以及自建品牌独立站抓住海外市场，进而推动成都制鞋产业从产品出海向品牌出海转变。头部企业卡美多在2024年初尝试采用小批量、短周期的模式，不到半年时间通过跨境电商平台将20万双鞋卖到了北美、欧洲的十多个国家，拉动企业产值增长超过20%。艾美时尚自开通海外独立站业务以来，月销量实现10%~20%的增长。①

据亚马逊统计，2023年成都鞋靴品类销售额同比增长50%，占全球女鞋5.9%的市场份额，远超食品等其他品类的市场份额。据成都海关数据，2023年四川鞋服出口额达114亿元，同比增长110%。② 2024年上半年，成都跨境电商公共服务平台进出口申报同比增长276%，其中女鞋出口量占全国女鞋的1/3。③

## 二 四川跨境电商产业带出海的现实掣肘

### （一）产业端：消费型产业出口薄弱，国际品牌建设滞后

从首批产业带源头工厂的数据来看，四川产业发展不均衡现象较为明

---

① 《中国经济新发现｜"买"全球"卖"全球这个"跨"出来的新市场大有可为》，光明网，2024年8月16日。
② 《助力"蓉品出海"，2024成都"跨境电商+产业带"出口专项活动启动》，封面新闻，2024年10月16日。
③ 《成都女鞋从产品"出海"到品牌"出海""跨"出机遇与活力》，中央广电总台国际在线，2024年8月21日。

显。一是消费品产业带薄弱。四川本地产业带产品多为工业品和食品、农产品（见图2），其中食品调料占比高达29%[①]，而B2C消费型产业带较弱，阿里巴巴国际站的保温杯等消费品类的四川头部卖家，其供应链基本来自沿海产业带。在亚马逊发布的《中国出口跨境电商产业集群发展白皮书》中，四川仅有女鞋产业带上榜。然而，以女鞋为龙头的纺织、轻工类产业带，存在低端产品产能过剩、价格内卷等问题。二是国际品牌建设滞后。四川制造的产品在海外市场上的品牌知名度不高，缺乏有地域特征的国际IP，许多企业仍然停留在OEM阶段，使企业在国际市场上难以获得较高的附加值。首批产业带源头工厂中，代工企业占比近50%，注册海外品牌的不足20%，申请海外专利的仅占3.5%。[②] 由于缺乏自主品牌建设能力，依赖于低价竞争策略，四川产业带产品同质化严重，竞争力不足。尽管成都在国内被誉为"中国女鞋之都"，但在海外市场，其女鞋品牌尚未充分建立起广泛且深入的品牌影响力。

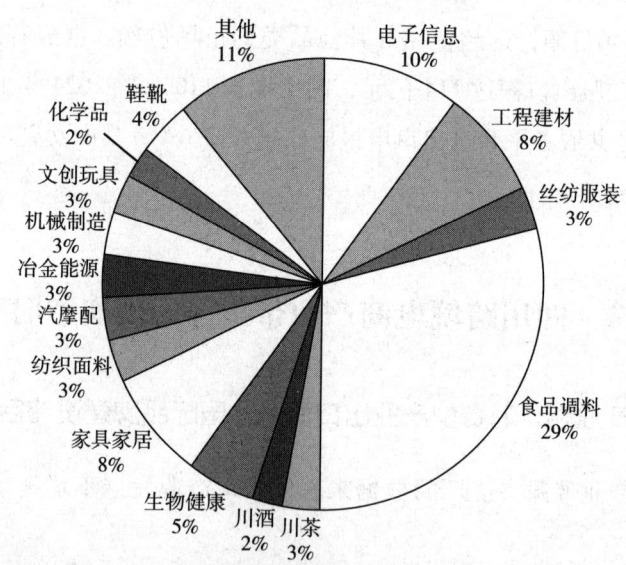

**图2 2024年四川首批跨境电商产业带源头工厂产品类目占比**

资料来源：四川省商务厅关于跨境电商的相关统计数据。

---

[①] 资料来源：四川省商务厅首批跨境电商源头工厂统计数据。
[②] 资料来源：四川省商务厅首批跨境电商源头工厂统计数据。

## （二）企业端：数字化思维意识不足，出海能力有待提升

四川工贸一体的企业数量较少，生产型企业多以OEM和ODM模式参与国际贸易，对数字化转型缺乏足够认知，存在"不愿做、不敢做、做不好"的情况。一是数字化出海意识欠缺。大部分生产型企业缺乏"不出海就出局"的危机意识，对跨境电商等外贸新业态知之甚少，普遍倾向于代工和国内销售，通过压低价格维系微薄利润。二是数字化出海意愿不强。生产型企业习惯于低利润、大批量的生产模式，而跨境电商更强调高毛利、小批量、差异化竞争。许多尚未涉足跨境电商的生产型企业缺乏主动学习和试错的胆识，难以适应这种转变。另外，四川部分企业对市场和消费者需求洞察不足，缺乏选品思维，容易导致产品滞销，产生"不敢做"的畏难情绪。三是数字化出海能力有限。从传统的大单生产转向小单快反、碎片化订单，对传统工厂的供应链履约能力提出了更高要求，易引发"做不好"的后果，企业面临复杂多变的外部环境，包括其他国家（地区）税收政策、法律法规以及贸易保护主义等，这些因素增加了企业的运营风险和不确定性，无形中又滋生了"不愿做"的情绪。比如成都某知名家电工厂早在2021年就注册了海外品牌，但由于运营能力不足，通过亚马逊自行开拓海外市场之路停滞不前。

## （三）市场端：主要目标市场不确定性加剧，产品同质化竞争明显

映潮大数据显示，2023年四川跨境电商主要出口国家为美国、马来西亚、越南、韩国和日本，产品以婴童食品、家具、箱包、服装等为主。从数据上看，四川跨境电商出口以美国、东南亚等主流市场为主，其中对美国跨境电商出口交易额达234.97亿元，占全球市场的17.74%，[①] 且仍具备较高增速。特朗普政府推行的贸易政策将对四川省跨境电商的国际化发展带来诸多不确定性。另外，四川出口的主要产品以劳动密集型产品为主，高科技、

---

① 映潮科技股份有限公司：《2023年四川跨境电商研究简报》，2024年1月。

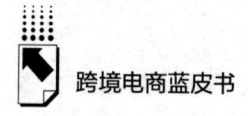

高附加值的"双高产品"占比较低。主要出口产品与沿海产业带同质化竞争明显，在产业链完备程度和供应链反应速度上优势并不明显，尤其是在价格敏感型商品领域，产品不得不面对来自全球各地同行的激烈竞争。

### （四）生态端：生态发展参差不齐，资源整合难度较大

四川跨境电商发展以综试区为主阵地，非综试区生态集聚程度较弱、基础参差不齐，整合难度较大。以成都、德阳、绵阳、眉山等综试区为代表的市（州），跨境电商产业园、行业商协会等载体相继完善，支撑跨境电商良性发展的行业氛围浓厚。而大部分非综试区城市，支撑跨境电商和产业带融合发展的服务生态体系尚不健全，尤其缺乏外贸高端配套服务体系，物流、金融、财税合规、品牌等资源短板明显。加之当地政府部门对跨境电商的认知还不够深入，基层懂业务的干部较为缺乏，政府引导行业发展的"向心力"尚未形成，培育本地跨境电商生态任重而道远。

### （五）人才端：专业人才供需失衡，培育体系尚不健全

尽管四川拥有139所普通高等学校，人才储备量庞大，但从全省范围来看，跨境电商专业人才缺口依然显著。特别是在独立站运营、跨境直播及数据分析、人工智能等领域，行业人才供给明显不足。据预测，至2025年仅跨境电商人才全国缺口将达985万[①]，四川不沿边不靠海，跨境电商人才内生不足、外流严重。这一问题在不具备人才虹吸效应的非省会城市尤为严峻。在全国跨境电商综试区创新发展沙龙上，绵阳、宜宾等跨境电商综试区反映，人才问题已经成为当地产业带数字化出海的主要瓶颈。另外，高校是技能人才培养的主阵地，但由于高校教育与行业未能形成有效的协同育人机制，四川已有3所高校的跨境电商专业面临关停并转的局面。

---

① 商务部、中央网信办、国家发展改革委：《"十四五"电子商务发展规划》，2021年10月。

## 三　四川跨境电商产业带出海建议

### （一）抓产业，差异化培育"川字号"产业带

一是提升食品调料、家具家居、女鞋等消费品产业带出海效能，重点解决产品创新问题，摆脱单纯依赖价格战的竞争模式，培育有辨识度和地域特色的"川字号"产业带，支持各市（州）常态化举办"川字号"产业带出海专场活动，政府在品牌建设、渠道整合等方面持续赋能。二是通过集体商标注册、品牌认证等方式提升电子信息、装备制造、汽摩配等工业品产业带在国际市场的整体品牌形象。2024年亚马逊、阿里巴巴国际站将MRO工业品类目作为重点扶持赛道，德阳、绵阳等工业品产业带要尽快抓住契机，快速打响地域品牌。三是深挖竹制品、中药饮片、生物健康等绿色低碳、高附加值、具备地方特色的潜力产业带，结合巴蜀文化、非遗等特色开发差异化产品。企业要充分了解目标市场消费者的需求，并遵守当地相关法律法规和认证要求，创新直播、海外社交媒体等营销渠道，提高地域品牌在海外消费者中的知名度。

### （二）抓企业，"从0到1"推进生产型企业转型出海

一是提升企业数字化出海意识。通过举办跨境电商培训、资源对接会等活动，向企业普及跨境电商政策和优势，增强企业对"不出海就出局"的危机意识。鼓励源头工厂从生产制造向研发、设计、品牌营销等领域延伸。二是增强企业数字化出海勇气。支持企业开展市场调研，利用大数据分析工具了解海外市场需求和消费者偏好，提高产品差异化和竞争力，减少滞销风险。三是提升企业数字化出海能力。将平台、代运营、生态服务商等资源整合延伸到产业带源头工厂，降低生产型企业出海门槛，从0到1推进企业数字化转型出海。2023年亚马逊发布的"产业带启航十条"扶持计划，正是通过从生产到销售再到品牌成长的全链条赋能帮助企业转型跨境电商。四是

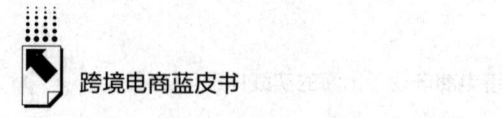

建设线上产业带独立站。四川应借鉴山东农创港、江苏南通的成功经验，以数字化方式整合分散的企业资源，打造集商品展示、交易、物流、支付等功能于一体的"川字号"一体化出海平台，为产业带源头工厂提供有限期的免费跨境电商出口服务渠道，扩大全省工贸一体企业数量。

### （三）拓市场，竞争中重塑市场和产品布局

面对特朗普政府贸易政策不确定性，四川跨境电商应锚定"构筑向西开放战略高地和参与国际竞争新基地"的战略定位，加快推进"平台+市场"的多元化发展战略，引导卖家优化全球市场布局。在稳固欧美市场的同时，积极拓展共建"一带一路"国家、RCEP成员国及中欧班列节点国家（地区），以降低市场集中度风险，增强抗风险能力。在产品布局上，探索与OZON、Wildberries等区域性电商平台合作，面向俄罗斯、乌兹别克斯坦等西向国家，布局当地所需的机械、电气和电子设备、纺织品和服装等与四川跨境电商产业带高度契合的产品。另外，四川应大力推动跨境电商深度联动"川字号"海外仓和境外外贸综合服务中心，为跨境电商卖家构建"线上+线下"融合发展的营销模式提供支撑。

### （四）抓生态，搭建内外贸一体化服务体系

四川在构建跨境电商产业生态体系过程中应加强前瞻意识，积极融入"双循环"，探索内外贸一体化发展新路径。政府可依托当地跨境电商产业园，整合侨联、海外商协会等资源，打造"跨境电商+优势产业带"的出海生态圈，培育内外贸一体化企业。一方面，对产业带上的潜力型"走出去"生产型企业、商贸流通企业、国内电商企业，提供办公场地、平台入驻、品牌策划、运营孵化等一站式出海服务或定制化服务；另一方面，支持四川产业带优质外贸商品"走进来"，通过电商平台、商超、展会等渠道开拓国内市场，满足国内消费升级需求。对于不具备跨境电商产业园等生态载体的市州，要强化外综服企业引培力度，延展传统电商产业园跨境电商服务功能，搭建内外贸综合服务体系，促进与全省跨境电商生态系统互融互促。

## （五）抓人才，搭建产教融合育人体系

有机衔接教育链、人才链、产业链，破解产业带人才紧缺难题。一是紧跟行业优化课程建设。省内高校要关注跨境电商行业动态和市场需求变化，优化外贸类、物流类等专业的课程设置，新增独立站、海外仓、跨境直播、数据分析应用等市场急需的内容板块，确保课程内容的前沿性和实用性。二是产教融合培养人才。依托四川外贸创新职教集团及各地跨境电商产业学院，积极打造具有产业特色的产教融合共同体，通过开展技能培训、项目对接、创业孵化、技能大赛、行业游学等方式，培养一批跨境电商复合型实践人才。三是科技创新赋能数字人才培养。聚焦"人工智能+"，引入数字人技术、AI数字营销、AI独立建站、AI客服等方面培训，切实提升人工智能技术在跨境电商教育教学中的应用。

## （六）抓开放，构建内外双驱的跨境"贸易型产业带"

在产业带的培育上，秉持"立足本土，放眼全球"的战略视角，兼顾内部优化与外部资源有效整合。针对四川省贸易型卖家占主导的市场结构，推动构建以贸易为核心的"贸易型产业带"。在省内，坚持走差异化、品牌化、定制化发展路线，遵循"人无我有，人有我优"的原则，聚焦女鞋、电子信息及装备制造等具有优势和高附加值的本地优质产业带，加速传统产业带数字化转型，培育细分领域具有国际竞争力的跨境电商标杆企业。在省外，秉持"为我所用"原则，将目光投向全球范围内具有"物美价廉质优"特点的"贸易型产业带"资源，通过西部跨境博览会、资源对接会、产品库等多元化渠道，对接波兰的小家电、马来西亚橡胶制品等海外优质产品，服务于省内80%的跨境贸易型卖家与全国乃至全球优质供应商，构建一个开放共享的跨境贸易生态系统。

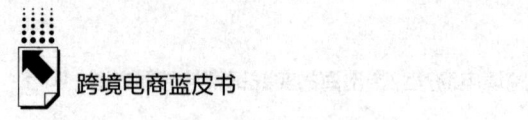

## 参考文献

商务部国际贸易经济合作研究院：《"跨境电商+产业带"高质量发展报告》，2024年5月。

张明侠、刘娟、陈琳琳：《数字经济背景下江苏省跨境电商与特色产业带融合发展研究》，《商业经济》2025年第1期。

王岳丹：《各地跨境电商发展困局分析之"跨境电商+产业带"》，"EWTO研究院"微信公众号，2024年12月9日。

张明侠：《跨境电商赋能产业带出海的理论机制、现实困境与实现路径研究》，《中国商论》2024年第22期。

# B.8
# 黄河流域跨境电商高质量协同发展研究
## ——黄河流域跨境电商产业联盟的实践报告

刘保军*

**摘　要：** 跨境电商是外贸领域的新质生产力，以跨境电商为切入口贯彻落实国家黄河战略具备空间条件和产业基础，对促进流域产业经济创新绿色转型、推动对外开放迈向更高水平具有重要战略意义。本文在阐述黄河流域跨境电商"高质量"和"协同发展"内涵的基础上，介绍黄河流域跨境电商产业联盟在创新协同机制、搭建资源对接平台、畅通沿黄陆海大通道等方面卓有成效的探索，并提出黄河流域跨境电商发展应着重在"跨境电商+产业带"、一区多功能、一店多模式、"四全一高"、制度型开放等方面着力，最终推动跨境电商走向产业经济协同发展之路。

**关键词：** 黄河流域　跨境电商　产业经济　高质量发展　协同发展

　　黄河流域是连接青藏高原、黄土高原、华北平原的生态廊道，是我国重要的生态屏障和经济地带。自2019年9月黄河流域生态保护和高质量发展上升为重大国家战略以来，沿黄各省区统筹推进生态保护和经济高质量发展，取得了显著的阶段性成效。但黄河流域不通航，相比长江流域、珠江流域航运天然形成的紧密区域经济联系，长期以来黄河流域上中下游之间协同高质量发展更多停留在区域经济学者研讨范畴，很难进入现实经济社会实践。面对以数字化、

---

\* 刘保军，黄河流域跨境电商产业联盟秘书长，青岛西海岸新区保税物流中心总裁办公室主任，河南省宏观经济学会副会长，郑州航空工业管理学院校外兼职硕士研究生导师，长期从事国际物流、跨境电商业务管理及行业研究工作。

智能化、低碳化为特征的新一轮科技和产业革命加速推进的新形势，黄河流域要实现高质量发展这一首要任务，就要尽快摆脱传统经济增长方式和生产力发展路径，抓紧培育发展新质生产力，全面转向绿色低碳高质量发展路径。

跨境电商是外贸领域的新质生产力，平台经济特征明显。进口方面，促进国外消费回流、满足人民群众对美好生活的向往、提升消费动能效果明显；出口方面，带动传统外贸转型升级、成为促进中小微企业进军国际市场的新动能。经过连续七轮扩围，我国跨境电商综试区达到165个，其中黄河流域九省区共有45个综试区（见表1），上中下游城市均已覆盖。因此，以跨境电商为切入口贯彻落实国家黄河战略具备空间条件和产业基础，对促进流域产业经济创新绿色转型、培育发展新质生产力、推动对外开放迈向更高水平具有重要战略意义。

表1 黄河流域跨境电商综试区分布情况

单位：个

| 序号 | 省份 | 综试区城市数量 | 综试区城市名称 |
| --- | --- | --- | --- |
| 1 | 山东 | 16 | 青岛、威海、济南、烟台、东营、潍坊、临沂、淄博、日照、枣庄、济宁、泰安、德州、聊城、滨州、菏泽 |
| 2 | 河南 | 5 | 郑州、洛阳、南阳、焦作、许昌 |
| 3 | 陕西 | 3 | 西安、延安、宝鸡 |
| 4 | 山西 | 3 | 太原、大同、运城 |
| 5 | 内蒙古 | 5 | 呼和浩特、赤峰、满洲里、鄂尔多斯、包头 |
| 6 | 宁夏 | 1 | 银川 |
| 7 | 甘肃 | 2 | 兰州、天水 |
| 8 | 四川 | 8 | 成都、泸州、德阳、绵阳、南充、眉山、宜宾、达州 |
| 9 | 青海 | 2 | 西宁、海东 |

资料来源：根据国务院批复设立跨境电商综试区的文件综合整理。

# 一 黄河流域跨境电商高质量协同发展的内涵

黄河流域跨境电商高质量协同发展主要着眼于国家黄河战略的贯彻实

施,以"跨境电商"为抓手把黄河流域上中下游关联城市(跨境电商综试区)、国家级新区、自贸区等行政机构"串起来",有了政府行政部门"主事管事"的,就有了相关企事业单位、行业协会、高校科研机构等"干事"的,就找到了区域协同发展的责任主体。

解决了"谁来干"的问题,下一步自然就是"干什么"和"怎么干"的问题,那就要聚焦瞄准"高质量发展"和"协同发展"两个维度。

所谓"高质量发展",就是过去发展靠模仿、完成商务部给出的"两平台六体系"规定动作的升级版。这就要求结合各地产业生态、地区竞争优势,利用跨境电商这一"新质生产力"实现地方政府期望的培植生态、拉动经济、扩大就业、涵养税源等"产业经济"效果。这一方面,东南沿海的深圳、上海、广州、杭州、宁波、义乌等外贸产业基础好的城市均已成效显著;黄河流域的郑州、青岛、成都进入了商务部全国综试区考核评估第一梯队,济南、西安、太原、呼和浩特、兰州、银川、西宁等省会城市,以及烟台、威海、临沂、洛阳、许昌、大同、包头、海东、宝鸡、绵阳、满洲里等重点城市的跨境电商综试区建设也卓有成效。至于各省市如何把跨境电商打造成"产业生态",就需要八仙过海、各显神通了。消费能力强的富裕地区发力跨境进口,旅游资源丰富的地方瞄准游客消费市场,具备海港、空港、陆港、边贸口岸物流资源的地方走"以物流带动产业,以产业带动城市"的枢纽经济发展之道,具备良好出口基础的地区加快实现传统外贸转型升级,具备经济产业带优势的地区联合出口大平台快速实现"跨境电商+产业带"赋能之路,侨商资源丰富的地方布局"海外仓",大学生人力资源丰富尤其是具备小语种优势的地方可以开展跨境直播。以上种种,充分说明跨境电商产业生态丰富、经济带动能力强、社会覆盖面广,在我国经济新旧动能转换的背景下是实现地方经济转型升级、弯道超车的"好产业"。

所谓"协同发展",主要体现在"步调一致"与"先进带动后进"两个方面。一是"步调一致"。区域内的领军地区,比如郑州和青岛的跨境进口,要以合作为主,不要互相挖墙脚,不搞内部恶性竞争;再如西安、郑州、乌鲁木齐的中欧班列"跨境电商集结中心",尽量科学调配线路资源,减少恶性价格战等。青岛作为黄河流域的出海口，要发挥海运口岸优势，给予黄河流域兄弟单位更加优惠的价格、更加便利的通关环境、更加高效的集疏运体系。郑州航空港国际航空货运能力、新疆的口岸资源与通关能力也要向黄河流域的兄弟单位倾斜一些。大家互相帮衬、相互协作，真正形成发展合力，步调才能一致，这需要政府层面的力量，海关总署已经建立11+1区域通关一体化合作机制，其他部门也要跟进协同。二是"先进带动后进"。在这个方面，郑州"中大门"做得比较超前，当初选准跨境电商国家统一版上线前的"窗口期"，抢抓历史机遇复制推广"中大门"模式，尽管由于疫情、文化、团队等种种原因未能持续，但这种商业领域管理模式的"标准化输出"、海关特殊监管区域"区区联动"、跨境新零售"前店后仓、线下自提"等大胆探索，为黄河流域跨境电商区域经济一体化建设提供了非常宝贵的实践样本。

## 二 黄河流域跨境电商产业联盟的创新实践

为落实黄河国家重大战略，实现流域跨境电商产业协同发展，青岛联动沿黄各省区主动担当、积极作为，推动建立"11+1"关际一体协同机制、黄河流域"9+1"城市陆海联动高质量发展合作机制和黄河流域国家级新区高质量发展合作机制，举办黄河流域跨境电商博览会，成立黄河流域跨境电商产业联盟，在创新协调机制、搭建资源对接平台、畅通沿黄陆海大通道等方面进行了卓有成效的探索。其中青岛西海岸新区政府主导下成立的黄河流域跨境电商产业联盟，在推动流域跨境电商产业协同发展方面做出了多方面的积极贡献。

### （一）创新协同机制：黄河流域"9+2"跨境电商产业合作交流机制

立足青岛西海岸新区和山东自贸区青岛片区，青岛西海岸新区保税物流中心深入贯彻国家黄河战略，牵头组建我国首个黄河流域"9+2"跨境电商产业合作交流机制。

也许是历史的机缘巧合，2014年5月10日，习近平总书记视察河南保税物流中心，寄语朝着"买全球、卖全球"目标迈进，开启了我国跨境电商产业波澜壮阔的十年迅猛发展周期。2014年6月，国务院批复同意设立青岛西海岸新区，成为第九个国家级新区。

青岛西海岸新区处于京津冀和长三角两大都市圈之间的核心地带，是黄河流域主要出海通道和欧亚大陆桥东部重要端点，与日韩隔海相望，具有贯通东西、连接南北、面向太平洋的区位战略优势。作为国家战略的先行区、区域发展的增长极，青岛西海岸新区把先行先试作为最大优势、最大动力。2020年11月，商务部、国家发展改革委、财政部等九部门共同作出决定，在全国设立山东省青岛西海岸新区等10个进口贸易促进创新示范区。示范区有两大功能定位：一是"贸易促进"，即促进口、促产业、促消费；二是"贸易创新"，即政策创新、服务创新、模式创新。2021年1月29日，青岛市人民政府办公厅发布《青岛市推进进口贸易促进创新示范区建设实施方案》，提出依托青岛港和海关特殊监管区域优势，做大做强青岛西海岸新区保税物流中心等大宗商品进口促进平台；推进多式联运战略布局，构建以港口为枢纽，畅通郑州、西安、银川、乌鲁木齐等"一带一路"节点城市陆港布局，优化多式联运监管，建设联通内外、交织成网的物流大通道。

在青岛西海岸新区领导的大力支持下，管委会办公室、新区商务局、黄岛海关与青岛西海岸新区保税物流中心组成联合调研组，2021年5月31日至6月5日，走访成都、昆明、西安、霍尔果斯4个城市；6月20～25日，又走访银川、延安、呼和浩特、包头及太原5个城市，就共同推动跨境电商产业发展、培育对外贸易新业态新模式等事宜进行友好接洽交流，得到了各方高度认同、热烈响应。2021年10月，海关总署决定建立由青岛海关牵头的"11+1"关际一体协同机制，助力加快构建内外兼顾、陆海联动、东西互济、多向并进的黄河流域开放新格局，以服务黄河流域生态保护和高质量发展。"11+1"包括黄河流域九省区涉及的11个中国直属海关（太原、呼和浩特、满洲里、青岛、济南、郑州、成都、西安、兰州、西宁和银川海关）和黄河流域西部重要通道涉及的乌鲁木齐海关。

2021年11月18日，由青岛西海岸新区管委会主办，西海岸新区商务局和青岛西海岸新区保税物流中心承办的"黄河流域9+2跨境电商产业合作交流大会"在中日韩消费专区电商体验中心开幕。我国首个黄河流域"9+2"跨境电商产业合作交流机制覆盖了山东、河南、山西、陕西、内蒙古、宁夏、甘肃、青海、四川9个黄河流域省区及新疆、云南2省区共计11个省区，其中包括3个进口贸易促进创新示范区、28个跨境电商综试区，通过协同建设跨境电商完整产业链、生态圈，实现不出境"买全球、卖全球"。该合作机制通过加强区域联动和产业协同合作，为区域跨境电商产业高质量发展奠定合作基础。

### （二）搭建资源对接平台：黄河流域跨境电商博览会及黄河流域跨境电商产业联盟

自2022年以来，山东自贸区青岛片区成功举办了三届"黄河流域跨境电商博览会"，并成立黄河流域跨境电商产业联盟，通过合作共建、优势互补、资源共享带动区域跨境电商产业创新发展。

2022年8月26~28日，首届黄河流域跨境电商博览会在青岛西海岸新区成功举办。博览会以"梦起黄河，同心共赢"为主题，是全国首个黄河流域跨境电商专业展会。博览会由青岛市人民政府、山东省商务厅、商务部外贸发展事务局共同主办，设置开幕式、高峰论坛、展览等三大类28项活动。新华社发布《沿黄九省（区）跨境电商发展蓝皮书》，沿黄九省区跨境电商与产业深入融合，带动产业集群加速形成，跨境电商逐步形成陆海内外联动、东西双向互济的发展格局。

首届博览会期间，在山东自贸区青岛片区管委会主办、青岛西海岸新区保税物流中心承办的"打造东北亚寄递物流枢纽暨黄河流域跨境电商协同发展高峰论坛"上，青岛西海岸新区保税物流中心牵头，沿黄地区众多境内外知名物流运输企业、跨境电商领军企业代表，联合发起成立黄河流域跨境电商产业联盟，表决通过了《黄河流域跨境电商产业联盟盟约》及《2022黄河流域跨境电商产业联盟共同行动纲领》。按照中央及省市关于建设现代流通体系的有关指示要求，以建设东北亚寄递物流中心为契机，着力推动跨区域交流合作，充分发挥山东半岛城市群龙头作用，打造黄河流域生态保护和高质量发展先行区。

2023黄河流域跨境电商博览会主题为"筑梦黄河，共启新程"，来自国家部委、沿黄省区、外国驻青领馆、中外企业家和跨境电商专家代表等近4000人参加了开幕式、对话交流大会、优品发布会、消费体验、黄河流域传统文化演出等20余项专题活动。本届博览会期间，黄河流域"9+1"城市统战部门联动举办"凝侨聚力，筑梦黄河"主题活动，就《黄河流域重点省市侨务工作合作备忘录》达成初步共识。

2024黄河流域跨境电商博览会以"丝路连山海，共筑黄河梦"为主题，首次正式发布博览会IP（知识产权）形象。"河清清""海晏晏"由一名女孩和一名男孩机器人组成，命名取自"河清海晏，时和岁丰"，寓意博览会平台开放包容、共赢发展，展现贸易创新、贸易繁荣景象。现场累计超7.1万人次观展，专业采购商1.3万名，实现经贸配对5.3亿元。本届博览会参展企业共计481家，覆盖36个国家和地区，辐射17个省份的55个产业带。[①] 为推动黄河流域生态保护和高质量发展战略走深走实，青岛持续搭建跨境电商产业交流平台、生态合作平台、要素聚合平台，合作交流成效显著，为黄河流域的协同发展注入强劲动力。

## （三）畅通沿黄陆海大通道：黄河流域"9+1"城市陆海联动高质量发展合作机制

青岛市以打造沿黄开放门户和"经济出海口"为目标，深化黄河流域"9+1"城市陆海联动高质量发展合作机制和黄河流域国家级新区高质量发展合作机制，组织实施沿黄省区宣传推介三年行动计划，与沿黄城市携手共筑沿黄陆海通道，奋力谱写区域融合发展新篇章。

为满足黄河流域货物进出口需要，青岛港立足沿黄九省区"公转铁"

---

① 《2024黄河流域跨境电商博览会在青岛闭幕，实现经贸配对超5.3亿元》，《大众日报》2024年6月16日。

多式联运发展，整合"铁路+水路+公路"资源，构建起"航线+内陆港+班列"的服务网络。2024年青岛港沿黄内陆港、海铁联运线路总数分别达51个、83条；完成海铁联运量254.6万标箱，同比增长15.3%，连续十年位居全国第一。①

2024年12月12日，山东省人民政府召开新闻发布会，在黄河流域协同发展方面，山东自贸试验区实施鲁豫联动跨关区通关改革，依托"11+1"关际一体协同机制，与河南等黄河流域省份联动开展跨关区通关改革，将青岛片区港口集货、配载等码头前沿功能延伸至郑州内陆港，实现出口货物"内陆申报、属地放行、班列直运、抵港直装、原箱上船"，有效提升了通关时效，境内运输成本下降约20%。②

为深化黄河流域"9+1"城市陆海联动高质量发展合作机制和黄河流域国家级新区高质量发展合作机制，青岛西海岸新区管委会组织实施沿黄省区宣传推介三年行动计划，先后走进陕西、四川、甘肃、河南、新疆举办新区宣传推介活动，与新疆生产建设兵团第十二师签署《关于推进两地合作共建、促进高质量发展合作倡议》以及多项战略合作协议，西安—青岛跨境电商产业联动创新示范基地、中国（河南）自由贸易试验区郑州片区与中国（山东）自由贸易试验区青岛片区合作创新发展机制正式启动，陆海内外联动、东西双向互济的开放格局正加快形成。

## 三 面向未来的产业经济协同发展之路

黄河流域跨境电商走向"产业经济"是全球贸易数字化和全球化深度融合的必然趋势。这一转型不仅是商业模式升级，更是供应链、产业链、价值链重构的过程。面向不确定的未来，有几条路径正逐渐清晰。

---

① 《让更多青岛产品走向世界！青岛市如何建设世界一流国际航运中心？》，《齐鲁晚报》2025年1月20日。
② 《山东自贸试验区新一批38项制度创新成果发布》，中国新闻网，2024年12月12日，https://www.chinanews.com.cn/cj/2024/12-12/10335374.shtml。

（一）"跨境电商+产业带"蓬勃起势，平台经济与实体经济加速融合，跨境电商产业经济特征凸显

新一轮跨境电商出口浪潮下，产业协同将成为黄河流域跨境电商协同发展的关键领域，黄河流域各级政府要联合亚马逊、速卖通、拼多多、SHEIN等跨境电商平台共同发力"跨境电商+产业带"建设。2024年3月28日，山东省商务厅与亚马逊全球开店签署合作备忘录，将结合山东特色产业带实施"产业带启航十条扶持计划"，帮助企业转型跨境电商出口业务。计划未来三年，共同推动纺织、家具、假发、服装、高端装备制造、商用餐厨、智能家电、办公文具、五金工具等60个特色产业带转型发展数字贸易。近年来，河南多个产业带企业借力跨境电商实现数字化转型，并孕育出一批具有全球影响力的知名品牌，包括河南首家跨境电商上市企业致欧家居、专注于办公家具的双彬办公家具及瑞贝卡假发、名扬窗饰等。2024年5月10日，亚马逊全球开店在郑州设立华中地区首个办公室，与郑州女裤、许昌假发、洛阳铁皮柜、商丘工量具、周口化妆刷等"跨境电商+产业带"深度融合。黄河流域涵盖多个省份，各地区在产业基础、资源禀赋等方面存在差异，通过上中下游地区产业协同，能够将各地区的优势资源进行整合，实现优势互补，为跨境电商提供更丰富、更具竞争力的产品和服务。

（二）跨境电商重塑全球物流与供应链体系，"一区多功能"成为跨境物流核心节点标准化服务场景

跨境电商平台企业和各类货主单位依托海关特殊监管区域/场所建立跨境物流枢纽（E-HUB），集成进口中心仓、出口集拼仓、海外仓多种物流仓储功能，"一站式"解决复杂的小件包裹订单响应、跨境清关、分拣上架、打包打板、集拼装箱、分拨配送等核心节点。与此相适应，交通运输企业对传统的作业流程进行升级改造与优化重组，海运（多国集拼服务中心）、空运（航空物流前置货站）、陆运（国际公路运输集结中心）、铁路（中欧班列集结中心）、快件（海关快件监管中心）、邮件（国际邮件交换站），多种

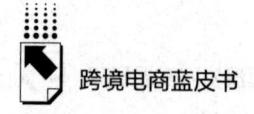

运输方式相互衔接、多种清关方式相互补充的多式联运强链补链项目成为行业热点。未来，黄河流域各地区要加强在物流、仓储等基础设施方面的协同建设，在郑州、西安、青岛等具备高效集疏能力的城市共同打造"一区多功能"跨境电商物流枢纽，并借助大数据、物联网等技术建立统一的物流和供应链信息平台，实现黄河流域跨境电商货物的快速集散和高效运输。

### （三）跨境新零售消费体验场景将与一般贸易进口、免税店购物构成进口商品实体店"一店多模式"新型消费业态

2024年中央经济工作会议提出，要大力提振消费、提高投资效益，全方位扩大国内需求，而跨境电商进口消费在扩大内需、促进消费中发挥着不可替代的作用。跨境电商进口新零售作为中国消费升级的新路径，不断拓展自身的服务边界，加强跨界合作和全渠道布局能力，与一般贸易进口、免税店购物共同构成进口商品实体店"一店多模式"新型消费业态，使消费者实现线上+线下全场景购物。"跨境电商+"零售进口模式正成为成都、西安、郑州、青岛、乌鲁木齐等各地国际消费中心城市建设的有力抓手。日韩供应链品牌企业集聚山东半岛城市群，青岛、烟台、威海对于沿黄流域乃至全国市场的日韩商品跨境供应链影响带动作用愈发明显。跨境电商进口商品体验店在不断提升产品丰富度的同时，也在寻求创新方式升级用户的购物体验，融入当地的文化、旅游等内容。在这样的背景下，拥有优质旅游资源的黄河流域各城市或将迎来"旅游+免（关）税购物"的发展机遇期。

### （四）黄河流域跨境电商加速进入物流全通道、贸易全方式、商品全品类、消费全体验和监管高质量的"四全一高"新时代

黄河流域是我国重要的经济带，2024年黄河流域九省区进出口总额达到6.17万亿元，占全国进出口总额的14%。[①] 作为数字经济中发展速度最快、潜力最大、带动作用最强的新业态之一，跨境电商将发挥重要的牵引作

---

① 根据2024年沿黄九省区进出口总值加总计算而得。

用,加速推动资源要素全流域的优化配置。青岛市全面领会、全面把握、全面落实习近平总书记对山东、青岛工作的重要指示批示精神,准确把握"在推动黄河流域生态保护和高质量发展上走在前"的要求,围绕打造沿黄开放门户和"经济出海口"的目标,坚持把构建黄河流域最便捷出海达海通道作为推进黄河重大国家战略的重要内容、实现区域经济合作高质量发展的"关键一招"。充分发挥青岛口岸黄河流域进口最佳"上岸点"、出口最佳"离岸点"的区位优势,打造黄河流域"9+2"跨境电商产业合作交流机制,共建跨境电商进出口商品供应链集群,推进黄河流域跨境电商加速进入物流全通道、贸易全方式、商品全品类、消费全体验和监管高质量的"四全一高"新时代,高标准推进黄河重大国家战略落实落地。

(五)跨境电商深刻改变全球贸易格局,国际经贸规则处在重构期,跨境电商国际合作交流成为国家"制度型开放"的排头兵

党的二十大报告指出,稳步扩大规则、规制、管理、标准等制度型开放。党的二十届三中全会强调,稳步扩大制度型开放,聚焦对外交流合作的重点领域深化体制机制改革。跨境电商历经十余年发展,搭建了一整套"关、监、财、汇、税"等政府有效治理架构,建立了一大批跨境电商领域国家标准与行业标准。在全球范围调整"小额豁免"等关税和监管政策之际,我国在电子商务领域形成的监管模式、业务流程和技术标准将为全球输出"中国方案",使我国有机会参与甚至主导跨境电商和数字贸易国际规则的制定。郑州作为我国跨境电商发展的发源地和先行者,是网购保税进口模式的发明者和创造者;青岛综试区连续三年在商务部考核评估中获得"成效明显"评价,成为三次蝉联"第一档"的唯一北方城市,青岛西海岸新区保税物流中心坐落于山东自贸试验区青岛片区和全国进口贸易促进创新示范区内,跨境电商业态场景丰富,是青岛市外贸产业高质量发展重点示范项目。未来,黄河流域应通力合作,聚焦跨境电商"中国模式"的对外宣传推广,开展"数字化贸易、智慧化物流、规范性监管"的经贸交流、学术研讨、国际培训、标准制定和信息化平台建设。黄河流域跨境电商产业发展

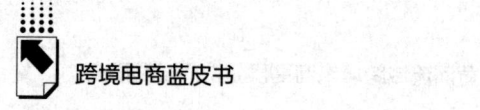

集聚地的青岛、郑州、西安、成都等城市，都将成为诠释中国式现代化发展成果、推动中国跨境电商模式走向世界的桥头堡。

**参考文献**

《跨境电商"续航"黄河流域产业带》，《经济参考报》2023年9月28日。

新华社国家高端智库经济研究中心：《沿黄九省（区）跨境电商发展蓝皮书》，2022年8月26日。

张超、许海清、王熙昊：《跨境电商综试区对黄河流域经济发展的效应评估》，《时代经贸》2024年第4期。

# B.9
# 南阳艾制品产业跨境电商发展研究

张金灿 赵 敏*

**摘 要：** 南阳艾制品产业凭借其深厚的历史文化底蕴、丰富的艾草资源以及不断创新的发展理念，在跨境电商领域取得了显著成绩。目前南阳艾制品市场规模快速增长，逐步形成多元化的市场结构，在国内外市场竞争力显著增强。通过品牌建设、产品技术、销售模式、产业融合、供应链等方面的创新，探索形成了一龙头一园区、内培外引、产业带+跨境电商、产学研用、联农带农等特色发展模式。但同时，在市场竞争与品牌建设、产品质量与标准认证、跨境电商运营等方面也存在不小的挑战。未来，南阳可以从加强品牌建设与推广、提升产品质量与标准、拓展市场渠道与营销、优化产业生态与环境等方面，进一步推动艾制品产业跨境电商持续健康发展。

**关键词：** 艾制品产业 跨境电商 南阳市

近年来，南阳艾制品产业跨境电商发展迅猛，已成为全国艾制品行业的领军力量。据南阳市商务局数据①，截至2024年，全市艾草种植、加工、电商企业约5000家，艾制品电商交易额超80亿元，占全国市场的70%以上，产业集聚效应显著。在种植端，南阳市艾草种植面积近30万亩，遍布全市各县区，形成了规模化种植格局，为产业发展提供了充足的原材料保

---

\* 张金灿，副教授，硕士生导师，郑州大学管理学院大数据与商务智能研究所所长，主要研究方向为数据分析、数字贸易、跨境电商；赵敏，郑州大学管理学院硕士研究生，主要研究方向为数字贸易、跨境电商。
① 本文数据除特殊标注外，均来源于南阳市商务局。

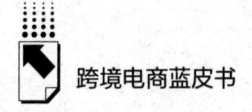

障；加工领域不断升级，从传统手工制作向机械化、智能化转变，产品涵盖艾灸条、艾灸贴、艾草精油、艾草家纺等六大系列近200个品种；电商企业蓬勃发展，线上销售渠道畅通，产品远销日韩、东南亚、欧美等80多个国家和地区，年出口额达10亿元以上。

南阳艾制品产业蓬勃发展，市场规模持续扩张，产品结构日益多元，进出口业务稳步增长。从市场规模看，近年来全市艾制品产业年产值以年均20%以上的速度递增，2023年突破150亿元，2024年跃升至180亿元，电商渠道成为主要增长驱动力，线上销售额占比超60%。产品结构上，已从传统的艾灸产品为主，拓展到涵盖艾草养生食品、艾草日化用品、艾灸智能设备等多元产品体系，满足不同消费群体的需求。

## 一 产业概述

### （一）艾制品产业发展基础

南阳市位于河南省西南部，地处北纬32°17′~33°48′，属于亚热带暖温过渡带，气候温和湿润，雨量充沛，四季分明。这里的土壤肥沃，有机质含量高，为艾草的生长提供了理想的环境。艾草喜温暖湿润的气候，对土壤要求不严，但以疏松肥沃、排水良好的土壤为佳，南阳的自然条件恰好满足了艾草对生长环境的需求，使艾草在这里能够茁壮成长，品质上乘。

南阳是医圣张仲景的故里，中医药文化源远流长。艾草在中医中有着重要的地位，被誉为"百草之王"，在保健和医疗方面有着广泛的应用。南阳民间流传着"家有三年艾，郎中不用来"的谚语，体现了艾草在当地民间的保健地位。深厚的文化底蕴为南阳艾制品产业的发展提供了丰富的文化内涵和品牌价值。

南阳市政府高度重视艾制品产业的发展，出台了一系列扶持政策。如《南阳艾产业高质量发展倍增计划（2021~2025年）》明确了艾制品产业的发展目标和重点任务，从种植、加工、销售等多环节给予政策倾斜，设立专项扶持资金，鼓励企业科技创新、品牌打造，对艾草种植给予补贴，推动艾草种植基地建设。此外，南阳还积极推动艾制品产业与跨境电商的融合发展，为艾制品产业的国际化发展提供了有力支持。

### （二）艾制品产业发展历程

南阳艾制品产业发展主要经历了萌芽阶段、转型升级阶段、快速发展阶段。

萌芽阶段（20世纪90年代末）：南阳艾制品产业起步于家庭作坊，起初只是简单加工野生艾草，产品种类单一，规模较小。这一时期，艾制品产业尚未形成规模，市场认知度较低，主要依靠本地市场和周边地区的销售。

转型升级阶段（21世纪初至2010年）：随着人们对健康养生的重视以及市场需求的增长，南阳艾制品产业开始转型升级。政府出台扶持政策，引导企业从家庭作坊向规模化、专业化发展，艾草种植也逐步走向规范化、科学化。企业开始注重产品研发和品牌建设，产品种类逐渐丰富，市场竞争力逐步提升。

快速发展阶段（2010年至今）：2010年以来，南阳艾制品产业迎来了快速发展的黄金时期。产业规模不断扩大，种植面积、加工能力和销售市场均实现了跨越式增长。截至2024年，南阳艾草种植面积近30万亩，原料产量占全国的85%，艾制品占全国市场份额70%以上，综合产值达180亿元。同时，南阳艾制品产业积极拥抱电商，加速线上销售布局，产品远销海内外，国际市场影响力显著提升。

## 二 产业发展现状

南阳将艾制品作为跨境电商发展重要支撑之一，积极发展艾草种植、研发、深加工、网络销售等，打造一体化发展的产业体系。本部分将从艾制品产业市场规模、产业市场结构、产业海外发展、产业竞争态势等方面分析南阳艾制品产业发展现状。

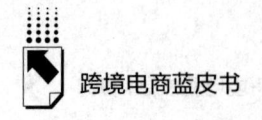

## （一）产业市场规模

南阳艾制品产业的产值规模庞大且增长迅速，2024年南阳艾制品产业综合产值已突破180亿元。这一庞大的产值规模得益于南阳艾制品产业的全产业链发展，涵盖了种植、加工、销售等多个环节。艾草种植面积近30万亩，原料产量占全国的85%，为艾制品产业提供了充足的原材料保障。同时，南阳拥有众多艾草加工企业，能够生产艾绒、艾条、艾柱、艾草精油等300多种艾制品，满足了不同消费者的需求，进一步扩大了产业的市场规模。

南阳艾制品产业的企业数量众多，形成了庞大的产业集群。截至2024年底，全市共有艾草相关企业超5000家。其中，注册种植加工企业1551家、服务机构393家、批发零售企业3132家。此外，还有众多经营南阳艾制品的网络电商，数量达3000余家，形成了线上线下协同发展的格局。据不完全统计，南阳艾制品通过电商平台的年销售额达80亿元。此外，南阳还积极发展跨境电商，艾制品销往日韩、东南亚、欧美等80多个国家和地区，跨境电商出口额不断增长，进一步拓展了南阳艾制品产业的市场规模。

## （二）产业市场结构

南阳艾制品产业的产品结构丰富多样，涵盖了保健、日化、食品等多个领域。在保健领域，艾制品主要包括艾灸条、艾灸贴、艾草足浴包、艾草护垫等。在日化领域，艾草被广泛应用于洗发水、沐浴露、香薰、精油等产品，如艾草洗发水、艾草沐浴露等。此外，艾草还被加工成艾草茶、艾草饼干等食品，丰富了消费者的饮食选择。

南阳艾制品产业的市场竞争较为激烈，同时也存在一定的市场集中度提升空间。目前，南阳艾制品产业尚未形成绝对的龙头企业，市场竞争以中小企业之间的竞争为主。然而，随着市场竞争的不断加剧和产业的不断整合，一些具有资金、技术和品牌优势的企业有望脱颖而出，成为行业的领军企业。

南阳艾制品产业的市场需求结构呈现多元化和层次化的趋势。从消费群体来看，艾制品的消费者包括中老年人、年轻白领、养生爱好者等不同年龄段和职业群体。中老年人更注重艾制品的保健功效，如艾灸条、艾草足浴包等，用于预防和治疗一些常见的老年疾病；年轻白领则更倾向于使用艾草洗护产品和艾草美容产品，如艾草洗发水、艾草面膜等，追求健康、自然的生活方式。

### （三）产业海外发展

在南阳艾制品产业中，出口企业占有重要地位。据统计，南阳共有出口企业 18 家。这些出口企业将南阳艾制品销往全球 80 多个国家和地区，如日本、韩国、美国、德国等，出口规模不断扩大，市场影响力逐渐增强。如南阳仙草药业有限公司作为南阳最大的艾制品出口企业，其 2020 年出口额已达 2009 年的 15 倍。

南阳艾制品的出口市场遍布全球，主要集中在亚洲、欧美等地区。亚洲地区如日本、韩国等国家，对艾制品有一定的消费传统，且对高品质的艾制品需求旺盛。欧美国家近年来对中医药文化的认可度逐渐提高，艾制品作为新兴的健康产品，凭借独特的疗效和多样的产品形式，市场份额稳步增长。此外，南阳艾制品还出口到东南亚、非洲、大洋洲等地区，市场覆盖面不断扩大，国际影响力逐渐提升。

南阳艾制品的出口方式多样，既有传统的一般贸易出口，也有跨境电商出口。传统的一般贸易出口主要通过外贸公司进行，产品经过加工、包装后，通过海运、空运等运输方式出口到国外。跨境电商出口则依托电商平台，如阿里巴巴国际站、亚马逊等，直接将产品销售给国外消费者或小型商家。跨境电商出口具有便捷、高效、低成本等优点，与艾制品产业融合发展迅速，已成为南阳艾制品出口的重要方式。

### （四）产业竞争态势

在国内市场，南阳艾制品产业面临来自蕲春（隶属湖北省黄冈市）等地的竞争。蕲春县作为李时珍故里，艾制品产业发展历史悠久，品牌知名度高，在艾草文化挖掘、高端产品研发方面具有一定优势，其艾制品在高端市场占有一席之地。而南阳凭借庞大的产业规模、完善的产业链条、丰富的产品种类以及价格优势，在中低端市场占据主导地位，且近年来不断加大研发投入，提升产品科技含量，逐渐缩小与蕲春等地在高端市场的差距。此外，国内其他地区的艾制品产业也在快速发展，如湖北、安徽等地的艾草种植面积不断扩大，加工企业数量不断增加，市场竞争愈发激烈。

在国际市场上，南阳艾制品产业面临来自日韩、欧美等地区的激烈竞争。日韩凭借先进的技术研发和精细化的产品加工，在高端艾草护肤品、艾灸器具等领域占据一席之地；欧美国家则依托强大的品牌营销与国际影响力，将艾草与现代科技结合，推出智能艾灸设备、艾草保健胶囊等创新产品，迅速抢占高端消费市场。与之相比，南阳艾制品虽在价格、产量上具备优势，但国际知名品牌匮乏，品牌形象多停留在中低端、传统手工制作层面，品牌国际知名度与影响力亟待提升。

## 三 产业典型案例分析

### （一）南阳仙草健康集团有限公司

南阳仙草健康集团有限公司成立于2018年8月28日，从一个小作坊起步，历经多年的发展，如今已成长为集艾草种植、艾草粗精加工、灸材生产销售、艾灸器具产品研发、艾绒艾条艾柱艾饼OEM贴牌代工、艾灸养生馆等于一体的现代化企业，员工规模上千人。公司业务涵盖艾草种植、艾草深加工、产品研发、生产销售、仓储物流、加盟培训等诸多领域，是南阳艾草行业体系完整、综合实力强、规模较大的企业之一。目前该公司跨境电商发展情况如下。

**1. 销售额与订单量**

公司跨境电商业务发展态势良好，展现出强劲的增长势头。从销售额数据来看，公司跨境电商年销售额逐年攀升。2021年，跨境电商销售额达到1.2亿元；2022年，这一数字增至1.8亿元，同比增长50%；到了2023年，销售额进一步提升至2.5亿元，同比增长约38.9%。在订单量方面，2023年公司的日均订单量达到1.5万单左右。在电商促销季，订单量更是呈现爆发式增长。

2. 市场覆盖范围

公司产品凭借其卓越的品质和独特的功效，在国际市场上获得了广泛的认可，市场覆盖范围不断扩大。目前，产品已成功出口到亚洲、欧洲、美洲、大洋洲等多个大洲的数十个国家和地区。在亚洲地区，日本、韩国作为对中医药文化接受度较高的国家，一直是公司的重要市场。在东南亚地区，新加坡、马来西亚、泰国等国对艾制品的需求也日益增长。在欧洲，英国、法国、德国、意大利等国的消费者对中国传统的艾灸文化表现出浓厚的兴趣。在美洲，美国、加拿大等国家的市场潜力巨大。此外，在大洋洲的澳大利亚、新西兰等国，公司的产品也开始崭露头角，逐渐赢得了当地消费者的青睐。

3. 国际知名电商平台布局

在跨境电商业务的发展过程中，公司积极布局国际知名电商平台，通过与这些平台的合作，实现了产品的快速推广和销售增长。在亚马逊平台上，公司开设了多个店铺，涵盖了不同系列的产品。2023年，亚马逊平台上的店铺销售额达到1.2亿元，占跨境电商总销售额的48%。速卖通也是公司重点运营的平台之一，店铺销售额在2023年达到6000万元，占公司跨境电商总销售额的24%。此外，公司还在eBay、Wish等其他国际知名电商平台上进行了布局。

4. 官网销售与社交媒体营销

公司投入了大量的资金和技术力量，打造了一个功能完善、用户体验良好的自建电商平台。除了自建电商平台，公司官方网站也承担着重要的销售功能。2023年，自建电商平台和官网的销售额达到4000万元，占公司跨境电商总销售额的16%。社交媒体在跨境电商营销中发挥着越来越重要的作

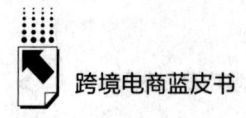

用，公司积极利用社交媒体平台进行营销推广，在Facebook、Instagram、Twitter等国际知名社交媒体平台上开设了官方账号，通过发布有趣、有价值的内容，吸引用户的关注和互动。

## （二）南阳药益宝艾草制品有限公司

南阳药益宝艾草制品有限公司成立于2011年3月16日。2019年成为公司发展的重要里程碑，这一年，公司产值达到6000万元，线上销售额突破2000万元，纳税150万元，成绩斐然。截至2023年，公司发展态势愈发强劲。员工数量增至300多人，员工月均收入从4000元大幅提升至近万元，年销售额从2020年的8000万元增长到2亿元。公司在产品研发上持续发力，推出了12个系列共计200余种艾草制品，涵盖高比例艾绒系列、艾条（艾柱）、无烟艾条（艾柱）、高纯度精油、新工艺艾绒床垫、坐垫、艾草足浴包等众多品类。目前该公司跨境电商发展情况如下。

1.跨境电商业务规模

公司积极投身跨境电商领域，取得了显著的业务增长。2023年，公司艾草制品出口额达到500万美元，同比增长30%。在订单量方面，2023年公司共接到跨境电商订单5万余单，月均订单量约为4167单。从订单的地域分布来看，呈现多元化的特点。亚洲地区是公司的主要销售区域之一，2023年来自亚洲地区的订单量占总订单量的40%。欧洲市场也是公司跨境电商业务的重要目标市场，2023年，欧洲地区的订单量占总订单量的30%。此外，2023年来自北美洲的订单量占总订单量的20%。其他地区如大洋洲、非洲等，虽然目前订单量相对较小，但也呈现增长趋势。

2.主要跨境电商平台布局

为了更好地拓展国际市场，公司积极布局主流跨境电商平台。2023年，公司在亚马逊平台上销售额达到200万美元，占公司跨境电商总销售额的40%；在速卖通平台的销售额达到150万美元，占跨境电商总销售额的30%。此外，公司还在Shopee、Lazada等东南亚地区的主流电商平台上开设了店铺。2023年，Shopee和Lazada平台上的销售额合计达到100万美元，占公司跨境电商总销售额的20%。在Lazada平台的泰国站，药益宝的艾草精油产品在当地的美容护肤品类中销量排名靠前。

3. 跨境电商销售产品种类

公司凭借丰富的产品线，在跨境电商销售中满足了不同消费者的需求。艾灸条是其主要出口产品之一，2023年艾灸条的出口额达到200万美元，占公司跨境电商总销售额的40%。艾草足浴包也是公司跨境电商的畅销产品，2023年艾草足浴包的出口额为100万美元，占公司跨境电商总销售额的20%。此外，公司的高比例艾绒系列产品也在国际市场上崭露头角，2023年的出口额为80万美元，占公司跨境电商总销售额的16%。公司还推出了无烟艾条（艾柱）、高纯度精油、新工艺艾绒床垫、坐垫等创新产品，这些产品在跨境电商平台上也逐渐获得了消费者的认可。2023年，这些创新产品的出口额合计为120万美元，占公司跨境电商总销售额的24%。

# 四 产业创新发展模式

## （一）主要创新举措

目前，南阳艾制品产业在品牌建设、产品附加值提升、网络销售、产业融合、供应链等方面采取了一系列创新措施。

1. 品牌建设创新

南阳艾制品产业在品牌建设方面进行了诸多创新。首先，南阳市政府积极打造"南阳艾"区域品牌，将其作为艾制品产业的公共品牌，不断加强品牌宣传推广，提升品牌知名度和美誉度。如"南阳艾"成功获批地理标志证明商标，并得到国家知识产权局的初步认定，这为南阳艾制品在国内外市场上树立了良好的品牌形象。其次，企业也在品牌建设上不断创新，如南阳药益宝艾草制品有限公司，通过与湖北元小艾合作，进一步做大和擦亮了"药益宝"品牌，提升了企业的品牌实力和市场竞争力。

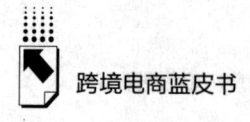

### 2. 产品技术创新

南阳艾制品产业注重产品的研发和创新，不断推出满足市场需求的新产品。一方面，企业积极开发艾草深加工产品，如艾草精油、艾草足浴包、艾草护垫等，丰富了艾制品的种类和功能，满足了消费者在养生保健方面的多样化需求；另一方面，南阳还鼓励企业开展技术创新，如利用超临界二氧化碳萃取技术、纳米技术等，从艾草中提取高纯度的艾草精油、艾草纳米级提取物等，用于高端护肤品、生物医药领域，提升了产品的附加值和科技含量。

### 3. 销售模式创新

南阳艾制品产业在销售模式上进行了大胆创新，积极拥抱电商，拓展线上销售渠道。企业通过入驻淘宝、京东等大型电商平台，开设官方旗舰店，将艾制品销往全国各地乃至海外市场。此外，南阳还大力发展跨境电商，依托阿里巴巴国际站等跨境电商平台，将艾制品直接销售给国外消费者或小型商家，降低了中间环节的成本，提高了产品的市场竞争力。同时，南阳还积极探索"跨境电商+直播""跨境电商+新零售"等新模式，通过直播带货、线上线下融合等方式，进一步扩大了艾制品的销售规模和市场影响力。

### 4. 产业融合创新

南阳艾制品产业注重与其他产业的融合发展，拓展产业的发展空间。一方面，与文化旅游产业融合，开发艾草文化旅游产品和项目，如建设艾草文化主题公园、艾草博物馆等，吸引游客前来体验艾草文化，促进艾制品的销售和推广；另一方面，与健康产业融合，与医疗机构合作，开展艾草在预防保健、康复理疗等方面的研究和应用，开发艾草保健食品、艾草医疗器械等产品，为消费者提供更加全面、专业的健康养生服务。

### 5. 供应链创新

南阳艾制品产业在供应链管理上也进行了创新。企业通过建立艾草种植基地，采用"公司+合作社+农户"模式，推广订单种植，确保原材料的稳定供应和品质保障。同时，南阳还积极发展现代物流业，建设艾制品产业跨境电商物流园，引入DHL、FedEx等国际物流巨头，为艾制品的出口提供了便捷的物流服务，保障了产品的快速通关和配送。

## （二）特色发展模式

南阳艾制品产业发展中探索出一系列卓有成效的特色发展模式。

### 1."一龙头一园区"模式

南阳卧龙区聚焦"一龙头一园区"模式，以龙头企业为引领，推动艾制品产业园的提质升级。如持续推动药益宝提质升级，建设企业电商中心、艾制品展销厅、科研大楼等，成立南阳艾产业学院药益宝分院，实现了价值链、人才链、产业链有机衔接和政校企合作共赢。这种模式充分发挥了龙头企业的带动作用，通过整合资源、优化布局，提升了整个园区的产业竞争力和创新能力，为艾制品产业的发展提供了有力支撑。

### 2."内培外引"模式

南阳在艾制品产业发展中，采取了"内培外引"的发展模式。一方面，注重培育本土企业，推动本土龙头企业如兴宛堂、宛艾生物等入驻园区，提升其品牌实力和产业竞争力；另一方面，积极招引全国的科技创新型企业，如上海灸愈、哈工上古、深圳九宫艾等企业来南阳发展，带来了先进的技术和管理经验，促进了艾制品产业的创新升级。这种模式既发挥了本土企业的基础优势，又借助外部企业的创新动力，形成了内外联动、协同发展的良好局面。

### 3."产业带+跨境电商"模式

南阳依托艾制品产业优势，打造了以艾草为主的中医康养产业带，并积极推动产业带与跨境电商的融合发展。通过建设南阳新经济产业园等跨境电商园区，为艾草企业提供了集聚发展的平台，促进了艾制品的线上销售和品牌推广。同时，引导艾草企业开展"三品一标"产品认证，提升自主品牌建设水平，包装打造特色优势产业带，初步形成了多产业带共同发展的跨境电商产业格局。这种模式充分发挥了产业带的集聚效应和跨境电商的渠道优势，为艾制品产业的国际化发展提供了有力支撑。

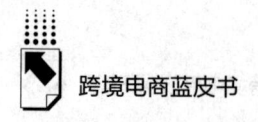

#### 4."产学研用"协同模式

南阳艾制品产业注重"产学研用"的协同创新,建立了艾草标准研发中心,依托国内各大院校研发优势,组织南阳域内高校,开展艾草药用、食用、保健用的基础研究,制定艾草种植、加工以及产品的行业、企业标准。同时,鼓励企业与科研机构、高校等开展技术合作,建立艾草技术研发中心、重点实验室等,围绕艾草加工的各个领域,开展技术攻关,研究解决艾制品产业发展中的关键技术难题,促进科技成果转化。这种模式通过整合各方资源,形成了从基础研究到应用开发再到产业化的完整创新链条,为艾制品产业的持续健康发展提供了强大的科技支撑。

#### 5."联农带农"模式

南阳艾制品产业在发展过程中,积极探索"联农带农"模式,通过建立艾草种植基地,采用"公司+合作社+农户"模式,推广订单种植。企业与农户签订种植合同,提供种子、技术指导等支持,保障农户的种植收益。同时,企业还通过设置公益岗位、开设扶贫车间等方式,带动周边农户就业增收。这种模式不仅促进了艾制品产业的发展,还为当地农民提供了稳定的收入来源,实现了产业发展与农民增收的双赢。

### 五 产业发展面临的挑战

南阳艾制品产业跨境电商发展虽然取得了很大的成就,但是在发展中还面临不小的挑战。

#### (一)市场竞争与品牌建设

南阳艾制品产业在国内市场面临激烈的竞争。一方面,国内艾制品产业快速发展,各地纷纷布局艾制品产业,如湖北蕲春等地的艾制品产业也在不断壮大,对南阳艾制品产业形成了一定的竞争压力。蕲春艾制品产业起步较早,品牌建设较为成熟,其"蕲艾"品牌在市场上具有较高的知名度和影响力,占据了部分高端市场份额。另一方面,国内市场上还存在一些其他中药材产业，如枸杞、人参等，这些产业在品牌建设、市场营销等方面较为成熟，也对南阳艾制品产业构成了一定的竞争。

在国际市场上，南阳艾制品同样面临激烈的竞争。日韩等国在高端艾草护肤品、艾灸器具等领域具有竞争优势。欧美国家则将艾草与现代科技结合，推出智能艾灸设备、艾草保健胶囊等创新产品，在高端消费市场占据主导地位。此外，一些国家和地区也在积极发展本土的艾制品产业，如东南亚部分国家利用自身的气候优势和成本优势，生产出具有竞争力的艾制品，对南阳艾制品的市场份额构成了一定的威胁。

南阳艾制品产业的品牌建设相对滞后，缺乏具有国际竞争力的知名品牌。虽然南阳艾制品在国内市场占有较高的份额，但品牌知名度和美誉度相对较低，消费者对南阳艾草品牌的认知度和忠诚度不高。此外，部分企业仍以代工生产为主，自主品牌建设投入不足，产品附加值较低。在国际市场上，南阳艾草品牌更是难以与国际知名品牌抗衡，品牌国际影响力亟待提升。

### （二）产品质量与标准认证

南阳艾制品产业的产品质量参差不齐，部分产品存在质量问题。由于艾草种植分散，部分农户为追求产量，滥用化肥、农药，导致艾草原材料品质不稳定，有效成分含量波动大。在加工环节，一些小作坊生产设备简陋、工艺落后，缺乏标准化生产流程与质量管控体系，致使产品杂质多、药效差，甚至存在安全隐患。例如，艾灸条燃烧不充分产生有害烟雾、艾草精油纯度不足引发过敏等问题，严重影响南阳艾制品的整体声誉。

目前，南阳艾制品产业缺乏统一的产品质量标准和生产技术规程。虽然一些企业制定了自己的企业标准，但这些标准之间存在差异，缺乏统一性和协调性。在国际市场上，欧盟、美国等地区对艾制品的质量标准、环保要求、安全性评估极为严格，要求产品通过一系列复杂的认证程序，如欧盟的CE认证、美国的FDA认证等。然而，南阳多数艾草企业规模偏小、资金有限、技术研发能力不足，难以承担高昂的认证费用与严苛的检测成本，满足

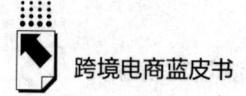

国际认证标准的产品占比较低，极大限制了产品的出口范围与市场份额。

艾制品的标准认证难度较大，涉及多个环节和多个部门。从种植、加工到销售，每个环节都需要符合相应的标准和要求，如艾草种植需要符合GAP（良好农业规范）标准，加工过程需要符合GMP（良好生产规范）标准。此外，艾制品的认证还涉及知识产权保护、商标注册、产品质量检测等多个方面。对于一些中小企业来说，完成这些认证的难度较大，需要投入大量的时间和资金。

## （三）跨境电商运营

跨境物流成本高、配送时效低是南阳艾制品跨境电商发展的一大瓶颈。艾制品多为轻泡货，体积大、重量轻，国际物流费用按体积重量计费，导致运输成本大幅增加。且南阳地处内陆，与沿海港口城市相比，物流基础设施相对薄弱，缺乏直达国际航线，货物需多次转运，不仅延长了配送时间，还增加了货物破损、丢失风险。据调查，南阳艾草制品发往欧美地区的物流成本占产品总成本的30%~40%，配送时长通常在15~30天，而亚马逊的标准配送时效一般在3~7天，高昂的物流成本与漫长的配送周期严重削弱了南阳艾制品的市场竞争力。

在海外营销推广方面，精准度不足是突出问题。不同国家和地区的消费者在文化背景、消费习惯、健康需求上存在显著差异，如欧美消费者注重产品科技感、便捷性与功效实证，亚洲消费者更倾向于传统中医理念、天然成分与口碑推荐。南阳艾草企业在海外推广时，往往缺乏对目标市场的深入调研，营销手段单一，多依赖传统搜索引擎广告、社交媒体推广，未能精准定位目标客户群体，导致营销效果不佳，广告转化率低，客户黏性差。

跨境支付与结汇环节同样存在风险与难题。国际政治经济形势复杂多变，汇率波动频繁，艾制品企业在跨境结算时面临较大汇兑损失风险；部分跨境电商平台支付规则严苛，账户冻结、资金回款慢等问题时有发生，给企业资金周转带来巨大压力。此外，由于跨境电商交易数据碎片化、真实性难核实，银行等金融机构在为艾制品企业提供结汇服务时，审核流程烦琐、手续复杂，进一步增加了企业结汇成本与时间成本，阻碍了南阳艾制品跨境电商业务的顺畅开展。

## 六　产业发展建议

### （一）加强品牌建设与推广

南阳应充分利用"医圣"张仲景故里的文化优势，打造"南阳艾"区域公用品牌。通过申请地理标志证明商标、制定品牌使用标准和规范，严格控制品牌使用门槛，确保产品质量与品牌形象相匹配。同时，鼓励和支持艾草企业加强自主品牌建设，树立品牌意识，注重品牌设计和品牌文化内涵的挖掘。企业应根据自身产品特点和市场定位，打造具有独特风格和个性的企业品牌，如高端品牌、中端品牌、大众品牌等，满足不同消费者的需求。同时，加强品牌保护，打击假冒伪劣，维护企业的合法权益。

充分利用跨境电商平台的流量优势和国际化特点，开展品牌推广活动。在亚马逊、eBay、速卖通等国际知名跨境电商平台上，设立"南阳艾"品牌专区，集中展示和推广南阳艾制品。同时，利用社交媒体、直播带货等方式，与海外消费者进行互动，提高品牌的国际曝光度和认知度。如邀请海外网红、中医专家等进行艾制品使用体验和功效讲解，通过短视频、直播等形式，向海外消费者展示艾草文化的魅力和产品的独特功效，吸引更多的海外消费者关注和购买"南阳艾"品牌产品。

### （二）提升产品质量与标准

从源头上保障艾制品的质量，加强对艾草种植环节的管理。建立艾草种植标准和规范，指导农户和种植基地科学种植、合理施肥、病虫害防治等，提高艾草的产量和品质。加强艾草种质资源保护和新品种选育工作，培育适应不同气候、土壤条件的高产、优质、抗病虫害的艾草新品种。制定和完善艾制品的加工标准和质量控制体系，规范企业的加工生产流程。加强企业质

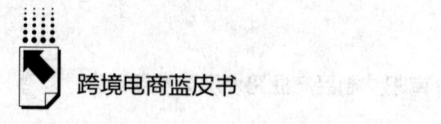

量管理体系建设，鼓励企业通过 ISO 质量管理体系认证、GMP 认证等，提高企业的质量管理水平和产品质量的可靠性。

建立艾制品的质量追溯体系，实现从种植、加工到销售的全过程可追溯。利用物联网、大数据等信息技术，为每一批艾制品建立电子档案，记录产品的生产、加工、流通等信息，消费者可以通过扫描产品包装上的二维码或访问相关网站，查询产品的详细信息，了解产品的来源和质量状况。

### （三）拓展市场渠道与营销

加强与跨境电商平台合作，拓展国际市场渠道。与亚马逊、eBay、速卖通等国际知名跨境电商平台建立长期稳定的合作关系，利用平台的流量、物流、支付等优势，将南阳艾制品推向全球市场。同时，积极发展跨境电商出口业务，探索跨境电商 B2B、B2C、C2C 等多种模式，提高产品的国际销售份额和市场占有率。此外，鼓励企业建立海外分公司或办事处，开展本地化营销和服务，更好地了解和适应海外市场的需求和特点，提升品牌的国际竞争力。

利用新媒体、大数据等现代营销手段，创新营销推广方式。开展精准营销，通过大数据分析消费者的需求和行为特征，制定个性化的营销方案，提高营销的精准度和转化率。同时，加强与网红、KOL（关键意见领袖）等的合作，利用他们的影响力和传播力，为艾制品进行宣传推广，吸引更多消费者的关注和购买。此外，还可以通过举办艾草文化节、艾草健康养生论坛等活动，提升品牌的知名度和美誉度，增强消费者的体验感和参与度，促进产品的销售和品牌的传播。

### （四）优化产业生态与环境

建立健全艾制品产业服务体系，为企业提供全方位的支持和服务。完善金融服务体系，为艾草企业提供融资支持，解决企业资金短缺的问题；加强物流配送体系建设，提高艾制品的运输效率和配送质量，降低物流成本；完善人才服务体系，加强艾制品产业人才的培养和引进，为企业提供专业的人才支持；建立艾制品产业信息服务平台，为企业提供市场信息、政策信息、技术信息等，帮助企业更好地了解市场动态和行业发展趋势，制定科学的发展战略。

加强艾草行业的自律管理，建立健全行业规范和标准，引导企业依法经营、诚信经营，维护市场秩序和消费者权益。同时，加强政府对艾制品产业的监管，完善相关法律法规和政策措施，加大对假冒伪劣、虚假宣传等违法行为的打击力度，维护企业的合法权益和品牌声誉，营造公平竞争的市场环境，促进艾制品产业的健康发展。

## 参考文献

顾李超、张保朝、白方会等：《艾制品产业发展现状及发展路径探究——以南阳艾为例》，《中国管理信息化》2024年第20期。

李玉萍、魏莉霞、张东佳等：《艾草的研究现状、应用与展望》，《中国种业》2024年第8期。

翟艳：《跨境电商背景下农业产业转型升级策略研究——以南阳地区艾制品产业为例》，《经济研究导刊》2024年第9期。

孟凡玉：《南召县艾制品产业发展存在的问题及对策》，《乡村科技》2023年第10期。

李俊阳、刘冰：《南阳药益宝：打造艾制品产业领航者》，《人大建设》2023年第3期。

庞佳佳：《南阳艾制品产业发展问题及对策研究》，河南农业大学硕士学位论文，2022。

杨雨晴：《社旗县艾制品产业发展现状及对策分析》，《河南农业》2022年第7期。

庄二平、郑真：《南阳艾制品产业发展分析》，《农村经济与科技》2022年第3期。

# B.10
# 新发展格局下平舆县户外休闲用品产业带建设研究

张煜坤 崔福霞 韩振 李杨[*]

**摘　要：** 平舆紧抓沿海产业转移机遇，建成户外休闲用品国家外贸转型升级基地和中部最大的户外休闲用品产业基地。本文在梳理全球户外休闲用品产业发展概况的基础上，认为平舆县户外休闲用品产业发展势头强劲，主要得益于物流渠道畅通、营商环境优越、产业基础完善、招商渠道多元化、智能制造数字化、人力资源保障充足、创新与品牌化提升、销售渠道多样化的完备产业环境。但平舆户外休闲用品产业也存在出口模式单一、线上化转型不足、专业人才匮乏等问题，亟须从加大新业态支持力度、整合共享服务资源、促进绿色经济发展、建设跨境电商人才队伍等方面着手，赋能产业高质量发展。

**关键词：** 户外休闲用品　跨境电商　平舆县

近年来，中国东部沿海地区部分产业面临人工成本上升、土地资源紧缺等挑战，特别是劳动密集型产业向内陆转移趋势明显。2021年，工业和信息化部等10部门联合发布的《关于促进制造业有序转移的指导意见》指

---

[*] 张煜坤，河南国际数字贸易研究院政策研究部部长、副研究员，主要研究方向为跨境电商、国际金融、跨境支付结算、国际及国内税制；崔福霞，河南豫衡会计师事务所（普通合伙）所长，注册会计师，高级会计师，高级绩效评价师，高级管理会计师；韩振，陆军炮兵防空兵学院副教授，主要研究方向为计算机编程与软件开发、计算机仿真、大数据分析处理与智能化研究；李杨，陆军炮兵防空兵学院助教，主要研究方向为数据挖掘与分析、计算机仿真。

出，推动沿海产业向中西部转移，促进区域经济发展平衡，强调政府应在承接产业转移过程中发挥积极作用。在这样的背景下，位于两省（豫、皖）三市（驻马店、周口、阜阳）交界的平舆县政府通过政策引导大力招商引资，积极承接户外休闲用品产业转移，通过以交通枢纽建设为切入点，以现代服务为纽带，以完备设施、良好环境为支撑，打造了宜产宜业的现代家居制造基地和具有示范效应的出海"高地"。经过数年的精耕细作，平舆县做强做大户外休闲用品产业，实现了从零起步到规模化生产的跨越式发展。当前，平舆县户外休闲用品产业已跻身驻马店九大产业集群行列，同时入选河南省28大重点产业链目录，并凭借规模优势成为中部最大户外休闲用品产业基地。

## 一 全球户外休闲用品发展概况

### （一）户外休闲用品产业发展历程

**1. 户外休闲用品产业链全景**

户外休闲用品产业有着天然的横向融合、纵向关联的能力。户外休闲用品包含户外休闲家居（户外休闲家具是其主要子品类）、户外休闲装备、户外特种（应急救援）装备等子品类。户外休闲用品产业链上游为木材、金属材料、塑料、橡胶、纺织原料等原材料；中游为户外休闲用品的生产制造，其过程涉及冷加工、焊接、注塑、喷涂、钣金成型等一系列工艺技术；下游为户外休闲用品的销售渠道，包括厂家、承销商、个人定制、电商平台等（见图1）。助推户外休闲用品产业加速出海，不仅能带动上游原材料相关行业，还能拉动下游文化旅游、餐饮住宿等行业融合发展，并推动与新业态新模式融合发展。

**2. 户外休闲用品产业发展历程**

户外休闲用品产业经历了起源、发展、转移和创新四个阶段。

起源阶段。随着欧美国家经济快速发展和人们生活水平大幅提高，休闲生活的理念逐渐兴起，户外野餐、露营、庭院聚会等户外休闲活动日益普

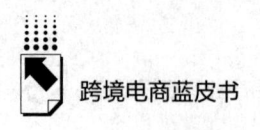

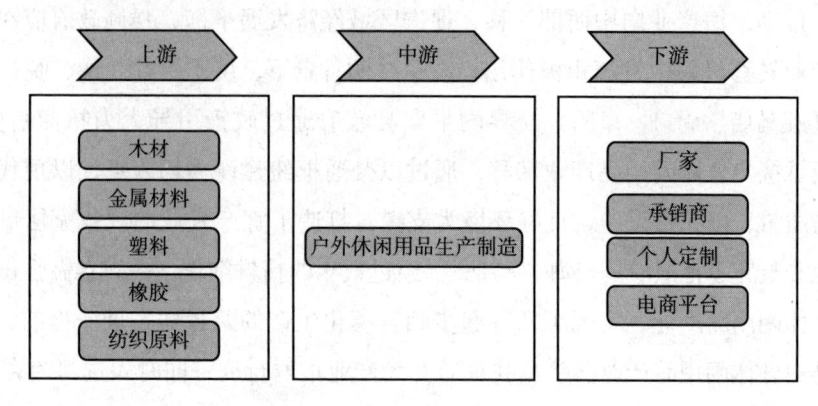

```
   上游              中游              下游

 ┌──────────┐  ┌──────────────┐  ┌──────────┐
 │  木材     │  │               │  │  厂家    │
 │ 金属材料  │  │               │  │ 承销商   │
 │  塑料     │  │ 户外休闲用品  │  │ 个人定制 │
 │  橡胶     │  │  生产制造    │  │ 电商平台 │
 │ 纺织原料  │  │               │  │          │
 └──────────┘  └──────────────┘  └──────────┘
```

图 1　户外休闲用品产业链全景

资料来源：笔者绘制。

及，户外休闲用品产业应运而生。为满足人们在户外舒适休闲的基本需求，最初的户外休闲家居产品多为简单的木质桌椅、遮阳伞或编织品等。

发展阶段。欧美国家户外休闲家居产品种类不断丰富，除了传统产品外，又增加了户外沙发、躺椅、吊床、户外厨房设备、户外取暖设备等。产品设计更加注重人体工学和美学，材质也偏向多样化发展，铝合金、藤编、塑料等被广泛应用于户外休闲家居生产制作中。

转移阶段。我国沿海地区企业开始承接国外户外休闲用品的代工订单，主要出口欧美市场，为国内户外休闲用品产业的发展奠定了基础。中国的劳动力成本优势开始显现，出现了一批独立小规模生产简单户外休闲家居和庭院用品的企业。随着欧美市场对户外休闲用品需求的快速增长，出口导向型的生产模式迅速在沿海地区铺开，以浙江和广东地区为代表的户外休闲用品基地逐渐形成。

创新阶段。我国户外休闲用品产业更加注重产品研发和设计创新，通过提供高品质、个性化的户外休闲家居产品，迅速抢占国际市场份额。与此同时，随着户外运动和旅游的蓬勃发展，户外休闲家居产品和露营、徒步、滑雪等活动结合更加紧密，诞生了便携式户外桌椅、折叠床等多元化产品，更能满足人们在户外享受舒适休闲时光的需求。

## （二）全球户外休闲用品电商市场发展情况

### 1. 电商市场规模保持稳定增长

随着全球户外休闲用品市场规模不断扩大，户外休闲家具出口成为中国企业的重要竞技场。户外休闲家具主要分为住宅和商业两大类，旨在满足户外空间生活和休闲活动的需求，其中，住宅类家具占据整个市场的半壁江山，也是未来发展的重点板块。根据行业市场调研数据，2024年全球户外休闲家具电商市场收入达57.6亿美元，预计到2029年市场总收入增至87亿美元，复合年增长率（CAGR）为8.6%（见图2）。[①] 户外休闲家具电商市场增长的核心驱动力源于消费者需求与经济实力增强双重效应，一方面，消费者对户外空间功能扩展的需求持续释放，推动产品向舒适化、场景化方向迭代；另一方面，可支配收入的提升带动耐用品消费升级，提升中高端产品的市场渗透率。

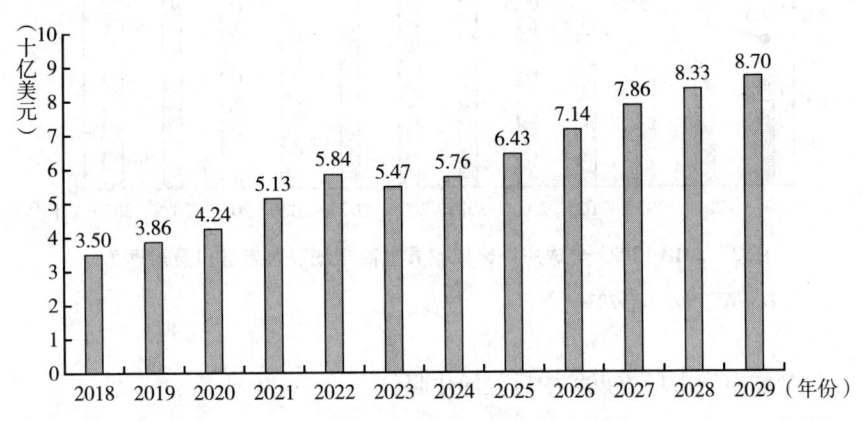

**图2  2018~2029年全球户外休闲家具电商市场营收**

资料来源：Statista，2024。

### 2. 电商市场人数增长且消费特点鲜明

从全球范围来看，发达国家户外休闲用品产业发展较早，户外休闲生活

---

[①] 小U出海、UseePay：《2024全球户外家居电商市场分析报告》，2024年4月。

方式普及率较高，是户外休闲用品的主要消费市场。随着户外休闲理念的延伸和泛化，户外休闲家具也逐渐深入国人的消费理念。全球消费者线上购买户外休闲用品意愿愈加强烈，到2029年，全球户外休闲家具电商市场用户预计达到3.739亿人，用户渗透率预计为5.1%（见图3）。①

户外休闲家具电商市场销售呈现显著的季节性特征。市场需求集中于每年4~6月旺季窗口期，跨境卖家需建立"跨年度备货周期"机制，即在上年末至次年第一季度完成海外仓前置布局。在消费淡季推出适合秋冬季节室外使用的带有烤炉等的取暖设备，进一步满足消费者多元化需求和扩大消费规模。

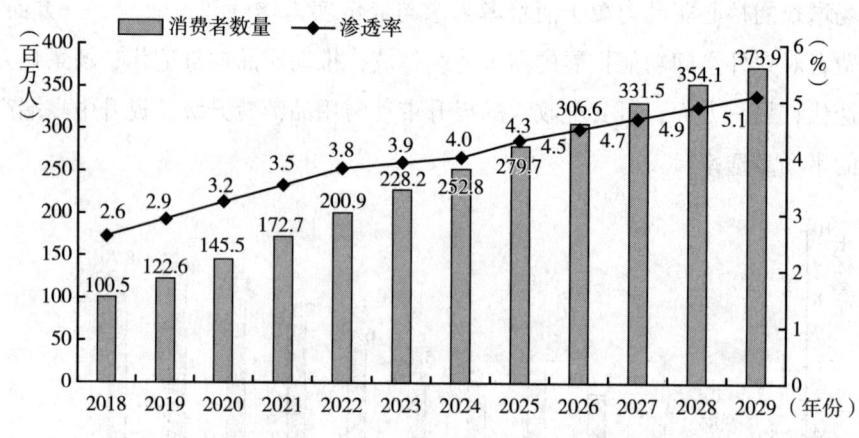

图3 2018~2029全球户外休闲家具电商市场消费者数量及渗透率

资料来源：Statista，2024。

## 3. 全球电商市场重点集中且差异化明显

随着户外休闲家具电商市场快速增长，2024年美国、中国、英国、日本和法国凭借强劲的市场需求和先进的电商体系，稳居户外休闲家具电商市场销售额前五（见表1）。户外休闲家具电商市场呈现区域分化特征，前五大市场规模受气候适应性、消费文化差异、线上购物习惯、电商平台成熟度及品牌溢价能力等多维驱动因素影响，形成差异化发展格局。同时，全球户

---

① 小U出海、UseePay：《2024全球户外家居电商市场分析报告》，2024年4月。

外休闲家具电商市场消费者数量逐年增长，电商用户活跃度不断攀升，其中，荷兰、英国、丹麦、美国和芬兰的线上用户渗透率较高（见表2）。此外，随着我国居民人均可支配收入不断提高，多种户外休闲方式的参与人群数量持续扩大，我国户外休闲用品市场具有较大的发展潜力。

表1  2024年户外休闲家具电商市场销售额TOP5国家

单位：百万美元

| 国别 | 销售额 |
| --- | --- |
| 美国 | 2093 |
| 中国 | 1314 |
| 英国 | 458.5 |
| 日本 | 313.4 |
| 法国 | 162.2 |

资料来源：Statista，2024年3月。

表2  2024年户外休闲家具电商市场用户渗透率TOP5国家

单位：%

| 国别 | 用户渗透率 |
| --- | --- |
| 荷兰 | 8.3 |
| 英国 | 8.3 |
| 丹麦 | 8.0 |
| 美国 | 8.0 |
| 芬兰 | 7.7 |

资料来源：Statista，2024年3月。

### 4.中国产业出海趋势明显

中国户外休闲用品产业呈现快速发展态势，市场规模持续扩大。2023年，中国户外用品行业零售规模已突破260亿元，相关企业数量近200万家，户外运动参与人数已超过4亿人，行业规模呈现稳定增长态势。[①] 其

---

① 智研咨询：《2024年中国户外用品行业发展现状分析》，2024年11月14日。

中，18~29岁年轻人群在运动户外市场中的占比接近四成，年轻消费群体热衷房车露营、游艇休闲、划艇冲浪等户外生活方式，为户外休闲用品提供了广阔的需求潜力。目前，我国户外休闲用品产业主要分布在浙江、广东、江苏、河南等地区，已形成涵盖制造、研发、销售的完整供应链体系，线上线下一体化销售模式加速渗透，电商平台成为主要增长渠道。同时，我国户外休闲用品行业加快出海步伐，采用"产品+品牌"双轮出海模式，除了贴牌生产（OEM）或代工生产（ODM）外，越来越多的户外休闲用品企业通过"跨境电商平台+独立站"的模式，辅以社交媒体营销和网红合作等方式，以品牌形象成功拉动海外销量的增长。

## 二　平舆户外休闲用品产业带发展现状

随着户外休闲用品产业由沿海向内陆转移进程加速，平舆县政府紧抓产业转移机遇，围绕户外休闲用品产业链图谱精准招商，吸引外资强企入驻，让舆商安心"归巢兴业"。2021年，平舆县户外休闲用品产业被商务部认定为国家外贸转型升级基地，肯定了其出口产业集聚发展模式和外贸创新带动作用，为进一步优化提升产业链和供应链打下了坚实基础。得益于物流通道畅通、营商环境优越、产业基础完善、人力资源保障充足等立体完备的产业环境，2024年平舆县户外休闲用品产业产值突破100亿元，发展势头强劲。①

### （一）物流通道畅通

平舆县便利的交通优势为产业带发展提供了强大的支撑。县内道路纵横交错，京广铁路、京九铁路、京珠高速、107国道等多条交通动脉在此交会，极大地便利了区域间物资流通。2017年，平舆县成功开行"平舆—宁波舟山港"海铁联运专列，建成河南省首个县级"无水港"物流枢纽，打

---

① 《"豫"见新华·两会访谈 | 平舆县委书记刘飞谈如何促进县域经济高质量发展》，新华网，2025年1月21日。

造集公路、铁路、海运于一体的立体化多式联运物流网络，实现了对户外休闲用品企业的"一站式"物流服务，为吸引广东、浙江等沿海城市户外休闲用品企业来内陆建厂兴业提供支持和保障，推动户外休闲用品成功销往海外多个国家和地区。

## （二）营商环境优越

巧用财政政策，平舆县通过"财政引导与社会资本协同、老旧厂房翻新利用、闲置厂房腾挪置换"等方式，完成150万平方米标准厂房建设，实现"即租即用"模式。优化政务服务，平舆县打造"项目管家+要素保障"服务体系，开展"万人助万企""万企兴万村"等活动，形成"发现问题—现场办公—限期办结"闭环机制。创新融资模式，平舆县组建省级供应链金融平台，创新"外贸贷"和"担保+订单"融资模式，探索无抵押融资路径为企业解决融资难题，其相关做法获河南省财政厅、商务厅表彰并在全省复制推广。

## （三）产业基础完善

平舆县户外休闲用品产业形成了完整的产业链条，涵盖原材料及外协加工产业供应链配套企业，集聚模具制造、铝材加工、藤编工艺、包装材料等关联企业，形成产供销全流程贯通的现代化产业体系。其产品矩阵涵盖休闲家具、庭院配套、轻量化装备等1万多个品种，实现从设计研发、智能制造到市场终端的全要素覆盖。目前，平舆户外休闲用品产业带发展态势强劲，集聚生产及配套企业95家，其中亿元以上企业11家，建成户外休闲用品专业园区15个、藤编乡镇14个、外协加工车间336个、家庭式作坊5380家，带动5万多人就业，形成了完整的产业层级体系。[①]

## （四）招商渠道多元化

平舆县政府各部门通力合作，广泛收集户外休闲用品招商信息，统筹推

---

① 《平舆成万亿户外产业版图翘楚》，《河南日报》2024年11月19日。

进户外休闲用品产业国际化布局。通过"展会引流+展销落地"双轮驱动的模式，构建覆盖五大洲的海外营销网络，使平舆户外休闲用品在国外曝光度和吸引力持续提升。平舆县户外休闲用品产业通过"链式招商"打造集群发展模式，成功引入浙江泰普森、永强等知名企业，形成"龙头带动+配套集聚"的产业生态圈。其中，泰普森项目直接牵引15家关联配套企业落地投产，促进了上下游企业同频共振、协同创新，提升了产业整体竞争力和生产效率。与此同时，平舆县仍不断拓宽招商渠道，组建驻地招商联络处，重点围绕户外休闲用品、跨境电商及目标企业所在地区，与各地户外休闲用品企业、行业协会、相关政府部门洽谈合作，推动不同省份行业融合发展，助力户外休闲用品企业"抱团出海"。

（五）智能制造数字化

平舆县户外休闲用品产业龙头企业重视研发和技术创新，自创数字化"生产流"模式，以新质生产力赋能企业"智能制造"升级。头部企业永强集团对车间设备进行数字化、智能化升级改造，引入机器人、机械臂等自动化设备，实现仓储、生产、人员管理全流程数字化和"数字化+ESG"绿色工厂，不仅激活环保与效率协同发展，也推动了平舆户外休闲用品产业链和供应链转型升级，实现高端化、智能化、绿色化转型。

（六）人力资源保障充足

平舆县将户外休闲用品产业链条延伸到乡、村，将现有村级就业帮扶车间和藤编外协加工点、农户加工点整合，积极推动当地村民就地转换为现代产业从业人员。为保障企业生产，平舆县成立招工领导小组，线上线下招工2万多人次，并设立户外休闲用品培训学校，累计培训6000人，[1] 为产业发展提供充足的专业劳动力。平舆县独有的特色招工网络构建了直达基层的人力资源招工服务体系，为产业发展提供专业技能人才保障。

---

[1] 《平舆县：户外休闲产业"一路生花"》，驻马店市工业和信息化局官网，2025年1月7日。

## （七）创新与品牌化提升

平舆县依托科技创新，建设国家级户外休闲用品检测中心和创新研发中心，打造国家级户外休闲创新实践基地，助力企业技术创新、专利认证、标准制定和品牌建设。同时，积极推动本土企业与知名企业和团体合作，吸引国内外的设计人才、产业资源集聚平舆，提高平舆户外休闲用品产业全球竞争力。此外，鼓励户外休闲用品企业逐步将 AI、物联网等技术应用于产品生产和设计中，如生产智能遮阳伞、GPS 帐篷等创新产品，使科技创新融合户外休闲生活，为市场规模增长提供成长空间。

## （八）销售渠道多样化

为抢占行业发展制高点，平舆县积极搭建多元化销售渠道，对接海外资源，推动平舆县户外休闲用品超 90%出口海外。一方面，通过参加国际展会、建立海外销售网络等方式实现海外市场扩容；另一方面，依托"跨境电商+产业带"壮大外贸新动能，打造中部地区领先的户外休闲家具跨境贸易一站式服务平台，构建以海外仓为战略支点，辐射全球的供应链网络，并积极推动企业与各大跨境电商平台合作，实现"线上数字赋能+线下实体支撑"的融合发展格局，进一步拓展海外市场。

# 三 跨境电商开创平舆户外休闲用品出海新局面

## （一）顶层政策赋能"舆品出海"

近年来，我国政府频繁出台推动"跨境电商+产业带"模式发展的政策措施，成为促进各地跨境电商创新发展的重要抓手。2024 年，河南省将户外休闲用品产业纳入 28 个重点产业链，举全省之力打造重点产业，以构筑河南制造核心竞争优势。《驻马店市加快实施物流拉动打造枢纽经济优势三年行动计划实施方案》中指出，建成陆港型国家物流枢纽承载城市，推动

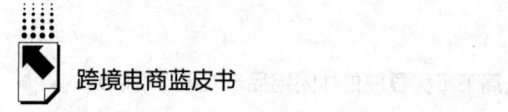

枢纽经济发展，到2025年实现户外休闲用品产业集群达到200亿元以上。在国家政策和地区政策的双重驱动下，平舆县户外休闲用品产业不断壮大，跨境电商成为户外家具制造业的重要出海渠道。平舆县户外休闲用品企业纷纷布局线上市场，推动更多特色"舆品"进军国际市场。

### （二）产品创新突破行业瓶颈

平舆县户外休闲用品企业通过跨境电商开拓新的市场空间，打破现有竞争局面。本土户外休闲用品企业为适应跨境电商个性化定制、快速反应等特征，率先通过产品定位突破原有生产设计、包装和外观，以消费者价值为核心和导向调整企业生产模式，开辟出口新赛道。如平舆县弗克斯休闲用品有限公司剖析跨境电商物流规则，按照合理的尺寸设计和拆解打包产品，将尺寸的长宽高限制在130英寸之内，重量在23公斤以内，从而避免因超限导致额外成本或物流延误。平舆户外休闲用品产业带在现有资源汇聚的优势下，价值创新理念为现代户外休闲用品企业带来更多活力和竞争力，更加适应当今复杂多变的国际贸易市场环境，成为中小户外休闲用品企业实现高速成长的跃级路径。

### （三）生态构建加速出海步伐

为构建完善的跨境电商生态体系，平舆县政府积极推动"跨境电商+产业带"，并与义乌市跨境电商协会合作，建立平舆电商产业园区，助力平舆延伸跨境电商生态链和产业链。同时，加强与亚马逊、速卖通、Wayfair、Temu等跨境电商平台合作，推动产业链信息互通，提升行业数字化水平。目前，平舆县户外休闲用品产业带集聚了国际物流、跨境电商平台和独立站运营、海外营销推广、信息技术等跨境服务商，形成全链条服务支撑，品牌影响力不断提高，助力企业加速出海。

### （四）全产业链条构筑出海竞争力

为打造产业新优势，平舆县以创新驱动为导向，多维度打造产业"高地"。平舆县通过筹建国家级户外休闲用品检测中心、户外家居及休闲用品创新研发中心，构建"双核驱动"的创新体系以"强链"，推动企业从产品设计到标准制定的全链条研发机制。同步打造中部户外休闲家具跨境贸易一站式服务平台以"补链"，以海外仓集群为支点搭建全球化供应链网络，形成"技术研发+贸易赋能"双轮驱动的产业升级模式。此外，平舆县户外休闲用品企业在欧美等主要国际市场搭建海外营销网络，积极建设家具展示中心、仓储中心等配套设施，拓展新兴市场，助力更多产品走向国际市场以"延链"。

## 四 平舆户外休闲用品跨境电商发展面临新挑战

### （一）出口模式单一，产业链分工处在生产加工阶段

平舆县户外休闲用品产业海外目标市场占比较大，90%以上的产品出口亚欧美60多个国家和地区。由于生产的户外休闲用品大多属于大尺寸、大重量产品，更多选择传统大贸出口模式。同时，平舆县户外休闲用品跨境电商转型过程中，更多承担生产基地角色，国际销售网络比较依赖江浙贸易商，产业链分工基本处在下游的生产加工阶段，亟须拓展自有市场渠道和海外市场。

### （二）线上转型有待提升，缺乏自有销售渠道

平舆县户外休闲用品产业工业体系较为完整，但部分中小企业智能制造程度还有待提高。在河南县域经济中，平舆县整体经济实力位于第二梯队，但电子商务发展指数列第57位，线上转型仍有上升空间。[1] 此外，部分平舆县户外休闲用品企业仍以贴牌生产（OEM）或代工生产（ODM）为主，还未开展跨境电商业务，亟须打造自主品牌，并拓展亚马逊、eBay、速卖通等跨境电商销售渠道。

---

[1] 《2024年河南省县域电子商务发展指数发布》，国情网，2024年12月2日，https：//baijiahao.baidu.com/s? id=1817312390203374555&wfr=spider&for=pc。

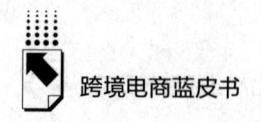

### （三）跨境电商人才储备不足，限制产业国际化、数字化发展

随着数字技术的迭代升级，跨境电商领域的知识更新速度加快，但当地村民文化程度差异大，且未受过专业的技能培训，能灵活使用SEO、SEM、社媒等网络营销技能的人才匮乏，理解人工智能、区块链等新兴数字技术的人才更是凤毛麟角，难以满足户外休闲用品跨境电商快速发展的人才需求。此外，绿色、环保、多元化、声感与光感的结合等户外休闲理念不断发生变化，既能敏锐抓取行业发展动态，又能熟悉跨境电商运营的综合型人才十分短缺，限制了产业的国际化、数字化发展。

## 五 跨境电商赋能产业高质量发展的新路径

### （一）加大新业态支持力度，走融合发展之路

优化顶层设计，加大跨境电商扶持力度，鼓励跨境电商企业与产业带深度合作。建设平舆跨境电商公共服务平台，融合仓储物流、产品运营、出口信保等业务，降低产业带中小企业选品、物流及售后成本。搭建平舆户外休闲用品产业带和跨境电商企业数据库，利用大数据技术提升资源匹配和对接水平，助力跨境电商企业快速响应国际市场变化。强化区域协调能力，加强与户外休闲用品产业发展先进地区资源共享、联动发展。积极与各地跨境电子商务协会、研究机构、高校等机构合作，打造豫东南跨境电商运营基地和人才实训基地。充分释放户外休闲用品产业带核心优势，打造中部地区与长三角、珠三角户外休闲用品出口融合发展模式。

### （二）整合共享服务资源，延伸产业链条

增强户外休闲用品产业核心竞争力，推动跨境电商和产业带协同发展。深度挖掘和系统培育更多"跨境电商+产业带"应用场景，支持企业借助短视频、直播等新平台，开展直播手工竹编、短视频探厂等活动，放大区位影

响力，塑造跨境电商发展新优势。推动产业带上下游协同发展，支持园区跨境电商企业在拓展商机、品牌打造、物流运输、本地化服务、信息采集等方面抱团合作，实现资源共享、优势互补，赋能产业带中小企业提升核心竞争力，助力更多产品出海。

## （三）促进绿色经济发展，推动乡村产业升级

贯彻绿色发展理念，实现产业转型升级，推动户外休闲用品产业绿色化发展。以绿色经济为抓手，服务绿色低碳高质量发展，推进产业链碳减排，注重生态改善与户外休闲用品产业发展相互促进。一方面，户外休闲用品产业发展应以保护环境和科学规划为前提，最大限度地降低产业发展对环境的不利影响，打造绿色环保产品，实现可持续发展理念；另一方面，户外休闲用品产业扎实推进乡村振兴，推动县域经济高质量发展。积极借助驻马店市自然资源优势和平舆县的车舆文化底蕴，打造户外休闲旅游观光或精品运动赛事等，积极提升平舆户外休闲用品知名度，提高县域产业发展韧性。

## （四）建设跨境电商人才队伍，补齐产业短板

高水平的人才队伍不仅可以保障户外休闲用品产业跨境电商高质量发展，还能有效提升县域治理能力。平舆县户外休闲用品从业人员以当地村民为主，缺乏系统培训的专业跨境电商人才。应根据县乡各级发展愿景和功能定位，采用"内培外引借智"的方法，构建户外休闲用品产业跨境电商人才队伍。"内培"以有意愿参与户外休闲用品产业跨境电商运营相关工作的企业员工和村民为目标人群，开展对应的技术和知识培训，培养一批懂跨境电商的新型村民，打造县域户外休闲用品产业跨境电商的自造血功能。"外引"则是吸引域外户外休闲用品跨境电商人才投身平舆，建立有效的激励机制和保障措施，发挥专业人才在产业发展中"领头羊"作用。同时，鼓励人才返乡创业，建设创新创业平台，完善创新创业生态，服务户外休闲用品跨境电商产业链。

## 参考文献

林燕萍、王楠、单莉萍：《数字贸易背景下外贸企业数字化转型路径研究——以威海户外休闲产业为例》，《秦智》2023 年第 10 期。

张诚、黄世懋：《新发展格局下湖北省运动休闲产业带建设研究》，《湖北经济学院学报》2024 年第 7 期。

韩渝辉：《基于户外休闲产业的统筹城乡发展武隆模式》，《重庆工商大学学报》2007 年第 5 期。

# 综合篇

## B.11
## 新质生产力下高职院校跨境电商国际化人才培养的实践与创新
### ——以郑州职业技术学院为例*

任方军 陆雅琦**

**摘　要：** 在新质生产力背景下，我国跨境电商产业迅猛发展，这为国际化跨境电商人才的培养注入了新的活力，同时也提出了更高的要求。然而，目前我国在跨境电商人才的国际化培养方面存在一些短板亟待关注和解决。本文以郑州职业技术学院为例，深入探讨其在跨境电商国际化人才培养方面的实践与创新举措。学院依托当地产业优势，构建了"四位一体"的人才培养"高地"，涵盖专业建设、研究院、中外合作学院和共同体四大平台，深化产教融合，创新人才培养模式。同时，学院以体系建设为关键，多主体联合创新，强化科技创新服务，拓展国际化合作，打造了跨境电商国际化人才

---

\* 本文系河南省高等教育教学改革研究与实践项目"丝路出海：跨境电商产教融合共同体国际化人才培养路径的研究和实践"（项目编号：2024SJGLX0727）的阶段性研究成果。

\*\* 任方军，郑州职业技术学院教授，主要研究方向为区域经济、管理科学与工程；陆雅琦，郑州职业技术学院党政办公室教师，主要研究方向为跨境电商、职业教育。

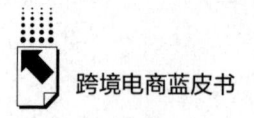

培养的"高楼"。通过"五改造""两优化""一提升"等措施，全面提升人才培养水平，实现教育与产业的有机融合与协调发展，形成了独具特色的"郑州模式"，为培育经济发展新动能、推动"职教出海"提供了重要借鉴，对其他职业院校跨境电商国际化人才培养具有示范意义。

**关键词：** 职业教育 跨境电商 国际化 人才培养 产教融合

随着全球化的深入发展和信息技术的不断进步，我国跨境电商产业进入爆发式增长期，对国际化跨境电商人才的需求日益增加。然而，我国职业院校在跨境电商人才培养方面存在培养目标与企业需求之间脱节、国际化人才培养能力不足等问题。因此，加强跨境电商人才培养创新，深化传统人才培养改革，培养国际化、跨学科复合型跨境电商人才显得尤为迫切。

# 一 "四位一体"起"高地"：新质生产力下郑州跨境电商国际化人才培养实践

当前，众多地方高校在教育国际化进程中面临模式趋同和简单模仿部属高校的问题，严重制约了这些高校的可持续发展。因此，作为根植于河南和郑州的地方高校，郑州职业技术学院以国际化教育和产教融合理论为指导，依托产业优势，精准对接产业需求，通过深化产教融合，致力于打造跨境电商国际化人才培养的四大平台——专业建设、研究院、中外合作学院和共同体，形成了"四位一体"的跨境电商国际化人才培养"高地"。

## （一）创办跨境电商专业，加强一流专业建设

继2004年学院成立电子商务专业后，又于2020年设立了跨境电商专业，是全国较早开办该专业的院校之一。目前，电子商务专业已成为省级特色专业，已完成国家级项目2项、省级示范项目5项。学院先后与阿里巴巴、泰国

澈督蓬商业学院、正博公司等知名企业、国外大学等深化产教融合，共同开发课程和实训项目，实现了教育内容与企业需求的同步。学院建设跨境电商国际教育云平台，开发了双语课程、教材、网络教学资源，选聘国内外知名跨境电商专家为顾问，培育高级职称专任教师9人、省级职教名师3人、职教专家5人，"双师"教师比例在80%以上。自2004年以来，学院已培养各类电商人才1万余人，学生就业率在95%以上，毕业生深受社会好评。

## （二）成立全球（郑州）跨境电商研究院，推进跨境电商科研创新应用

2019年12月，受郑州市人民政府委托，学院创建了全球（郑州）跨境电商研究院。研究院成立以来得到省市领导和知名专家学者的大力支持，在顶层设计、科学研究、人才培养、对外交流等方面取得了一系列成绩。一是建立了由国务院参事等国家级专家组成的高端智库；二是形成了多项有影响力的研究成果，向国务院呈报了《新冠病毒全球大流行背景下如何推动全球数字贸易对跨境电子商务的迭代》等4篇报告，均得到国务院领导的重要批复；三是完成了《世界主要国家跨境电商政策与解读》等具有国际影响力的行业专著与报告，为行业、地方跨境电商产业发展提供决策依据；四是发起成立了金砖国家跨境电商职业教育联盟，得到俄罗斯、印度、巴西等国家有关机构的大力支持，扩大了郑州跨境电商的国际影响力；五是发起成立中部跨境电商产教融合协同创新发展联盟，共同探讨跨境电商"政校行企研"协同创新发展及人才培养新模式；六是发布河南省电子商务职业教育质量年报，出版了《跨境电商营销实战》等3部高质量教材；七是承办第七届全球跨境电子商务大会平行论坛——跨境电商产教融合论坛。

## （三）开设中泰商都学院，促进人才培养的国际化

学院联合泰国澈督蓬商业学院、曼谷职业教育中心和唐风国际教育集团，基于共同愿景，成立了中泰商都学院。项目以唐风汉语国际教育云平台作为信息化支撑平台，形成了中泰双学历合作办学模式（CCTE模式）。在

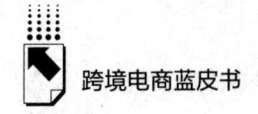

友好学校建设方面，学院与泰国澈督蓬商业学院不仅结为姐妹校，还开展了跨国办学合作，包括共同研发课程、开展联合科研、举办学术研讨会等，有效促进了中泰两国教育资源的共享与交流。强化课程教学，利用云平台开展远程教学和在线辅导，打破了地域限制，为泰国学生提供了更灵活的学习方式。在标准共建方面，四方共同制定了专业教学标准和课程标准，并基于这些标准开发了一系列在线课程和资源。在留学与游学方面，除了提供奖学金名额外，还举办了丰富多彩的文化体验活动。加强教师培训，更好地适应中泰双学历合作办学模式的教学要求。

### （四）牵头创建数智丝路电商产教融合共同体，服务区域产业发展

学院联合全球跨境电商龙头企业阿里巴巴等36家"政校企行研"单位创建"数智丝路电商产教融合共同体"，着力建设"343"全国性跨区域丝路电商产教融合共同体，其中，"3"为融通"产业生态、教育生态、国际生态"；"4"为形成"构建产教对接机制、开发优质教学资源、联合开展人才培养、协同开展技术攻关"四大亮点；"3"为促进电商"教育链、产业链、创新链"三链协同。

共同体探索职业教育资源互通、供需对接的协作模式，围绕河南跨境电商特色产业带建设专业教学资源库，构建模块化课程体系，集聚阿里云产业优势和企业集群化生态优势，联合并遴选一批具有代表性、不同类型的企业，以及不同岗位（群）一线行业专家和高校优秀教师，共同实施基于产教融合的"双轨驱动、双师教学"新型学徒制人才培养模式，联合开展人才培养，协同开展技术攻关，逐步建成"产教深度融合、服务高效对接、支撑行业发展"的全国性跨区域行业产教融合共同体。

## 二 "产教融合"建"高楼"：新质生产力下郑州跨境电商国际化人才培养创新

学院以体系建设为关键点，以产业发展为着力点，以产教融合为突破点，

以国际化为创新点,将专业链建在产业链上,构建新体系,激发新活力,营造新生态,开拓新图景,不断建设跨境电商国际化人才培养的"高楼大厦"。

## (一)以体系建设为关键点,创新理念、路径、机制,构建跨境电商国际化人才培养新体系

### 1. 坚持"四化"办学的新理念

国际化方面,学院紧跟国际趋势,引进先进教育理念和课程,培养具有国际视野和跨文化沟通能力的人才。高等化方面,学院注重提升学生综合素质和创新能力,依托高水平师资和优质教学资源,实现人才培养的高层次发展。职业化方面,学院以产业思维为导向,深化产教融合,为学生提供真实职业环境和实习机会,强化职业素养和能力培养。中国化方面,学院坚持中国特色,加强党的领导,不断强化专业建设,以适应国内跨境电商产业的发展需求。

### 2. 创新跨境电商国际化人才培养新路径

学院以产教融合为突破口,坚持开放办学,联合跨境电商头部企业、第三方教育研究机构等多方主体,牵头成立中部跨境电商产教融合协同创新发展联盟。在联盟中,学院探索、实践、总结形成了"124"共融共建共赢人才培养新路径。其中,"1"即一个核心,以为泰国跨境电商行业培养所需的技术技能型人才为核心目标。"2"即双向生源,双师教学。"4"即政府、院校、企业和第三方教育机构四方联动,协同育人。"共融共建共赢"为联盟单位合作共同遵循的理念、行动和目标要求。

### 3. 创新适应跨境电商国际化人才培养的新机制

发挥学院的自治效能,精简并优化教学工作的诊断与改进机制,持续完善内部质量保障框架与运行机制,确保教育质量保障的核心地位得到切实体现。同时,强化全员、全过程、全方位的育人理念,推动标准体系的全面建设,使质量考核机制更加完善。通过构建全员参与、全程监控、全面管理的质量考核评价体系,形成考核结果的长期应用机制,有效提升质量年报的编纂质量与透明度,定期发布质量年报,积极接受政府及国际社会的监督与指

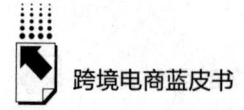

导，从而不断提升办学质量与国际化水平。学院在 Education Plus 2023 第七届中国（长沙）国际职业教育大会暨产教融合博览会上荣获"Education Plus 2023 职业教育对外交流与合作典型院校"称号，申报的"高职院校教育国际化发展路径探究——以郑州职业技术学院为例"获评优秀案例。

**（二）以产业发展为着力点，强化科技创新服务，激发跨境电商国际化人才培养新活力**

1. 强化科技创新，推进研发应用

全球（郑州）跨境电商研究院积极联合河南保税集团、清华大学跨境电商科研创新中心等国内外知名机构，聚焦跨境电商行业的痛点、堵点和难点问题，开展了一系列深入、系统的研究。参与研发的跨境电商"1210"监管模式已通过国际海关组织的认证，并在全国 165 个跨境电商综试区得到推广和应用。这一成果不仅展示了学院在跨境电商领域的创新实力，更为高等职业教育在人才培养方面提供了宝贵的经验和启示。

2. 深化国际合作，激发创新潜能

多年来，学院协助郑州市人民政府出色完成了河南省政府主办的全球跨境电商大会，吸引了来自 30 多个国家的近万名行业人士参会，包括全球跨境电商大会主席、塞拉利昂副总统、白俄罗斯第一副总理等国际政要，以及众多跨境电商企业与服务商代表。大会不仅展示了跨境电商产业的最新发展成果，还为全球业界人士提供了交流合作平台，共同探讨跨境电商产业发展战略和人才培养策略，推动高等职业教育的创新与发展，为产业的高质量发展注入持续动力。

**（三）以产教融合为突破点，多主体共融、共建、共赢，营造跨境电商国际化人才培养新生态**

1. 在共融的理念下，共同推进各方主体协同创新

学院与各共同体单位深度融合，推进 VR 虚拟现实及教学资源的开发利用，为学生提供更加真实、生动的学习体验；全面加强质量保障体系建设，

推进教学质量达到国际先进水平；深化与产业界的紧密合作，为学生提供更加广阔的发展空间和就业机会。

2.在共建的行动中，着力打造区域服务型高职典范

学院突出四大重点领域。一是深化体制机制创新和综合改革。重点搭建"产教融合跨境电商实训中心"等区域性平台，推动产教融合走向高端、共享和活力。二是加强高水平师资队伍建设。重点在"创新岗""双岗双薪"等方面实现制度突破。三是强化技术技能积累与服务。重点建设协同创新中心、智库、校企培训学院等新平台。四是加强国际合作与交流。建设一个国际学院、创办一所海外分校、设立一个培训中心、搭建一个合作交流平台，为学生提供国际化的学习发展机会。

3.在共赢的目标下，培养学生的综合素质和国际视野

学院聚焦协同创新中心、智库、校企培训学院等前沿平台建设，构筑了协同创新强造血、立体服务强对接、教学转化强反哺的服务社会"三强"新生态。

（四）以国际化为创新点，引进来、走出去、再提升，开拓跨境电商国际化人才培养新图景

1.引进来

学院与俄罗斯、白俄罗斯和乌兹别克斯坦等共建"一带一路"国家院校、企业开展合作办学洽谈及交流回访。与泰国职业教育委员会曼谷职业教育中心签订了人才培养协议，建立了跨境电商人才培养基地。双方共同制定跨境电商专业建设方案，确定人才培养目标、教学计划、课程标准，共建海外实训基地及网络教学资源，全面打造职业教育国际品牌，为中国—东盟自由贸易区建设提供人才保障和智力支撑。

2.走出去

立足河南、郑州和自身优势，全面整合资源，与泰国澈督蓬商业学院等开展合作办学，建成海外特色学院——中泰商都学院等2所，输出国际化课程标准（泰国省级或省级以上教育主管机关认证并推广）1个，建设

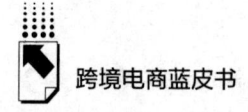

海外技能人才培养基地及留学生实习就业基地1个，落实教师互访24人次，召开线上论坛会议36场次；共同开展跨境电商海外技术技能人才培养，35名海外学生来校参与跨境电商海外技术技能人才培养，培养泰国企业员工520人。

3. 再提升

学院积极融入国际职业教育合作与发展，携手"一带一路"海外教育机构，共同推动学术研究、标准制定与师生交流。与英国国家学历学位评估认证中心（ECCTIS）开展了跨境电商专业国际专业标准评估与认证，营造职业教育国际交流新生态，提升了我国在国际职业教育领域的权威性和影响力。

## 三 "多维协同"育"新人"：新质生产力下郑州跨境电商国际化人才培养成效

近年来，学院在打造跨境电商人才培养的"高地"、建设跨境电商国际化人才培养"高楼"的同时，破除产教边界，深化人才培养改革，多维协同全面推进职业教育现代化建设，实现了跨境电商国际化新型人才培养的水平、质量的全面提升，促进了跨境电商国际化人才培养发展，协同打造跨境电商国际化人才培养特色。

（一）"五改造""两优化""一提升"，全面提升了跨境电商国际化人才培养水平

秉承"四化"办学的新理念，学院积极引进并融合国际前沿的职业标准、专业课程、教材体系及数字化教育资源，汲取国际优质职教精髓。"五改造"，即对人培标准、专业课程、教学设计、教学实施、教学评价全面改造；"两优化"，即优化教学资源、优化师资队伍；"一提升"，即全面提升跨境电商海外人才培养水平。通过实施"五改造"以更新教学模式，"两优化"以强化资源配置，"一提升"以增强教育品质，学院学生获奖逐年递

增，连续3年年均获各类竞赛奖项41项，教师教学项目、教学能力和科研水平均实现新突破，办学水平跨越式提升。

## （二）深化产教融合，实施"五个对接"，全面提高了跨境电商国际化人才培养质量

在产教融合理论指导下，学院立足产业办职业教育，专业围绕产业设、课程围绕产业开、平台围绕产业建、学生围绕产业培，将教育活动与产业需求紧密结合，探索实践了多主体的"五个对接"：产业规划，实现专业设置调整与产业升级转型对接；行业引领，实现人才培养方案与岗位职业要求对接；企业参与，实现教学内容更新与企业技术进步对接；学院培育，实现学历证书取得与职业资格证书获取对接；政府主导，实现职业教育起步与终身学习保障对接。通过"五个对接"，建立"快速反应、同步跟进、动态调整"的产业对接机制，有效提高了人才培养与产业转型升级的契合度，为促进河南乃至全球跨境电商产业发展提供人才保障和智力支持。2023年6月，学院领导受邀出席全国政协"加快构建现代职业教育体系"座谈会，并就产教融合人才培养的创新实践进行经验分享。

## （三）强化数字化改造，促进了跨境电商国际化人才培养发展

学院充分把握新一代科技革命和信息技术革命的新契机，以职业教育数字化改造带动、支撑、服务职业教育现代化，让一流资源破边跨界，走出校园，服务学习。

### 1. 改造传统教学

深化信息技术与跨境电商专业建设相融合，与人才培养融合，革新传统教育教学理念，服务国际化跨境人才培养的课程开发、教学设计、教学实施、教学评价，更好地适应深度学习、个性化学习、跨界跨地学习、混合式教学等需要，满足学习者多样化学习需求。

### 2. 优化教学资源

全面整合"专业教学资源中心""虚拟仿真实训中心""精品在线课程

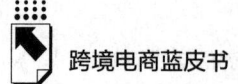

中心"，扩大优质资源覆盖面，提高资源的共享度和应用的便捷度，为教师教、学生学提供更加多元、个性化的资源支撑，促进了学习革命，实现学生在校内校外、线上线下均能根据学习需要进行学习，实现了课堂教学、实习实训形态的重大变革。

3. 提升管理水平

学院建设了决策支持中心，提升了决策管理的精准度和科学性。基于学校实际需求，学院全面推动数字化改造升级，科学系统全面推进了信息化设计，建设了信息中心，实现了校内行政、教学、科研、学生管理、后勤等系统的互联互通，极大地提高了信息化、数字化和智能化发展水平。同时创设教学场景，解决实训难题，助力人才培养，服务学生全面发展和经济社会高质量发展。先后创建国际教育云平台、中国大学慕课等六大国际网络资源教育平台，成功入选教育部第一批职业院校数字校园建设试点单位。

（四）以学生为中心，突出"五金"建设重点，协同打造跨境电商国际化人才培养特色

学院以学生为中心，立足专业和地方产业发展优势和特色资源，以"五金"建设为重点，突出课程建设"主战场"、课堂教学"主渠道"、教师队伍"主力军"，深化三全育人，多主体协同打造跨境电商国际化人才培养特色。

1. 做优资源

多主体共建了跨境电商国际教育云平台，开发适合境外跨境电商专业学历教育、非学历教育的双语课程、教材、网络教学资源，建设优质核心课程3门、精品课程5门、网络课程12门、教学课件50套；深入挖掘育人要素，精选并开发了深受学生喜爱的中国课程资源，活化厚重的中华历史文化，共同传承中国文化，讲好中国故事；优化教材形态，创新推出立体化、活页式、工作手册式及融媒体教材，并辅以融智创新的数字化教学资源，为学生提供丰富多元的学习体验。

## 2. 做活形式

学院充分发挥课堂教学的主渠道作用，持续推动教育教学改革创新，增强课程的理论深度、思想引领力、亲和力与实效性。始终以学生为中心，答疑解惑、凝聚共识、启迪学生思想、滋养学生文化；借助信息化手段，积极推进"互联网+"和"智能+"职业教育新模式，引领职业教育教学的变革与创新；坚持"课堂革命"，线上线下结合、理论与实践一体、模块化与项目化教学组织方式交替，运用情景模拟、角色扮演等方法，提升教学效率，打造更高效、更互动的学习体验。

## 3. 做强队伍

实施全球引进跨境电商国际化教师人才战略，学院聘请国内外知名跨境电商专家为顾问，遴选阿里巴巴、京东、华为等知名企业精英担任企业导师，构建由具有国际视野的领导团队、专业化与职业化的辅导员队伍、高素质且具备国际视野的专业课教师，以及经验丰富的兼职教师组成的强大师资队伍；积极组织国际培训与交流活动，包括赴德国双元制学习培训1人、留学生干部及汉学教育培训8人次、出国学习培训16人次、国际交流252人次，以及国家级骨干教师5人、省级骨干教师17人、校级专业教师110人的培训。这些活动有效提升了教师队伍的综合素质和国际竞争力，为跨境电商国际化人才培养奠定了坚实基础。

综上所述，本研究以郑州职业技术学院为案例，深入分析并总结了其在跨境电商国际化人才培养方面的三大核心策略：首先，依托区域产业优势，打造"四位一体"跨境电商人才培养的"高地"；其次，通过深化产教融合，加强教育改革与创新，构建人才培养的"高楼"；最后，多维协同，并不断深化实践与创新，培育具有国际视野的高素质技术技能型新型人才。这一"郑州模式"不仅促进了教育与产业的深度融合与协调发展，而且展现了其在不断变化的全球经济环境中的适应性和发展潜力。未来，本研究将继续探索新质生产力下跨境电商国际化人才培养策略，以适应全球经济的新趋势和挑战。

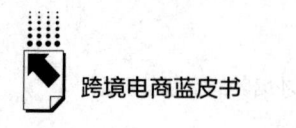

## 参考文献

徐丹阳、毛建卫、冯旭芳：《"三融"背景下高职院校生态位变革与优化》，《教育与职业》2024年第5期。

白玲、安立魁：《共建"一带一路"倡议十年：高职教育国际化发展的成就、瑕缺与展望》，《教育与职业》2024年第2期。

曾青生、柯政彦、张海峰：《"一带一路"倡议下我国高职院校留学生招收培养研究》，《教育与职业》2023年第23期。

徐巧云、王亚南：《高职教育国际化发展的域外经验及启示——以新加坡为例》，《教育与职业》2023年第21期。

荣玮、陶祥令、王峰：《"双高计划"视域下高职复合型国际化人才培养研究》，《教育与职业》2023年第9期。

李婧：《基于产教融合视角的现代学徒制电子商务人才培养模式探索》，《创新创业理论研究与实践》2023年第22期。

陈燕予：《数字经济背景下基于产教融合的电子商务人才培养模式研究》，《华东科技》2023年第11期。

吴燕萍：《提质培优背景下高职国际化办学水平提升的价值、原则与对策》，《教育与职业》2022年第1期。

任占营：《新时代职业教育高质量发展路径探析》，《中国职业技术教育》2022年第10期。

# B.12 "丝路电商"国际合作成效及策略研究

洪勇 李峰 崔鑫烨 刘怀宇*

**摘 要：** 随着跨境电商的发展，"丝路电商"已成为我国与共建"一带一路"国家贸易的关键一环。目前，我国已与33个国家签署双边电子商务合作备忘录并建立合作机制，形成了全球跨境电商生态链。在全球电子商务发展持续提速的背景下，共建"一带一路"国家跨境电商市场规模快速增长，"丝路电商"模式创新持续加速，发展基础条件不断优化。本文认为"丝路电商"呈现合作范围持续拓展、政策力度不断加大、合作模式互利共赢、制度型开放特征明显等特点。然而"丝路电商"也面临诸多挑战，包括物流和网络基础设施亟须完善、企业合规意识和本土化水平待提高、跨境电商法律法规存在差异、存在多文化与语言障碍、目的地国家贸易限制措施等。未来，应加快推进基础设施建设，优化跨境支付流程，建立统一电子商务法律框架，强化本地化人才培养，从而更好地实现"丝路电商"更高质量发展。

**关键词：** 丝路电商 国际合作 人工智能 绿色低碳

随着经济全球化的深入发展，国际贸易的模式和格局发生了显著变化。传统的贸易方式逐渐向数字化、网络化方向转型，跨境电商作为一种新兴的

---

\* 洪勇，博士，商务部国际贸易经济合作研究院副研究员，主要研究方向为数字经济、跨境电商；李峰，博士后，商务部国际贸易经济合作研究院副研究员，主要研究方向为数字经济、跨境电商；崔鑫烨，商务部国际贸易经济合作研究院研究人员，主要研究方向为数字经济、跨境电商；刘怀宇，商务部国际贸易经济合作研究院研究人员，主要研究方向为数字经济、跨境电商。

贸易模式应运而生，并呈现蓬勃发展的态势。据商务部数据，2024年我国跨境电商进出口增长10.8%，占我国进出口总值的比重提升到了6%，[①]跨境电商在我国外贸中占据重要地位，已成为推动外贸增长的新动能。

在"一带一路"倡议的有力推动下，我国与共建国家的贸易往来愈发密切。跨境电商凭借其独特优势，正逐步崛起成为促进我国与共建"一带一路"国家经济合作的新引擎。"丝路电商"作为"一带一路"倡议框架下的关键一环，充分依托我国在电子商务领域的技术应用、模式创新以及庞大市场规模等显著优势，积极推动电子商务国际合作，为深化区域经济融合注入了强大动力。2024年，我国已与33个国家建立了"丝路电商"合作关系，[②]以"丝路电商"为主体的贸易伙伴和销售网络已覆盖220多个国家和地区，海外仓超过2500个，电商独立站数量超过20万个，[③]形成了全球跨境电商生态链。

## 一 "丝路电商"发展现状

### （一）全球电子商务发展概况

在全球电子商务发展持续提速的背景下，近年来，全球线上零售规模呈现持续扩大的趋势，2024年达到6.091万亿美元，同比增长8.4%，占全球零售的比重为20.1%，预计到2028年占全球零售的比重将提高到22.9%[④]（见图1），线上购物成为全球消费的重要渠道。其中，东南亚、欧洲、中东地区电商蓬勃发展。2024年，东南亚电商商品交易总额（GMV）达到1590

---

[①] 《商务部：2024年我国跨境电商进出口增长10.8%》，人民网，2025年1月15日。
[②] 《2024年，丝路电商伙伴国增至33个，形成10项成果》，中宏网，2025年1月24日，https://www.zhonghongwang.com/show-54-370300-1.html。
[③] 黄仁伟：《以"丝路电商"为载体打造全球跨境电商生态链——黄仁伟教授在"跨境电商"专题论坛的演讲》，《解放日报》2024年12月3日。
[④] eMarketer：《2024年全球零售电商预测》，2024年6月。

亿美元（约1.14万亿元人民币），同比增长15%。① 当前，欧洲跨境电商市场正在快速增长，2024年，欧洲市场规模达到3260亿欧元，其中，电商平台贡献2250亿欧元，占比69%。② 中东地区跨境电商市场规模2024年达到500亿美元，较2020年增加了200亿美元。③

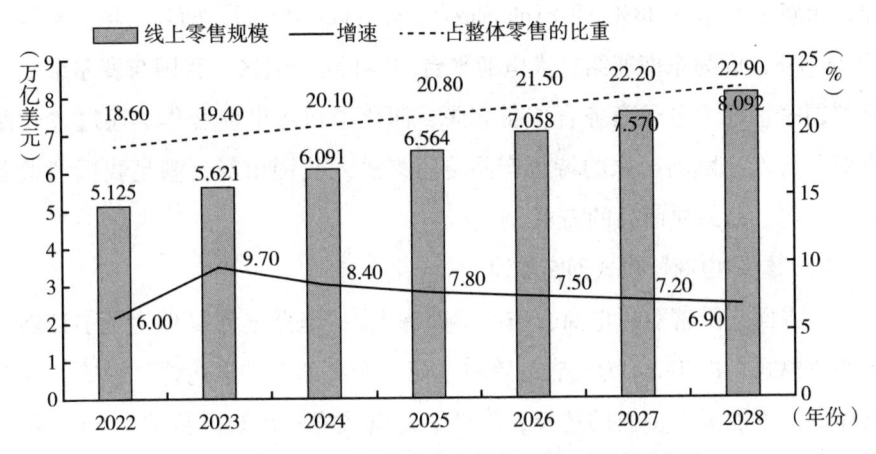

图1 2022~2028年全球线上零售规模、增速及占比

资料来源：市场研究机构eMarketer。

## （二）"丝路电商"发展现状

### 1. 共建"一带一路"国家跨境电商市场规模快速增长

据海关统计，共建"一带一路"国家进出口占我国外贸的比重从2013年的25%增加到2024年的50%以上。2024年，我国跨境电商进出口2.63万亿元，增长10.8%；从"一带一路"沿线省市来看，2024年1~11月，福建省对共建"一带一路"国家跨境电商出口884.96亿元，同比增长49.53%，占同期福建省跨境电商出口总值的54.48%。④ 在亚洲地区，我国

---

① 谷歌、淡马锡和贝恩公司：《2024年东南亚数字经济报告》，2024年11月。
② CBCommerce.eu：《欧洲100强跨境电商市场（第五版）》，2024年10月。
③ Go-Globe：《中东电商发展及趋势》，2024年11月。
④ 《1~11月我省跨境电商出口超1600亿元》，《福建日报》2024年12月15日。

已与菲律宾、印度尼西亚等国签署电子商务合作备忘录，推动区域内跨境电商的发展。《2024年东南亚电子商务报告》显示，2023年，东南亚八大电商平台的商品交易总额（GMV）达1146亿美元，同比增长15%，预计2024年GMV将比2020年翻一番；Shopee以551亿美元GMV占据东南亚主导地位，市场占有率达48%；TikTok Shop收购Tokopedia后，两者市场份额合计达28.4%，成为东南亚第二大电商平台。① 在欧洲地区，我国与塞尔维亚等欧洲国家签署了电子商务合作备忘录，深化了双边电商合作。通过"丝路电商"合作，欧洲国家的特色产品更容易进入我国市场，满足我国消费者对多元化、高品质商品的需求。

2."丝路电商"模式创新加速

一方面，随着双边电商合作的不断深入，"丝路电商"催生了多种创新的商业模式。以Temu为代表的跨境电商"全托管""半托管"模式，为卖家提供了更加灵活多样的选择，降低了运营成本和风险。目前，Temu在马来西亚、新加坡、菲律宾、泰国、越南、文莱、以色列以及欧洲国家中展业，并取得积极进展，加速了全球化扩张步伐。以TikTok为代表的直播电商、社交电商等新业态新模式不断涌现，创造了新的消费场景和体验，吸引了更多消费者参与。目前，TikTok已经在东南亚、欧洲等地区占据重要地位，并积极拓展中亚市场。另一方面，数字技术创新应用不断增强。大数据和人工智能技术在"丝路电商"中的应用不断深化，帮助平台和卖家更好地了解用户需求，优化运营策略，提升营销效果；区块链技术在跨境电子提单、电子发票等方面的应用，提高了贸易过程的溯源性和真实性，促进了无纸贸易的发展。

3."丝路电商"发展的基础条件不断优化

一是我国与共建"一带一路"国家加大对数字基础设施的投资，提升了网络覆盖率和质量，为跨境电商提供技术支撑。我国与东盟国家合作建设跨境光缆和智慧物流系统，提升了跨境电商的效率和体验。华为与哈萨克斯

---

① 墨腾创投：《2024年东南亚电子商务报告》，2024年7月。

坦等国家合作，建设覆盖广泛的 4G 和 5G 网络，为跨境电商提供了高速、稳定的网络环境。我国南方电网在泰国投资建设了智能电网项目，支持当地电商物流的电力需求。二是共建国家重视数字人才的培养，提高国民的数字素养，为跨境电商的发展提供了人力资源保障。我国通过"云上大讲堂"为 80 多个国家开展线上直播培训①，提升专业人才的数字技能。三是共建国家通过数字技术优化物流和供应链管理，提高了跨境商品的配送速度和服务质量。阿里巴巴在马来西亚的数据中心采用可再生能源供电，显著降低了碳排放，同时为跨境电商提供了稳定的技术支持。Shopee 和 Lazada 在印度尼西亚投资建设本地仓储和物流中心，同时依托 5G 网络和云计算技术，实现了高效的订单处理和配送。同时，数字化的中欧班列提升了货物运输效率，中欧班列（西安）对外与哈铁数据互联互通，在境内率先实现海关、铁路数据联通、智能报关、出口集结前置、启运港退税、集装箱循环运输等，运行效率提高 1/3 以上；班列云舱系统上线运行，报关、制单时间由 5~7 小时降为 5 分钟以内。②

### （三）"丝路电商"合作特点

#### 1. "丝路电商"合作范围持续拓展，覆盖领域更加广泛

一方面，伙伴国数量持续增加。自 2016 年签署首个电子商务合作备忘录至 2024 年，"丝路电商"伙伴国已扩展至 33 个，涵盖了亚洲、非洲、欧洲等多个国家和地区，合作地域范围广泛，且不断有新的国家加入，朋友圈越来越大。另一方面，"丝路电商"合作领域多元化。不仅包括传统的商品贸易，还涵盖了政策法规、运营策略、物流支付、数字技术、人才培养、标准制定等多个领域。如我国与伙伴国在电子商务质量监管、跨境电商等领域共同发布电子商务国际标准，推动了电子商务交易保障的规范化；同时，还积极开展各类电商培训项目，帮助伙伴国培养电商人才，提升其数字技能。

---

① 赵玉宏：《缩小"数字鸿沟" 加快"数字丝绸之路"建设》，《光明日报》2024 年 1 月 4 日。
② 《2024 中欧班列（西安）开行量约占全国 1/4》，央广网，2025 年 1 月 16 日。

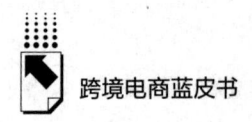

## 2. "丝路电商"政策力度不断加大，发展环境日益优化

一方面，我国领导高度重视，各地政府亦出台相关支持政策。习近平主席多次对发展"丝路电商"、开展电子商务国际合作作出重要指示，将其作为推动共建"一带一路"高质量发展的重要途径，体现了国家对"丝路电商"发展的战略引领和高度重视。各地纷纷出台相关政策支持"丝路电商"合作。如浙江杭州出台《杭州市数字贸易促进条例》，支持依托"丝路电商"等合作机制加强数字贸易领域国际交流与合作；北京制定相关文件持续推进跨境贸易便利化，支持"丝路电商"新业态发展，为"丝路电商"的发展提供了良好的政策环境。另一方面，共建"一带一路"国家政府持续出台相关政策。以中东为例，沙特"2030愿景"提出"国家转型计划"，将发展电子商务作为实现经济多元化的重要途径之一。阿联酋制定《数字政府战略2025》，不断改善网络连接和数字基础设施，并推出政府统一数字平台，作为政府提供所有公共信息和服务的首选平台。

## 3. "丝路电商"合作模式注重互利共赢，伙伴关系日益紧密

一是共享我国市场红利。我国庞大的消费市场为"丝路电商"伙伴国提供了广阔的空间。"丝路电商"合作框架下，我国与伙伴国不断加强电商企业合作，开展符合双方利益的电商促消费活动，扩大伙伴国优质特色商品在华知名度和影响力，以"双品网购节"为代表的各类活动成为推动伙伴国共享我国超大规模市场的重要渠道。通过"非洲好物网购节""丝路电商云品海购""电商平台路演对接"等活动，依托淘宝、抖音等直播平台，助推共建国家特色产品打开我国市场。在2023年"丝路电商 云品海购"活动启动仪式上，盒马与泰国、越南、柬埔寨、塞浦路斯、俄罗斯、意大利6个共建"一带一路"国家合作伙伴签署商品贸易合作协议，签约金额10亿美元。① 在2024年我国电商平台意大利路演对接活动中，阿里巴巴、京东、盒马、携程四家电商平台介绍了运营模式、服务特色及合作优势，与60余

---

① 《"丝路电商，云品海购"活动今日启动》，上海市商务委网站，2023年5月10日，https://www.shanghai.gov.cn/nw31406/20230511/6eb78d7360ec4308ab3398f814f0edb0.html。

家意大利中小企业开展一对一对接,与近20家企业达成初步采购与合作意向。[1] 二是助力伙伴国产业升级。"丝路电商"合作推动了伙伴国数字基础设施的改善和电商产业的发展,促进了当地传统产业的转型升级。如菜鸟网络在马来西亚、泰国等地建设物流分拨中心或智慧物流枢纽,提高了物流效率,降低了运输成本,极大提升了当地的物流服务水平;我国的农村电商模式也被引入一些伙伴国,帮助当地农民在线销售农产品,拓宽了销售渠道,带动了中小企业的发展。三是中欧班列已成为"一带一路"国际经贸合作最具成效的贸易通道和新型国际物流公共产品。自2013年"一带一路"倡议提出以来,中欧班列开行数量呈现爆发性增长。截至2024年11月,中欧班列开行数量突破10万列,发送货物超1100万标箱,[2] 成为中欧之间最具活力的贸易通道。中欧班列促进了亚欧大陆合作共赢,为波兰、德国、哈萨克斯坦等国的重要过境点和货物集散地带来了新的发展机遇。

4. "丝路电商"成为制度型开放新阵地,引领全球规则对接

在规则标准对接方面,上海"丝路电商"合作先行区积极探索与国际高标准经贸规则相衔接的制度框架,已在贸易便利化、跨境数据流动及电子提单、电子发票等方面形成了10项制度创新成果,与新加坡、马来西亚、哈萨克斯坦实现跨境数据共享,[3] 为"丝路电商"的发展提供了制度保障,也为全球数字贸易规则的制定贡献了中国智慧和中国方案。在金融服务创新方面,"丝路电商"服务体系日渐完善,提供跨境收付结算、跨境投融资、信用保险等一揽子金融服务,创新金融服务机制,推动"丝路电商"跨境人民币结算,为跨境电商企业提供一站式综合金融服务解决方案,降低了企业的结算成本和风险,促进了贸易的便利化。

---

[1] 《中国电商平台走进意大利开展路演对接 打造双边经贸"小而美"新亮点》,全国电子商务公共服务网,2024年4月19日,https:∥dzswgf.mofcom.gov.cn/news/183/2024/4/1713492882806.html。

[2] 《中欧班列开行数量突破10万列 发送货物超1100万标箱》,央广网,2024年11月22日,https:∥china.cnr.cn/news/20241122/t20241122_526984415.shtml。

[3] 《"丝路电商"合作先行区形成10项制度创新成果》,新华网,2024年11月8日。

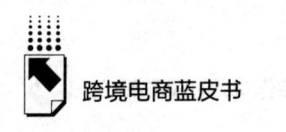

## 二 "丝路电商"的机遇与优势

### （一）共建"一带一路"国家贸易规模不断扩大

自"一带一路"倡议提出以来，我国与共建国家的贸易规模持续增长。据商务部数据，2013年，我国与共建"一带一路"国家贸易额超过6.5万亿元，占我国外贸总额的1/4。① 到2024年，我国对共建"一带一路"国家合计进出口22.07万亿元，同比增长6.4%，占我国进出口总值的比重首次超过50%。其中，对东盟进出口增长9%，我国与东盟连续5年互为第一大贸易伙伴。② 从贸易结构来看，我国对共建国家的出口商品结构逐渐优化，进口商品结构趋向集中。其中，能源及劳动密集型产品出口增加，技术密集型产品如机械设备和电子产品等出口比例有所提升；进口商品与共建国家出口优势行业基本一致，如能源、原材料、机械设备等。共建国家贸易规模的扩大，为"丝路电商"发展提供了良好的基础。

### （二）成熟电商产业链驱动"丝路电商"发展

经过20多年的发展，我国电商已形成了成熟的电商产业链，为"丝路电商"发展提供模式和业态支撑。一是我国电商市场规模不断增加。国家统计局公布的数据显示，2024年全国网上零售额155225亿元，比上年增长7.2%。其中，实物商品网上零售额130816亿元，增长6.5%，占社会消费品零售总额的比重为26.8%，③ 已经成为促消费的重要支撑。近年来，以社

---

① 《国家统计局："一带一路"建设成果丰硕 多边金融合作支撑作用显现》，央视网，2022年10月9日，https://news.cctv.com/2022/10/09/ARTI6LNlAjvLiYgwlOvz5l8A221009.shtml。
② 《2024年我国对共建"一带一路"国家合计进出口占外贸比重首次过半》，新华社，2025年1月13日。
③ 《2024年国民经济运行稳中有进主要发展目标顺利实现》，人民网，2025年1月17日。

交电商、直播电商、内容电商、即时零售为代表的新兴电商业态快速发展。其中，2023年我国直播电商交易规模达到49168亿元，同比增长40.48%；直播电商用户人均年消费额为8660元，同比增长17.03%；① 2024年1~11月，全国直播电商零售额达4.3万亿元。② 2023年我国即时零售规模达到6500亿元，同比增长28.89%，预计2030年将超过2万亿元。③ 二是我国电商配套制造业完善。我国制造业发达，产业体系完备，在众多领域拥有完整的产业链和供应链。如我国的服装、家电、电子产品等制造业企业可以通过"丝路电商"平台，为伙伴国提供丰富多样的商品选择，同时也能够促进我国制造业与电商的深度融合，推动产业升级和创新发展。

### （三）共建"一带一路"国家线上消费潜力巨大

近年来，共建"一带一路"国家的线上购物习惯逐渐养成，为"丝路电商"发展提供了重要动力。随着互联网的持续普及，共建国家的网购用户数量快速增长。数据显示，2024年全球已有50多亿人上网，其中27.1亿人成为网络购物的主力军。④ 东南亚电商用户数量增长迅猛，2019年为2.54亿人，预计到2027年将达到4.86亿人。⑤ 欧盟2023年电商用户数量已经达到5.4亿人，预计2027年将达到5.86亿人。⑥ 2025年非洲的线上购物人数将突破5亿人，预计2027年将接近6亿人。⑦ 未来，随着共建国家线上购物人数和需求的不断增加，"丝路电商"将迎来新一轮的增长。

---

① 网经社电子商务研究中心：《2023年我国直播电商市场数据报告》，2024年6月。
② 中国社会科学院财经战略研究院：《2024年直播电商行业发展趋势观察》，2024年12月。
③ 商务部国际贸易经济合作研究院：《即时零售行业发展报告（2024）》，2024年10月。
④ AMZ123：《2024跨境电商行业年度报告》，2025年1月。
⑤ 国信证券：《2023年东南亚电商发展机遇、竞争格局及市场经营策略分析报告》，2024年6月。
⑥ 全球速卖通：《消费者洞察报告》，2024年1月。
⑦ 《走进非洲，跨境电商新蓝海令人期待》，《国际商报》2025年1月23日。

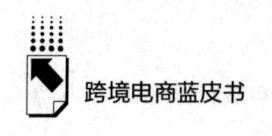

## 三 丝路电商面临的挑战

### （一）物流和网络基础设施亟须完善

在物流和网络基础设施方面，许多共建"一带一路"国家和地区仍然存在明显的短板。非洲和南亚等地区普遍存在道路条件恶劣、物流配送体系不完善的情况，物流配送时间往往长达数周乃至数月，商品难以迅速且安全地送达消费者手中。部分共建国家的互联网普及率和网络稳定性较差，电商交易不畅通。即使在印度等互联网较为普及的国家，也常面临网络拥堵、断网等问题，影响了消费者的在线购物和支付体验。

### （二）企业合规意识和本土化水平待提高

跨境电商企业对财税、消费者权益、数据保护等合规重视程度明显不足。由于对目标市场的法规了解不深，部分企业常常忽视或误解当地的法律要求，导致法律风险增加，容易出现产品定位、营销策略和客户服务等方面的失误，最终影响消费者的购买决策和品牌认同度。尤其是在某些文化差异较大的市场，若未能充分理解和尊重当地文化，会由于营销语言、广告内容等问题而引发消费者的不满和反感。

### （三）跨境电商法律法规存在差异

不同国家和地区的跨境电商税收政策、支付体系、产品质量标准等存在显著差异。部分共建"一带一路"国家缺乏成熟的法律体系，导致政策空缺、执法标准模糊。而部分发达国家在数据保护、消费者权益维护、税收政策执行等方面法律约束较严格。2022年，欧盟实施的《数字服务法》对跨境电商提出了严苛的合规要求，覆盖内容审核、数据保护、平台责任分担等多方面。法律法规环境差异增加了企业全球化运营的复杂程度，给企业合规运营和跨国维权带来困难。

## （四）存在多文化与语言障碍

跨境电商企业在进入多元文化市场时，面临适应不同文化习惯的问题。如穆斯林市场对食品、服装等产品有严格的宗教要求，电商企业在面向穆斯林市场时，应考虑到消费者的宗教和文化习惯，以避免因产品不符合当地习惯而引发的消费抵制。共建"一带一路"国家的语言种类较多，如阿拉伯语、俄语、土耳其语等，为电商企业的市场推广、客户服务和售后支持带来困难。同时，消费者因语言障碍在使用平台时，时常遇到产品信息理解不清晰、与卖家沟通不顺畅等问题，最终影响购物体验和平台推广。

## （五）目的地国家贸易限制措施

近年来，Temu 等电商平台进入东南亚市场，与当地产业激烈竞争。为保护本土企业，东南亚多国政府采取相应限制措施。第一，封禁应用程序。印度尼西亚政府要求苹果和谷歌从应用商店下架 Temu，以保护当地中小企业免受不公平竞争。第二，调整税收政策。越南、泰国和印度尼西亚等东南亚主要经济体采取措施限制我国电商平台的影响，包括取消增值税豁免、禁止低价值进口产品销售等。第三，加大查验力度。东南亚各国普遍要求进口商提供详细的清关文件，包括商业发票、原产地证明书、海运提单、卫生检疫证明、检验证书等。

# 四 "丝路电商"发展趋势

## （一）区域协作持续深化，拓展"丝路电商"新格局

"丝路电商"作为"一带一路"倡议的重要组成部分，正在加速区域经济的深度融合。共建"一带一路"国家通过强化贸易合作与政策协调，为跨境电商的发展提供了更加开放的市场环境。从中欧班列到区域电子商务合作协议，"丝路电商"正逐步从单一区域向多层次、跨部门、复合型的区

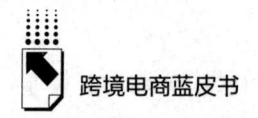

域协作模式演进。区域协作模式带来了贸易体量的迅速增长，促成了基于数字化技术和多边协同的电商生态发展。通过推动区域性的贸易便利化措施，如无纸化清关和关税统一，共建"一带一路"国家将有效降低区域间的摩擦成本，为深化电商合作创造更多条件。

### （二）智能技术创新驱动，赋能"丝路电商"快速发展

随着人工智能、大数据、区块链、物联网等信息技术的迅猛发展，"丝路电商"正进入数字化转型新时代。人工智能在数据挖掘和预测分析中的应用，为电商平台提供了更高的决策支持能力。企业通过大数据深度学习，迅速识别共建"一带一路"国家市场中消费者的需求偏好，以精准推荐和个性化营销的形式，提升用户体验与成交率。区块链技术为"丝路电商"的信任体系建设提供了路径。物联网技术让供应链的可视化管理成为现实，企业可以更高效地管控跨国边界内的库存分配、物流配送，最大限度降低滞销风险。

### （三）体验经济崛起，引领"丝路电商"价值转型

随着共建"一带一路"国家的经济增长和消费结构升级，消费者对产品与服务的需求向着多元化、个性化方向发展。"丝路电商"逐步从传统的商品贸易向体验式经济转型。以生活消费品为例，共建"一带一路"国家年轻消费者比以往更倾向于选择具有品牌文化、故事驱动的商品，体验与身份认同感成为购买决策的重要因素。电商平台更加注重文化差异下的针对性市场策略，同时投入更多资源提升本地化产品开发、服务设计、社交传播等方面的竞争力，以满足区域市场对消费体验高度定制化的需求。

### （四）绿色发展理念深入，推动"丝路电商"可持续创新

绿色发展理念渗透到电子商务的各个环节，对其运营模式和供应链管理提出了全新的要求。从无纸化订单的推行到配送路径的优化，电商平台正在以更高的环保标准重塑交付效率与资源利用方式。在跨境电商物流环节，碳

排放的优化成为企业追求绿色可持续发展的重要突破点。通过整合不同订单，实施批量运输或智能调度，可以最大限度降低运输过程中的燃料消耗和碳排放，减少资源浪费，降低物流成本。

## 五 "丝路电商"发展政策建议

### （一）加快推进基础设施建设，夯实"丝路电商"发展基础

加大共建"一带一路"国家物流中心、仓储设施和配送网络等基础设施的投入与建设，推动道路、港口和机场等交通设施的升级改造。鼓励电商企业广泛采用自动化仓储与智能配送等先进物流技术。完善共建"一带一路"国家网络基础设施，加强无线通信基站、光纤网络和数据传输设施的布局。推进我国企业与合作国家的电信供应商合作，提升网络覆盖率和网速。推动亚投行等国际金融机构为共建"一带一路"国家的基础设施项目建设提供资金支持。

### （二）优化跨境支付流程，提升交易便利性

针对传统支付模式中手续复杂、时间耗费较长的问题，通过政策改革和平台技术升级，精简跨境支付的手续和流程，实现跨境支付交易的快速处理。建立便捷支付网络，支持银行与支付平台一体化开展跨境清算服务，为电商企业提供"一站式支付"解决方案。推动人民币跨境支付的普及化，减少企业因外汇转换带来的时间延误与支付成本负担。鼓励共建"一带一路"国家与区域银行签署清算协议，提升人民币支付的认可度与便利性。

### （三）建立统一电子商务法律框架，规范行业发展

推动共建"一带一路"国家在电子商务基础领域达成统一的法律框架协定，涵盖消费者权益保护、数据隐私保障和知识产权保护等核心内容。借鉴欧盟《通用数据保护条例》（GDPR），规范用户数据使用、存储及共享行

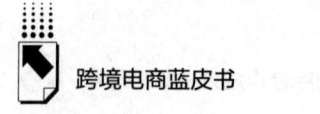

为，维护用户隐私安全。加大对假冒伪劣商品的打击力度，通过国际协作执法和信息共享，构建跨国法律执行机制。在区域协定基础上制定跨国电子商务标准化法律，引导共建"一带一路"国家开展多边合作，推动物流规则、关税政策以及产品认证制度的统一化。

### （四）强化本地化人才培养，增强区域竞争力

在共建"一带一路"国家推动设立跨境电商相关的教育与培训项目，通过输出课程、建立合作教育项目等方式协助共建国家高校开展相关学科建设。在当地高校增设跨境电商课程，引导学生学习电子商务技术、市场营销与国际贸易规则。为共建国家提供来华学习的机会，设立专项奖学金，吸引更多电商领域的优秀学生到我国深造，帮助学生掌握与跨境电商相关的现代化管理、物流技术和平台开发技能。

### （五）推动技术创新深度赋能，助力"丝路电商"升级转型

通过大数据实时预测商品流动趋势、优化仓储布局、智能调度物流运输，以提升物流配送效率。推广人工智能和数据分析的应用，通过精确画像实现消费者行为的深度洞察，为电商平台提供优化广告投放和定制化产品推荐服务。利用区块链技术提高跨境交易的透明性和安全性，为跨境支付和商品质量追踪提供技术保障。

**参考文献**

肖雨濛：《"丝路电商"合作成果丰硕》，《中国外资》2024年第19期。
赵新泉、刘媛媛、林志刚：《"丝路电商"国际合作的成效、困难及对策》，《中国流通经济》2024年第8期。
杨倩：《一带一路背景下推进"丝路电商"高质量发展的策略探析》，《电子商务评论》2024年第2期。
杨东平、刘洋、龙希成等：《丝路电商的商业模式、核心技术与高质量发展建议》，

《丝路百科》2021年第12期。

王颂吉、韩瑞：《"一带一路"贸易便利化的十年进展、问题分析与推进路径》，《西北大学学报》（哲学社会科学版）2024年第2期。

张英、马如宇：《我国与"一带一路"共建国家"丝路电商"建设的路径选择》，《对外经贸实务》2019年第12期。

# B.13 跨境电商产业链供应链全球化布局研究

王 莉*

**摘 要：** 本文聚焦跨境电商产业链供应链全球化布局，深入剖析其在全球贸易格局重塑背景下的发展态势。在全球化浪潮下，跨境电商呈现全球市场规模增长、区域格局多元化、中国力量日益凸显三大发展态势。同时，跨境电商在全球化进程中迎来市场潜力、技术进步、政策支持和供应链优势等机遇，也面临国际贸易政策、供应链协同和市场竞争等挑战。面对复杂的国际环境，企业必须提升技术赋能、市场深耕、合规管理和品牌建设等方面的能力，以提升国际竞争力，并在技术创新、市场拓展和产业协同等方面做好前瞻规划。

**关键词：** 跨境电商 产业链供应链 全球化布局

## 一 启航：全球化浪潮中的跨境电商

在全球贸易格局重塑的背景下，跨境电商产业链供应链的全球化布局成为中国企业出海的新航道。跨境电商促使传统价值链重构，企业突破国界，利用平台整合全球生产、营销、物流等环节。通过与全球伙伴紧密合作，实现价值创造与传递，提升全球产业链竞争力，推动全球经济一体化。面对贸易战、关税壁垒和逆全球化挑战，中国企业必须重新审视其全球战略，以应对市场的深刻重组。技术革命、绿色转型和新兴市场的发展机遇，为中国企业提供了新的增长点，同时也带来了对产业链供应链灵活性和韧性的考验。

---

\* 王莉，郑州职业技术学院教师，主要研究方向为电子商务、网络营销、跨境电商。

在这一全球化变局中,中国企业需要构建清晰且可执行的出海战略,以全球化思维优化产业链供应链布局,精准定位市场并有效整合资源,从而在不确定性的环境中找到确定的方向,开辟中国企业全球化的新蓝海。

## 二 蓝图描绘:跨境电商的全球化版图

### (一)全球脉络:电子商务的市场动态

全球电子商务市场规模持续增长,2024年达到6.091万亿美元,同比增长8.4%,占全球零售的比重达到20.1%,预计到2028年占全球零售比重将提高到22.9%。[①] 同时,全球电子商务市场呈现多元化区域格局,北美、西欧和亚洲等传统成熟市场有庞大的消费规模、多元的消费需求,但增速相对较低;东南亚、拉丁美洲和中东等新兴市场电商渗透率较低,但增长迅速,成为未来发展重点区域(见表1)。

表1 全球主要区域电子商务市场概况

| 地区 | 市场特点 | 主要国家及表现 |
| --- | --- | --- |
| 亚洲 | 制造业与消费市场并存,电商发展迅速 | 中国:世界领先的跨境电商出口国,商品远销全球众多国家和地区;东南亚:电商市场增长迅猛,年轻消费者群体庞大,互联网普及程度不断提高,消费实力逐渐增强 |
| 欧洲 | 成熟市场,对品质、环保和时尚性要求高 | 欧洲各国:电商发展较为成熟,对高品质商品的需求大,市场竞争环境复杂 |
| 北美 | 消费市场大,电商基础设施完善 | 美国:对中国的电子产品、服装、玩具等商品有较大需求,电商消费市场巨大且成熟 |
| 拉美 | 电商市场增长潜力巨大 | 巴西、墨西哥:经济发展良好,电商市场增长迅速,消费者对跨境商品的需求逐渐增加 |
| 非洲 | 部分国家电商市场起步,未来空间广阔 | 南非、尼日利亚:在电商领域已取得一定发展,随着基础设施的逐步完善,市场前景广阔,消费者对跨境商品的需求日益多样化 |

资料来源:笔者综合整理。

---

① eMarketer:《2024年全球零售电商预测》,2024年6月。

## （二）中国力量：跨境电商的腾飞之路

据海关总署数据，2024年我国进出口总值达到43.85万亿元，同比增长5%，规模再创历史新高。其中，跨境电商新业态全年进出口达到2.63万亿元，增长10.8%。[①]

中国凭借庞大的制造业基础和成熟的电子商务生态系统，为跨境电商提供了坚实的支撑。从劳动密集型产品到技术密集型产品，中国制造在全球市场具有强大的竞争力。自2012年以来，中国政府通过设置跨境电商监管代码、设立跨境电商综试区、提供通关便利化和税收优惠等政策，推动行业快速发展。同时，随着"一带一路"倡议的推进，中国与共建国家的跨境电商贸易合作日益紧密，贸易额不断增长。

在中国跨境电商的全球化进程中，不同类型的企业凭借各自独特的优势和模式，在国际市场中披荆斩棘，取得了显著的成绩。不同的企业根据自身的资源、技术、品牌等条件，选择了多样化的出海路径，这些路径不仅展现了中国企业的创新活力，也为后来者提供了宝贵的经验借鉴。以下几种具有代表性的出海模式（见表2），一定程度上反映了中国企业出海的多元策略和创新实践，推动了中国跨境电商行业在全球范围内的影响力提升和市场拓展。

表2　中国企业出海的主要模式（2024年）

| 模式 | 典型企业 | 特点 |
| --- | --- | --- |
| 全球巨头主导型 | 海尔、美的 | 借技术创新擦亮品牌，助推"中国制造"进阶"世界创造" |
| 央企主力型 | 中铁、中建 | 凭雄厚实力让"中国方案"成为世界样本 |
| 科技新锐型 | 大疆、Insta360影石 | 靠创新在全球科技赛道飞驰 |
| 服务标兵型 | 奇安信、飞书深诺 | 根植全球企业服务，重新定义行业标准 |
| 模式军团型 | AliExpress、TikTok Shop、Temu、SHEIN | 依托成熟模式与强大供应链，用中国产品、模式征服世界，演绎"时光机理论" |

资料来源：笔者综合整理。

---

[①]《2024年我国进出口总值同比增长5%超43万亿元，外贸规模再创新高》，《人民日报》2025年1月14日。

## （三）布局全球：产业链供应链的全球化步伐

中国跨境电商企业正加速全球化布局（见表3），并取得以下关键进展。

海外仓建设。截至2024年，中国跨境电商企业在全球布局超过2500个海外仓，覆盖北美、欧洲、亚洲、南美和中东等主要市场。[①] 这些海外仓不仅提高了配送效率，还降低了物流成本，提升了客户体验。

本地化运营。企业通过建立本地团队，提供符合当地文化的产品和服务，深化市场渗透。跨境电商平台通过与当地社交媒体、搜索引擎等合作，开展精准营销活动，提高平台在当地市场的知名度和影响力。

数字化与智能化。通过大数据、人工智能、物联网等技术，跨境电商企业实现了供应链的透明化和智能化，推动跨境电商出口业务快速扩张。数字技术提升了全球电商渗透率，并减弱了亚马逊等头部跨境电商平台对下沉市场份额的影响力，以AliExpress、TikTok Shop、Temu和SHEIN为代表的中国本土跨境电商平台通过差异化竞争迅速壮大，品牌出海半径持续扩大。

表3 跨境电商产业链供应链全球化布局

| 环节 | 全球化进展 | 具体措施 |
| --- | --- | --- |
| 生产环节 | 海外生产基地增加 | 在越南、印度尼西亚等国设立工厂，服务当地市场 |
| 物流环节 | 海外仓数量增加 | 建设北美、欧洲、亚洲等地区的海外仓，优化物流网络 |
| 平台环节 | 平台国际化加速 | 阿里巴巴、京东等平台拓展海外业务，提供多语言服务 |
| 市场拓展 | 新兴市场增长迅速 | 重点开拓东南亚、中东、非洲等新兴市场，适应本地需求 |

资料来源：笔者综合整理。

## 三 浪潮与暗礁：把握全球化的双重奏

中国跨境电商的迅猛发展和全球化扩张，既面临前所未有的机遇，也遭

---

① 《全国跨境电商主体超12万家建设海外仓超2500个》，《人民日报》2024年6月4日。

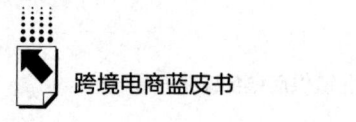

遇诸多挑战。这些机遇与挑战相互交织，构成了中国跨境电商全球化发展的"双重奏"。如何精准把握这一"双重奏"，是中国跨境电商企业实现可持续发展的关键。

### （一）潮起东方：全球化带来的新机遇

**1. 市场潜力巨大，需求持续增长**

中国跨境电商的全球化发展得益于全球市场的巨大潜力。随着互联网的普及和全球消费者对多样化产品需求的增加，跨境电商市场规模持续扩大。2024年我国的跨境电商进出口增长了10.8%，占整个进出口的比重提升到了6%。①特别是在东南亚、中东和非洲等新兴市场，消费者对中国产品的接受度和需求不断提升，为中国跨境电商企业提供了广阔的市场空间。

**2. 技术进步推动运营效率提升**

数字技术的快速发展为跨境电商提供了强大的技术支持。云计算、大数据、人工智能和物联网等技术的应用，不仅提升了跨境电商企业的运营效率，还优化了用户体验。如通过大数据分析，企业可以精准预测市场需求，优化库存管理；人工智能则可以实现智能客服和个性化推荐，提升客户满意度。这些技术的应用使跨境电商企业能够在全球范围内更高效地开展业务，降低成本，提高竞争力。

**3. 政策支持与国际合作加强**

中国政府出台了一系列政策支持跨境电商的发展，包括税收优惠、通关便利化和跨境电商综合试验区的设立等。这些政策为跨境电商企业提供了良好的发展环境。同时，中国积极参与国际合作，推动多边贸易体制的改革和完善，为跨境电商企业拓展海外市场提供了更多的机会。如《区域全面经济伙伴关系协定》的生效，为中国跨境电商企业进入东南亚市场提供了便利。

**4. 供应链优势助力产品竞争力提升**

中国作为全球制造业中心，拥有完善的产业链和强大的供应链体系。这

---

① 《商务部：2024年我国跨境电商进出口增长10.8%》，光明网，2025年1月15日。

使跨境电商企业能以较低的成本生产高质量的产品，并快速响应市场需求。特别是在新能源汽车、智能家居和消费电子等领域，中国产品的性价比优势明显，受到全球消费者的青睐。此外，中国跨境电商企业通过与海外供应商和合作伙伴的紧密合作，进一步优化了供应链布局，提升了产品的全球竞争力。

### （二）逆流而上：应对全球化的新挑战

#### 1. 国际贸易政策与合规风险

在全球贸易保护主义抬头的背景下，跨境电商行业面临诸多政策与合规方面的挑战（见表4）。各国为保护本国产业，频繁设置贸易壁垒，如美国对中国商品加征高额关税，直接影响了跨境电商企业的成本和市场竞争力。此外，不同国家的技术标准和认证要求差异大，如欧盟的 CE 认证、美国的 UL 认证等，企业需投入大量资源确保产品合规，否则面临市场准入障碍。数据隐私保护法规的差异，如欧盟的 GDPR，也给企业带来了合规运营的挑战。知识产权保护在跨境电商领域同样重要，企业不仅要防止自身知识产权被侵犯，还要避免侵犯他人权益。消费者权益保护方面，各国对产品质量和安全标准要求不同，跨境电商企业需确保产品符合目标市场标准，同时建立完善的售后服务体系。

表4 国际贸易政策与合规风险

| 挑战类别 | 具体表现 | 影响 |
| --- | --- | --- |
| 关税壁垒 | 部分国家提高关税税率 | 出口成本上升，产品竞争力下降 |
| 贸易禁令 | 以各种理由实施进口禁令 | 企业面临库存积压、供应链中断等风险 |
| 技术标准差异 | 各国技术法规、标准认证要求不同 | 产品合规成本增加，市场准入难度加大 |
| 数据隐私保护 | 各国法规政策差异大 | 企业数据管理与合规运营难度增加 |
| 知识产权保护 | 企业自身知识产权被侵犯风险 | 海外维权难度大，成本高 |
| 消费者权益保护 | 产品质量与安全标准、售后服务要求不同 | 企业运营成本增加，品牌形象受损 |

资料来源：笔者综合整理。

## 2. 供应链协同与物流瓶颈

全球供应链协同面临信息不对称、文化差异和利益冲突等问题。信息传递不畅导致生产计划和物流配送的盲目性，可能引发供应中断或库存积压。文化差异易导致合作过程中的误解与冲突，影响合作效率。利益冲突则影响供应链的整体稳定性与协同效率。跨境物流方面，运输成本高昂、时效不稳定、清关复杂和"最后一公里"配送难题是主要痛点。国际物流涉及多个环节，费用受多重因素影响，且运输时间难以准确预测。各国海关政策差异大，清关流程复杂，增加了物流时间和成本。"最后一公里"配送在新兴市场国家面临地理环境复杂和基础设施不完善等问题，影响配送效率和服务质量（见表5）。

表5 供应链协同与物流瓶颈

| 挑战类别 | 具体表现 | 影响 |
| --- | --- | --- |
| 信息不对称 | 信息系统与数据标准不同 | 生产计划和物流配送盲目性，供应中断或库存积压 |
| 文化差异 | 商业文化、管理理念、工作习惯不同 | 合作中的误解与冲突，合作效率低下 |
| 利益冲突 | 各环节企业追求自身利益最大化 | 供应链稳定性与协同效率受影响 |
| 运输成本高昂 | 国际物流涉及多个环节，费用受多重因素影响 | 企业利润空间被压缩，市场竞争力下降 |
| 时效不稳定 | 运输距离远、环节多，易受不可抗力因素影响 | 货物无法按时交付，客户满意度下降 |
| 清关复杂 | 各国海关政策差异大，清关流程复杂 | 物流时间与成本增加，通关效率低 |
| "最后一公里"配送难题 | 地理环境复杂，基础设施不完善 | 配送效率低，服务质量受影响 |

资料来源：笔者综合整理。

## 3. 市场竞争与品牌建设难题

全球市场竞争激烈，跨境电商企业面临来自本土企业、国际巨头和新兴平台的竞争压力。本土企业凭借本地资源和客户基础，能够快速响应市场需求。国际巨头则凭借品牌影响力和资金实力，在市场中占据优势。新兴平台通过创新的商业模式吸引用户，加剧了市场竞争。企业品牌国际化面临品牌定位不准、文化差异适应难和品牌传播效果不佳等问题。品牌定位需精准把握当地市场需求，文化差异影响品牌认同，品牌传播则需制定适合不同市场的策略（见表6）。

表6　市场竞争与品牌建设难题

| 挑战类别 | 具体表现 | 影响 |
| --- | --- | --- |
| 市场竞争 | 面临本土企业、国际巨头和新兴平台的竞争 | 市场进入难度大，业务拓展受阻 |
| 品牌定位不准 | 对海外市场调研不充分 | 品牌形象难以树立，市场销售不佳 |
| 文化差异适应难 | 不同国家文化差异大 | 品牌认同度低，市场推广受阻 |
| 品牌传播效果不佳 | 媒体环境和传播渠道复杂 | 品牌知名度和美誉度提升缓慢 |

资料来源：笔者综合整理。

## 四　舵手的智慧：全球化布局的策略与路径

在全球化浪潮中，中国跨境电商企业如同远航的船只，需要智慧的舵手来引领方向，才能在复杂的国际市场中乘风破浪。通过技术赋能、市场深耕、合规管理与品牌建设四大策略与路径，企业可以更好地应对全球化带来的机遇与挑战。在全球化的征程中，只有那些能够精准把握市场趋势、深度融入当地文化、严格遵守合规要求并持续提升品牌影响力的企业，才能在竞争激烈的国际市场中破浪前行，驶向成功的彼岸。

### （一）技术之光：数字化转型与供应链优化

**1. 智能化生产与精准预测**

在跨境电商领域，以AIGC前沿技术为代表的新质生产力正嵌入传统的货架电商模式以及直播电商、内容电商、社交电商等新兴电商模式，不仅可以提高跨境电商的运作效率，降低成本，还能为消费者带来更加便捷、个性

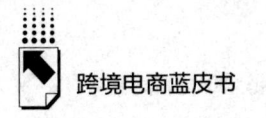

化的购物体验，从而推动整个行业的健康发展。通过引入大数据、人工智能等先进技术，企业能够更精准地预测市场趋势，优化库存管理，提升物流效率。如利用大数据分析消费者行为和市场动态，企业可以提前布局库存，减少缺货和积压风险。同时，智能生产系统通过自动化和柔性化生产，能够快速响应市场需求变化，实现个性化定制，满足消费者多样化的需求。

2. 智慧物流与高效配送

智慧物流系统的构建是提升跨境电商运营效率的重要环节。企业可以利用物联网技术实现物流设备的互联互通和货物的实时追踪，通过传感器和智能标签对货物的位置、温度、湿度等信息进行采集和传输，确保货物在运输过程中的安全和质量。借助大数据和人工智能算法对物流路线进行优化规划，根据交通状况、天气情况、运输成本等因素选择最优的运输路径，提高物流配送效率。

3. 精准营销与个性化服务

精准营销系统的建设有助于企业更好地满足消费者需求。利用大数据分析技术对消费者的行为数据、兴趣爱好、购买历史等信息的挖掘和分析，构建用户画像，实现精准的市场定位和个性化推荐。如通过分析用户的浏览记录和购买行为，为用户推荐符合其兴趣和需求的商品，提高用户的购买转化率。同时，企业可以利用社交媒体平台和内容营销工具开展精准营销活动，根据不同的目标客户群体和市场特点制定差异化的营销方案，提高营销效果和投资回报率。

## （二）市场深耕：全球拓展与本地化融合

1. 深入市场调研与精准定位

在全球市场的拓展中，本地化是跨境电商企业成功的关键。企业需要深入了解当地市场的文化、消费习惯和法律法规，以提供符合当地消费者需求的产品和服务。通过开展深入的市场调研，企业可以精准定位目标市场和目标客户群体，制定差异化的市场进入策略和产品定位方案。如在进入欧美市场时，企业应关注当地消费者对高品质、环保、个性化产品的需求，而在进入东南亚、非洲等新兴市场时，应考虑当地消费者的消费能力、消费习惯和对价格的敏感度。

2. **本地化团队与文化融合**

通过建立本地化团队，企业能够更有效地与当地消费者沟通，提升品牌认知度和市场渗透率。招聘当地优秀人才，组建具有多元文化背景的团队，充分发挥当地人才的语言优势、文化优势和市场经验优势。如华为在海外市场招聘大量当地员工，包括研发人员、销售人员、售后服务人员等，通过本地团队更好地了解当地市场需求和客户反馈，为客户提供更贴心的服务。同时，企业需要将品牌价值与当地文化相结合，通过文化融合提升品牌的亲和力和吸引力。

3. **本地化生产与服务优化**

根据当地市场需求和资源优势，在海外设立生产研发基地，实现产品的本地化生产和研发创新。如海尔在海外多个国家建立了研发中心和生产工厂，针对当地市场需求研发生产适合当地消费者的家电产品，提高产品的市场适应性和竞争力。同时，企业应深入了解当地的营销渠道和消费习惯，采用当地消费者熟悉和喜爱的营销方式和手段，如与当地社交媒体合作、开展线下促销活动、提供本地化的售后服务等，提高营销效果和客户满意度。

## （三）合规之锚：风险管理与合规导航

1. **建立健全合规管理体系**

合规是跨境电商企业全球化布局的基石。企业应建立健全合规管理体系，加强从业人员的专业培训，提升"合规官"的业务水平和风险意识，通过开展典型案例剖析、合规知识竞赛等活动，营造良好的合规文化氛围。合规管理不仅包括贸易法规、税收政策，还涉及数据安全、隐私保护等多方面的要求，如欧盟的《通用数据保护条例》对数据保护提出了严格要求，企业必须确保数据的合法收集、存储和使用，以避免高额的罚款。

2. **动态监测与风险预警**

企业要加强对国际贸易政策和合规要求的研究和跟踪，及时了解各国的

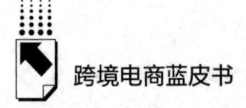

贸易政策变化、法律法规更新和监管要求调整情况。构建完善的风险预警与应急处置机制，加强对市场风险、政策风险、物流风险、汇率风险等各类风险的监测和预警。通过建立风险评估指标体系，及时发现潜在的风险因素，并发出预警信号。

**3. 应急预案与灵活应对**

制定应急预案，包括风险发生后的应对措施、责任分工、沟通协调机制和资源调配方案等内容。定期对应急预案进行演练和修订，确保应急预案的有效性和可操作性。当风险发生时，企业能够迅速启动应急预案，采取有效的应对措施，降低风险损失，保障企业的正常运营。如在遇到贸易摩擦导致关税增加时，企业可以通过调整产品价格、优化产品结构、拓展新市场等方式应对风险；在物流中断时，及时启动备用物流方案，确保货物的及时运输和交付。

### （四）品牌之帆：文化融合与品牌叙事

**1. 品牌建设与文化融合**

品牌建设是跨境电商企业全球化战略的核心。企业需要通过文化融合，将品牌价值和当地文化相结合，以提升品牌的全球吸引力。通过深入了解当地文化，企业可以开发出更具吸引力的产品，并制定出更具针对性的营销策略。如一些跨境电商企业在东南亚市场推出了具有当地文化特色的传统服饰和节日用品，成功吸引了当地消费者的关注。

**2. 品牌故事与情感连接**

通过讲述具有共鸣的品牌故事，企业能够在不同文化背景下与消费者建立情感连接，增强品牌忠诚度。品牌故事不仅能够传递企业的价值观，还能激发消费者的认同感和归属感。小米通过讲述其在技术研发和产品创新方面的努力，成功塑造了"科技改变生活"的品牌形象，赢得了全球消费者的尊重和信任。

**3. 多元化营销与全球传播**

企业可以通过多种渠道进行品牌传播，包括社交媒体、内容营销、线下活动等，提升品牌的全球影响力。通过与当地意见领袖和网红合作，企业可以更好地融入当地市场，提升品牌的知名度和美誉度。同时，企业还可以利用国际展会、品牌发布会等活动，展示企业的实力和品牌形象，进一步增强品牌的全球影响力。

## 五　航向未来：跨境电商的全球化新征程

跨境电商产业链供应链全球化布局在技术创新、市场需求和政策环境的推动下取得了显著进展，但在国际贸易政策、供应链协同、市场竞争等方面仍面临诸多挑战。通过实施技术赋能、供应链整合、本土化运营、市场拓展、合规管理、品牌建设等策略，有助于跨境电商企业提升国际竞争力，推动行业持续健康发展，促进全球经济合作。

展望未来，在技术创新方面，随着人工智能、区块链、物联网、5G等新兴技术的不断发展和应用，跨境电商将迎来更加智能化、数字化和高效化的发展阶段。在市场拓展方面，新兴市场国家将继续保持较高的增长潜力，成为跨境电商企业拓展业务的重要方向。"一带一路"倡议的持续推进，将为我国跨境电商企业与共建国家的贸易合作提供更广阔的空间；《区域全面经济伙伴关系协定》的实施将促进亚太地区跨境电商的自由化和便利化发展，降低贸易成本，提高市场效率。在产业协同方面，跨境电商产业链各环节将进一步加强协同合作，形成更加紧密的产业生态系统。供应商、制造商、物流商、电商平台、支付机构和消费者之间的信息共享和业务协同将更加顺畅，最终实现产业链的整体优化和升级。

**参考文献**

邹鸽擎：《全球价值链视角下跨境电商供应链整合与优化研究》，《中国商论》2024年第23期。

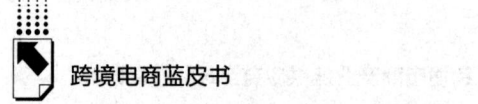

李勇坚、陈婷、蔡曦：《数字经济驱动中国出口跨境电商高质量发展研究——以SHEIN 一体化赋能品牌出海为例》，《全球化》2024 年第 6 期。

齐爽：《全球跨境电商发展趋势分析及应对策略研究》，《商展经济》2024 年第 24 期。

曹孟熙：《新质生产力助力我国跨境电商发展增"数"提"质"的策略研究》，《商展经济》2024 年第 17 期。

张盛依：《数字经济背景下的跨境电商物流模式创新路径分析》，《商场现代化》2025 年第 3 期。

# B.14 跨境电商企业品牌出海策略研究

宋思远[*]

**摘　要：** 本报告详细介绍了我国跨境电商产品出海、精品出海、品牌出海三个阶段的发展历程及处于不同阶段的卖家特征，从企业定位、产品策略、供应链管理、海外营销以及售后服务体系建设五个方面提出了不同路径选择，报告建议跨境电商品牌卖家要从企业目标定位、产品策略、供应链管理、营销方式以及客户服务等方面，进行全生命周期的谋划和推进，打造具有国际知名度和影响力的全球化品牌。

**关键词：** 企业出海　跨境电商　品牌出海

"不出海，就出局"，面对愈发激烈的国内市场竞争，出海寻觅第二增长曲线已经成为跨境电商的行业共识。纵览我国跨境电商发展历程，从早期依靠信息差的产品出海，到之后的精品出海，再到当下逐步转型迈入品牌出海时代，每个阶段都具有十分鲜明的时代特征。对于不同阶段的跨境电商出海企业而言，如何立足时代"潮头"，选择贴合时代特色的出海全攻略，实现从0到1开启跨境电商之旅，成为出海企业最为关注的核心问题。

## 一　跨境电商出海历程及时代特征

回顾跨境电商出海的发展史，大体上可分为产品出海、精品出海及品牌

---

[*] 宋思远，博士，西北大学经济管理学院讲师，兼任河南正博跨境电商产业园运营总监，长期从事跨境电商品牌建设、品牌出海研究。

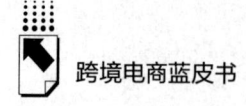

出海三个阶段，且在每一个阶段，都有其特定的时代背景、内在逻辑和时代特征。

## （一）跨境电商出海1.0时代：产品出海

### 1.产品出海的发展背景

2001年我国加入WTO（世界贸易组织），拉开了我国对外开放和国际贸易快速发展的序幕。2005年，伴随我国互联网渗透率提高、移动互联网兴起的大背景，谷歌进入中国，将"流量"的含义深植于中国卖家的商业理念中，就此衍生出一系列以"流量"起家的平台，如兰亭集势等。这一时期，以上海卖家为主的一大批中国卖家开始入驻eBay，2007年深圳3C电子和数码产品卖家开始大量在eBay平台开店。亚马逊和Wish则分别在2012年、2013年陆续进入中国市场，前者通过"亚马逊全球开店"招商，后者则开启了中国卖家的移动社交电商之旅。

彼时的跨境电商市场商机涌动，背靠华强北带来的低成本供应链优势，本应高端的跨境贸易，却只需最朴素的运营方式——中国卖家利用海外市场信息差，通过广泛撒网的方式，将成千上万的产品"搬运"至eBay、亚马逊等电商平台，用几十万SKU以及几千家店铺达成垄断流量的效果，业内将这一模式称为"铺货"。早期名声远扬的"华南城四少""坂田五虎"便是"铺货"模式的佼佼者，依靠该模式这些公司短时间内就从籍籍无名的"二道贩子"蝶变成年销数十亿元的头部大卖。2016年，赛维时代营收近15亿元；傲基营收超22亿元；通拓科技营收超22亿元；有棵树营收最多，突破24亿元。[①] 总之，这一阶段的跨境电商，以广泛铺货为打法开启了产品出海的时代。该阶段的主要特点是依赖全球信息差红利，中国卖家以逐利为目标，通过产品搬运和分散供应链组合，凭借较低的运营成本和价格竞争力，将海量中国商品销向海外，为众多亚马逊、eBay等平台上的中国卖家

---

[①] 趋瀛品牌BrandFactory：《华南城四少兴衰：从暴富到血亏，由濒死到重生》，2024年12月24日，https://baijiahao.baidu.com/s?id=1819308337433823238&wfr=spider&for=pc。

积累了原始资本。

2. 产品出海阶段的时代特征

该阶段的主要目标是将产品销售到海外市场，重点关注产品交易达成。这一阶段跨境卖家对品牌建设和产品品质提升投入精力相对较少，更像是产品的"搬运工"，具有以下特征。一是以盈利为核心。该阶段卖家关注重点在于将国内已有的产品推向国际市场，利用国内供应链和成本优势获取利润。二是以铺货模式为主。通常采用大量铺货方式，通过海量上架产品以提高产品曝光度和转化率。三是价格竞争激烈。由于该阶段的产品同质化严重，卖家主要依靠价格优势吸引消费者，导致利润空间相对较薄。四是对平台依赖度高。主要借助跨境电商平台进行销售，缺乏品牌推广和营销能力。五是用户忠诚度低。对用户的服务和维护意识低，消费者极易因价格或其他因素转向竞对产品。

## （二）跨境电商出海2.0时代：精品出海

### 1. 精品出海的发展背景

2015年，亚马逊针对中国市场启动了"马可波罗"计划，日均千余个中国卖家的入驻，推动亚马逊平台卖家和商品实现了指数级增长。但在数量增长的同时，亚马逊也面临平衡质量和数量的难题。为了实现用户高黏性和复购转化，维护自身平台口碑，亚马逊在达成卖家数量增长目标后，开启了对平台卖家质量的全面整顿。2018年，针对中国卖家低价商品货不对板、假冒伪劣商品等问题，亚马逊上线了审查功能来应对。2021年，声势浩大的亚马逊"封店潮"，影响超5万亚马逊中国卖家，造成超千亿元损失。[①]这场行业地震中，不具备品牌属性、没有溢价能力的卖家损失惨重，铺货和站群模式遭到重创。这场始于平台合规整顿的行业大事件，也标志着专注"赚快钱"的跨境电商野蛮生长时代结束，精品战略成为全行业共识，跨境

---

[①] 雨果跨境：《亚马逊超过5万中国卖家被封，损失超千亿，该何去何从？》，2021年8月6日，https://www.cifnews.com/article/102599。

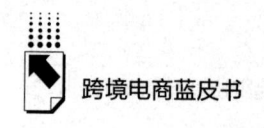

电商进入一个规则分明、竞争门槛更高的全新阶段。

这一时期，赛维时代等部分具有战略眼光的跨境电商企业，逐渐意识到单纯的数量堆砌难以持久发展，转而注重产品质量与选品策略的优化，因而免遭"行业地震"影响，为其稳健发展积蓄了势能。彼时，初具精品转型意识的卖家们会对海外市场进行全面且深入的调研，挖掘特定市场需求和细分领域机会，选择具有潜力的产品进行精细化运营，并结合精准的广告投放和关键词优化，提高产品曝光度和转化率，逐步建立稳定的客户群体和销售渠道。

### 2. 精品出海阶段的时代特征

该阶段跨境电商卖家的目标是在海外市场推出高质量、有特色的产品，具有以下特征。一是注重选品和产品优化。该阶段卖家不再盲目铺货，而是通过深入的市场调研和数据分析，精选出具有潜力的产品，并对产品进行持续优化。二是追求爆款打造。试图通过产品差异化，打造具有较高销量和知名度的爆款产品，使产品在海外市场竞争中脱颖而出。三是供应链优化。希望通过与优质供应商建立长期稳定的合作伙伴关系，以确保产品供应稳定和质量可靠。四是品牌意识觉醒。逐步关注品牌理念和品牌形象的营造，营销方式也更加多元化和精细化。五是精细化服务意识增强。开始重视客户服务质量、体验提升和多元服务渠道建设，主动收集客户反馈，优化服务流程。

## （三）跨境电商出海3.0时代：品牌出海

### 1. 品牌出海的发展背景

品牌出海作为跨境电商行业发展的高级阶段，是跨境电商产品出海全球化的终极目标。如今，越来越多的中国跨境电商企业深刻认识到品牌的价值，开始从产品研发、设计、生产、营销到售后的全链条进行品牌建设。如安克创新凭借强大的研发能力，推出一系列具有创新性和高品质的电子产品，在全球范围内树立起技术领先、品质可靠的品牌形象，并利用社交媒体营销、网红合作、国际展会等多元化推广手段，精准触达目标受众，讲述品牌故事，传递品牌价值观，与消费者建立深度情感连接。在这个阶段，品牌不仅代表着产品质量,更象征了一种生活方式和消费理念,企业能够凭借品牌溢价获取更高的利润空间,并在面对市场竞争和外部风险时,拥有更强的抗风险能力和市场话语权。

2. 品牌出海阶段的时代特征

该阶段跨境电商卖家的核心目的是塑造具有全球影响力的品牌形象。一是品牌战略核心化。将品牌建设置于企业战略的核心位置,善于制定长期的品牌发展规划,并围绕其进行全方位运营推广。二是注重品牌文化输出。希望将产品作为品牌价值观、文化等传播的载体,通过品牌与消费者实现情感连接,从而驱动品牌的长期发展。三是深入本地化运营。能够结合目标市场的文化、法律、消费习惯等,进行全方位的本地化运营,全面融入当地市场。四是多渠道品牌推广。善于采用多种渠道进行品牌推广,扩大品牌影响。五是品牌资产积累与保护。注重品牌知名度、忠诚度等资产积累,具有商标、专利等品牌保护意识。六是用户管理意识极强。主动建立完善的客户关系管理体系,注重与消费者的互动与沟通,积极了解消费者需求与反馈,持续优化产品和服务,以提高用户满意度及复购率。

## 二 跨境电商产品出海的策略与路径

在当今全球化的商业浪潮中,"不出海,就出局"成为业界共识。在全球经济下行、地缘政治紧张、通货膨胀高企的背景下,跨境电商逆势增长,成为企业寻觅第二增长曲线、拓展全球市场空间的必选项。跨境电商产品出海突围,需要从企业出海定位、产品策略选择、供应链管理、海外营销推广和售后服务体系建设等方面,做好全流程谋划。

(一)跨境电商企业定位

明确企业在国际市场中的独特价值与竞争优势是企业全球化布局的第一步,对于跨境电商企业产品成功出海至关重要。跨境电商企业要深入分析自身资源、技术专长,结合行业经验和发展目标,确定目标市场、客户群体以

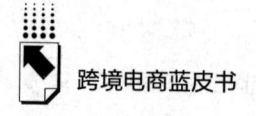

及企业发展定位。如SHEIN专注于全球快时尚品牌定位，面向全球追求时尚消费的年轻女性消费者群体，塑造了具有鲜明品牌形象与个性化服务的品牌定位，以精准定位在海外市场站稳脚跟。目前，跨境电商定位可分为逐利性定位和品类聚焦定位两个流派。

1. 逐利性定位

逐利性定位基于产品的短期市场表现，通过快速抓取市场热点、响应市场需求、赚取利润的模式，以追求利润最大化为原则来确定企业、产品或服务在市场中的位置。

逐利性定位具有门槛较低、操作简单、灵活性强、收益可观、损失可控等特点。卖家不需要具备深厚的产品开发能力或复杂的市场分析技能，只需通过数据分析工具（如Google Trends、Jungle Scout等）找到当前热销的产品，然后从国内供应商处采购并直接上架到国外平台。由于选择的是已经在市场验证过的热销产品，数据分析工具的运用能够使卖家保持敏锐的市场反应能力，可以根据市场的实时变化而快速调整产品线，在确保高转化的同时，最大限度降低产品库存。利用这种方式，卖家不需要研发成本投入和复杂的产品设计，可以在较少的资金条件下迅速启动业务，抢占市场先机，在短时间内获得可观的利润。

2. 品类聚焦定位

品类聚焦定位是指专注于某一特定领域或少数几个领域的产品开发和市场拓展，通过深入研究市场需求、持续优化产品设计、建立稳定的供应链关系，厚植品牌影响力、积累用户口碑，打造具有差异化竞争优势的产品和品牌，从而实现可持续发展的策略。

该定位策略适用于专注某一特定领域或少数品类的卖家，能够更便捷地与供应商建立紧密且长期的合作关系，在确保供应链稳定性和可靠性的基础上，实现对市场需求变化和技术趋势的快速反应和研判迭代，从而在构建产品和品牌竞争壁垒的同时，帮助卖家积累丰富的行业经验和技术储备。此外，品类聚焦定位便于卖家进行VOC（倾听用户声音），为卖家优化产品外观、完善功能性设计以及调整营销推广策略等提供数据支撑，帮助卖家延展和组建垂直且丰富的产品线,并在产品目标客群中形成正向的滚雪球效应,为产品和品牌传播、品牌忠诚度积累夯实基础。

总之,品类聚焦定位为跨境电商卖家提供了一条可持续发展的道路。通过精耕细作、长期积累,卖家可以在激烈的市场竞争中建立起强大的品牌优势,实现稳健长期增长。逐利性定位将逐步退出跨境电商卖家的主流模式,而品类聚焦定位将逐步成为主流模式,实际上,目前跨境电商领域的品牌型卖家都选择品类聚焦定位,如消费类电子领域的安克创新和家居领域的致欧科技。

### (二)跨境电商产品策略

在拥有海量全球产品的跨境电商市场中,产品策略的选择无疑是跨境电商企业扬帆出海的核心所在,其重要性贯穿于企业出海的始终,深刻影响着企业的兴衰成败。产品策略的选择,贯穿企业出海的全生命周期。一是出海前期,对目标市场进行精准的市场调研是产品策略的基石。企业需要深入了解不同国家和地区的消费文化、风俗习惯、法律法规及经济发展水平等因素,从而精准定位目标市场的需求空缺与潜力赛道。二是出海初期,通过产品创新突出差异化特点,是企业在竞争激烈的海外市场中脱颖而出的关键利器。在全球化的商业环境下,产品同质化现象愈发严重,单纯依靠低价竞争难以建立持久的竞争优势,因而跨境电商产品出海必须致力于打造独特的产品卖点与价值主张,使产品在众多同类产品中独树一帜。三是出海中后期,紧随市场动态变化及时更新调整产品策略。跨境电商企业要密切关注产品海外市场销售数据、用户反馈以及竞争对手动态,并能够结合产品所处的发展阶段,及时调整产品策略,确保出海产品在海外市场的持续竞争力与活力。

随着跨境电商行业的火爆以及越来越多的企业和个人投身跨境电商领域,如何选择合适的产品策略成为决定跨境电商企业出海成败的关键。在众多产品方法论中,最为突出的两大流派是"搬运工流派"和"改款设计流派"。这两种流派各有特点,适用于不同的市场环境和企业需求。

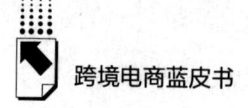

### 1. 搬运工流派

搬运工流派的核心理念是通过从国内电商平台或供应商直接采购现成的产品，然后将其搬到国外的电商平台进行销售。

这种模式的特点是进入门槛低、启动速度快、成本控制灵活。一是卖家无须具备深厚的产品设计和研发能力，只需要在国内1688等平台上找到合适的供应链资源；二是由于单纯的图文搬运，不需要进行产品设计、打样、生产和质检等复杂流程，待商品出单后才进行商品采购和物流运输，业务启动速度快且无须垫资备货，成本控制相对更加灵活。

### 2. 改款设计流派

改款设计流派强调通过对现有产品进行改良或创新，打造出具有独特卖点的商品。这种模式虽然门槛较高，但能够为企业带来更强的市场竞争力和更高的利润率。

改款设计流派的主要特点有两点。一是产品"护城河"高、生命周期长。采用改款设计的产品策略，是基于产品市场需求，结合消费者的个性化需求进行一定程度的创新和独特性改造，能够在市场上形成差异化的竞争优势。由于竞争对手难以轻易复制或模仿，从而拥有较高的竞争壁垒和较长的产品生命周期。二是较强的抗风险能力。改款设计流派因规避了激烈的同质化竞争，能够拥有较高的产品附加值和利润，继而在产品持续创新、品牌建设投入方面形成正向反馈，在抵御市场波动、竞争对手冲击中，迅速作出反应、保持竞争优势。

### （三）跨境电商供应链管理

构建稳定高效的供应链管理体系，是保障跨境电商企业产品稳定供应与质量保证的关键。跨境电商供应链管理需要企业与供应商建立长期合作关系，确保原材料采购、生产制造、物流配送等环节顺畅衔接，利用数字化技术实时监控库存水平与物流信息，实现精准补货与快速交付，在降低成本的同时提高产品供应的及时性与稳定性，应对海外市场需求波动，增强客户满意度。分散式供应链和垂直一体化供应链两种管理模式是当前跨境电商企业最为常用的供应链管理模式。

1. 分散式供应链

分散式供应链是跨境电商卖家常见的一种供应链管理方式，指的是卖家从多个工厂零散式采购产品，并从不同的物流商零散式采购物流服务。

分散式供应链的优势在于其灵活性和低成本，尤其适合那些刚刚进入市场的初创企业和小型卖家。低成本体现在该模式的底层逻辑是"低价竞标"，即卖家横向对比多个供应商，选择报价最低的工厂和物流商完成每一次交易，能够对每次交易成本都进行有效控制，实现自身在市场中的低价优势。灵活性则源于该模式下卖家不需要与单一供应商建立长期合作关系，有利于卖家根据市场需求变化和自身需求随时变更国内供应商选择，避免被某个供应商或服务商强制"绑定"，大大提升了供应链管理的灵活性。

2. 垂直一体化供应链

垂直一体化供应链是指跨境电商卖家与工厂和物流商形成长期稳定的合作关系，形成一个紧密的供应链生态系统。这种模式的底层逻辑是"信任共赢"，即卖家与供应商之间建立了深厚的信任基础，双方不再仅仅关注每一次交易的利益最大化，而是着眼于长期的合作和发展。通过这种深度合作，卖家可以获得工厂和物流商的优先支持，从而提升供应链的效率和响应速度，确保稳定的供应链、优质的产品质量和高效的物流配送时效，有利于帮助卖家树立良好的品牌形象和客户口碑。

总之，垂直一体化供应链为跨境电商卖家提供了一条可持续发展的道路。通过与供应商建立长期的合作关系，卖家实现了供应链成本的优化和响应速度的提升，同时增强品牌的竞争力和客户的忠诚度，实现稳健长期增长。

（四）海外营销推广策略

综合运用多种营销手段提升品牌知名度与产品销量，是产品出海实现可持续发展的重要推动力。跨境电商产品的海外营销策略大体分为三类。一是利用社交媒体平台进行品牌推广与精准广告投放，借助当地有影响力的博主、网红等进行产品推广和直播带货，从而提升产品曝光度；二是搜索引擎优化（SEO）与搜索引擎营销（SEM），能够确保产品在海外搜索引擎上的可见性，提高自然流量与付费流量转化率；三是参加国际电商展会与行业活动，通过展示产品优势，拓展海外销售渠道与合作伙伴，全方位提升产品和品牌海外影响力。

跨境电商海外营销的渠道包括搜索电商平台、社交电商平台、兴趣电商平台及海外展会推介四类，营销方法则分为单一渠道营销和综合性营销。其中，单一渠道营销指跨境电商企业或品牌商仅采用上述营销渠道的其中一种，开展其全部或主要的海外营销活动。综合性营销则指使用上述两种或两种以上营销渠道来进行产品和品牌营销推广的方式。

一是搜索电商渠道营销。亚马逊、eBay 等主流跨境电商平台基本上是基于搜索的电商平台。在这些平台上，广告的核心逻辑是通过产品的关键词与消费者的搜索词进行匹配，从而将产品展示给潜在客户。这种广告模式的核心在于精准定位和高效转化。除关键词匹配外，搜索电商广告还采用了竞价机制。卖家可以通过设定每次点击的成本（CPC）来参与竞价，出价越高，广告的排名就越靠前。然而，竞价并不是唯一的决定因素，平台还会综合考虑广告的质量得分、历史表现等因素，以确保用户体验和广告效果的平衡。高质量的广告往往能够获得更高的排名和更低的点击成本，从而实现更好的投资回报率（ROI）。

二是社交电商渠道营销。随着社交电商的迅速崛起，越来越多的中国卖家开始将这一模式引入跨境电商运营中。社交电商的核心在于通过 Facebook、Instagram、TikTok 等社交媒体平台建立客户池，然后将这些客户导流到搜索电商平台的店铺，或者反过来将搜索电商的客户引导到社交平台上扩大客户池。这种模式不仅兼容了搜索电商的广告逻辑，还为卖家提供了更多的营销渠道和互动方式。

三是兴趣电商渠道营销。近年来，兴趣电商通过短视频、直播等形式，将商品展示与娱乐内容相结合，成为跨境电商海外营销的新渠道。兴趣电商平台营销的核心在于通过算法推荐，将用户可能感兴趣的内容推送给用户，进而激发用户兴趣，引导购买转化。其营销重点在于短视频制作、直播话术及技巧、投流运营等关键技能。

四是海外展会推介。一直以来，海外线下展会都是跨境电商产品海外推广的传统渠道和关键平台，是帮助中国产品走向国际市场的坚实桥梁。

## （五）售后服务体系建设

优质的售后服务体系是建立品牌忠诚度的重要因素，是塑造品牌国际化形象的"最后一公里"。海外售后服务体系建设是体现品牌实力的重要表现，跨境电商产品的成功出海，需要企业畅通多元化的售后服务渠道，包括在线客服、邮件、社交媒体等，提供本地化语言服务，及时响应客户咨询与投诉；制定灵活的退换货政策，简化流程，提高客户信任度；注重收集用户评价和反馈，不断优化产品和提升服务。

跨境电商海外售后服务体系的建设，需要售后服务团队在拥有良好服务和高效沟通能力的基础上，能够对不同市场的法律法规、文化习惯和消费行为等，拥有较为深入的理解。根据中国跨境电商企业创始团队的工作经历，大体上可分为两类：一类是有海外留学或工作经历的卖家，另一类是没有海外留学或工作经历的卖家。基于跨境电商企业创始人的经历，跨境电商企业海外售后服务团队的组建也可分为自建海外售后服务团队和外包海外售后服务团队两种。

自建海外售后服务团队，即拥有海外留学或工作经历的卖家，充分运用自己的语言优势和当地人脉资源，通过在目标市场设立办事处或分公司，招聘当地的优秀人才，组建一支涵盖技术、客服、物流等多领域的专业团队。

外包海外售后服务团队，即没有海外留学或工作经历的卖家，通过与当地的第三方服务机构合作，借助本地服务商的语言优势和本地资源，帮助其为目的地消费者提供专业的售后服务。

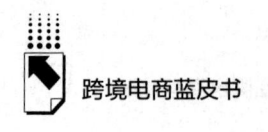

## 三 跨境电商品牌出海的策略选择

在品牌出海时代，跨境电商卖家要从企业目标定位、产品策略、供应链管理、营销方式以及客户服务等方面，进行全生命周期的谋划和推进，才能够打造极具知名度和影响力的全球化品牌。

### （一）企业目标定位

在产品出海阶段，逐利性定位因门槛过低、差异性不强、品牌认同匮乏等问题，与精品出海和品牌出海阶段的企业目标定位不匹配。因此，处于跨境电商品牌出海阶段的企业，应选择品类聚焦定位，并从以下几方面入手。一是深耕细分市场。选择单一或少数几个具有稳定需求和广阔前景的细分市场，专注于特定领域的产品开发和市场拓展，并深入了解市场需求，持续优化产品设计，打造具有差异化竞争优势的产品。二是建立品牌影响力。通过提供优质的产品和服务，逐步建立起良好的品牌口碑，并辅以社交媒体、内容营销等手段，增强品牌的曝光度和影响力，吸引更多的忠实客户。三是加强供应链管理。与优质的供应商建立长期的合作关系，在确保供应链的稳定性和可靠性的基础上，通过优化供应链流程，降低成本，提高产品的质量和交付速度。四是注重客户体验。通过研究客户评论和反馈，不断改进产品设计和服务质量，提升客户满意度。同时，建立完善的售后服务体系，解决客户在使用产品过程中遇到的问题，增强客户的忠诚度。

### （二）产品策略

随着全球电商平台流量红利见顶，平台基于公平竞争、知识产权保护、消费者权益保护等因素加大对平台卖家的合规性监管，此前，中国卖家们惯用的搬运工模式将面临愈加严苛的审查力度、逐渐收窄的发展空间。因此，致力于跨境电商品牌出海的卖家们，应以改款设计为切入点，逐步建立自我改进设计、产品研发、用户需求洞察等能力，并通过在海外目的国专利注册等措施,构筑自身产品的护城河,为积累品牌口碑、塑造品牌形象奠定基础。

## (三)供应链管理

结合跨境电商出海不同阶段的特征及供应链管理方法论中的两种模式,卖家们应该看到,尽管分散式供应链在短期内能够为企业带来快速盈利的机会,但其长期发展的局限性不容忽视。随着全球跨境电商发展的不断深入,海外消费者对产品质量、品牌和服务的要求将逐渐提升,依赖低价竞标的供应链管理模式,将愈发难以满足市场需求。因而,逐步建立垂直一体化供应链才是企业品牌出海长期发展的最优方式。对于选择垂直一体化供应链的卖家来说,建议从以下几个方面入手。一是建立长期合作关系。通过与少数几家优质的工厂和物流商签订长期合作协议,从而建立长期稳定的合作关系、锁定更加优惠的价格,确保供应链的稳定性和更好的服务支持,提升供应链整体效率。二是优化供应链流程。强化与供应商生产工艺技术协同,通过引入先进技术和管理工具,优化供应链流程,降低运营成本,提升响应速度。三是加强品牌建设。一方面,加强产品质量管控、注重服务质量提升,逐步建立起良好的品牌口碑;另一方面,充分利用社交媒体、内容营销等手段,增强品牌的曝光度和影响力,吸引更多的忠实客户。四是提升客户体验。在完善全程对话沟通、退换货、售后服务体系的基础上,持续提升品牌信任度,通过研究客户反馈和市场需求,不断改进产品设计和服务质量,塑造"以客户需求为先"的品牌形象。

## (四)营销方式

单一渠道的营销策略更适用处于产品出海阶段的跨境电商企业,能够最大限度地帮助企业节省营销推广成本。但对希望实现品牌出海的中国跨境电商企业来说,建议根据自身的产品特点和目标市场,灵活运用单一渠道和综合性营销两种策略,打造全方位的营销体系。如在初期阶段,卖家可以优先通过搜索电商广告快速提升品牌知名度和销售额;随着业务的发展,逐步引

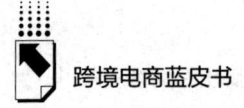

入社交电商、兴趣电商广告,建立稳定的客户池;最终,通过展会+自媒体+传统广告体系,进一步扩大品牌影响力,提升用户的参与度和转化率。通过多层次、多渠道的广告策略,卖家可以在激烈的市场竞争中脱颖而出,实现可持续的增长和发展。

### (五)客户服务

与上述定位、产品、供应链和营销策略不同,客户服务策略中的自建抑或外包海外售后服务团队,并没有突出的优劣可言,核心在于结合自身实际进行选择,但服务团队的组建能够基于本地化文化风俗和习惯提供优质服务。无论是自建还是外包,根据华为等已经长期出海的中国企业经验,主要思路是"管理人员中国化,工作人员本地化"。这一模式的核心在于将企业的管理理念和文化输出到海外市场,同时充分利用当地的资源优势,确保服务质量和客户体验。其中,管理人员中国化是指由国内总部派遣经验丰富的管理人员负责海外团队的日常管理和战略规划。这些管理人员通常具备丰富的行业经验和管理能力,能够确保海外团队与国内总部保持一致的战略方向和运营标准。同时,他们还可以根据国内市场的情况,结合当地市场的特点,制定出更具前瞻性和灵活性的市场策略。工作人员本地化则是指在海外团队中招聘当地的优秀人才,负责具体的客户服务和技术支持工作。这些本地员工通常具备流利的语言沟通能力和丰富的市场经验,能够更好地理解和满足当地客户的需求。此外,本地员工还能够帮助企业在当地建立良好的声誉和品牌形象,增强客户对品牌的信任感。

总而言之,跨境电商企业目标定位、产品策略、供应链管理、营销方式以及客户服务五个方面的策略,涵盖了从选品、生产、销售到售后出海全链路的各个环节,共同构成了中国跨境电商卖家实现商业模式升级的核心思路。系统化应用以上策略方法,能够帮助跨境电商品牌出海企业在竞争激烈的全球市场中脱颖而出,建立长期可持续发展的竞争优势,助力出海企业扬帆远航。

## 参考文献

王小艳：《跨境电商出海生态变化及跨境电商产业带建构》，"EWTO 研究院"微信公众号，2022 年 12 月 22 日。

刘晓龙、孟祥巍、苏宇同、华雨菁：《跨境电商的拐点之时，中国企业的致胜之路》，"科尔尼管理咨询"微信公众号，2024 年 5 月 15 日。

# B.15
# 跨境电商出口企业财税风险管理研究

侯东伟 贺蓓蓓 陶冶*

**摘　要：** 近年来，我国加大了对跨境电商等新业态虚开、逃税、骗税、骗补等违法犯罪行为的监管与打击力度。尤其是在"金税四期+大数据+AI"联动背景下，税务机关对跨境电商交易活动实现了"货物流+资金流+发票流"三流立体式追踪，使企业财税不合规问题更容易被税务系统监测发现。所以，对跨境电商出口企业而言，做好财税合规是奠定企业长期可持续发展的基础。本文通过分析当前跨境电商企业常用的财税合规方式，并结合企业面临的财税风险与使用时遇到的障碍等，提出完善我国跨境电商出口财税监管生态、加强内部管理提升合规意识、优化税务筹划降低税务风险、加强外部合作提升合规能力、建立财税合规审计与持续改进机制、利用金融科技手段提升财税合规效率等建议，以助力跨境电商出口企业高质量合规出海。

**关键词：** 财税合规　跨境电商　合规出海

当前，跨境电商已成为推动我国外贸高质量发展的新生力量，加速了我国外贸新动能的释放。2024年，我国跨境电商进出口达2.63万亿元，同比增长10.8%；十年来，跨境电商占外贸的比重由2015年的不到1%增长到

---

* 侯东伟，河南国际数字贸易研究院助理研究员，主要研究方向为跨境电商、数字贸易、财税合规；贺蓓蓓，郑州职业技术学院教师，全球（郑州）跨境电商研究院研究人员，主要研究方向为跨境电商、电子商务；陶冶，陆军炮兵防空兵学院教师，主要研究方向为数据分析与处理。

2024年的6%①，跨境电商也由无序扩张转向规范化、精细化发展。面对监管收紧的外部环境，跨境电商财税合规成为企业必须正视且刻不容缓的核心命题，不仅关乎企业的法律风险和税务成本，更是企业可持续发展的基石。

近年来，为推动跨境电商加速出海，规范跨境电商出口企业财税合规发展，我国先后出台系列政策（见表1）。其中，《关于跨境电子商务综合试验区零售出口企业所得税核定征收有关问题的公告》规定，对于出口货物未取得有效进货凭证，其增值税、消费税享受免税政策的采用核定征收的方式征收企业所得税。《关于延续实施跨境电子商务出口退运商品税收政策的公告》规定，对跨境电子商务海关监管代码（1210、9610、9710、9810）项下申报出口，因滞销、退货原因，自出口之日起6个月内原状退运进境的商品（不含食品），免征进口关税和进口环节增值税、消费税，并退还企业出口时被征收的关税。

如今，税务合规已被国家提升至重要日程，尤其是随着金税四期的全面落地，我国税务监管更加全面化、透明化和智能化，对跨境电商出口企业财税合规的监管稽查力度也更加严格。2023年，全国累计检查涉嫌虚开骗税企业17.4万户，特别是严厉打击骗取出口退税等涉税违法行为，挽回出口退税损失约166亿元；② 2024年，海关总署等八部门再次联合出击，严厉打击涉税违法行为，之后各地相继发布《2024年度"双随机、一公开"抽查工作计划的公示》，明确了重点行业、重点涉税企业的抽查方向和力度；2025年，最高人民检察院强调，将聚焦重点领域，重点打击假借新业态、平台经济等名义实施的虚开、逃税、骗税、骗补等违法犯罪行为。财税合规在跨境电商领域的重要性日益凸显，因此，在合规的前提下打造良性商业闭环，已经成为跨境电商企业长期可持续发展的基石。

---

① 《二〇二四年我国进出口总值同比增长5%超43万亿元，外贸规模再创新高》，中国政府网，2025年1月14日。
② 《全国八部门联合打击涉税违法犯罪工作推进会议在京召开》，国家税务总局官网，2024年2月27日，https://www.chinatax.gov.cn/chinatax/n810219/n810724/c5221437/content.html。

表1　我国跨境电商出口财税相关政策

| 出台时间 | 发布机构 | 文件名称 | 主要内容 |
| --- | --- | --- | --- |
| 2012年3月 | 财政部、国家税务总局 | 《关于跨境电子商务零售出口税收政策的通知》 | 明确跨境电商零售出口税收政策,对符合条件的出口货物实行增值税、消费税免税或退税政策 |
| 2018年9月 | 财政部、国家税务总局、商务部、海关总署 | 《关于跨境电子商务综合试验区零售出口货物税收政策的通知》 | 对跨境电商综试区内未取得有效进货凭证的零售出口货物实行增值税、消费税免税政策 |
| 2019年10月 | 国家税务总局 | 《关于跨境电子商务综合试验区零售出口企业所得税核定征收有关问题的公告》 | 明确综试区内核定征收的跨境电商企业应准确核算收入总额,并采用应税所得率方式核定征收企业所得税。应税所得率统一按照4%确定 |
| 2023年1月 | 财政部、国家税务总局 | 《关于跨境电子商务出口退运商品税收政策的公告》 | 自公告发布一年内,对跨境电商出口退运商品免征进口关税和进口环节增值税、消费税 |
| 2023年8月 | 国家税务总局 | 《关于延续实施跨境电子商务出口退运商品税收政策的公告》 | 时间调整为2023年1月30日至2025年12月31日,在跨境电商海关监管代码项下申报出口 |
| 2024年8月 | 商务部等九部门 | 《跨境电商出口海外仓出口退(免)税操作指引》 | 出口海外仓模式只要达到出口退税的前提条件,即可以申报办理出口退税 |
| 2025年1月 | 国家税务总局 | 《关于支持跨境电商出口海外仓发展出口退(免)税有关事项的公告》 | 明确区分未实现销售的货物和已实现销售的货物,分别进行出口预退税申报和出口退(免)税申报;对于企业未作区分的,则全部按照尚未实现销售,并进行出口预退税 |

资料来源:笔者根据财政部、税务总局、商务部等官网公开信息整理。

# 一　我国跨境电商出口财税合规的五种模式

## (一)货物出口退税模式

货物出口退税模式是指国家为了鼓励出口,对出口企业已缴纳的增值税、消费税等税款予以退还的政策。其中，出口退税退的增值税，退税率是由产品的海关编码决定的，退税率0~13%不等。该模式是传统贸易和跨境电商比较常用的一种出口退税模式，旨在避免双重征税，确保出口商品以不含税价格进入国际市场，增强竞争力，也帮助企业缓解资金压力。这种模式也称"有票退税"，主要适用于企业在采购时能够获得增值税专用发票，并且被认定为一般纳税人的企业，通常操作相对复杂，需要具备一定的专业知识和经验。当前，跨境电商企业出口退税常用的报关方式包括一般贸易（0110）、跨境贸易电子商务 B2C 出口（9610）、跨境电商 B2B 直接出口（9710）、跨境电商出口海外仓（9810）四种方式，其中，对于9810模式，《关于支持跨境电商出口海外仓发展出口退（免）税有关事项的公告》规定，在货物报关离境后，无论货物是否已实现销售，均可凭出口货物报关单等材料申报办理出口退（免）税，但对于货物尚未实现销售的，后续应依据商品销售事项再进行已预退税款核算。

### （二）综试区货物出口免税模式

综试区出口免税模式是指对于在跨境电商综合试验区内注册备案的企业，如果未取得有效的进项凭证，在出口报关时则享受增值税和消费税的免税不退政策，同时，针对该类企业的企业所得税，将按照4%的利润率进行核定征收。该模式也称"无票免税"，即便无法取得合法有效的进货凭证，也可以享受增值税、消费税免税政策，对小规模企业而言，能更好地解决采购无票导致的资金与税务合规问题。根据财税〔2018〕103号文和〔2019〕36号文，该模式的对象为跨境电商综试区内零售出口企业，通常采用9610模式报关。此外，全球正逐渐收紧"小额免税"政策，对于走9610"清单核放、汇总申报"方式办理通关手续的跨境电商企业而言，成本压力正加剧，优势也将弱化，而9810或许将成为我国跨境电商出口企业破局的关键，但暂未有政策明确9810适用"无票免税，核定征收"模式。

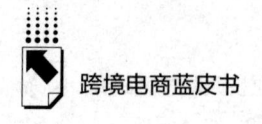

## （三）服务出口模式

服务出口模式是指企业向境外提供服务，并据此收取外汇款项的一种业务模式。该模式下通常需要企业先在海外设立公司主体，境内公司以供应链管理服务、企业运营服务、产品研发、信息技术服务、品牌使用费等名义与境外公司签订相关服务合同，通过收取服务费的形式将货物销售收入合法合规地回流境内。该模式为跨境电商企业资金安全进出提供了便利，且服务出口免征收增值税，降低了企业税务成本和风险；同时便于跨境电商企业灵活管理资金，合理进行税务规划转嫁利润。

## （四）香港公司采购模式

香港公司采购模式是指通过香港公司直接向境内供应商采购，以实现税务合规的一种业务模式（见图1）。当前，该模式也是跨境电商企业常用的一种模式，在该模式下，香港公司直接向境内供应商进行采购，既可以省去境内主体公司报关问题，还可以解决采购无票的问题，因为香港公司出口通常不需要提供发票，只需开形式发票即可，这对于供应商来说是容易做到的。同时，香港公司采购模式往往结合服务出口模式一起使用，既能解决无票采购问题，又能将香港公司剩余的利润合法合规地回流到内地公司。此外，不同于内地公司，香港公司除了能简化采购和出口流程外，通常还具有税务优惠、外汇管制自由等优点。因此，对于无法从境内供应商处获取增值税专用发票，但又希望实现出口税务合规的跨境电商企业来说，香港公司采购模式是一种有效的合规手段。

## （五）1039市场采购贸易模式

1039市场采购贸易模式是指符合条件的经营者在被认定的市场集聚区内进行采购活动，单票报关单的货物价值不超过15万美元，并通过指定口岸完成出口商品通关手续的一种贸易形式。该模式进一步简化了小额货物出口的流程，特别适用于针对跨境电商进项拿不到发票，通过个体户出口报

**图 1　香港公司采购模式**

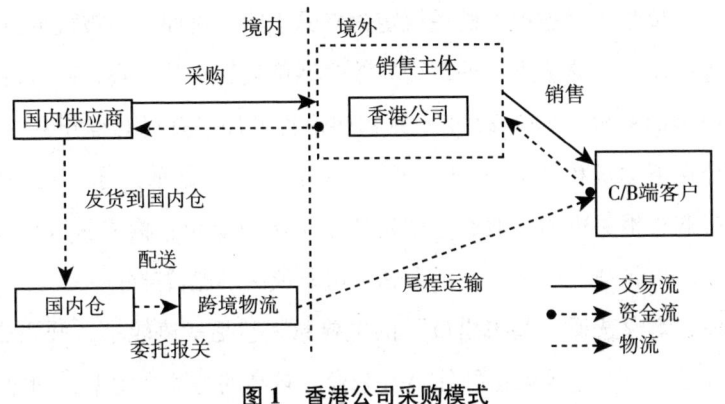

关、收汇的交易活动，具有通关快、便利化、免征增值税等特点，适用于"多品种、多批次、小批量"的外贸交易。但当前该模式的主体类型为个体工商户，因此并不完全适用于跨境电商所有卖家。

## 二　我国跨境电商出口常见的财税风险

### （一）买单出口导致收入无法阳光化的风险

"买单出口"是众多卖家所熟知的操作方式，它是指当出口企业缺少相关出口权，或者不想通过自己公司申报出口时，通过购买其他有出口权公司的出口单证（包括发票、装箱单、报关委托书、核销单和特殊证书等文件），以该公司的名义进行进出口贸易的报关操作。不同于代理出口，"买单出口"的出口方和申报方不再是跨境电商企业，而变成了货代，这就导致海关系统的出口申报数据和税务系统的出口退税数据是第三方公司的，而非跨境电商出口企业。《中华人民共和国外汇管理条例》第十二条规定，经营结汇、售汇业务的金融机构应当按照国务院外汇管理部门的规定，对交易单证的真实性及其与外汇收支的一致性进行合理审查，即要求谁出口谁核销谁结汇。因此，在"买单出口"的情况下，跨境电商出口企业通常没有出

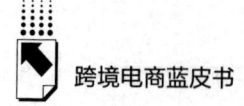

口记录，导致收入会被税务机关认定为来源不明，进而增加被税务机关、公安部门等以偷税、非法进行外汇交易等开展稽查核查的风险，同时也可能被认定为内销而补税。如2023年5月福州市税务局稽查局对福州某供应链管理有限公司下达《税务处罚决定书》，决定书内容显示：你公司无出口业务，通过购买报关单和增值税专用发票申报出口退税，构成骗取出口退税，骗取出口退税款0.2亿元，停止为你公司办理出口退税三年。①

当前，卖家选择"买单出口"的主要原因包括货值较小、开票成本高、财务不健全等。但这种做法往往会带来商品较高的海关查验率，同时也带来较高的违法成本。《中华人民共和国海关法（2021修正）》明确规定，对于买卖海关单证，构成犯罪的依法追究刑事责任；不构成犯罪的由海关没收违法所得，并处罚款。根据《中南区域税务行政处罚裁量基准》，对于经税务机关通知申报而拒不申报或者进行虚假纳税申报，不缴或者少缴应纳税款的处以50%至5倍的罚款。尤其是随着"金税四期+大数据+AI"的应用，"以票管税"进化为"以数治税"，税务部门很容易对报关行进行深入调查，进一步追查到货主，导致跨境电商企业财税不合规风险进一步增加。

### （二）个人账户收款导致长期零申报的风险

个人账户收款是指跨境电商卖家通过个人账户接收来自海外买家的支付款项。这是跨境卖家最常用的方式，也是跨境电商财税不合规的痛点。当前，造成这一问题的主要原因：一是跨境电商出口企业为了减少纳税申报，少缴税；二是跨境电商出口企业选择"买单出口"，使境外资金不能合规地回流到企业账户，只能将资金转入个人收款账户。企业长期零申报，而与企业关联的个人账户流水却很大，容易引起税务机关的稽查核查。因此，跨境电商出口企业往往通过做"两套账"来规避税务部门的关注，"内账"给公司看，记录公司真实的经营情况，"外账"给税务机关看，用于报税、税务

---

① 《关于送达科艺（福州）供应链管理有限公司〈税务处罚决定书〉的公告》，国家税务总局福建省税务局，2023年5月24日。

检查和审计。根据《中华人民共和国会计法（2024修正）》第十六条规定，各单位发生的各项经济业务事项应当在依法设置的会计账簿上统一登记、核算，不得违反本法和国家统一的会计制度的规定私设会计账簿登记、核算。如2022年7月，福州税务局对福州某跨境电商公司2010年7月1日至2020年2月20日的涉税情况进行检查，发现该公司通过制作两套账隐瞒收入，合计未申报不含税销售收入达0.65亿元，最终被税务部门处以偷税漏税税款1倍的处罚。①

### （三）虚开增值税发票导致出口骗税的风险

虚开增值税发票通常是指让他人为自己开具与实际经营业务情况不符的发票。发票对企业而言，不仅能作为进项税抵扣的凭证，同时也可以作为出口退税的依据，通常退税带来的经济效益往往大于非退税。当前，跨境电商出口企业享受出口退税的前提是取得对应的增值税专用发票，无票则实行免税政策。跨境电商企业采购过程中通常会遇到上游供应链企业不能开具增值税专用发票的情况，这种情况下企业为了能退税，会选择第三方渠道或者让其他供应商多开相应金额的发票，企业在私下支付多开的税点。尽管出口的数量与开票的数量是对应的，但当业务量达到一定程度，尤其是在金税四期和八部门联合从严治税的情况下，税务系统很容易通过比对企业与供应链上游企业间的业务往来而发现端倪，引来税务机关等部门对企业"三流"（货物流、资金流、发票流）一致性的稽查，一旦被查实，不仅需要返还已骗取的退税款，还可能面临巨额罚款甚至刑事责任。根据《中华人民共和国刑法》第二百零五条规定，虚开增值税专用发票或虚开用于骗取出口退税、抵扣税款的其他发票的，根据虚开的税款数额分别处以拘役、有期徒刑或者无期徒刑，并处以罚金等处罚。如浙江省宁波市中级人民法院某二审刑事判决书显示，金某、包某因虚开发票骗取跨境电商出口退税，最终受到刑事处

---

① 《关于送达闽清县建城新型建材有限公司〈税务处罚决定书〉的公告》，国家税务总局福建省税务局，2022年7月11日。

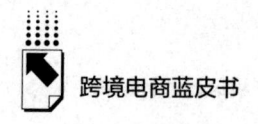

罚。此外，企业内部管理失控、财务管理不规范、对税收政策理解不足也是当前跨境电商出口企业虚开增值税发票的原因。[①]

### （四）货物出口至境外关联企业带来转让定价的风险

根据《中华人民共和国企业所得税法实施条例》第一百零九条规定，关联方是指与企业存在特定关联关系的企业、其他组织或者个人。由于各地区税法征收的不同，跨境电商出口企业通常会在低税地区注册公司，将利润等留在境外，以达到降税、降成本的目的。我国跨境电商出口企业的所得税一般情况下税率为25%，如果跨境电商出口企业采用"核定征收"，则企业的实际税负率为1%（未包含进项税），而香港仅对公司在香港产生的利润征收利得税，税率仅为16.5%，同时对于发生在香港以外地区的业务，企业可以申请离岸收入豁免，此时实际税率为0。这也是跨境电商出口企业更倾向于注册香港公司的原因。将货物出口至境外关联公司合规的前提是符合"独立交易原则"，即跨境电商企业在与境外关联企业进行交易时，交易价格应当与非关联企业之间的市场价格保持一致。但当前，部分跨境电商出口企业通常通过高价进口原材料或低价出口成品给境外关联公司，以此来降低境内公司的利润水平，减少应缴纳的企业所得税和其他税费。这会导致跨境电商出口企业的利润水平显著低于同类企业的可比利润率，可能引发税务机关对转让定价问题的质疑，如果企业无法证明该行为的合规性，企业将会面临税务机关对调整定价行为的稽查。

## 三 我国跨境电商出口财税合规策略

当前，我国跨境电商出口企业财税不合规的主要原因有以下几方面。一是合规意识不强，税收政策理解不足。主要源于企业对出口退税政策、关税

---

[①] 《侯世斌、包敏海、胡文华等虚开增值税专用发票、用于骗取出口退税、抵扣税款发票罪二审刑事判决书》，中国裁判文书网，2020年4月27日。

政策、增值税和消费税政策等关键税收政策的理解不深入，企业不清楚哪些商品符合退税条件，如何正确申报退税，以及退税的具体流程等。二是财务管理制度不健全。尤其是个别中小企业的账目记录存在混乱不清的情况，无法准确区分应税收入与免税收入，同时成本核算也可能存在漏洞，容易导致成本被低估或高估。三是对大多数跨境电商企业而言，实操中很难实现使用对应店铺公司来报关和退税。当前我国跨境电商出口企业多采用店群模式，而企业无论是采购还是打包配送均是集中进行，并非以店铺为主体来开展活动，容易造成店铺公司的抬头和出口公司的抬头对不上。因此，建议从以下六个方面做好我国跨境电商出口财税合规工作。

（一）完善我国跨境电商出口财税监管生态

一是完善跨境电商财税法规体系。出台详细的税务细则指导，明确跨境电商企业税收优惠的具体要求，比如无票情况下通过9810出口是否适用核定征收优惠政策。加强与其他国家和地区的税收协调与合作，共同制定跨境电商税收规则，避免双重征税和税收逃避等问题。二是优化跨境电商税务服务。相关政府部门可以建立跨境电商税务服务平台，提供税务咨询、申报指导、政策解读等一站式服务。组织定期的税务培训和教育活动，帮助企业了解最新的税收政策、法规变化以及税务筹划技巧。三是推动跨境电商财税监管创新。建立完善的跨境电商税务监管体系，加大对跨境电商企业的税务监管和执法力度。鼓励和支持跨境电商企业开展税务筹划，通过优化企业架构、合理安排关联交易等方式，降低企业的税负成本。

（二）加强内部管理提升合规意识

加强内部管理是确保跨境电商出口企业国内端财税合规的基础。一是企业需建立完善的财税合规管理制度，明确各部门的财税合规职责，确保财税合规工作有章可循、有据可查。制度应涵盖税务登记、发票管理、所得税申报、增值税与消费税处理、关税与外汇管理等多个方面，确保企业各项财税活动均符合国家规定。二是提升合规意识。企业应加强对企业负责人、财务

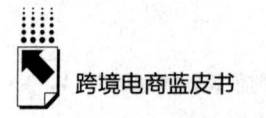

人员、员工等主体进行财税合规培训，定期举办财税合规知识讲座、研讨会等活动，提升企业负责人、员工的财税合规意识和能力。同时，将财税合规纳入部门KPI考核体系，设定激励措施，并对违规行为进行严肃处理，形成全员参与、共同维护财税合规的良好氛围。三是关联公司间业务往来应坚持"独立交易原则"，做好企业财税闭环；同时也可采用同行可比分析法进行合理定价，确定合适的转让定价与利润水平区间。

### （三）优化税务筹划降低税务风险

优化税务筹划是降低税务风险的有效途径。一是企业应深入了解我国税收政策，如不同的出口模式、不同类型企业的税收优惠等，合理利用税收优惠政策，降低企业税务成本。同时，企业应根据自身经营情况，制定合理的税务筹划方案，如加强供应链管理和供应企业的筛选等方式，优化企业税务结构，降低税务风险。二是在税务筹划过程中，企业应注重风险防控。企业应加强对税务筹划方案的风险评估，确保方案合法、合规、合理，并建立健全税务风险预警机制，及时发现并处理潜在的税务风险。三是企业应当强化与税务机关的交流与协作，掌握税务机关对税务筹划的要求，以保证所制定的税务筹划方案的可行性和有效性。

### （四）加强外部合作提升合规能力

加强外部合作是提升合规能力的重要手段。一是企业应积极与税务机关保持良好沟通，了解税务机关对财税合规的要求和期望，及时获取税收政策动态，确保企业财税合规工作符合税务机关的要求。同时，企业应加强与同行企业的交流与合作，分享财税合规经验，共同提升合规能力。二是利用专业咨询与培训资源提升合规能力。企业可以聘请专业的财税顾问或会计师事务所，为企业提供财税合规咨询和培训服务，帮助企业建立健全财税合规管理体系，提升财税合规水平。三是企业应积极参加行业协会、商会等组织的财税合规培训和交流活动，了解行业最新的财税合规动态和最佳实践。

## （五）建立财税合规审计与持续改进机制

建立财税合规审计与持续改进机制是确保企业财税合规长期有效的重要保障。一是企业应定期对财税合规管理体系进行审计和评估，检查各项财税活动的合规性，发现潜在的风险和问题。审计结果应及时向管理层汇报，并作为改进财税合规管理体系的依据。二是在审计过程中，企业应注重问题的整改和措施的落实。对于发现的问题，企业应制订详细的整改计划，明确责任人和整改期限，并跟踪整改情况。三是企业应建立持续改进机制，根据审计结果和业务发展需求，不断优化财税合规管理体系，提升合规效率和效果。

## （六）利用金融科技手段提升财税合规效率

在数字化转型的大背景下，金融科技手段为跨境电商出口企业的财税合规管理提供了有力支持。一是企业可以利用大数据、AI 等金融科技手段，对交易活动和财税信息开展深度挖掘与分析，以便及时识别可能存在的财税风险和问题。二是企业可以利用金融科技手段优化财税流程，提高财税合规效率，更好应对财税合规挑战，提升财税合规水平。

**参考文献**

汤林凤、徐肖瑜：《我国出口跨境电商的涉税风险及应对》，《财会月刊》2022 年第 18 期。

于海峰、余锦彦：《跨境电商出口企业税务风险管理探讨》，《研究探索》2024 年第 5 期。

何芳：《跨境电商出口企业涉税风险管理研究》，《全国流动经济》2024 年第 19 期。

《2024 开年的跨境电商行业，从财税合规开始！》，"京华财税"微信公众号，2024 年 2 月。

《2024 为何成了跨境电商税务稽查元年？真金白银的教训，引以为戒！》，"弘智程跨境财税"微信公众号，2025 年 2 月。

# B.16 跨境电商产业带企业出海策略研究

杨 兰 张丹丹*

**摘 要：** 在跨境电商蓬勃发展的背景下，传统产业带企业借助跨境电商直接对接全球消费者，不仅是顺应时代潮流的必然选择，更是提升自身竞争力、拓展国际市场的重要契机。本文在梳理跨境电商产业带企业出海发展现状的基础上，深入分析了产业带企业向跨境电商转型过程中面临的诸多困境，涵盖思维模式、生产模式、人才储备、资金投入、品牌建设以及供应链协同等多个关键领域，并从思维革新、生产重构、人才培养、成本投入规划、品牌战略转型、出海生态优化六个方面提出破局之道，助力跨境电商产业带企业实现"卖全球"目标。

**关键词：** 跨境电商 企业出海 数字化转型 产业带

在经济全球化和数字技术飞速发展的时代背景下，跨境电商已成为国际贸易领域中最为活跃的力量，也成为传统产业转型升级和国际化发展的最便捷路径。对于传统外贸企业和工贸企业而言，借助跨境电商实现产业带出海，不仅是顺应时代潮流的必然选择，更是提升自身竞争力、拓展国际市场的重要契机。然而，在实际的出海过程中，产业带企业面临诸多复杂且严峻的挑战，涵盖思维模式、生产模式、人才储备、资金投入、品牌建设以及供应链协同等多个关键领域。深入剖析这些问题，并提出切实可行、具有针对性的对策与建议，对推动跨境电商产业带的

---

\* 杨兰，郑州职业技术学院教师，主要研究方向为国际商务、跨境电商；张丹丹，郑州职业技术学院教师，主要研究方向为职业教育、电子商务。

高质量发展、实现传统制造产业的数字化转型和国际化发展具有重要意义。

## 一 跨境电商产业带企业出海发展现状

面对全球经济下行压力及复杂多变的国际形势，2024年我国外贸破浪前行，展现出非凡的韧性和增长潜力，进出口总值达到43.85万亿元，同比增长5%。其中，跨境电商表现尤为亮眼，全年进出口规模达2.63万亿元，同比增长10.8%，占外贸进出口总额比重提升至6%，成为拉动我国外贸增长的强劲动力。[①] 支撑我国跨境电商高速增长的核心引擎，正是源自我国1100个产业带资源汇聚的强大力量。[②]

### （一）国家政策支持产业带企业扬帆出海

近几年，从中央到地方出台了一系列支持政策，大力发展"跨境电商+产业带"模式，形成了自上而下的政策矩阵。2024年6月，商务部等9部门发布《关于拓展跨境电商出口推进海外仓建设的意见》，提出要大力支持跨境电商赋能产业发展，指导地方培育"跨境电商赋能产业带"模式发展标杆。跨境电商平台也纷纷加码赋能和支持传统产业带转型出海，通过"全托管"和"半托管"模式降低企业出海门槛，吸引大批产业带工厂通过跨境电商渠道对接全球消费者。在政府与市场的双轮驱动下，我国涌现出众多各具特色、底蕴深厚的跨境电商产业带，从深圳的3C电子到义乌的小商品，从许昌的假发到宁波的小家电，截至2024年经工信部认定的国家级中小企业特色产业带达到300个。[③] 中国制造通过跨境电商这一数字化渠道打

---

① 《43万亿，创历史新高！海关总署最新发布》，中国新闻网，2025年1月13日。
② 《"跨境电商+产业带"打造外贸新动能 柔性供应链驱动制造业升级》，新华财经，2024年6月25日。
③ 《100个上榜！2024年度中小企业特色产业集群名单发布》，"工信微报"微信公众号，2024年9月20日。

通国际市场、拓展海外商机，给传统产业带插上数字化、国际化翅膀，同时中国产业带的丰富资源和深厚制造业基础转化成高品质、多样化的出口商品，成为我国跨境电商驰骋全球市场的重要根基。

### （二）产业带模式助力企业降本增效快速发展

得益于大量从事同一细分领域的企业在产业带集聚，企业集聚和规模化采购实现了成本端的"降本"以及销售端组合供货的"增效"。同时，产业带内供应链上下游企业的集聚，将包括原材料供给、产品生产、信息技术支持、基础设施服务在内的供应链全链路进行了专业化分工，使供应链各节点企业得以各司其职，专注在自身领域，从而心无旁骛地提高劳动效率，促进技术创新。如惠州的超高清视频产业链，汇集了面板核心材料、偏光片、显示面板、显示模组、背光模组等各个细分行业共100余家企业，形成了从基础材料到整机制造的完整高清视频产业链。通过企业集聚和专业化分工，2023年惠州超高清视频产业产值近800亿元，2023年、2024年连续两年入选"中国百强产业集群"，且跻身全国前十。[①]

### （三）跨境电商推动企业向价值链高端跃升

此前，我国产业带外贸工厂以贴牌代工（OEM）为主，无法构筑面向全球终端用户的销售渠道，无法收集产品研发需求和用户反馈意见，仅依靠劳动力红利赚取微薄的代工利润，长期在价值链底端苦苦挣扎。然而，在国家大力推进"跨境电商+产业带"发展、中国电商平台组团出海的背景下，数以万计的产业带企业得以通过跨境电商直面海外消费者，并逐步走上了从低端生产制造向高端研发设计转变、由OEM向ODM（原厂委托设计代工）和OBM（自主品牌建设）进阶之路。不少企业依托产业带的供应链优势，精准切入跨境电商赛道，打造了一批全球化品牌。商务部数据显示，截至2024年，我国跨境电商企业数量已超12万家，跨境电商企业累计在海外注

---

[①] 《惠州两大产业集群蝉联上榜全国百强》，《惠州日报》2024年3月28日。

册商标超3万个。① 在凯度中国发布的"Brandz 2024中国全球化品牌50强"榜单中，SHEIN、Temu、速卖通、Anker、Realme、WORX、POCO、Infinix、eufy等9个品牌上榜。②

## 二 跨境电商产业带企业出海的制约因素

### （一）产业带工厂转型跨境电商的能力不足

传统产业带企业长期秉持以生产为核心的思维定式，在过去大规模生产、销售的商业模式中成效显著。以往市场需求相对稳定单一，企业专注生产环节，通过扩大规模、降低成本就能获取利润。但进入跨境电商时代，市场环境发生巨大变化，很多产业带企业有机会从幕后走向台前，不仅要重构生产和研发环节，更要参与交易、营销、物流等运营体系，还要建立对市场动态和消费需求的实时响应机制，这些打破原有的研发、生产、技术、销售等全链条各环节的变革，让很多只关注生产环节的产业带企业对跨境电商转型望而却步。

### （二）跨境电商订单对生产模式的挑战

跨境电商订单呈现小批量、多批次、周期短的显著特点，这与传统外贸企业和工贸企业长期采用的大规模、标准化的生产模式形成了鲜明对比。以SHEIN为例，每一个SKU（最小存货单位）一般以100~200件起订，供应商从接收订单到生产交付的时间周期最快可达5~7天，传统服装行业大批生产模式下（5000件/批）生产周期通常为30~45天。③ 传统大规模生产模式难以满足跨境电商订单的个性化、定制化需求，导致传统企业在接单能力、生产效率和产品交付速度等方面面临巨大挑战。

---

① 《2.63万亿元 跨境电商聚新成势》，《经济日报》2025年2月6日。
② AMZ123：《2024跨境电商行业年度报告》，2025年1月15日。
③ 招商证券：《SHEIN深度报告：供应链、流量为核，快时尚跨境巨头厚积薄发》，2022年10月。

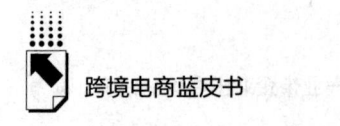

## （三）人才匮乏制约跨境电商产业带发展

跨境电商领域涉及国际贸易、市场营销、电商平台操作、数据分析、外语等多方面的知识和技能，要求从业者具备跨学科的综合素养，不仅要熟悉跨境电商平台的规则和运营技巧，还要掌握国际市场的贸易规则、消费者心理以及数字化营销手段，能够运用数据分析工具洞察市场趋势，同时具备良好的外语沟通能力，以应对不同国家和地区的客户。但产业带企业由于地理位置往往不在一线城市，发展环境相对有限，在吸引和留住人才方面面临较大挑战。《中国电子商务人才发展报告》显示，跨境电商、直播电商、农村电商等领域人才缺口达1500万，[1] 复合型人才供给不足导致企业运营效率下降、创新能力受限，多地产业带企业反映，人才短缺导致国际业务拓展受阻。

## （四）企业存在跨境电商转型的成本投入压力

中小企业在跨境电商转型过程中面临显著的资金压力，包括平台建设、技术研发、市场推广、人才培养、物流仓储等方面投入，其中平台建设与市场推广两项核心支出构成转型成本的主体，平台建设属于一次性投入，而市场推广则需持续资金支持。许多传统外贸企业和工贸企业由于资金实力有限，对转型投入的资金和时间成本心存疑虑，担心投入后无法获得相应的回报，从而对转型持谨慎态度，或者短暂尝试跨境电商业务，但没有达到预期效果后，便选择匆匆放弃。

## （五）产业带企业缺乏自有品牌和市场渠道

产业带企业以代工生产为主，缺乏自有品牌和市场渠道，品牌知名度低，产品在海外市场以低价竞争为主，利润空间有限。在国际市场上，缺乏品牌影响力迫使企业产品以低价竞争为主，容易陷入价格战的恶性循环，难

---

[1] 商务部中国国际电子商务中心：《中国电子商务人才发展报告》，2024年3月。

以实现可持续发展。而且，一旦市场环境发生变化或竞争对手推出更具性价比的产品，企业的市场份额和利润就会受到严重冲击。

### （六）产业带企业供应链协同不足

产业带内企业之间的供应链协同程度较低，信息共享不畅，缺乏有效的合作机制。在跨境电商业务中，供应链的协同效率直接影响到产品的交付速度和成本。如在原材料采购环节，企业之间由于缺乏协同，无法形成规模采购优势，导致采购成本较高；在物流配送环节，由于缺乏统一的物流规划和协调，物流效率低下，配送时间长。

## 三　跨境电商产业带企业出海策略建议

### （一）思维革新：构建数字化商业认知体系

#### 1. 建立消费者洞察机制

企业要想在跨境电商领域取得成功，必须从以生产为中心转变为以消费者为中心，将消费者需求置于首位。这一转变意义重大，能使企业生产的产品精准对接市场需求，提高产品竞争力和市场占有率，增强消费者满意度和忠诚度，为企业带来长期稳定的收益。为实现这一转变，企业可借助大数据分析和专业市场调研机构，收集和分析消费者在电商平台上的浏览、购买、评价等数据，深入了解目标市场消费者的需求、习惯、文化差异，深入洞察消费者偏好和需求趋势。如大码服装品牌 BloomChic 敏锐捕捉到欧美大码服装需求，迅速组建本土化设计团队，深入研究当地尺码标准、审美风格和流行趋势，凭借精准的市场定位和差异化的设计理念，在全球大码女装市场中脱颖而出。

#### 2. 加大产品创新力度

企业可以在原有品类基础上通过新材料、新功能加持，解决消费者痛点。通过开发新品类，挖掘细分场景新的价值点，满足空白市场需求。企业

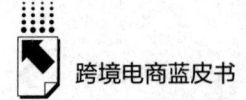

要高度重视消费者的反馈意见，与高校、科研机构开展产学研合作，共同进行技术研发和产品创新，与供应链上下游企业协同创新，开发新型面料、改进生产工艺等，提升产品的质量和竞争力。如 Anker 通过深度用户洞察，发现消费者对电子产品充电速度的不满，并针对性地进行创新研发，推出了更契合消费者需求的快速充电设备；科沃斯为解决家庭的死角清洁痛点，研发了双恒贴边技术，实现边刷和拖布的双贴边，彻底解决弯角和墙沿的卫生死角。

### （二）生产重构：打造智能柔性供应链

#### 1. 加大智能制造技术投入

为了适应跨境电商订单的特点，企业必须加大对智能制造技术的投入，引入自动化生产设备、智能仓储系统和信息化管理软件，实现生产过程的数字化和智能化。同时，企业也要积极构建智能制造生态系统，实现企业内部各环节以及企业与供应商、合作伙伴之间的协同创新和资源共享，通过建立智能制造产业联盟等形式，共同开展技术研发、标准制定和市场推广，提升整个产业带的智能制造水平。如许昌发制品产业带企业——奥源发制品公司根据消费者线上提交的头型数据和发型需求，利用3D打印技术快速制作出符合消费者需求的假发模具，大大提高了产品的定制化程度。

#### 2. 构建柔性智能生产体系

除了应用智能制造技术，企业还应建立柔性智能生产体系，优化生产流程，提高对市场需求的响应速度。柔性生产体系要求企业具备快速调整生产计划、生产设备和生产工艺的能力，能够在短时间内完成不同款式、不同规格产品的生产切换。企业可以通过建立模块化生产单元、采用并行工程等方式，实现生产流程的优化和柔性化。如号称"果链一哥"的立讯精密构建了柔性生产线，当接到不同款式的订单时，企业可以根据订单需求快速组合不同的模块化生产单元，实现生产的快速切换，大大缩短了产品生产周期，提高了生产效率和市场反应能力。

## （三）人才培养：完善企业育人用人留人机制

### 1. 加强校企人才合作与协同培养

为提高人才供给质量，跨境电商出海企业可与高校和职业院校建立紧密的合作关系，开展订单式人才培养。探索按照企业的实际需求，进行学校课程设置和教学内容的优化和调整，使学校培养出的学生能够直接满足企业的用人要求。为应对海外本土化人才匮乏现状，有条件的跨境电商出海企业应积极探索与学校在境外建设跨境电商实训基地，培养本土化运营人才。海外实训基地的建设，要注重与企业海外办事处、分公司真实业务场景贴合，为学生提供接近真实工作场景的实践操作机会。如非洲的中资企业与天津轻工业职业技术学院合作共建培训就业基地，学生可以在平台上进行店铺搭建、运营管理、营销推广等实际操作，提升实践能力，培训合格的学员会被推荐到当地的中资企业。

### 2. 实施有效的人才激励机制

跨境电商企业可设立股权激励计划，将员工的利益与企业的发展紧密绑定，吸引和留住核心人才。企业可根据员工的职业规划和岗位需求，制定个性化的培训方案，为员工提供广阔的晋升渠道和丰富的培训机会，帮助员工提升专业技能，实现个人职业发展目标。对于高层次紧缺人才的引进，企业要积极与专业的人力资源服务机构合作，借助其资源和渠道优势，引进具有丰富跨境电商运营经验、熟悉国际市场规则和法律法规的高端人才。如漯河食品产业带的部分企业与上海、深圳等地的人力资源服务机构合作，成功引进了一批跨境电商运营人才，这些人才带来了先进的运营理念和方法，为企业的跨境电商业务发展注入了新的活力。

## （四）成本投入规划：确保长期持续经营

### 1. 明晰运营团队搭建方式及成本投入额度

产业带企业转型跨境电商的第一要务就是明确跨境业务团队组建方式和人力资本投入额度。企业要根据自身体量和投入程度打造跨境电商业务团队，通常包括组建独立团队、联合运营和代运营三种方式。以组建独立团队为例，一个最小化运营团队通常包括团队负责人、账号运营人员、供应链协调人员、美工、售后和公司内部配合人员，适宜的团队规模通常大型企业7~11人、中型企业5~8人、小型企业4~7人。需要强调的是，决定转型的企业要把跨境业务当作一个独立的创业项目来做，而不能当成企业的副业，团队成员无论是内部挖潜还是外部招聘，都要按照互联网电商公司的形式来招人用人。

2.全面核算跨境电商成本投入

企业要合理规划资金投入，可采用项目管理的方法，核算跨境电商业务涉及的生产、物流报关、仓储、运营推广、终端派送等环节的成本，进行成本效益分析，确保合理分配资金。以在亚马逊开设店铺为例，大致的成本构成包括产品成本（20%~40%）、物流成本（20%~30%）、销售佣金（8%~15%）、广告营销成本（15%~20%）。① 此外，企业还要根据市场需求、成本因素和竞争状况合理确定产品定价和利润，并关注关键财务指标、存货占比、资金周转率等指标，确保店铺盈利并实现长期持续经营。

### （五）品牌战略转型：从产品出海迈向品牌出海

1.明确品牌定位与形象塑造

品牌定位是品牌建设的基础，它决定了品牌在市场中的位置和目标受众。企业需要深入挖掘产品的独特卖点和文化内涵，结合目标市场的需求和竞争态势，明确品牌定位和形象。如许昌发制品产业带的企业可以结合当地悠久的发制品文化和精湛的传统工艺，打造具有文化底蕴和时尚感的发制品品牌，将品牌定位为高端时尚、个性化定制的发制品提供商，满足追求独特发型和高品质生活的消费者需求。良好的品牌定位和形象能够使消费者对品牌产生更高的认同感和信任感，如安克创新"全球高品质智能充电专家"、致欧"全球互联网家居领先品牌"的定位，不仅提高了消费者的品牌认知，

---

① 亚马逊全球开店：《解锁中国工厂七步出海》，2025年2月。

还吸引了更多潜在消费者，扩大了市场份额。

2. 重视品牌建设和市场营销

企业在全球化发展过程中，深入研究目标市场的法律法规、文化习俗、消费习惯等是制定有效策略的前提。不同国家和地区的市场存在巨大差异，如欧美市场消费者注重产品的环保和健康属性，追求高品质、个性化的产品；而东南亚市场消费者受当地文化习俗影响，对产品的口味、包装有独特的偏好。企业要根据市场差异，调整品牌策略和市场推广策略。产业带企业可在亚马逊、速卖通等知名跨境电商平台上开设店铺，利用平台的流量优势和用户资源，提高产品的曝光度和销售量。企业也要积极拥抱 AI 技术，利用社交媒体平台开展精准营销和口碑营销，通过分析社交媒体用户的兴趣、行为等数据，企业可以精准推送产品信息，提高营销效果。企业也可与海外营销机构合作，制定本地化的市场推广方案，提高市场拓展的效果，帮助企业更好地融入当地市场。

### （六）出海生态优化：构建协同创新网络

1. 积极搭建资源共享平台

市场竞争正从单个企业间的竞争转为产业链之间的竞争，因此产业带内企业要以创新创业为纽带紧密联系在一起，加强供应链上下游合作，建立资源共享平台，实现供应链各环节的互联互通。产业带中的大企业要扮演好"龙头""链主"角色，搭建数字化供应链平台和工业互联网平台，从技术、资金、数据、渠道等方面赋能中小企业；中小企业则要积极链接共享平台，努力创新技术、产品、模式等，用专业、特色、优势来补位，为产业带效率提升和优势打造做出贡献。"链主"企业要不断完善资源共享平台服务功能，在产业共性技术研发、产学研合作、创新成果转化、协同采购、区域协同发展等方面发挥积极作用，为产业链上下游产业协同、产销衔接以及企业资源共享、优势互补、抱团发展提供更好的服务。

2. 不断完善产业出海服务生态

产业带内不同实力、不同规模、不同优势的企业要发挥自身的比较优

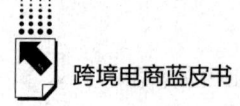

势，共同构建功能完善、高效协作的产业出海生态圈，共同为企业出海增势赋能。行业商协会、企业联盟要发挥"交流平台"和"桥梁纽带"作用，积极组织跨境电商、产业带转型相关的培训会、研讨会和资源对接会，及时共享外贸形势和行业动态，加强产业带企业之间的沟通与协调，形成统一的市场竞争优势。出海龙头企业可借鉴乐歌股份从健康办公产品制造商转型为跨境电商海外仓服务商、华凯易佰从跨境大卖升级为跨境电商综合服务商的经验，借助自身在物流、仓储、数据分析、市场营销等方面的优势，向出海服务商转型，赋能中小企业发展。在海外建立海外仓、商品展示中心、售后服务团队的出海企业，可外溢自身的服务能力，成为产业带企业的"海外服务中心"，为中小企业出海提供本地化的服务。

**参考文献**

亿邦智库：《韧性竞争力——2023产业带品牌出海洞察报告》，2023年11月。

商务部国际贸易经济合作研究院：《"跨境电商+产业带"高质量发展报告》，2024年5月。

亿迈跨境生态平台：《2024年跨境电商产业带研究报告——聚焦产业带，跨境电商的新增长引擎》，2025年2月。

# 探索篇

## B.17 跨境电商视角下数据跨境流动监管2.0阶段的合规路径分析

苗 凯*

**摘　要：** 跨境电商行业的发展，必然涉及相关数据在不同司法管辖区的主体之间流动。本文依据最新的法律法规，分析跨境电商行业视角下中国数据跨境的监管机制。根据企业主体和数据类型的不同，分别讨论数据出境安全评估、个人信息保护认证、签署标准合同等的跨境流动合规路径。立足国际视野来看，全球数据跨境流动的监管差异在相当长的时间内不会消失，对中国跨境电商企业而言，需结合自身业务和规模投入相匹配的合规资源以应对不同市场的监管差异。

**关键词：** 跨境电商　数据跨境　合规　个人信息

---

* 苗凯，北京市隆安律师事务所上海分所律师，主要研究方向为数据合规、跨境电商、争议解决。

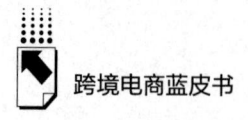

根据海关总署公布的统计数据，2023年我国跨境电商出口约1.84万亿元，同比增长20.2%，占同期我国货物贸易出口总值的7.7%；2024年上半年，跨境电商出口占货物贸易出口总值比例达到8.1%。跨境电商出口已然成为中国货物贸易出口的重要组成部分。

跨境电商和国内电商的主要区别是跨境电商涉及商品通过电子商务的方式在不同的司法管辖区流通，典型特征是购买方和销售方位于不同的司法管辖区。根据中国跨境电商海关监管方式，跨境电商的业务模式分为跨境贸易电子商务模式（9610）、保税跨境贸易电子商务模式（1210）、跨境电商B2B直接出口模式（9710）和跨境电子商务出口海外仓模式（9810）。跨境电商全链条涉及的主体有位于上游的供应商，如生产商、品牌商、销售商；位于中游的跨境电商平台和服务商，如进口跨境电商平台、出口跨境电商平台、支付服务商、物流服务商等；位于下游的购买方，如企业、经销商、个人等。跨境电商行业的数据涉及在不同司法管辖区的主体之间流动。

对特定国家或地区而言，根据数据流动方向的不同，数据跨境流动可以分为数据流入和数据流出，数据流出也称数据出境。中国监管机构明确数据出境的行为包括：①数据处理者将在中国境内运营中收集和产生的数据传输至境外；②数据处理者收集和产生的数据存储在中国境内，但境外的机构、组织或个人可以查询、调取、下载或导出数据；③符合《个人信息保护法》第3条第2款规定情形，在中国境外处理境内自然人个人信息等其他数据处理活动。① 本文主要讨论中国视角下的数据（不含国家秘密）出境合规。

## 一 数据出境监管机制概览

2021年，我国相继颁布实施《数据安全法》和《个人信息保护法》，规定数据出境的监管原则。2022~2023年，国家互联网信息办公室等部门陆

---

① 参见《数据出境安全评估申报指南（第二版）》和《个人信息出境标准合同备案指南（第二版）》。

续发布《数据出境安全评估办法》《个人信息出境标准合同办法》《个人信息保护认证实施规则》等文件，明确安全评估和签署标准合同的适用标准和流程。本文将 2024 年 3 月以前的监管机制称为 1.0 阶段。1.0 阶段下安全评估和标准合同的适用门槛都较低。在彼时的标准下，南京一家公司的外贸电商平台业务顺利通过国家互联网信息办公室数据出境安全评估，成为"跨境电商领域全国首个数据合规出境案例"。[1]

2024 年 3 月 22 日，国家互联网信息办公室发布实施《促进和规范数据跨境流动规定》。同年 9 月 24 日，国务院颁布《网络数据安全管理条例》。本文将 2024 年 3 月 22 日至今的监管机制称为 2.0 阶段。2.0 阶段下安全评估和标准合同的适用门槛有所提升，且明确了部分免于开展安全评估、签署标准合同和个人信息保护认证的情形。经过近年的探索和总结，我国已建立了相对完善的具有中国特色的数据出境分层监管机制。根据数据处理者和数据的不同类别与不同级别，针对性地适用相应数据出境监管机制。

整体而言，2.0 阶段，我国对关键信息基础设施运营者、重要数据、100 万人以上个人信息、1 万人以上敏感个人信息的出境监管较严，对于非关键信息基础设施运营者、非重要数据、100 万人以下个人信息（特别是 10 万人以下）出境相对宽松，非承载个人信息的数据基本可以自由出境流动。

## 二 跨境电商数据分类分级

鉴于我国目前多元分层的监管机制，在讨论数据出境具体监管机制前，我们先分析跨境电商行业数据的分类分级。

### （一）数据分级

我国《数据安全法》第 21 条规定"国家建立数据分类分级保护制度"。各政府主管部门承担本行业、本领域的数据安全监管职责，制定各自的数据

---

[1] 《全国首例！跨境电商数据合规出境》，《南京日报》2023 年 5 月 13 日。

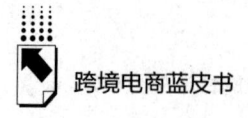

分类分级保护制度规定。相关政府主管部门包括工业和信息、交通、科技、金融、卫生健康、教育、自然资源等，与跨境电商数据分类分级密切相关的主管部门为工业和信息化部。

工业和信息化部于2022年12月8日发布《工业和信息化领域数据安全管理办法（试行）》，明确将工业和信息化领域数据分为一般数据、重要数据和核心数据三级。[①] 重要数据和核心数据关系国家安全和公共利益，仅对个人和组织产生影响的通常为一般数据。

根据公开信息，笔者暂未发现跨境电商行业的相关数据被列入重要数据或核心数据目录。

### （二）数据分类

数据的分类维度有多种，按数据是否承载个人信息可分为非承载个人信息的数据和承载个人信息的数据；按数据是否涉及公共利益可分为公共数据和非公共数据；按数据行业领域不同，数据可分为工业数据、金融数据等。《工业和信息化领域数据安全管理办法（试行）》规定的数据分类类别包括研发数据、生产运行数据、管理数据、运维数据、业务服务数据等。参照2024年10月1日实施的推荐性国家标准《数据安全技术 数据分类分级规则》，基于描述对象的数据分类，跨境电商行业的数据可分为用户数据、业务数据、经营管理数据、系统运维数据等。涉及数据出境的用户数据可能包含跨境电商平台注册用户个人信息、跨境电商上游供应商联系人个人信息等，业务数据可能包含跨境电商商品数据、合同协议等，经营管理数据可能包含人力资源信息、投融资信息、市场营销数据等，系统运维数据可能包含网络设备和信息系统的日志数据、配置数据等。

数据处理者在开展数据出境活动前需识别自身拟出境的数据级别和类型。下文将数据处理者分为特殊主体和普通主体，并分别讨论具体的数据出境合规路径。

---

① 参见《工业和信息化领域数据安全管理办法（试行）》第八条。

## 三　跨境流动数据主体

### （一）特殊主体：关键信息基础设施运营者

"关键信息基础设施"的概念较早出现于《网络安全法》，第31条规定国家对关键信息基础设施实施重点保护，并授权国务院制定关键信息基础设施的具体范围。2021年9月1日起实施的《关键信息基础设施安全保护条例》定义了"关键信息基础设施"，涵盖公共通信和信息服务、能源、交通、水利、金融、公共服务、电子政务、国防科技工业等重要行业和领域的重要网络设施、信息系统，以及其他一旦遭到破坏、丧失功能或者数据泄露，可能严重危害国家安全、国计民生、公共利益的重要网络设施、信息系统等。涉及的重要行业和领域的主管部门、监督管理部门负责组织认定本行业、本领域的关键信息基础设施，并将认定结果通知关键信息基础设施运营者。跨境电商主体可对照"关键信息基础设施"的定义，评估识别自身是否可能构成关键信息基础设施运营者。

理论上关键信息基础设施运营者跨境流动的数据可能包括重要数据、个人信息、一般数据[①]等。《网络安全法》第37条和《数据安全法》第31条规定了关键信息基础设施运营者跨境流动重要数据和个人信息的，应当进行安全评估。2.0阶段的《促进和规范数据跨境流动规定》进一步明确关键信息基础设施运营者跨境提供重要数据或者个人信息的，原则上应当通过国家网信部门的数据出境安全评估。

国家互联网信息办公室在发布《促进和规范数据跨境流动规定》的同日亦公布了《数据出境安全评估申报指南（第二版）》。其中的数据出境安全评估申报表明确列出"跨境电商"作为拟出境数据情况涉及行

---

[①] 数据分级下的"一般数据"涵盖个人信息，但个人信息所涉主体达到一定数量时可能会提级参照"重要数据"管理。为行文方便，除另有说明外，此处及下文的"一般数据"特指非重要数据且非承载个人信息的普通数据。

业或领域之一，这将有利于中国相关政府部门掌握跨境电商行业的数据出境安全评估情况。根据《数据出境安全评估办法》《促进和规范数据跨境流动规定》《数据出境安全评估申报指南（第二版）》，数据处理者申报数据出境安全评估需要提交的材料包括数据出境安全评估申报表、与境外接收方拟订立的数据出境相关合同或者其他具有法律效力的文件、数据出境风险自评估报告等材料。2.0阶段，数据出境安全评估平均用时已降至30个工作日，远低于《数据出境安全评估办法》规定的45个工作日评估期限。[①]

针对《网络安全法》和《数据安全法》未涉及关键信息基础设施运营者跨境流动一般数据的，《促进和规范数据跨境流动规定》第2条特别宣示性规定国际贸易、跨境运输等活动中收集处理的非个人信息和非重要数据的一般数据出境，无须申报数据出境安全评估、订立个人信息出境标准合同、通过个人信息保护认证。

### （二）特殊主体：自由贸易试验区主体

《促进和规范数据跨境流动规定》第6条规定，中国的自由贸易试验区可以自行制定区内需要纳入数据出境安全评估、个人信息保护认证、数据出境标准合同管理范围的数据清单（简称负面清单），负面清单之外的数据出境无须适用前述监管机制。

目前，天津、上海、北京、福建四地的自由贸易试验区发布了相关数据清单，天津和北京发布的是负面清单，而上海和福建发布的为正面清单。相关数据清单适用于特定的企业。[②] 对于注册于自由贸易试验区内的跨境电商

---

[①] 《国家网信办：促进数据跨境流动的预期目标基本实现》，中证网，2024年11月21日，http://jnzstatic.cs.com.cn/zzb/htmlInfo/df02b49b901a46ce9689c0809ed002e8.html。

[②] 天津的负面清单适用于天津自贸试验区企业；上海的正面清单适用于在中国（上海）自由贸易试验区及临港新片区范围内登记注册的，且在临港新片区开展数据跨境流动活动的相应数据处理者；北京的负面清单适用于在北京自贸试验区内登记注册、开展数据跨境流动等相关活动的企业、事业单位、机构、团体或其他组织；福建的正面清单适用于在平潭自贸片区范围内登记注册的，且在平潭自贸片区内开展数据流动活动的数据处理者。

主体需留意自身所处的自由贸易试验区是否有相关负面清单或正面清单管理规定。福建发布的《中国（福建）自由贸易试验区平潭片区数据跨境流动一般数据清单（试行）》规定，跨境旅游、跨境电商、跨境直播、国际航运四个领域下15个应用场景的一般数据清单，通过风险评估备案后即可开展数据出境。其中跨境电商领域包括跨境电商商品和订单管理场景、供应链物流管理场景、售后和客服管理场景、统计分析管理场景。

对于自由贸易试验区发布数据清单的探索，笔者认为正面清单的探索价值小于负面清单。负面清单类似"法无禁止皆可为"，而正面清单则有"法无许可不可为"之意。结合《促进和规范数据跨境流动规定》第2条，通过对中国现行的全国性法律法规进行体系解释，已经可以得出一般数据无须履行数据出境监管的前置程序，自由贸易试验区再次发布正面清单略显重复。正面清单的可取之处则是有利于数据处理者更确定地判断自身的出境数据合规路径是否符合相关法律法规。

## （三）普通主体跨境流动重要数据

《数据安全法》第21条强调中国对重要数据加强保护。《网络数据安全管理条例》第62条明确定义重要数据为"特定领域、特定群体、特定区域或者达到一定精度和规模，一旦遭到篡改、破坏、泄露或者非法获取、非法利用，可能直接危害国家安全、经济运行、社会稳定、公共健康和安全的数据"。重要数据的目录由相关部门分别确定。企业在重要数据识别过程中需要留意重要数据概念的演变，现有的重要数据识别目录和清单规定可能存在冲突之处，如2021年10月1日起实施的《汽车数据安全管理若干规定（试行）》将超过10万人的个人信息纳入重要数据范围，2024年5月9日发布的《中国（天津）自由贸易试验区数据出境管理清单（负面清单）（2024版）》将10万人以上智能汽车消费者相关敏感个人信息的数据规定为应当进行数据出境安全评估的情形，《网络数据安全管理条例》则将1000万人以上个人信息视为重要数据进行管理。

《促进和规范数据跨境流动规定》第2条规定，没有被相关部门、地区告知或公开发布为重要数据的，数据处理者不需要将其作为重要数据申报数据出境安全评估。2024年2月8日发布的《中国（上海）自由贸易试验区临港新片区数据跨境流动分类分级管理办法（试行）》的附录A亦规定"仅影响组织自身或公民个体的数据，一般不作为重要数据"。《网络数据安全管理条例》第29条再次明确，企业识别重要数据的，应当向相关部门申报，对确认为重要数据的，相关部门将向企业告知或者公开发布。笔者认为跨境电商行业的数据一般不会构成重要数据，但跨境电商平台企业需留意个人信息主体数量是否达到100万人，达到的建议参照重要数据进行管理。

对于普通主体跨境流动重要数据的，类似关键信息基础设施运营者、数据处理者同样需向国家网信部门申报数据出境安全评估。

### （四）普通主体跨境流动个人信息

根据《个人信息保护法》第38条第1款，向中国境外提供个人信息的合法路径有三：路径一，通过网信部门的数据出境安全评估；路径二，按照规定取得个人信息保护认证，或者符合数据出境标准合同相关规定；路径三，法律法规或国家网信部门规定的其他条件。

《数据出境安全评估办法》《个人信息出境标准合同办法》《促进和规范数据跨境流动规定》等部门规章分别明确了路径一和路径三的具体适用标准和实施要求。路径一和路径二属于数据出境的前置程序，当具有相应情形时，数据处理者应当依法满足相应的前置程序要求，数据处理者没有自行选择出境合法路径的权利。

路径一：通过网信部门的数据出境安全评估。普通主体适用本路径的情形为自当年1月1日起累计向中国境外提供100万人以上个人信息（不含敏感个人信息）或者1万人以上敏感个人信息。《数据出境安全评估办法》规定的此处数据主体为"10万人"，起算日为"上年1月1日起"。《促进和规范数据跨境流动规定》将"10万人"调整为"100万人"，"上年"调整为"当年"。大幅提高了个人信息出境安全评估的适用标准，2.0阶段下大部分的个人信息处理者将无须申报个人信息出境安全评估。2024年11月21

日,国家互联网信息办公室工作人员在2024年世界互联网大会乌镇峰会"数据治理论坛"上表示,数据出境安全评估月均申报数量已由《促进和规范数据跨境流动规定》出台前的13个下降至目前的5个,降幅达60%。[1]

路径二:按照规定取得个人信息保护认证,或者符合数据出境标准合同相关规定。普通主体自当年1月1日起,累计向中国境外提供10万人以上且不满100万人个人信息(不含敏感个人信息),或者累计向境外提供不满1万人敏感个人信息的,应当按照规定取得个人信息保护认证,或者符合数据出境标准合同相关规定。虽然《个人信息保护法》实施后中国已颁布《关于实施个人信息保护认证的公告》,但由于相关认证专业机构、认证标准、认证流程等尚不明确,目前实践中,较少有数据处理者通过取得个人信息保护认证开展跨境流动个人信息活动。截至2024年11月,中国网络安全审查认证和市场监管大数据中心表示,共收到个人信息保护认证申请意向104个,颁发个人信息保护认证证书7张。[2]但相关公开信息未表明该等个人信息保护认证是否包含数据出境活动。

路径三:其他条件。2024年9月24日,国务院颁布行政法规《网络数据安全管理条例》,其第35条拓展了《个人信息保护法》第38条下路径三的"其他条件"。包括:①为订立、履行个人作为一方当事人的合同,确需向中国境外提供个人信息;②依据合法的劳动规章制度和集体合同实施跨境人力资源管理,确需向中国境外提供员工个人信息;③为履行法定职责或者法定义务,确需向中国境外提供个人信息;④紧急情况下为保护自然人的生命健康和财产安全,确需向中国境外提供个人信息。前述条件①、条件②和条件④在《促进和规范数据跨境流动规定》中亦有规定,条件③为新增内容。在《网络数据安全管理条例》颁布前实施的《促进和规范数据跨境流动规定》还列举了条件①下的情形包括"跨境购物、跨境寄递、跨境汇款、

---

[1] 《国家网信办:促进数据跨境流动的预期目标基本实现》,中证网,2024年11月21日,http://jnzstatic.cs.com.cn/zzb/htmlInfo/df02b49b901a46ce9689c0809ed002e8.html。

[2] 中国网络安全审查认证和市场监管大数据中心:《3家企业荣获数据安全管理认证和个人信息保护认证证书》,https://www.isccc.gov.cn/xwdt/tpxw/11/910689.shtml。

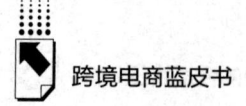

跨境支付、跨境开户、机票酒店预订、签证办理、考试服务等"。[①] 此外，《促进和规范数据跨境流动规定》第4条明确境外收集产生的个人信息通过中国向境外提供的，且在中国境内处理过程没有引入境内个人信息或者重要数据的，无须适用上述数据出境前置程序。

## 四　国际视野下的数据跨境流动监管

跨境电商行业不仅涉及数据流出中国，还涉及数据从境外流入中国，即其他国家或地区视角下的"数据出境"。此时，将适用数据流出国家或地区的相关监管规定。而面对数据保护自主权、良好数据保护和数据跨境自由流动组成的不可能三角，不同国家或地区的选择有所不同，进而造成企业面临差异、重叠的数据保护义务。欧盟侧重人权隐私保护，美国重视数据自由流动，而包括中国在内的新兴经济体则看重数据主权安全。

### （一）国际探索

跨境电商企业需针对不同出口目的地的监管要求，履行相应的数据跨境流动合规义务。目前，国际社会在积极探索数据跨境流动的合作机制，如《区域全面经济伙伴关系协定》（RCEP）、《全面与进步跨太平洋伙伴关系协定》（CPTPP）、《数字经济伙伴关系协定》（DEPA）等。

RCEP于2022年生效，为泰国、新加坡、越南、文莱、老挝、柬埔寨等10个东盟成员国和中国、日本、韩国、澳大利亚、新西兰等5个非东盟成员国之间的多边协议。RCEP强调数据自由流动为基本原则，但成员国可基于数据主权制定必要的限制措施。整体而言，RCEP关于数据跨境流动的规定比较原则，缺乏实际可操作性，未能建立基础性的统一数据保护标准。

CPTPP于2018年生效，为新加坡、越南、马来西亚、文莱、澳大利亚、日本、英国、新西兰、加拿大、智利、墨西哥、秘鲁等12个国家之间

---

[①] 参见《促进和规范数据跨境流动规定》第5条。

的自由贸易协定。中国于 2021 年 9 月正式提出申请加入 CPTPP。CPTPP 第 14.11 条规定缔约方应当允许通过电子方式跨境传输包括个人信息在内的信息，但缔约方可以为实现合法公共政策目标而采取或维持差异的措施，此类措施应当不构成任意或不合理歧视或变相限制贸易，且不对信息传输施加超出实现目标所需限度的限制。

DEPA 于 2021 年生效，为智利、新西兰、新加坡和韩国等 4 个国家之间的贸易协定。中国于 2021 年 11 月正式提出申请加入 DEPA。DEPA 第 4.3 条关于通过电子方式跨境传输信息的规定和 CPTPP 第 14.11 条的规定类似。DEPA 的新颖之处是提出数据保护可信任标志，第 4.2 条规定缔约方应努力相互承认其他缔约方的数据保护可信任标志，鼓励企业采用数据保护可信任标志。通过数据保护可信任标志的互认，将减少不同缔约方政府对数据跨境流动的干预。中国《个人信息保护法》也规定了个人信息保护认证。目前实际开展个人信息保护认证的机构为中国网络安全审查认证和市场监管大数据中心，该机构为国家市场监督管理总局直属的事业单位，如中国成功加入 DEPA 后，其作出的认证是否能得到其他成员国和国际社会的认可尚待观察。

## （二）中国立场

《个人信息保护法》第 38 条第 2 款规定中国缔结或参加的国际条约、协定对数据出境的条件等有规定的，可以按照其规定执行。笔者目前尚未发现与此处直接相关的国际条约或协定。如后续有所规定，可能将无须适用本文上述讨论的数据出境安全评估、个人信息保护认证、签署标准合同等监管机制。

根据海关总署统计，2023 年我国跨境电商出口目的地主要为美国、英国、东盟、欧盟。跨境电商的出口企业已经有 12 万家。[①] 为促进数据跨境高效便利安全流动，我国积极申请加入 CPTPP、DEPA 等相关国际协定。2024 年 11 月，我国发布《全球数据跨境流动合作倡议》，面向全球提出针

---

① 《持续加大工作力度四方面举措支持跨境电商发展》，中国政府网，2024 年 11 月 22 日，https：//www.gov.cn/xinwen/jdzc/202411/content_ 6988809.htm。

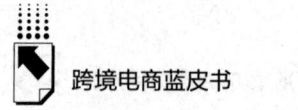

对数据跨境流动问题的中国建议。这是我国在 2020 年发布《全球数据安全倡议》后又一关于数据治理的主张。我国外交部发言人表示"中方愿在《全球数据跨境流动合作倡议》基础上与各方开展和深化数据跨境流动领域的交流合作"。① 可以预见,《全球数据跨境流动合作倡议》将成为我国对外数据跨境合作的基本立场。该倡议支持不涉及国家安全、公共利益和个人隐私的数据自由流动,允许为实现公共政策目标进行必要限度的监管,鼓励企业获得个人信息保护认证,鼓励探索建立负面清单等。

跨境电商行业不可避免地面临数据跨境流动的合规问题,随着跨境电商独立站、海外仓的建立和发展,这一问题将更为突出。全球数据跨境流动的监管差异在相当长的时间内不会消失,但通过双边或多边的合作,特定国家之间或区域内可能会建立一定的统一监管标准。对中国跨境电商企业而言,需结合自身业务和规模投入相匹配的合规资源以应对不同市场的监管差异,行稳致远,更好地"买全球、卖全球"。

## 参考文献

陈兵、杨鎏林:《数字企业出海数据安全治理国际合作机理研究》,《辽宁师范大学学报》(社会科学版)2022 年第 5 期。

陈晔婷、黄曾媛、刘金涛、柴艺:《中国—东盟跨境数据共享的影响因素与驱动路径研究:基于 TOE 框架的 fsQCA 与 NCA 分析》,《世界经济研究》2024 年第 11 期。

孔文豪、陈玲:《重新理解跨境数据流动治理模式的驱动因素——基于跨国比较的组态分析》,《电子政务》(网络首发)2024 年 11 月 13 日。

马忠法、郑文龙:《上海自贸试验区对接 DEPA 跨境数据流动规则:动因、差距及完善路径》,《上海财经大学学报》2024 年第 4 期。

梅傲、潘子俊:《企业跨境数据合规的治理模式、难题审视及合规进路》,《情报理论与实践》2024 年第 6 期。

李欢、张全伟:《数字经济背景下跨境电商物流发展法律困境与发展路径》,《物流

---

① 《外交部:中方愿与各方深化数据跨境流动领域交流合作》,新华社,2024 年 11 月 20 日,https://www.gov.cn/lianbo/bumen/202411/content_6988447.htm。

科技》2024年第20期。

李宁：《数字贸易壁垒对我国服务出口的影响度探析》，《商展经济》2024年第20期。

刘金瑞：《迈向数据跨境流动的全球规制：基本关切与中国方案》，《行政法学研究》2022年第4期。

潘宏远：《国际经贸规则视域下高标准推进黑龙江自贸区数据跨境流动的对策研究》，《对外经贸》2024年第9期。

孙南翔：《跨境数据流动规制的模式差异、协调路径与中国方案》，《法治社会》2024年第3期。

王梦影：《RCEP中我国与主要成员国的数据跨境流动承诺比较分析》，《现代商业》2024年第19期。

岳树梅、徐昌登：《RCEP数据跨境流动的法律障碍与创新策略》，《长春大学学报》2024年第9期。

张泳、闫芊伊：《数字时代下跨境电商数据流动规制：现状、困境与对策》，《中国国际私法与比较法年刊》2022年第2期。

张卫彬、陈计：《我国跨境电商中网络用户个人信息保护的困境与路径》，《河南理工大学学报》（社会科学版）2023年第6期。

周雯姝：《RCEP下我国跨境电商的机遇与挑战》，《中阿科技论坛（中英文）》2024年第2期。

朱彬旭：《跨境电商中消费者个人信息保护制度研究》，《现代营销（上旬刊）》2022年第11期。

# B.18 "一带一路"倡议背景下跨境电商"职教出海"路径与策略

周文超 陆雅琦*

**摘 要：** 在"一带一路"倡议背景下，跨境电商的快速发展对职业教育提出了迫切需求，为中国跨境电商职业教育提供了"走出去"的机遇与挑战。本文聚焦跨境电商"职教出海"的路径与策略，深入探讨其在国际合作中的机遇与挑战。"职教出海"通过输出中国成熟的职业教育资源和模式，能够为共建国家培养急需的复合型跨境电商专业人才，推动技术与商业模式创新，并加强国际职业教育标准化建设。然而，当前跨境电商"职教出海"仍面临教育内容本地化不足、职教标准统一化认证缺失、合作机制稳定性不足、资源投入可持续性压力大、文化与政策环境差异明显等挑战。为此，需要通过加强政策支持、创新合作模式、强化师资队伍建设、优化课程体系设置、加强文化交流融合和建立质量保障体系等措施，提升中国职业教育的国际影响力，助力共建"一带一路"国家跨境电商发展，为构建人类命运共同体贡献力量。

**关键词：** 跨境电商 职教出海 "一带一路"

"一带一路"倡议历经多年持续推进，为跨境电商的繁荣发展注入了强劲动力，拓展了无限可能。近年来，我国跨境电商市场规模持续扩大，2024

---

\* 周文超，郑州职业技术学院电子商务学院党总支书记，副教授，主要研究方向为跨境电商、职业教育；陆雅琦，郑州职业技术学院党政办公室教师，主要研究方向为跨境电商、职业教育。

"一带一路"倡议背景下跨境电商"职教出海"路径与策略

年我国跨境电商进出口2.63万亿元,同比增长10.8%。[①] 在"一带一路"倡议的推动下,跨境电商逐渐成为国际经贸合作的新亮点和新渠道。党的二十大以来,我国坚持对外开放基本国策,以开放促改革、促发展,持续推进更高水平的对外开放。党的二十届三中全会进一步强调,要完善推进高质量共建"一带一路"机制,稳步扩大制度型开放,深化外贸体制改革。这些政策为跨境电商职业教育"走出去"提供了坚实的政策保障和广阔的发展空间。

然而,跨境电商的快速发展也对职业教育提出了更高的要求。行业的不断壮大,对高素质、国际化、复合型人才的需求日益迫切。职业教育"走出去"不仅可以满足这一需求,还能推动中国职业教育标准和体系的国际化,提升我国在全球职业教育领域的影响力。但当前我国跨境电商职业教育"走出去"还面临诸多挑战,如文化差异、语言障碍、教育资源不足、合作机制不完善等。因此,深入研究"一带一路"背景下跨境电商"职教出海"的路径与策略,对于提升我国职业教育的国际影响力、助力跨境电商产业全球化发展具有重要的理论和实践意义。

## 一 跨境电商"职教出海"的背景与意义

### (一)"职教出海"的概念

"职教出海"是指职业教育在全球化背景下,依托国际合作和市场需求,向其他国家和地区输出教育资源、教学模式、技术标准以及培训体系的过程。"职教出海"不仅是职业教育国际化的重要实践形式,更是推动全球经济合作、促进技能型人才培养和提升职业教育品牌影响力的关键路径。

在数字经济快速发展和"一带一路"倡议的引领下,"职教出海"逐渐

---

[①] 《国新办举行"中国经济高质量发展成效"系列新闻发布会 介绍2024年全年进出口情况》,国新网,2025年1月13日。

在跨境电商领域展现出较大的应用前景和价值潜力。与此同时，许多共建"一带一路"国家以及新兴经济体的职业教育体系尚不完善，技能型人才缺口较大，而"职教出海"为这一问题提供了解决方案。通过将中国职业教育的成熟模式、先进技术和经验推广到海外，可以为跨境电商行业培养更多符合本地市场需求的专业人才，助力这些国家和地区更好地融入全球贸易体系。

## （二）跨境电商"职教出海"的优势

随着中国跨境电商行业的蓬勃发展，职业教育为这一领域提供了大批高素质技能型人才，同时推动了行业的创新与国际化发展。

### 1. 提供系统化人才培养方案

中国的职业教育在跨境电商领域积累了丰富的教学经验，通过"职教出海"，可以将成熟的课程体系和实践教学模式推广到海外。如通过构建"产教融合"的教学体系，与跨境电商企业合作共建课程，提供从理论到实践的系统化人才培养方案，帮助本地学生快速掌握行业所需技能。

### 2. 推动本地化区域化人才培养

跨境电商的全球化发展需要本地化的运营支持，而"职教出海"可以针对不同国家和地区的文化特点、消费习惯和法律法规，设计个性化的教学内容。如针对共建"一带一路"国家的跨境电商市场，"职教出海"可开设包括多语言客服、文化敏感营销、当地法规培训等模块，培养能够深入理解本地市场的专业人才。

### 3. 推动技术与商业模式创新

跨境电商是一个高度依赖技术的行业，涉及大数据分析、人工智能、区块链、云计算等领域，而中国在这些新兴技术应用上具有显著优势。通过"职教出海"，可以将先进的技术应用经验和创新商业模式带到其他国家。如通过职业教育输出，教授学员如何利用数据分析工具优化跨境电商平台的产品推广策略，或者通过区块链、物联网技术提升物流环节的透明度和效率，帮助当地企业提高全球竞争力。

4. 加强国际职业教育标准化建设

"职教出海"不仅是技能的传授,也是职业教育标准的输出。通过与其他国家共同制定跨境电商领域的职业教育标准,如课程框架、认证体系、教学评价等,可以推动全球职业教育的标准化建设,确保培养的人才在国际范围内具有一致性和通用性,更好地适应跨境电商的全球化需求。

### (三)跨境电商"职教出海"的重要意义

1. "职教出海"可有效提升共建"一带一路"国家跨境电商发展水平

"职教出海"在提升共建"一带一路"国家跨境电商发展水平方面发挥了重要作用,成为推动区域经济合作和数字贸易繁荣的关键驱动力。一是"职教出海"通过输出中国成熟的职业教育体系,为共建国家培养大批跨境电商专业人才。这些课程涵盖平台运营、数字营销、国际物流、跨境支付等核心领域,填补了共建国家技能型人才短缺的空白,为跨境电商行业的快速发展提供了强有力的人才支持。二是"职教出海"推动了跨境电商生态体系建设。通过产教融合、校企合作,中国职业教育机构与当地企业联合开展人才培养和培训项目,不仅提升了本地从业者的职业素养,还为中小企业建立高效的跨境电商运营模式提供了技术和知识支持。三是"职教出海"促进了区域经济均衡发展。通过人才培养带动跨境电商企业发展,共建国家不仅能够更好地融入全球供应链,还可以通过跨境电商平台将本地特色商品出口到国际市场,从而实现经济增长与社会进步。

2. "职教出海"可有效解决共建"一带一路"国家跨境电商人才需求

共建"一带一路"国家作为跨境电商发展的重要市场,拥有众多发展中国家和新兴经济体,其跨境电商行业正处于快速增长阶段。然而,人才需求与供给之间存在显著差距,这为"职教出海"提供了广阔的机遇和空间。

首先,"职教出海"能够有效缓解复合型专业人才短缺问题。跨境电商行业涉及物流、平台运营、数字营销、供应链管理、跨境支付等多个环节,这就要求从业者兼具国际贸易知识和数字化工具操作能力的复合型能力。而多数共建"一带一路"国家的职业教育体系尚不完善,难以满足市场对多

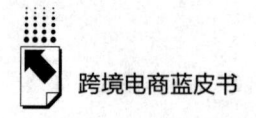

领域综合型人才的需求。通过"职教出海",中国可以将成熟的跨境电商职业教育经验、课程体系和教学模式输出到这些国家,帮助其培养一批既懂国际贸易规则又能熟练运用数字化工具的复合型人才,从而为当地跨境电商企业的运营和发展提供坚实的人才支撑。

其次,"职教出海"可以弥补数字技能培训滞后问题。跨境电商行业高度依赖大数据、人工智能、区块链等前沿技术支持。在电商平台运营、数据分析和技术应用等领域,共建国家的教育和技术培训相对滞后,存在一定短板。中国在数字经济教育方面积累了丰富的经验,通过"职教出海",可以将先进的数字技能培训课程和实践项目带到这些国家,提升当地人才在数字领域的专业技能和应用能力,为跨境电商行业的创新发展提供强大的技术人才支持。

最后,"职教出海"积极响应共建国家政策环境对人才需求的引导。随着共建"一带一路"国家逐渐加强跨境电商政策支持,其对合规运营、知识产权保护和国际物流优化等方面的专业人才需求快速增加。中国的职业院校可以针对这些政策需求,开发相应的专业课程和培训项目,如跨境电商合规运营课程、知识产权保护课程、国际物流管理课程等,培养出一批符合政策导向、具备专业素养的人才,帮助企业更好地适应和利用当地政策环境,实现可持续发展。

3. "职教出海"可有效打造世界知名的中国职教品牌

"职教出海"为中国职业教育提供了展示实力、扩大影响力的良好契机,有助于打造世界知名的职教品牌。首先,通过"职教出海",中国职业教育能够将自身成熟的办学理念、教学模式和课程体系推广到国际舞台,让全球更多国家和地区了解并认可中国的职教成果。如中国职业教育的"双师型"教师培养模式、校企合作的"订单班"培养方式等,在共建"一带一路"国家的推广过程中,受到广泛好评,逐渐成为具有中国特色的职教品牌标识。

其次,"职教出海"推动了中国职业教育的国际化进程,促使国内职业院校不断提升自身的教学质量和管理水平,以满足国际标准和需求。在与国外院校和企业的合作过程中，中国职业院校积极引入国际先进的职教理念和技术，同时将自身的特色和优势与国际接轨，实现了教学内容、教学方法和评价体系的优化升级。这种双向的交流与融合，不仅提升了中国职业教育的整体水平，也为其在国际上树立了良好的品牌形象。

此外，"职教出海"为中国职业教育拓展了更广阔的市场和发展空间。随着共建"一带一路"的深入推进，中国与共建国家的经贸合作日益密切，对高素质技能人才的需求持续增长。中国职业教育通过"走出去"，能够更好地服务这些国家的产业发展和经济建设，同时也为中国职业院校带来了更多的合作机会和资源，促进了国内职业教育的多元化发展。通过在海外建立分校、培训中心等机构，中国职业院校不仅能够培养出更多符合国际市场需求的技能人才，还能够进一步提升自身的国际知名度和竞争力，为打造世界知名的职教品牌奠定坚实基础。

## 二 跨境电商"职教出海"的现状与挑战

### （一）跨境电商"职教出海"现状

在"一带一路"倡议和数字经济发展的推动下，跨境电商"职教出海"迅速发展，已逐步形成多样化的合作模式，覆盖广泛的项目实践，为共建"一带一路"国家及全球市场提供了专业化、技能型人才培养服务，同时也提升了职业教育的国际影响力。

1. 校企合作模式

校企合作模式是指高校与境内或境外具有独立法人资格并被所在地政府认可的教育机构或企业，在境外成立以境外公民为主要招生对象的教育机构，以开展高等学历教育和职业培训为主的教育教学活动。2023年，在第20届中国—东盟博览会上，首批发布的14个中国—东盟现代工匠学院特色项目中，启迪创新跨境作为中方企业代表深度参与共建"中国—泰国跨境商务现代工匠学院、中国—马来西亚数字经济现代工匠学院"两个项目。

2024年12月，中国—东盟跨境主播孵化基地（上海）成立仪式在上海思博职业技术学院举行，基地由高校及企业共同筹办，配备了先进的多媒体教室、直播间等设施，由行业资深专家组成的教师团队，精心设计了一系列电商课程，为学员提供从理论到实践的全方位指导。

2. 中外合作办学模式

中外合作办学模式是指中国教育机构与外国教育机构通过合作，在中国境内或境外共同举办以培养特定专业人才为主要目标的教育项目或机构，通过将中国优质教育资源引入国外，开展跨境电商相关专业教育教学活动，颁发相应学历学位证书或结业证书。深圳职业技术学院与马来西亚拉曼大学合作共建"中马数字贸易学院"，引入中国先进的电商教学资源和实训体系，为马来西亚培养了大量跨境电商领域的高素质技术技能人才，其中不少学生在毕业后成功进入马来西亚的知名电商企业工作，如Shopee、Lazada等。浙江商业职业技术学院与泰国曼谷吞武里大学共建"中泰国际学院"，开设跨境电子商务专业，采用"2+1+1"人才培养模式。自合作以来已培养数百名跨境电商专业人才，其中许多毕业生在泰国当地电商企业中担任重要职位，为泰国跨境电商行业的发展注入了新的活力。

3. 国际合作联盟模式

国际合作联盟模式是指多个教育机构、企业或政府组织在跨境职业教育领域通过建立联盟的方式，整合各方资源，实现优势互补，共同开展教育项目、人才培养、技术研发等活动，推动职业教育国际化发展。重庆职业院校通过政府支持，发起成立中泰职业教育联盟、中非（重庆）职业教育联盟等，覆盖欧洲、非洲、东盟等国家和地区的451所中外院校，[①] 推动职业教育"走出去"，为合作国社会经济建设起到了重要的推动作用。

4. 海外分校与技能培训中心模式

海外分校与技能培训中心模式是指中国教育机构在境外设立分校或技能

---

[①] 《重庆高职院校建联盟、育人才、共建共享标准——聚力推进"职教出海"行稳致远》，《中国教育报》2024年9月3日。

272

培训中心，开展学历教育和职业培训活动，满足当地企业和社会对专业技能人才的需求。广东轻工职业技术大学在菲律宾和马来西亚分别建立分校，开设跨境电商相关课程，满足当地企业对跨境电商人才的需求。该校国际交流中心主任反馈："目前教师在境外授课反响很好，两个海外分校的国际学生对该项目的热情很高。"

5. 产教融合与标准输出模式

产教融合与标准输出模式是指职业教育机构与企业深度合作，将企业的生产实践与学校的教育教学相结合，共同制定人才培养方案、开发课程体系和教学资源，并将中国的教育标准和技术标准输出到其他国家，提升中国职业教育的国际影响力。南宁职业技术大学与科特迪瓦院校共建中国—西非跨境电商工匠学院，为共建"一带一路"国家的跨境电商人才培养提供方案和标准。

## （二）跨境电商"职教出海"面临的挑战

1. 教育内容本地化程度不足

职业教育在跨境电商领域的成效很大程度上取决于课程内容能否适应本地市场需求。然而，目前"职教出海"在部分国家的课程设计与本地实际需求的结合度不足，导致教育内容难以落地。一是对文化差异的忽视。共建国家的文化背景、消费习惯和商业规则各不相同，部分课程未充分融入本地市场的实际特点。二是对市场需求分析不足。一些项目未深入调研目标市场的跨境电商发展阶段和行业需求，导致课程内容与市场脱节。

2. 职教标准统一化认证缺失

由于各国职业教育体系和技能认证标准存在显著差异，"职教出海"在跨境电商领域的推广面临缺乏统一标准的问题。一是技能标准差异。不同国家在职业技能认证体系上存在较大差异，这使中方输出的职业技能标准和培训认证在部分地区难以被直接接受。二是课程体系缺乏普适性。现有课程多以中国跨境电商平台（如阿里巴巴国际站、速卖通）的业务模式为基础，但海外市场中存在亚马逊、eBay等其他甚至更为主流的平台，课程覆盖的技能体系缺乏广泛适用性。三是认证体系国际认可度不高。职业教育的认证标准尚未实现国际通用，导致输出的职教内容和技能认证难以获得海外市场的全面承认，限制了毕业生在当地就业的竞争力。

### 3. 合作机制稳定性有待提升

"职教出海"在跨境电商领域通常通过校企合作、国际院校合作等形式开展，但这些合作机制在实践中存在稳定性和持久性不足的问题。一是校企合作深度有限。许多校企合作更多停留在短期的课程合作或技术支持上，缺乏长期的深度协同机制。二是国际合作环境的复杂性。与共建"一带一路"国家的职业教育机构合作时，不同国家教育政策、法律体系、监管机制等存在较大差异，影响了合作项目的落地和持续性。部分国家政治局势不稳定对长期合作也构成威胁。三是本地合作伙伴能力不足。一些发展中国家的教育资源有限，当地职业院校缺乏先进的教育设施和师资力量，难以有效承接中方的职业教育项目。

### 4. 资源投入的可持续性压力

职业教育"走出去"需要大量的人力、物力和财力支持，尤其是在跨境电商这一技术和实践高度结合的领域，资源投入的可持续性面临较大挑战。一是缺乏资源保障。职业教育项目需要建立现代化的实训设施、开发本地化教材和培训师资，而这些投入往往需要持续的资金支持。然而，由于资源分散、项目规模不均衡，一些"职教出海"项目未能提供足够的资源保障。二是师资水平限制。职业教育的输出需要既熟悉跨境电商行业，又能适应国际化教学的"双师型"教师，但目前中国职业教育师资国际化水平较低，限制了"职教出海"的教学质量。三是基础设施限制。许多发展中国家的教育基础设施较为落后，如网络覆盖率低、电商相关技术资源不足等，直接影响了职业教育的实施效果。

### 5. 文化与政策环境差异明显

"职教出海"在跨境电商领域还面临文化和政策环境的差异，这种差异可能对职业教育项目的推广和实施造成障碍。一是文化差异的冲突。共建国家的语言、文化和教育理念差异较大，可能无法适应中方职业教育体系的输出内容。二是政策与法规障碍。不同国家对教育体系和职业技能认证的监管要求不同，部分国家的政策可能对外来教育项目设置准入门槛。一些国家对跨境电商的政策监管尚未完善，企业和教育机构难以顺畅开展相关业务。

## 三 跨境电商"职教出海"的策略建议

### （一）加强政策支持与引导

出台支持职业教育"走出去"的专项政策，如提供资金补贴、税收优惠和项目审批绿色通道等，为职业教育机构参与"职教出海"提供政策保障。建立跨部门协作机制，推动教育、商务、外交、财政等部门联动，为职业教育国际合作提供政策协同支持。将"职教出海"纳入"一带一路"倡议重点合作项目清单，促进与共建国家的政府间教育合作。设立"职教出海"专项基金，用于支持职业院校的海外办学、合作项目开发和师资培训。

### （二）创新多元合作模式

鼓励职业院校与跨境电商龙头企业（如阿里巴巴、亚马逊等）共建海外分校、实训基地，为学生提供实践机会和就业支持。与共建"一带一路"国家的职业院校建立合作关系，联合开展人才培养、课程研发和师资培训。加强职业院校与地方政府合作，争取当地政策支持，推动"职教出海"项目的落地实施。通过国际职业教育联盟、教育论坛等平台，促进职业院校间的多边交流与合作。

### （三）强化师资队伍建设

加强"双师型"教师队伍建设，确保教师能够胜任跨境电商专业课程教学。吸引具有跨境电商行业经验和国际视野的外籍专家加入教学团队，丰

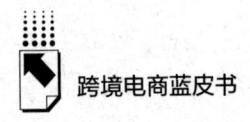

富教学内容。定期组织教师赴海外进修交流，学习国际职业教育先进理念和教学方法。搭建师资交流平台，推动中外教师开展学术研讨与经验分享，提升教师队伍的全球化视野。

### （四）优化课程体系设置

根据共建"一带一路"国家的市场特点和技能需求，开发跨境电商课程体系，包括平台运营、国际贸易规则、物流管理、数字营销等模块。注重课程本地化，结合目标国家的语言、文化和法律法规特点，调整课程内容，确保教学的针对性和实用性。根据跨境电商行业的发展趋势，不断优化课程体系，融入大数据、人工智能等前沿技术内容。

### （五）加强文化交流融合

在教学中融入目标国家的文化、商业习惯和礼仪知识，开设跨文化课程，帮助学生更好地适应跨文化商业环境。组织中外学生共同参与技能竞赛、文化沙龙和行业实践，增进彼此理解和信任。为共建"一带一路"国家学生提供汉语课程，帮助其更好地与中国企业沟通合作。将跨境电商职业教育与中国文化推广相结合，深化中外文化交流与合作。

### （六）建立质量保障体系

参考国际职业教育认证体系，制定"职教出海"项目的质量标准，涵盖课程内容、师资水平、学生能力等方面。定期对"职教出海"项目进行评估，收集学生、企业和合作院校的反馈，不断优化项目质量。与国际职业教育认证机构合作，引入三方认证，对项目进行独立认证，提升"职教出海"的国际公信力。建立长期跟踪机制，对项目培养的毕业生进行跟踪研究，评估其就业质量和行业表现，持续优化人才培养方案。

## 参考文献

吕景泉、戴裕崴、李力等：《鲁班工坊：中国职业教育国际化的创新实践》，《中国职业技术教育》2023 年第 25 期。

刘聪、赵红：《我国海外鲁班工坊高质量发展：实然审视与应然向度》，《教育与职业》2023 年第 12 期。

彭斌柏：《我国职业教育国际化发展实践与探索》，《教育国际交流》2024 年第 4 期。

陆广济：《"职教出海"助力"一带一路"共建国家数字基建人才培养》，《河北职业教育》2024 年第 4 期。

# B.19 跨境电商领域 ESG 及可持续发展研究

王小艳 张 萌*

**摘　要：** ESG 在推动商业力量实现可持续发展目标中扮演着至关重要的角色，而跨境电商作为推动全球化进程的重要力量，其 ESG 能力建设日益受到广泛关注。本文在介绍跨境电商企业 ESG 的内涵及价值、发展背景及现状的基础上，提出跨境电商企业面临碳排放监管合规、劳工权益、隐私和数据安全、知识产权合规、可持续供应链管理等 ESG 合规挑战，并建议企业坚持内生融合、智能驱动、本土议题的工作思路，从 ESG 愿景和目标、ESG 治理架构、ESG 实施框架、ESG 信息披露和传播质量等方面着手，提升企业 ESG 能力建设和现代化绿色治理水平。

**关键词：** 跨境电商　ESG　可持续发展　企业出海

在 21 世纪，全球经济发展面临前所未有的挑战，气候变化、资源枯竭和社会不平等问题日益突出，迫使各国政府、企业以及社会各界重新审视其发展模式和战略。在这一背景下，ESG（Environmental, Social and Governance，环境、社会和公司治理）作为推动可持续发展的核心力量，越来越受到全球的广泛关注。而跨境电商作为推动贸易一体化和全球化进程的重要力量，其 ESG 能力建设日益受到社会各界的重视，逐渐成为企业拓展国际市场、降低全球运营风险、构建国际竞争力的关键因素。

---

* 王小艳，河南国际数字贸易研究院副院长、研究员，主要研究方向为跨境电商、数字贸易、品牌出海；张萌，郑州职业技术学院教师，主要研究方向为跨境电商、产业经济。

# 一　跨境电商企业 ESG 的内涵及价值

## （一）ESG 的内涵

面对日益严峻的可持续发展挑战，世界各国和国际社会纷纷行动，试图寻找应对全球挑战的解决方案。2004 年，联合国全球契约组织（UNGC）首次提出 ESG 概念，倡导全球企业不要只注重单一的财务指标，而应从环境、社会责任和公司治理等方面追求可持续发展。20 年间，ESG 的内涵和外延不断拓展，与 ESG 相关的监管、实践、信息披露、评级、认证、咨询、投资、融资等活动相互促进融合，逐步形成一个由政府监管部门、实体企业、资产管理机构、各类专业服务机构以及国际组织等多元主体构成的完整生态系统（见图 1）。

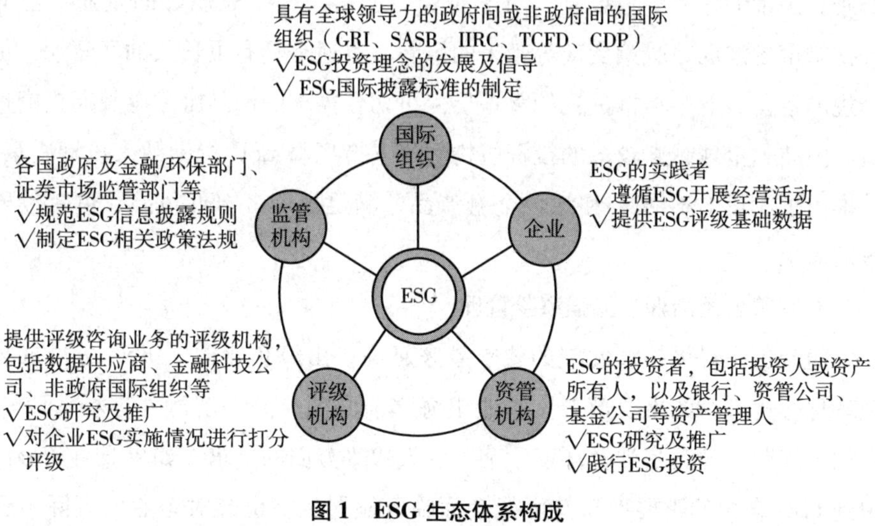

图 1　ESG 生态体系构成

资料来源：笔者绘制。

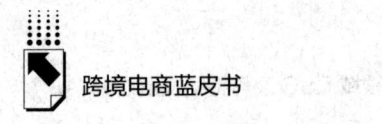

## （二）ESG 对跨境电商企业的价值

**1. 提高产品销量，树立品牌形象**

随着绿色环保和可持续发展理念日益深入人心，全球消费者更加青睐符合 ESG 标准的企业，不仅更偏爱企业环保产品，还更认可企业整体价值观和品牌形象。美国 75% 的 Z 世代消费者在做出购买决定时更看重品牌的可持续发展实践而不是品牌名称，64% 和 54% 的美国消费者愿意为可持续包装和可持续运输支付额外的费用。[①] 因此，对于跨境电商企业来说，良好的 ESG 实践不仅是企业吸引新客户、提升产品销量的重要途径，也是提升品牌价值、建立品牌深度信任的关键因素。

**2. 提升投资价值，增加资本吸引力**

在当前的投资市场上，越来越多的投资者和股东对企业的关注重点从单纯的财务指标转向企业的可持续发展，于是企业的 ESG 表现成为投资分析、研判、决策的重要参考维度。对于投资者而言，ESG 表现好的企业更能有效抵御市场波动、政策变动等带来的风险，也通常具有更长久的经营期、更合规的运营展业、更富远见的管理层、更切合需求的产品服务等长期投资价值。因此，全球越来越多的投资机构和资本市场将 ESG 指标纳入投资决策，并推出了大量 ESG 基金和绿色金融产品，满足投资者对低风险、可持续回报的需求。

**3. 完善公司治理，加强风险管理**

随着各国对可持续发展的要求越来越高，出海企业遵守 ESG 标准成为全球化合规经营的重要部分。企业出海之前必须充分了解海外市场 ESG 合规相关问题，尤其是涉及环境、劳工、人权等方面的要求。如果没有充分认识到 ESG 合规的重要性，有可能会面临巨额罚款，也会对企业的国际声誉带来负面影响。因此，有效的 ESG 实践是企业风险管理的重要组成部分，有效避免企业在全球化经营中可能遇到的法律和监管违规风险。

---

① Meta 与艾华迪集团：《2023 年 ESG 环境社会治理策略白皮书》，2024 年 2 月。

## 二 跨境电商企业 ESG 的发展背景及现状

### （一）发展背景

在全球 ESG 热潮不断高涨的背景下，各国对 ESG 的态度和模式选择出现分化。以美国为代表的部分国家开始抵制 ESG 运动，欧洲各国则不断完善 ESG 相关政策法规，我国 ESG 运动也出现蓬勃发展之势。尽管不同国家对 ESG 理念的重视程度和监管要求有所不同，但全球经济向更可持续方向发展是必然趋势。

**1. ESG 获得全球范围的广泛认可和应用**

作为一种积极进步的可持续发展理念，ESG 已经深刻渗透到社会各个领域。越来越多的国家加强了对 ESG 的政策支持和制度要求，并建立起多层次的治理和政策体系。以 ESG 监管要求最为密集的欧盟市场为例，欧盟陆续发布《公司可持续发展报告指令》（CSRD）、《欧盟碳边境调节机制》（CBAM）、《企业可持续发展尽职调查指令》（CSDDD）等法令，在金融投资、产业发展、供应链管理、产品设计和标准、国际贸易等方面出台了全方位的政策文件。我国在"双碳"目标指引下，ESG 监管框架逐步成型。2024 年 4 月，沪深北三大交易所发布《上市公司自律监管指引——可持续发展报告（试行）》，标志着 A 股上市公司 ESG 信息披露进入强制阶段；2024 年 12 月，财政部发布《企业可持续披露准则——基本准则（试行）》，国家统一的可持续披露准则体系拉开了建设序幕。同时，全球越来越多的企业不断深入 ESG 实践，上市公司 ESG 信息披露率稳步上升。毕马威报告显示，全球 250 家最大企业（G250）中，96%的企业发布 ESG 报告，各国前 100 大企业（N100）中，这一比例达 79%，可持续发展和气候目标设定报告愈发成为企业"日常业务的一部分"。[1]

---

[1] 毕马威：《迈向强制性报告：2024 全球企业可持续发展调研报告》，2024 年 2 月。

**2. ESG成为企业出海的必修课**

对于中国出海企业而言，ESG不仅是一种社会责任，也是一种战略机遇。一方面，绿色低碳、可持续发展理念催生了全球消费者对新能源、环保产品的巨大需求，推动我国绿色产业乘势而上。我国新能源汽车、锂电池、光伏产品等外贸"新三样"顺应了全球对清洁能源和低碳技术的强烈需求，成为中国企业出海新的增长点。2023~2024年，中国电动汽车、锂电池和光伏产品的出口额连续两年突破万亿元，产品出口200多个国家和地区，在全球受到广泛欢迎。[①] 另一方面，随着欧美国家对ESG标准的重视，ESG已成为企业出海的必修课。高喊"不出海就出局"的中国企业，不仅要应对海外法律、税收等硬性约束，还面临一系列复杂的ESG标准。尤其是随着中国企业从产品出海到资本出海、技术出海、品牌出海、服务出海，出海企业在全球产业链供应链中的影响力日益增大，若不重视ESG议题，有可能在无意中落入欧美ESG合规的"丛林陷阱"中，轻则面临业务流失和国际声誉受损，重则可能关系到企业的存亡。

**（二）跨境电商企业ESG发展现状**

**1. 跨境电商企业愈发注重ESG建设**

亚马逊、阿里巴巴等跨境电商平台作为链接供需两端的重要载体，承载着庞大的消费群体与海量商品，兼具向供应端传达可持续相关标准、向消费端推广社会责任品牌和绿色产品的双重责任，因此监管部门和环保组织要求电商平台对所售产品承担更多的可持续发展责任。从目前情况来看，国内外跨境电商平台都非常注重ESG实施并逐渐加大投入力度，采取各项措施提高企业的ESG表现。亚马逊于2019年签订"气候保证书"，承诺到2040年实现净零碳排放。2020年亚马逊推出气候友好承诺（CPF）项目，为符合可持续要求的产品标注CPF绿标。据亚马逊官方数据，2023年亚马逊上已

---

① 《2023年"新三样"产品合计出口增长29.9%，首次突破万亿元大关——中国外贸新引擎日益强劲》，《人民日报》（海外版）2024年1月26日；《信心2024！我国"新三样"年出口破万亿元大关》，央视网，2024年12月28日。

有140多万种绿标产品，比2022年增长157%；绿标产品的销售量累计达11.6亿件，较2022年增长42%。①SHEIN在筑牢按需生产柔性供应链"环保底色"的基础上，2023年宣布5年投入7000万美元，围绕技术创新、培训支持、工厂扩建以及供应商社区服务等方面赋能供应商，2023年帮助132家供应商工厂改造升级了40.7万平方米工作空间，举办了620场供应商培训，持续致力于构建可持续发展的ESG生态。②阿里巴巴、亚马逊、SHEIN等众多电商平台企业通过建设二手商品平台、使用清洁能源、参与公益活动、助推中小微企业发展等各种形式，展现其在可持续发展方面的决心和行动，努力向社会传递科技向善和坚守长期主义的价值观。

2. 企业ESG管理体系建设日渐完善

要让ESG真正落地实践，需要公司顶层设计和治理机制的保障，因此越来越多的跨境电商企业设立了专门的ESG管理部门，将ESG理念内化到公司的运营管理和业务发展中。阿里巴巴在2021年底正式将ESG确立为未来发展的价值基础之一，并将长期战略方向体现在"阿里巴巴ESG七瓣花"中。2022财年，阿里巴巴成立了由"可持续发展委员会、可持续发展管理委员会和ESG工作组"组成的三层可持续发展治理架构。2024财年，阿里巴巴进一步升级ESG管理体系，明确各业务的CEO为ESG工作的最终负责人，并参考PDCA（计划、实施、检查和调整）模型来提升阿里巴巴ESG管理体系。京东集团于2023年在董事会层面设立ESG委员会，与公司治理有关的职能与责任从董事会下提名及公司治理委员会转移至ESG委员会。SHEIN高度重视ESG工作，2021年聘任曾在迪士尼负责供应链ESG合规的亚当·温斯顿（Adam Whinston）出任ESG全球主管，直接向CEO汇报；2024年12月，SHEIN又成立了外部ESG咨询委员会、区域战略和企业责任委员会，以确保公司全面掌握ESG的发展趋势、风险和机遇，并在全球运营和扩张中为业务国的经济和社会结构做出积极贡献。从大型跨境电商企业

---

① 资料来源于2024年12月9日在南京召开的"2024亚马逊全球开店跨境峰会"披露的数据。
② SHEIN：《2023年度可持续发展与社会影响报告》，2024年8月。

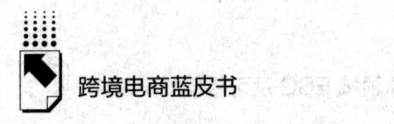

设置ESG管理部门来看，ESG理念正逐步融入企业的战略决策与经营管理中，从政策导向转变为企业内驱力，推动企业可持续和高质量发展。

3.跨境电商企业ESG评级多数处于中下水平

大型跨境电商企业都非常注重ESG建设，但由于电商运营涉及海量产品、网络架构、云计算和物流服务等产生惊人碳排量的业务，各类评级机构对其评级分数并不高。跨境电商尤其是快时尚电商产品具有寿命周期短、更新迭代快的特点，会产生大量的废弃产品、电子垃圾和包装材料，处理不当会导致环境污染和资源浪费；同时，由于涉及大量的跨国运输、包装材料以及国际物流网络的复杂性，很多跨境电商企业无法有效控制和监测其供应链的环境影响，在供应链管理过程中存在较高的能源消耗和污染排放；更重要的是，跨境电商平台涉及庞大用户数据的收集和处理，面临数据泄露、未经授权的数据使用等数据安全和隐私保护风险。由于上述跨境电商行业的"原罪"始终无法得到根本解决，因此国内外跨境电商平台和企业的ESG评级多数处于中下水平，如亚马逊和阿里巴巴在明晟（MSCI）ESG评级中连续三年维持在BBB级，处于行业平均水平，这表明跨境电商企业在ESG领域的实践还有很大改进空间。

## 三 跨境电商企业面临的ESG挑战

跨境电商企业在出海过程中面临适应不同国家ESG标准、建立可信跨国供应链体系、在快速变化的监管环境中保持合规性等众多挑战，其中碳排放监管合规、劳工权益、隐私和数据安全、知识产权合规、可持续供应链管理成为我国跨境电商企业ESG合规的核心议题。

### （一）碳排放监管合规

近年来，全球范围内极端天气事件频发，各国政府普遍加强了在气候治理和环境保护方面的努力，纷纷出台绿色政策并制定碳达峰、碳中和目标，逐渐形成了以碳数据为核心的全球贸易监管和气候治理格局。欧盟是应对气候变化的领跑者，其气候政策作为全球风向标，为出海企业设定了更高的准入标准。随着《欧盟电池和废电池法规》（2023 年生效）、《欧盟碳边境调解机制》（CBAM，2023 年 10 月生效）、《可持续产品生态设计法规》（ESPR，2024 年 7 月生效）、《企业可持续发展尽职调查指令》（CSDDD，2024 年 7 月生效）等相关立法的陆续实施，跨境电商企业将面临严格的欧盟碳排放监管要求，其交易成本及产品定价均会受到影响。紧随欧盟之后，英国、澳大利亚、美国等也正在考虑引入 CBAM 或碳关税，跨境电商企业未来将面临越来越多的绿色壁垒。

## （二）劳工权益

劳工权益是 ESG 中最重要的议题，主要关注员工权益与福利保障、职业健康和安全管理、职业培训与教育、平等就业与反歧视、员工多元化与机会平等、禁止使用童工、禁止强迫劳动等。跨境电商行业"快速响应"的特点，要求生产端和物流环节高速运转，而工厂拼产能、物流拼速度的背后，可能造成工人们超强度工作。如亚马逊在 2024 年"黑五"期间遭遇全球范围以"Make Amazon Pay"（让亚马逊付出代价）为主题的大规模罢工活动。此前，多家媒体曾披露亚马逊物流中心员工工时长、压力大、工资低、环境差，不仅被要求压缩如厕时间，还受到侵扰性监控系统的看管，引起员工的极大不满。SHEIN 的上市之路也一直饱受劳工权益问题的掣肘。2021 年，劳工观察组织 Public Eye 发表的实地调查报告称，SHEIN 代工厂员工每周工作 75 个小时，每月只休息一天。该组织 2024 年发布的追踪报道中称，SHEIN 供应链中许多工人仍然普遍存在过度加班现象。SHEIN 在《2023 年度可持续发展与社会影响报告》中也承认其供应链中发现两起使用童工和工厂未支付最低工资的案例。随着我国企业的海外扩张以及本土化运营的深入发展，出海企业将更多面临劳动用工领域的风险与合规管理问题。

## （三）隐私和数据安全

我国高新技术企业以及数字平台企业在出海过程中，都无法绕开数据和个人信息处理活动，企业在数据合规与隐私保护领域面临更为严格的要求。如 TikTok 作为中国具有代表性的数字出海企业，在全球拥有 17 亿用户，但美国、欧洲、印度、澳大利亚等国家和地区纷纷以国家安全、数据安全、个人隐私为由封禁 TikTok。2024 年 4 月，美国政府要求 TikTok 的母公司字节跳动在 270 天内（可延长 90 天）出售 TikTok，否则将在美国被禁。美国政府和立法者声称 TikTok "可能威胁国家安全"，其所谓的"担忧"包括用户数据可能被海外获取、TikTok 可能成为传播宣传的工具、算法可能被用于影响美国用户等方面。大疆是全球最大的无人机制造商，在美国商用无人机总销量中占比超过一半，早在 2017 年，美国就以大疆无人机可能会带来数据传输、监视和国家安全等风险为由，将大疆列入制裁清单，并对其开启长达多年的制裁。以上案例凸显了在全球化背景下，科技类公司除面临隐私和数据合规外，还涉及言论自由、市场竞争、国际关系等多方面的 ESG 挑战，这也反映了 ESG 问题的复杂性和相互关联性。

### （四）知识产权合规

在全球化的浪潮中，知识产权合规不仅是出海企业的基础要求，更是推动可持续发展的关键力量。当前，我国跨境电商企业在运营过程中，正遭遇一系列棘手的知识产权合规问题。不少企业知识产权意识淡薄，加之知识产权相关法律复杂、地域性保护规则等因素交织，导致产品被下架、电商账号被封禁、账户被冻结，甚至承担巨额赔偿责任等，给企业经营带来极大风险。中国知识产权研究会报告显示，2023 年中国企业在美新立案和结案的 1762 起知识产权诉讼案件中，涉及跨境电商案件 1092 起，其中中国企业作为被告案件 1033 起，占比 94.60%。[1] SHEIN 也一直深受侵权风波困扰，在 2019~2022 年四年时间中，SHEIN 及其母公司在美国就有 50 多起商标或版权侵权诉讼被列为被告。[2] 2024 年 12 月底，深圳跨境大卖、全球领先 ICT

---

[1] 中国知识产权研究会、国家海外知识产权纠纷应对指导中心：《2024 中国企业海外知识产权纠纷调查》，2024 年 6 月。
[2] 《200 亿美元营收隐秘巨头，赴美 IPO 低调疾行》，21 世纪经济报道，2023 年 7 月 17 日。

设备与解决方案供应商 TP-Link（深圳普联技术有限公司）的侵权案件，以支付给 NETGEAR 1.35 亿美元（约合 9.8 亿元人民币）和解金落下帷幕。①这些案例提醒跨境电商企业要深刻认识知识产权合规管理的重要性，尤其是随着 AI 数字化工具的广泛应用，技术赋能所触发的知识产权合规问题，或将有增无减。

### （五）可持续供应链管理

可持续供应链管理要求企业关注从生产原料获取到产品最终销售的整个过程，以确保整个供应链的可持续性和社会责任，也就是说企业的 ESG 实践不局限于企业内部运营，而是扩展至整个供应链上下游直接或间接的商业伙伴关系。如欧盟《企业可持续发展尽职调查指令》（CSDDD）和德国《供应链尽职调查法》（SCDDA）都要求企业必须对供应链中的人权和环境影响做尽责管理，以确保供应链的每个环节都符合 ESG 标准。这些法规对电子制造、纺织服装和食品加工等具有较大环境和社会影响的行业提出了更高的 ESG 合规门槛。如 SHEIN 管理着 5000 多家中小服装厂组成的庞大代工网络，负责任供应链治理成为其最重要的 ESG 议题，为此 SHEIN 制定了负责任采购（SRS）政策，2023 年接受 SHEIN 现场审计的供应商从 2022 年的 2812 家，增加到 2023 年的 3365 家，其中 625 家企业是纺织品供应商、包装供应商和成品供应商的上游分包商。此外，供应链上碳排放也是 SHEIN 碳合规的重要领域，2023 年 SHEIN 的碳排放量（全链条）为 1668.43 万吨，较 2022 增长 82%，其中供应链的碳排放占总排放的 99%以上（见表 1），庞大供应链网络的碳排放问题成为 SHEIN 发展所面临的最大压力。② 跨境电商供应链通常跨越多个国家和地区，还涉及采购、研发、生产、物流、销售等各个供应链节点的环境和社会影响，无疑加大了供应链管理的复杂性和合规风险。

---

① 《被诉侵权！深圳大卖支付近 10 亿元和解》，亿恩网，2024 年 12 月 15 日，https://mp.weixin.qq.com/s/e7uNq2lo7DvUxE5b‑qRosw?poc_token=HGAevGej2gj8C3vp_FXaeXS33W4bfPf0bf7p4Svl。

② SHEIN：《2023 年度可持续发展与社会影响报告》，2024 年 8 月。

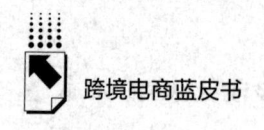

表 1　2021~2023 年 SHEIN 碳排放构成

单位：吨二氧化碳当量

| 项目 | 2021 年 | 2022 年 | 2023 年 |
| --- | --- | --- | --- |
| 范围 1（直接排放） | 3728 | 3781 | 7514 |
| 范围 2（间接排放） | 26392 | 19505 | 25788 |
| 范围 3（供应链排放） | 5938195 | 9150202 | 16651007 |
| 　运输与分发 | 2070333 | 3234539 | 6354029 |
| 　商务旅行 | — | 1011 | 5356 |
| 　采购货物与服务 | 3867862 | 5853376 | 10209730 |
| 　资本货物 | — | 60924 | 75847 |
| 　运营中产生的废物 | — | 352 | 6045 |
| 总计 | 5968315 | 9173488 | 16684309 |

资料来源：SHEIN，《2023 年度可持续发展与社会影响报告》，2024 年 8 月。

## 四　跨境电商企业 ESG 合规的思路和举措

面对不断变化的全球经济形势和日益严峻的环境挑战，跨境电商企业必须认识到，ESG 不再是一个可选项，而是一个必须采取的行动，以确保企业在全球化扩张过程中实现合规和可持续发展，最终推动整个商业世界向着更加可持续和负责任的方向发展。

### （一）企业践行 ESG 的工作思路

**1. 内生融合，把 ESG 融入企业战略和业务实践**

ESG 不是面子工程，不能外化成无关业务经营的边缘项目，企业必须把 ESG 责任内化，把 ESG 理念融入战略规划、生产经营和企业文化中，以求达到企业外部价值与内部价值的真正融合，并满足监管部门和资本市场的要求，助力企业走在国际化可持续发展的前沿。

**2. 智能驱动，数字技术提升 ESG 实践效率**

ESG 的数字化是必然趋势，无论是从数据管理还是业务支持角度讲，前沿技术都是企业ESG能力建设的赋能器。跨境电商企业必须坚持以科技创新为驱动，积极布局数字化转型，深入应用AI、大数据、云计算等前沿技术，以新质生产力持续推动ESG建设的深入发展。

3. 本土议题，构建具有中国特色的ESG体系

中国的ESG体系和全球ESG体系既有统一性，也呈现一定的中国特色。这要求我国跨境电商企业在制定ESG战略时，既要遵循国际基本原则，也要立足我国国情和发展阶段，在共同富裕、乡村振兴、创新驱动等本土议题方面积极履行社会责任，以期实现国内市场的适用性和国际市场的认可度。

## （二）企业实施ESG建设的路径

1. 确定企业的ESG愿景和目标

在深入理解联合国可持续发展目标和中国式现代化核心内涵的基础上，结合企业核心价值观和长期发展战略，明确企业ESG愿景，如阿里巴巴的愿景是"让客户相会、工作和生活在阿里巴巴，并成为一家活102年的好公司"，以便使ESG成为企业价值基石和长远发展驱动力。基于ESG愿景，企业还要设定一系列可量化的短期和中长期目标，包括减少温室气体排放、提高能源效率、推动性别平等、增强供应链的可持续性等，以体现企业对环境保护、社会责任和良好治理的承诺。

2. 建立有效的ESG治理机制与组织架构

为应对ESG带来的风险和机遇，跨境电商企业需要制定一套自上而下的、多层级的ESG治理和管理体系。一方面，建立健全ESG治理架构，优化董事会决策体系。在董事会层面设置ESG专门委员会，负责履行战略决策和监督职能，审议并监督ESG相关事项，自上而下推动公司内部ESG体系建设。另一方面，建立专业的管理团队及工作机制。配备相适应的管理人员及工作团队负责ESG落地执行工作，明确并落实相应的责任主体及绩效考核，并建立跨部门协作机制，确保ESG工作的有效推进。

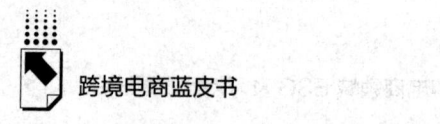

### 3. 搭建全面的ESG战略实施框架

围绕跨境电商企业价值链，在产品开发、原材料采购、包装、供应链管理、物流、客户体验、绿色运营、人力资本和社会福祉等九个关键业务领域和控制环节中识别ESG关键要素（见图2），以帮助企业制定全面实用的ESG实践方案。但基于资源的有限性，企业要在价值链上识别出与其ESG战略最相关的阶段和最重要的ESG议题，并采取更加精细化的管理方法，对一般议题可采取最低合规标准以满足监管要求，与核心业务显著相关的议题则制定较高的绿色标准，把ESG打造成企业差异化竞争优势。

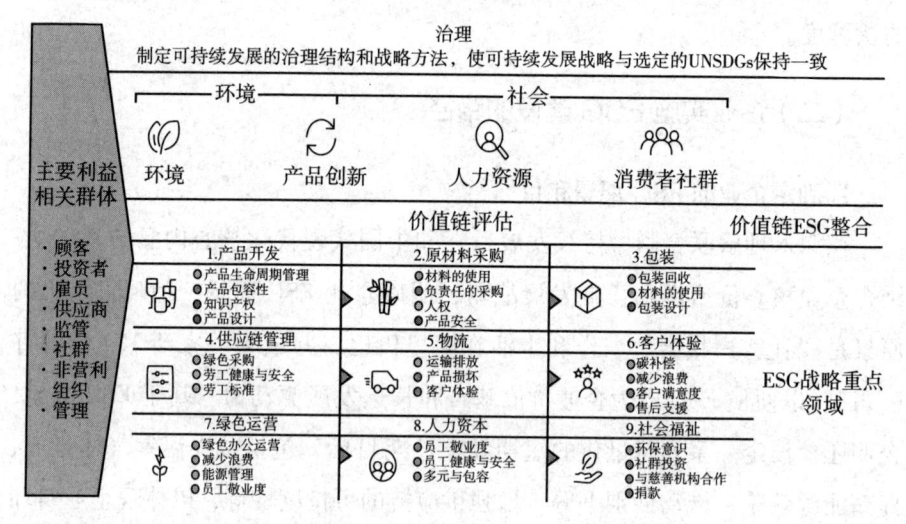

**图2 跨境电商商家ESG战略实施框架**

资料来源：Meta与艾华迪集团：《2023年ESG环境社会治理策略白皮书》，2024年2月。

### 4. 提升ESG信息披露和传播质量

ESG信息披露不仅关乎企业的社会责任，更直接影响着企业的经济效益和市场竞争力。作为"走出去"的跨境电商企业，要更加积极主动地参与ESG相关工作，除了在企业年报、可持续发展报告中披露ESG信息外，还应通过企业官网、投资者关系平台、社交媒体等多种渠道，向利益相关方广泛传播ESG信息，向外界传递企业积极履行社会责任的正面形象，提升品牌价值和公众信任度。

**参考文献**

敦煌网：《跨境电商行业可持续发展白皮书》，2024 年 11 月。
财新智库、中国 ESG 30 人论坛：《2024 中国 ESG 发展报告》，2024 年 11 月。
贝恩、哈佛商业评论：《放眼长远，激发价值——中国企业 ESG 战略与实践白皮书》，2022 年 8 月。

# B.20
# 数智化背景下工业品跨境电商发展的困境与策略研究

——以机械制造类目为例

陆雅琦*

**摘 要：** 在全球产供链重构背景下，跨境电商成为中国工业品出海的重要渠道。本文以机械制造类工业品为例，探讨数智化背景下工业品跨境电商的发展状况。全球工业品跨境电商市场规模扩大、参与者多元化，数智化技术为其带来新机遇；与此同时，该领域发展面临电商平台数量少、功能流程存在缺陷、物流仓储支撑薄弱、监管服务体系不足、数智化转型困难等诸多困境。因此，本文提出优化平台类型及功能、加强关键环节支撑服务建设、完善监管体系与支持政策、加快数智化转型等策略建议，旨在推动工业品跨境电商发展，提升"中国制造"全球价值链地位。

**关键词：** 工业品 跨境电商 数智化 机械制造

我国是全世界唯一拥有联合国产业分类中全部工业门类的国家，500种主要工业产品中，我国有220多种产品产量位居全球第一。[①] 同时，中国工业品供应链体系持续优化升级，依托数智化协同机制创新，打造现代产业集群，逐步实现由低附加值代工模式向创新驱动型、高新技术导向型价值链高端跃迁。2024年，我国全年货物贸易进出口总值达到43.85万亿元，同比增

---

* 陆雅琦，郑州职业技术学院党政办公室教师，主要研究方向为跨境电商、职业教育。
① 《工信部：我国有220多种工业产品产量位居全球第一》，《北京日报》2024年7月5日。

长5%，出口规模达到25.45万亿元，同比增长7.1%，连续8年保持增长。出口产品结构不断优化升级，装备制造业出口14.69万亿元，电动汽车、3D打印机、工业机器人出口分别实现了13.1%、32.8%、45.2%的增长。[①]

近年来，跨境电商成为中国工业品出海的重要渠道，工业品跨境电商交易规模不断扩大，渗透率持续提升，工业品出海蕴含了巨大的市场潜力。但是，工业品跨境电商仍面临垂直类跨境电商平台稀缺、数据标准化与结构化难度大、跨境数据安全与合规风险高、跨境物流通关数字化协同不足、传统供应链体系与电商渠道整合困难等问题。因此，以机械制造类目为典型代表，探讨数智化背景下工业品跨境电商发展的困境与策略，对于推动企业数字化转型、打造一批具有中国特色的工业品出口产业集群具有重要意义，以期助力"中国制造"全球价值链地位的整体跃迁。

# 一 工业品出海面临显著的时代机遇

## （一）跨境电商转型：工业品出海迎来新突破

### 1. 市场规模持续扩大，潜力不断释放

全球工业品出口规模持续扩大，2023年全球工业制成品出口规模达16.9万亿美元，占全球货物出口总额的71%；中国制成品出口规模达3.11万亿美元，占中国货物出口总额的92%。在工业品出口方式中，电子商务的体量不断增大，2023年全球B2B电子商务交易规模达23.433万亿美元。[②]这些数据不仅反映了工业品在全球贸易中的重要地位，也凸显了跨境电商模式对工业品贸易的有力推动作用。工业品跨境电商逐渐成为推动国际贸易增长的新势力，为全球制造业供应链的优化提供了新动力。

---

[①] 《国新办举行"中国经济高质量发展成效"系列新闻发布会 介绍2024年全年进出口情况》，国新网，2025年1月13日。

[②] 商务部国际贸易经济合作研究院：《中国工业品出海路径图》，2024年9月。

293

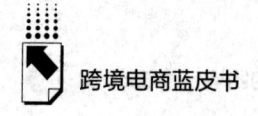

### 2. 交易复杂性持续凸显，平台赋能新渠道

工业品跨境电商的主要特点在于其交易的专业性、复杂性和长期性。与消费品不同，工业品的采购涉及大量技术参数、定制化需求和复杂售后服务，且工业品交易通常以 B2B 模式为主，单笔交易金额大，这就要求平台具备更高的专业性和技术含量。同时，部分跨境电商平台瞄准工业品出海的市场潜力，发力工业品板块，如亚马逊将工业品纳入战略品类，并于2024年9月启动"亚马逊企业购工业品出海孵化器"，推动中国工业品品牌加速出海。

### 3. 市场主体日益多元，产品供给更加丰富

全球工业品跨境电商的参与者涵盖了从大型跨国企业到中小型企业，汽车零配件、家具家居、工程机械等品类需求日益旺盛。随着全国跨境电商综试区深入开展"跨境电商+产业带"行动，以及跨境电商平台推出"全托管""半托管"模式，越来越多埋头 OEM 供货的生产企业加入跨境电商赛道，展示出强大的产业集聚效应和创新潜力，实现了资源优化配置和生产效率提升。

## （二）数智化升级：新技术重塑工业品跨境供应链

### 1. 技术赋能精准营销与定制服务

数智化技术为工业品跨境贸易注入新动力，推动工业品跨境电商向智能化、数据驱动方向演进。借助大数据分析和智能营销引流系统，企业可精准定位海外客户，并深度洞察客户对产品功率、精度、耐用性等独特要求，从而提供个性化解决方案。这种精准营销和服务不仅可以提升客户满意度，还巩固了长期稳定的客户关系，为工业品企业开辟了新的市场空间。

### 2. 智能驱动跨境物流及供应链优化

数智化技术重塑了工业品跨境贸易的物流与供应链管理。通过物联网技术，企业可实时监控货物运输状态，确保物流高效透明。人工智能算法则优化仓储布局和运输路线，降低物流成本，提高配送效率。智能库存管理根据市场需求自动调整库存水平，减少积压，增强供应链的智能化、灵活性与透

明度。

**3. 效率跃升促进运营降本增效**

数智化技术推动工业品跨境贸易运营的自动化与智能化。智能系统快速处理订单，自动匹配库存与需求；库存管理系统实时监测库存，实现精准补货；智能客服快速响应客户咨询，提升服务效率。这些技术的应用降低了运营成本，提高了整体效率，使企业在激烈的市场竞争中更具优势。

## 二 工业品电商平台运营模式研究

### （一）B2B 平台：企业间交易的桥梁

B2B 平台是工业品跨境电商的主要模式，连接制造商、供应商与采购商三方，具有交易规模大、专业性强、注重长期合作关系等特点。阿里巴巴国际站作为全球领先的 B2B 平台，为工业品企业提供一站式的贸易服务，涵盖产品展示、询盘管理、订单处理、支付结算、物流配送和售后服务，满足工业品企业从交易到售后的全方位需求。徐工集团、三一重工等龙头企业通过阿里巴巴国际站成功拓展了东南亚、中东、非洲等区域市场，提升了全球品牌影响力和市场竞争力。1688 工业品品牌站是阿里巴巴重点打造的工业正品采销平台，借助智能选型和智能决策工具，提供标准化的产品信息和高效的供应链服务，帮助企业提升采购效率，助力企业精准匹配产品需求。中国制造网是专注于工业品出口的 B2B 平台，通过提供精准的市场洞察和客户匹配服务，帮助企业拓展国际市场。各种 B2B 平台还通过线上线下结合的方式，举办各类展会和活动，增加企业与采购商的互动。

### （二）B2C 平台：拓展终端市场

B2C 平台主要面向终端消费者，交易频率高、金额相对较小，能够直接触达消费者，有助于提升品牌知名度。B2C 平台能够快速响应市场需求，通过个性化推荐和精准营销，提高销售转化率，增强用户黏性，拓展市场份额。但 B2C 平台规则严格，对产品包装、品牌营销和售后服务要求较高，企业需要具备较强的市场运营能力，严格遵守平台政策，避免违规操作。

亚马逊、eBay、速卖通等 B2C 平台均有工业品垂直分类。亚马逊工业品板块（Amazon Industrial & Scientific）作为全球领先的工业品电商平台，近年来在全球范围内的销售额呈现强劲增长态势。该平台专注提供广泛的工业用品，包括但不限于工具、机械、实验室设备、安全用品等，涵盖从基础工具到高端机械设备的多个品类，能满足不同行业客户的多样化需求。亚马逊依托其强大的全球物流网络和先进的技术支持，满足了工业品对于物流和配送服务的特殊需求。徐工集团、三一重工、中联重科等中国知名机械制造类企业入驻亚马逊工业品板块，借助其全球影响力和高效的物流配送服务，将产品推向国际市场，提升了品牌的国际影响力。

### （三）独立站：打造企业专属品牌

独立站是企业自主搭建的跨境电商网站，具有高度的自主性和灵活性，能够帮助企业打造专属品牌，提升品牌影响力和客户忠诚度。企业通过自主设计网站功能和产品布局，优化用户体验，提高客户满意度，但独立站的建设和运营成本较高，流量获取难度相对较大，需要通过搜索引擎优化、社交媒体营销等多种方式吸引流量，因此需要企业具备专业的技术团队和市场运营能力。

徐工集团于 2018 年搭建出海独立站（Machmall.com），通过整合中国制造优质资源，发挥电商平台强大的需求匹配功能，将全球范围内最具优势与竞争力的合作经销商及其产品匹配给采购方，为全球客户提供多品类、成套化、系列化机电产品及租赁、拍卖、二手设备、配件和海外仓等各类电子商务贸易与综合服务。三一重工、中联重科均通过自主搭建的跨境电商网站，充分展示其工程机械产品的优势和特点。这些企业通过独立站提供详细的产品参数、技术文档和视频演示，展示其在工程机械领域的创新成果和优质产品，帮助客户深度了解公司的优质产品，并提供个性化的产品推荐和定制化服务。

## 三 机械制造类工业品跨境电商发展现状

机械制造类目作为工业品中的典型代表,其在电商化发展、数智化转型中的实践经验,能为整体工业品跨境电商的数智化发展提供重要的参考和借鉴。近年来,得益于我国机械制造业的庞大产能、完善的产业链以及不断升级的产品技术,我国机械制造类工业品跨境电商交易规模呈现强劲的增长势头。

### (一)从产品特点来看

我国机械制造类工业品涵盖工程机械、农业机械、数控机床、工业机器人等多个细分领域,这些产品通常具有技术含量高、定制化需求强、体积大、运输要求高等特点。以工程机械为例,我国的挖掘机、装载机等产品在国际市场上具备较强的竞争力。据阿里巴巴国际站数据,2024年上半年其线上交易额增速最高的10个行业中,一半都与机械设备、施工建材有关,尤其是工程机械行业中的明星产品,如挖掘机、装载机、钻机等,在国际站上的线上交易额增速均超过50%。[1] 机械制造类工业品出口也带动了相关零部件和原材料的出口,驱动上下游关联产业协同发展,提升了我国机械制造业在全球产业链中的地位。

### (二)从市场角度来看

机械制造类工业品的跨境电商客户主要集中在共建"一带一路"国家、欧美地区以及部分新兴市场国家,对产品的质量、性能、售后服务以及技术支持有着严格的要求。在东南亚市场,基础设施建设的加速推进导致各国对工程机械产品需求激增,2022年我国向东南亚国家出口的工程机械类产品

---

[1] 《入驻阿里国际站,加快设立海外仓!看济宁机械产业带企业线上"出海"》,《大众日报》2024年8月28日。

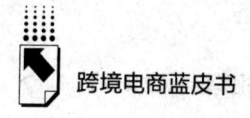

同比增长30%，占该地区机械制造类工业品进口总额的60%。在欧美市场，高端制造业的数字化转型为我国数控机床、工业机器人等产品的出口提供了新的机遇，2022年我国向欧美出口的高端机械制造类产品同比增长18%，占我国高端机械制造类产品出口总额的35%。①

### （三）从交易特点来看

机械制造类工业品的跨境电商交易通常采用B2B模式，交易金额较大，交易频率相对较低，但单笔交易的利润较高。企业通常需要提供详细的产品参数、性能指标以及定制化解决方案，以满足客户的个性化需求。同时，由于机械制造类产品的特殊性，交易过程中需要提供专业的技术支持和售后服务，以确保客户能够顺利使用产品并实现预期的生产效益。

## 四 数智化背景下机械制造类工业品跨境电商发展困境

### （一）平台局限：功能与流程的双重瓶颈

**1. 数量稀缺：平台分布不均衡**

当前工业品跨境电商平台数量有限，且分布不均衡。多数平台集中在少数发达国家和地区，如美国、德国等，这些平台虽然技术先进、功能完善，但对中小企业和新兴市场国家的企业不够友好，存在入驻门槛高、运营成本大等问题。相比之下，发展中国家的工业品跨境电商平台数量少，且功能相对单一，难以满足企业的多样化需求。我国虽有正在崛起的全球速卖通、TikTok等电商平台，但多聚焦消费品市场，机械制造类工业品企业入驻数量较少，仍未形成行业气候。

**2. 功能缺陷：交易撮合存在断点**

现有工业品跨境电商平台功能不完善，存在明显的功能缺陷。大部分平

---

① 艾媒咨询：《2023~2024年中国跨境出口电商产业运行大数据分析报告》，2024年12月。

台仅能完成交易撮合，后续的物流、支付、售后等环节仍需转向线下完成，导致交易流程中断，无法实现全流程的闭环管理。如一些平台在订单生成后，无法直接对接物流系统，企业需要自主联系物流商安排运输，增加了操作成本和时间成本。

3. 流程断点：协同配合不足

工业品跨境电商平台在交易全流程中存在断点，缺乏时间闭环。从订单生成到物流配送、支付结算、售后服务，各个环节之间缺乏有效的衔接和协同。如支付环节可能因跨境支付的复杂性而延迟，影响物流环节的及时发货；售后服务环节可能因信息不畅而无法及时响应客户问题，导致客户满意度下降。

## （二）支撑薄弱：物流与仓储的双重困境

1. 海关通关：分类检验标准差异大

机械制造类工业品在海关通关环节面临诸多复杂挑战。机械制造类工业品种类繁多，产品分类复杂，涉及多个海关税则号，企业难以准确归类，容易导致通关延误。同时，部分机械制造产品属于特种设备，需要在安全、环保等方面经过严格的检验检疫，增加了通关时间。不同国家和地区的海关政策差别，导致企业需要花费大量时间和精力进行了解、适应，增加了运营成本。

2. 国际标准认证：获取认证难度较大

机械制造类工业品在国际市场上需要满足各类严格的标准认证，如欧盟的 CE 认证、美国的 UL 认证等。这些认证标准复杂、技术要求高，企业获取认证的难度较大。同时，认证过程耗时长、费用高，中小企业往往难以承受。不同国家和地区的认证标准不统一，企业需要针对不同市场分别申请认证，增加了运营的复杂性。

3. 特种跨境运输：缺乏物流解决方案

机械制造类工业品的运输不同于一般货物运输，多为大件、重件等运输方式，对物流解决方案提出了高标准高要求。然而，当前跨境物流市场及平台缺乏专门针对大件、重件的物流解决方案，运输成本高，运输效率低。此外，各国物流基础设施水平不一，部分国家和地区的港口、机场等物流基础设施落后，无法满足大件、重件的装卸和运输需求；跨境物流的信息化程度偏低，数据跨境流动困难，企业难以实时跟踪货物运输状态，增加了运营风险。

**4. 海外大件商品仓储：仓储设施与管理能力的局限**

海外仓在机械制造类工业品存储方面存在明显局限性。海外仓的仓储设施不足，仓储空间有限，难以满足大件、重件商品的存储需求。部分仓储管理能力弱，管理技术水平低，无法实现智能化仓储管理，导致库存管理效率低，库存积压和缺货现象时有发生。海外仓的地理位置分布不均衡，多数集中在欧美发达国家，新兴市场国家的海外仓数量较少，增加了企业的物流成本。

### （三）体系不足：监管与服务的双重缺失

**1. 监管体系：数据与质量监督的漏洞**

现有监管体系在应对机械制造类工业品跨境电商时存在明显不足。跨境数据传输、存储和使用缺乏有效的监管措施，企业数据安全和隐私保护面临风险。机械制造类工业品质量标准复杂，监管难度大，质量监督不完善，导致市场上存在部分假冒伪劣产品，损害了消费者利益和企业声誉。

**2. 支持政策：缺乏针对性的扶持措施**

当前政策对机械制造类工业品跨境电商的支持力度不足，缺乏针对性的扶持措施。机械制造类工业品跨境电商税收政策复杂，企业难以准确理解和执行，增加了税务风险。政策的稳定性和连续性不足，企业难以形成长期稳定的经营预期。同时，在大国博弈和产业竞争的背景下，全球跨境电商发展面临前所未有的政策调整，美国征收"对等关税"，并取消800美元关税豁免政策，欧洲与东南亚国家也同步收紧跨境进口监管政策，这将削弱我国机械类工业品的海外竞争力。

### 3. 生态体系：配套服务缺失

售后服务、金融支持、信息咨询等配套服务在机械制造类工业品跨境电商中存在明显缺失。机械制造类工业品售后服务涉及技术指导、维修保养等多个环节，现场派驻或聘用海外售后工程师资金投入大，远程诊断技术发展较慢，部分企业缺乏在线维修指导服务，企业难以及时响应客户需求。跨境电商业务风险偏高，金融机构对其支持力度较小，企业融资渠道有限，企业面临资金短缺、融资困难等问题。企业缺乏专业的市场信息、政策信息等咨询服务，难以及时了解市场动态和政策变化。

## （四）转型挑战：数智化转型的多重难题

### 1. 数据难题：标准化与结构化困境

机械制造类工业品数据在收集、整理和应用过程中面临标准化与结构化问题。机械制造类工业品数据涉及生产、销售、物流等多个环节，数据来源复杂多样，难以统一标准。不同环节的数据格式不一致，数据整合难度大，影响数据的深度分析和应用。数据质量参差不齐，部分数据存在错误、缺失等问题，影响数据分析的准确性和可靠性。

### 2. 安全风险：跨境数据的合规挑战

机械制造类工业品跨境电商企业在跨境数据传输、存储和使用中面临安全与合规风险。跨境数据传输涉及多个国家和地区，数据泄露、篡改等安全风险高。不同国家和地区的数据保护法规差异大，企业难以全面遵守，面临合规风险。

### 3. 协同不足：物流通关的数字化瓶颈

跨境物流与海关通关在数字化协同方面存在不足。跨境物流和海关通关涉及多个部门和环节，信息共享机制不完善，信息共享流通不顺畅，导致信息传递延迟和重复录入。跨境物流和海关通关流程复杂，数字化改造难度大，企业流程优化存在困难。缺乏统一的跨境物流和海关通关协同平台，企业难以实现国内外一站式服务。

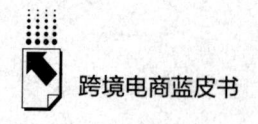

**4. 整合矛盾：传统供应链与电商渠道的冲突**

传统供应链体系在进军电商渠道时面临整合矛盾。传统供应链体系的库存管理模式与电商渠道的快速响应需求存在冲突，企业难以实现库存的精准管理。传统供应链体系的配送效率难以满足电商渠道的快速配送需求，影响运营效率及客户满意度。

## 五 数智化背景下工业品跨境电商发展策略

### （一）拓展优化平台类型及功能

鼓励更多工业品企业或平台企业开发多元化的工业品跨境电商平台，以满足不同规模和类型企业的需求。除了传统的 B2B 平台，还需挖掘 B2C 平台的潜力，为工业品企业提供直面消费者的渠道。鼓励行业协会等组织建立行业垂直平台，提供更专业的服务和更精准的市场定位。推动工业品跨境电商平台引入前沿的数字技术，嵌入 DeepSeek 等人工智能和大数据模型，实现从询盘到售后服务的全流程闭环智能管理。通过智能化订单处理系统，自动匹配客户需求与产品库存，减少人工干预，提高交易效率。进一步优化用户界面，提供多语言支持和详细的工业品参数搜索功能，提升用户体验。

### （二）加强关键环节支撑服务建设

优化海关通关流程，简化机械制造类工业品通关流程，通过引入电子化申报系统和预审核机制，减少现场查验比例，提高通关效率。加强与各国海关的合作，推动海关数据互认共享，降低企业通关成本。推动建立国际标准认证服务中心，为企业提供一站式认证咨询和申请服务。通过与国际认证机构合作，引入先进认证标准和技术，帮助企业快速获取国际市场的准入资格。鼓励物流企业开发适合机械制造类工业品的特种跨境运输服务，如大件物流、重件物流等。通过优化运输路线和运输方式，降低运输成本，提高运输效率。加强物流信息化建设，实现货物运输的实时跟踪和监控。完善海外仓储设施，引入自动化仓储管理系统，提高仓储效率。优化海外仓布局，增加新兴市场本土化仓储设施，满足机械制造类工业品的特殊存储需求。

## （三）完善监管体系与支持政策

完善对机械制造类工业品跨境电商的监管体系，加强对产品质量、数据安全和知识产权保护的监管。通过建立跨境电商监管平台，实现对交易全过程的实时监控和数据分析，及时发现和处理违规行为。制定专项税收优惠政策，设立专项扶持资金，加强金融支持，为企业提供便捷的金融服务。搭建信息咨询服务平台，为企业提供技术培训、维修指导及市场动态、政策解读等信息服务，提升企业市场竞争力。

## （四）加快推动数智化转型

推动企业建立统一数据标准，规范数据采集和存储流程。加强跨境数据安全保护，建立数据加密、访问控制和备份恢复等安全机制。关注国际数据保护法规变化，确保企业的跨境数据传输和存储符合当地法律法规的要求，实现多法域合规协同。建立远程诊断平台，开发在线维修指导系统，通过物联网技术实现对产品的实时监控和故障诊断，为客户提供远程技术支持和维修指导。推动海关部门与物流企业深化合作，建立跨境物流与海关通关的数字化协同平台。通过实现信息共享和流程优化，提高物流和通关效率。利用大数据分析市场需求，优化库存管理、生产计划和物流配送，通过引入智能仓储系统，实现库存的实时监控和自动补货。进一步加强与电商平台的合作，实现线上线下渠道的融合发展。

**参考文献**

吴优翔：《数字经济下我国工业品跨境电商的发展》，《现代工业经济和信息化》2022年第9期。

严青：《数字经济时代下湖北工业品跨境电商企业创新能力提升的策略探析》，《商讯》2023年第17期。

司凯等：《徐州机械制造业科技创新发展研究——以徐工集团跨境电商发展为例》，《中外企业家》2019年第16期。

黄依婷：《传统出口企业转型跨境电商问题与对策分析——以工业品出口企业为例》，《中国商论》2021年第7期。

张志超：《发力工业品跨境电商新赛道》，《群众》2022年第4期。

# B.21 数字平台治理现状、挑战及策略研究

何欣如*

**摘　要：** 近年来，随着数字经济的迅猛发展，数字平台充分发挥技术创新快、网络效应强、规模经济突出、动态竞争激烈等特点，已成为推动数字经济发展的关键力量。但数字平台企业的快速发展对平台治理提出了新要求，不仅对现有制度体系形成一定冲击，还带来了数据治理、网络安全和个人信息保护等新挑战。本文通过梳理国内外数字平台治理的发展趋势和治理特点，分析了当前我国数字平台治理面临的困难挑战，在此基础上，系统地提出我国数字平台治理的思路与原则，并进一步提出推进精细化平台治理、建立算法审计机制、加强数字平台数据行为监管、维护数字平台生态健康、健全数字平台出海扶持机制等相关建议举措。

**关键词：** 数字平台　平台治理　数字治理

近年来，数字经济发展突飞猛进，已成为我国经济增长的新动能、高质量发展的重要引擎。数字平台作为数字经济典型企业组织形式和商业模式，是指依托互联网和移动终端等网络基础设施，并利用算法、人工智能、大数据等数字技术进行内容生产与市场交易的新兴企业形式。数字平台具有技术创新快、网络效应强、规模经济突出、动态竞争激烈等典型特点，容易形成"赢者通吃""寡头垄断"的市场格局，这不仅对既有的市场准入、反垄断、劳动者和消费者保护等制度形成一定冲击，还带来了数据治理、网络安全和

---

\* 何欣如，中国国际经济交流中心数字经济处主任科员、助理研究员，主要研究方向为数字经济、数字贸易、科技创新。

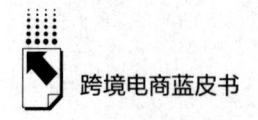

个人信息保护等新挑战，数字平台企业的快速发展对平台治理提出了新要求。

在全球范围内，主要经济体纷纷推进数字平台治理的立法进程，如欧盟积极推进立法执法，美国酝酿监管转向，日本拓展法律应对新问题。从数字平台企业数量与市场规模来看，目前我国平台企业的经济体量仅次于美国，位居全球第二。[1] 基于数字经济发展的良好基础，我国始终强调要促进数字经济及平台经济的规范健康发展。2022年12月，中央经济工作会议指出要大力发展数字经济，提升常态化监管水平，支持平台企业在引领发展、创造就业、国际竞争中大显身手。

在新一轮科技革命与产业变革深入演进的大背景下，应认识到我国数字平台"大而不强"特征明显，与国际同行在规模影响、技术能力、布局范围等方面尚存较大差距，亟须遵循数字平台发展规律，完善数字平台治理规则，坚持促进发展和监管治理并重，支持数字平台企业把握发展机遇、积极开展国际布局，不断提升数字平台核心竞争力，维护数字平台健康发展的生态环境。

## 一 全球数字平台治理发展趋势

随着数字平台的发展壮大，全球主要国家和地区对数字平台治理愈发重视。然而，由于数字平台治理的边界极为广泛，基于不同发展水平和治理立场，各国采取的治理工具和面向不一而足。据中国信通院统计，美国、英国、德国、法国等已推出或计划推出17项平台监管相关法案，[2] 主要聚焦超大型平台义务规则体系构建、数字市场公平竞争环境建设、平台内容治理与公共安全保护等三大方面，旨在通过赋予主管机构更大执法权、创设新的监管工具等方式提升监管部门对数字平台的管理水平。

---

[1] 赵康：《数字平台的合作性治理》，《中国社会科学报》2023年5月18日。
[2] 中国信通院：《平台经济发展观察（2024年）》，2024年7月。

## （一）治理共识聚焦数字平台的垄断地位

平台企业通过数据的"马太效应"逐渐形成平台优势，反垄断治理已成为全球主要国家的治理共识。据统计，从 2017 年到 2021 年，四大科技巨头谷歌、苹果、Facebook（现名 Meta）、亚马逊涉及垄断相关的案件共 149 起，其中 2021 年新增 34 起。四大巨头中，谷歌涉案最多，占其中的 1/3，被罚超 100 亿美元，其中超 90 亿美元由欧盟委员会贡献。[①]

美国在平台治理方向上总体呈现审慎且包容的特点，更多地运用和解制度等行为性救济措施，以此增强反垄断规制的灵活性。而欧盟的平台治理方向整体上较为严苛，更多采取结构性救济措施。例如，欧盟曾多次针对搜索引擎、移动设备操作系统等领域存在的垄断行为处以高额罚款。2024 年 3 月，由于苹果公司阻止流媒体音乐平台 Spotify 和其他音乐流媒体服务商向用户提供苹果应用商店以外的支付选项，欧盟对苹果处以 18.4 亿欧元罚款；9 月，欧盟赢得迫使苹果支付 130 亿欧元未缴税款的诉讼；11 月，根据《数字市场法案》规定，苹果在其应用商店上的"限制导流"（anti-steering）行为损害了市场竞争，欧盟可能对其进行 18 亿欧元罚款，直到苹果完全遵守《数字市场法案》的规定。[②]

## （二）治理方式从事后监管走向事前监管

欧盟是全球实施平台监管最活跃的地区，拥有丰富的数字平台监管经验。但经过长期监管实践，欧委会发现其并未实现为本土企业营造公平竞争环境的目标，由超大型平台实施的不公平行为仍普遍存在，反垄断工具面临"失灵"，因此欧盟与德国积极推动治理转型，由"事后监管"走向"事前监管"，通过建立"事前监管"制度直接对超大型平台行为进行规制。

针对快速发展的数字平台，将事前监管和合规引导作为竞争执法的补

---

[①] 南都反垄断研究课题组：《平台反垄断监管观察报告（2021）》，2021 年 12 月 17 日。
[②] 《苹果将成为违反欧盟〈数字市场法案〉罚款的首家公司》，澎湃新闻，2024 年 11 月 6 日，https：//m.thepaper.cn/newsDetail_forward_29261112。

307

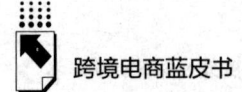

充，有利于政府采取快速有效的行动，提升治理效能。如2023年9月6日，欧盟委员会推出《数字市场法案》，通过创新性引入"守门人"平台概念，首次指定了六家数字平台企业为"守门人"，包括Alphabet、亚马逊、苹果、字节跳动、Meta和微软，欧盟委员会将对这些被界定为"守门人"的数字平台企业进行重点监督。① 如2023年3月，德国联邦卡特尔局启动针对微软的调查程序，审查其是否具有显著跨市场竞争影响力，以便监管机构能更早、更有效地干预大型数字平台实施的潜在反竞争行为。②

### （三）治理趋势趋向数据算法使用等新议题

平台企业作为链接各方的核心枢纽，天然具有数据要素的规模优势，成为汇聚海量数据资源的拥有者和运营者。平台企业在利用高质量数据为自身业务提供支撑以外，还通过大规模、多样性的优质数据塑造技术"护城河"，并通过拒绝竞争对手访问其数据资源的方式形成市场进入壁垒。如2023年4月，Reddit宣布将向使用其API训练人工智能聊天机器人的公司包括微软、谷歌、OpenAI等收取数据使用费。③

当前，全球主要经济体正逐步将数据资源的竞争作为平台治理的新重点。如欧盟针对数字平台"守门人"，要求其必须遵守一系列数据相关义务，包括限制以提供线上广告的目的处理终端用户个人数据，限制合并和交叉使用个人数据，要求确保终端用户使用平台而提供、产生的数据具有可移植性等。

此外，数字平台的算法使用行为也受到重点治理，强调通过多元参与、自我规制实现算法的透明和可问责性。如2019年美国国会制定《算法责任法案》，明确了联邦贸易委员会拥有算法自动化决策的监管职责，以防止消费者或用户受到算法自动化决策的歧视；2022年制定《2022年

---

① 《六大科技巨头被欧盟盯上，他们如何扮演好"守门人"角色？》，《南方都市报》2023年9月18日。
② 中国信通院：《全球数字平台治理最新发展态势（2023年）》，2024年1月。
③ 中国信通院：《全球数字平台治理最新发展态势（2023年）》，2024年1月。

算法问责法案》，强化联邦贸易委员会对自动决策系统和关键决策流程进行影响评估的职责，并且设立专门用于算法监管的"公共存储库"，同时否定了企业以技术中立和价值无涉为由的免责主张。[①] 与此类似，在欧盟委员会调查亚马逊算法垄断案中，监管机构重点评估亚马逊的数据及算法在影响消费者选择购买中的作用，以及亚马逊可能使用竞争敏感的市场卖家信息数据对该选择的影响，亚马逊随后作出为期五年的数据与算法合理使用相关承诺。[②]

## 二　我国数字平台治理总体情况

随着数字经济的发展，我国数字平台治理经历了从无到有的发展过程。自2019年以来，国务院常务会议曾先后4次研究部署平台经济相关工作，2024年11月22日的国务院常务会议指出，"发展平台经济事关扩内需、稳就业、惠民生，事关赋能实体经济、发展新质生产力"，平台经济迎来新的发展机遇。近年来，秉持安全和发展两大理念，围绕平台反垄断、数据信息保护、电商平台监管、平台内容治理等四大重要领域，我国已出台多部基础性立法、具体行业和领域的行政法规、部门规章以及规范性文件等，形成了较为全面的法律和规定框架，监管理念不断演化、治理能力不断提升、覆盖范围不断拓展，形成了数字平台发展的坚实保障。

### （一）平台反垄断

我国从2021年开始实施平台反垄断治理措施。2020年12月，我国明确提出强化反垄断要求。2021年2月，国务院反垄断委员会发布了《关于平台经济领域的反垄断指南》。2021年，国家多个部门发布了一系列数据保护、反垄断、反不正当竞争和劳动者权益保障等方面的法律与政策。此后，

---

[①] 展鹏贺、蒋诗妍：《算法监管的模式更迭与立法发展》，载中国政法大学法治政府研究院主编《中国法治政府发展报告（2022）》，社会科学文献出版社，2023年6月。
[②] 中国信通院：《全球数字平台治理最新发展态势（2023年）》，2024年1月。

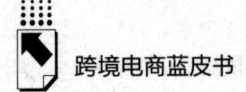

我国互联网管理部门开展了互联网专项整治行动，重点整治平台经营者过度集中与数字平台"二选一"等问题。

我国平台经济反垄断监管强调规范与发展并重。虽然《关于平台经济领域的反垄断指南》确立了界定相关市场、认定支配地位的原则和方法，对"算法合谋""最惠国待遇""大数据杀熟"等焦点问题提出规制思路，但从事前监管的范围到行为分析的程序等，并没有突破《反垄断法》的基本框架。

### （二）数据信息保护

数据信息保护是数字平台治理的关键环节。我国《"十四五"数字经济发展规划》提出要"规范数据采集、传输、存储、处理、共享、销毁全生命周期管理，推动数据使用者落实数据安全保护责任"。

近年来，国家不断加大对网络安全、数据安全、个人信息的保护力度，《网络安全法》《数据安全法》《个人信息保护法》建立起数据保护的顶层设计框架，旨在规范平台数据处理活动。通过提高大型互联网平台经营业务的透明度，促进包括个人信息在内的数据信息的自由安全流动与合理有效利用，构建全社会共同参与的个人信息保护机制。此外，在数据跨境流动方面，自2022年9月1日起正式施行的《数据出境安全评估办法》进一步明确数据出境安全评估的范围、条件和程序，为数据出境安全评估工作提供了具体指引。2024年9月，国务院公布《网络数据安全管理条例》，明晰网络平台服务提供者义务，包括督促平台内第三方产品和服务提供者履行网络数据安全保护责任、提供个性化推荐关闭选项、每年度发布个人信息保护社会责任报告等。

### （三）电商平台监管

2019年1月1日起施行的《电子商务法》是我国电商领域的第一部综合性立法，对电商平台的法律地位、权利、义务与责任等均作出详尽规定。针对网络交易新业态监管问题，2021年3月15日正式出台的《网络交易监督管理办法》规定，网络服务提供者为经营者提供网络交易平台服务，应当依法履行网络交易平台经营者的义务。此外，《网络购买商品七日无理由退货暂行办法》《关于进一步规范网络直播营利行为促进行业健康发展的意见》《网络直播营销管理办法（试行）》《国家广播电视总局关于加强网络秀场直播和电商直播管理的通知》《市场监管总局关于加强网络直播营销活动监管的指导意见》等一系列法规政策接连出台，进一步规范和引导网络直播、社交电商等新型平台的营销方式。

### （四）平台内容治理

网络平台管理责任不到位、营销行为不规范等，导致"网红乱象"、打赏失度、违规营利、恶意营销等不良现象。自2020年3月1日起施行的《网络信息内容生态治理规定》，明确了政府监督、企业履责、网民自律的多元化主体协同共治的治理模式。2021年9月发布的《关于进一步压实网站平台信息内容管理主体责任的意见》，系统提出了网站平台履行信息内容管理主体责任的十项重点任务。此外，《互联网用户账号信息管理规定》《关于加强网络直播规范管理工作的指导意见》《网络主播行为规范》等一系列法规出台，推进网络空间内容生态的综合治理。

### （五）平台算法监管

《反垄断法》第22条明确禁止经营者利用数据、算法、技术以及平台规则等手段滥用市场支配地位。针对各大平台广泛应用的生成合成类、个性化推送类、排序精选类、检索过滤类、调度决策类等算法，2021年12月，国家互联网信息办公室联合工业和信息化部、公安部、国家市场监管总局发布《互联网信息服务算法推荐管理规定》，打破了此前以"主体资格—结果监督"为基础的间接监管模式，将规范的重心直接移至对算法本身的约束上，创新性地构建了算法安全风险监测、算法安全评估、算法备案管理和涉算法违法违规行为处置等多位一体的监管体系。

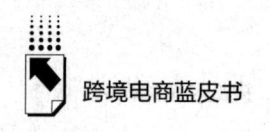

## 三　我国数字平台治理面临的主要挑战

数字平台的变革发展深入推进，但现有监管治理体系尚未健全，两者间的不同步造成诸多监管挑战。

### （一）监管滞后于数字平台发展速度

数字平台模式新、发展快、类型多，其业务的快速发展已触及监管空白领域。一方面，监管规则需要适应新模式。传统的监管规则已不适用于数字平台这一类新模式新业态，无法简单照搬以往实体经济中的反垄断规则和治理模式。比如，对传统的单边企业而言，免费、补贴属于掠夺性定价行为，对于双边或多边平台来说，却属于利用"跨边网络效应"做大市场的合理战略行为，也是平台商业模式的内在属性。

另一方面，监管模式也亟待更新。在数字时代之前，政府监管部门通过归拢统计数据而具有信息优势，而当前的数字平台通过大规模数据的实时汇聚，拥有的信息甚至更加实时准确。如工程机械平台对全国85%以上大型工业机械设备情况进行监控得到的"挖掘机指数"，准确反映了全国投资项目的开工进展情况，已成为观察固定资产投资风向标。在此背景下，监管部门亟待调整原来依据信息优势进行宏观指导的治理路径，及时优化相应调控行为、调控指标和调控手段。

### （二）平台超越监管边界造成执行困难

数字平台不断涌现出新型商业模式，数字业务与传统产业相融合，跨越地理距离阻碍，交易方式呈现虚拟性、隐蔽性和流动性强的新特征，也因此带来新的监管困难。传统税收征管模式主要基于物理边界进行监管，但在数字经济时代，虚拟产品、在线服务、数字货币等新型商业模式使跨境交易的界限变得模糊不清，这给税务部门造成了难以追踪和征收相应税款的困难。如数字税问题，传统税收认定标准已无法满足数字企业，这导致来源国出现税基侵蚀和税收利益受损的情况。欧盟的一份报告指出，在传统商业模式下依据常规机构原则征税，实际平均税率为 23%，然而对跨境互联网企业征税时，实际平均税率仅有 9.5%。① 随着税收利益损失不断加剧，一些国家开始单方面征收数字税，使国际双重征税的风险进一步增大。

## （三）数据合理使用边界难以厘清

作为数据交互中介的数字平台，日益成为数据汇聚的中心，平台数据资源地位空前提升，而数据合理使用的边界尚未厘清，导致对平台数据使用行为的治理困境。一方面，大数据归属权界定困难。随着数据产权制度的逐步完善，消费者的选择权、消费者的数据隐私利益等问题愈加难以忽视。消费者提供的数据和信息成为数字经济发展的重要生产要素，而消费者在多大程度拥有自身生产和贡献数据的所有权，又如何确保其在平台数据资产的合理收益等问题，尚未形成具有广泛共识的判断标准。另一方面，平台进行大数据分析的行为难以界定。为争取更多利益，掌握海量数据的数字平台往往利用数据优势，构筑阻碍竞争对手进入的壁垒，最终产生排除竞争的效果。此类行为屡见不鲜，尚缺乏对于平台合理使用数据的范围和广度的约束准绳。

## （四）数字平台监管呈现"碎片化"

数字平台属于传统行业与数字经济深度融合的新业态，涉及多个行业和多个监管部门。我国平台企业的监管部门既有中国人民银行、工信部等行业监管部门，又有国家市场监管总局等市场监管部门。目前各个部门之间缺乏协调，存在市场监管部门的专业监管和行业主管部门的行业监管交叉现象，尚未建立有效的监管协调机制。

"碎片化"监管往往会顾此失彼，降低监管效率和精准度。由于数字平台具有混业经营和跨界竞争的特性，若各个监管部门对同一监管对象分而治之，必然会产生监管"断层"，出现头尾不接的情况，如部分数字平台企业

---

① 行伟波、侯峥：《数字市场发展与数字税治理》，《金融市场研究》2023 年第 10 期。

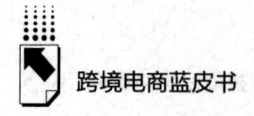

广泛涉足网约车、外卖、物流等多个细分市场，而这些领域对应的监管部门各不相同，相关治理规则还相互掣肘。这不仅导致监管部门执法模糊，也让平台企业面对合规规则时无所适从。此外，监管部门各自为政以及"碎片化"监管容易出现尺度不一致的问题，进而容易产生监管套利现象，导致政府监管成本和企业合规成本提高。

### （五）平台监管受到地缘政治影响加剧

当前，大国数字博弈不断升级，地缘政治和冷战思维正重塑全球数字贸易秩序，我国数字平台的海外扩张也受到地缘政治因素影响。2022年4月，美国联手全球约60个国家和地区签署了一项所谓促进开放和自由的互联网的《未来互联网宣言》，欲基于民主价值观制定未来互联网规则，以此对抗俄罗斯和中国。

近年来，美国国会还酝酿出台针对中国电商平台加强管制的法案。2023年3月，在美两党参议员推出《限制危及信息和通信技术安全威胁出现法案》的背景下，美国外国投资委员会（CFIUS）要求字节跳动出售TikTok股份，否则将封禁TikTok。随后，美国国会就"数据隐私安全"问题对TikTok召开听证会。2023年3月21日，谷歌公司以存在恶意软件为由，将拼多多从谷歌商店下架。2023年4月，美国国会下属美中经济与安全审议委员会（USCC）发布报告称中国跨境电商平台SHEIN（希音）和拼多多海外版Temu存在数据安全等问题，暗示将进一步调查并处罚。

## 四 我国数字平台治理的思路与原则

加强数字平台治理，不应当片面理解为扩大监管范围和加大监管力度，而应在健全数字平台治理规则的基础上，坚持包容审慎、鼓励创新、公平公正、协同治理、动态调整等原则，实现数字平台的"善治"，为数字平台发展提供安全可靠、公平公正、繁荣有序的环境基础。

## （一）坚持包容审慎

为适应数字平台未来健康发展需要，围绕公平竞争和鼓励创新，应明确实施积极的包容审慎治理，避免传统监管"一管就死，一放就乱"的治乱循环痼疾。一方面，实现监管权力配置的法治化，厘清各方的权利义务关系，明确监管执法的流程和方式、手段；另一方面，尊重市场规律，留有容错空间，为数字平台新业态发展创造宽松的创新环境，为数字经济设计更为灵活、更符合其发展特点的竞争规则和分析框架，促进和规范平台创新驱动发展。

## （二）坚持鼓励创新

在平台自主"做大做强"的同时，监管部门应通过激励性治理引导平台"做优"。丰富监管创新"工具箱"，探索对平台开展线上闭环监管、信用监管等柔性管理，通过非强制性评价、奖励或特殊待遇等方式倡导企业开展竞争合规，实现平台企业自主监管和合规经营的监管目标。强化平台企业的主体责任，合理分配平台和平台内经营者的法律责任，激励引导数字平台自主建立强健有效的反垄断合规制度，引导平台企业履行社会责任，激发平台加强合规审查和伦理审查的内在驱动，建立自律规范和行为约束机制。

## （三）坚持公平公正

当前我国数字平台以民营资本和外资为主，应秉持竞争中立实施公平公正治理，防止歧视性对待、选择性监管和监管寻租，坚持市场化、法治化，创造公平竞争的市场环境和全国统一大市场。同时，应积极对接国际数字平台治理规则，营造更加优良的数字经济发展营商环境。通过公平公正监管，提升企业对监管结果的可预期性。

## （四）坚持协同治理

顺应网络平台融合性发展、跨界性运营的特点，整合好监管资源，建立

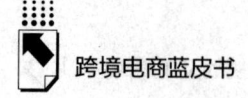

健全跨部门、跨区域协同监管机制，厘清各部门的监管边界和监管主体权责，加强协同共治。从狭义来看，数字平台治理主要涉及市场监管部门的反垄断监管，也包含金融监管和执法协同监管。但从广义来看，还涉及侵犯消费者权益和个人隐私、网络安全等诸多问题，因此涉及反垄断监管、金融监管以及工信、网信、司法、公安等职能部门，总体来看，数字平台治理需要多部门协同配合、整体监管，避免监管"九龙治水"。

### （五）坚持动态调整

为适应数字平台技术快速迭代需求，治理需要兼顾技术赋能和动态调整。一方面，打造科技驱动型监管新模式，通过广泛运用互联网、大数据、云计算、人工智能等技术手段，创建数字平台监管人工智能系统。利用该系统对重点平台、重点行为、重点风险进行超越时空限制的监测、分析和预警。推动监管覆盖范围从传统的事后延伸至事前和事中，促进反垄断监管向数字化转型，以提升平台监管协作能力，创新信用监管工具，提高智慧监管水平，形成精准监管。另一方面，应建立监管动态调整机制，及时追踪全球数字平台监管趋势，防止出现监管治理的薄弱环节。定期对监管思路和方式进行完善与调整，以此提高监管效能，为维护数字市场公平竞争秩序提供有力保障。

## 五 相关建议

当前，各类数字经济融合新业态层出不穷，应积极推动监管制度改革跟上数字经济快速发展步伐，持续完善数字平台治理体系，健全法律法规和政策制度，提升我国数字平台治理体系和治理能力现代化水平。

### （一）分类施策推进精细化平台治理

面对数字平台给全球各国带来的共同挑战，积极借鉴数字立法领先国家监管动向中的有益部分，结合我国国情不断完善平台治理制度，规范数字平台的竞争行为和数据行为，落实常态化监管，塑造宽严适度、公平有序的数字营商环境。

首先，完善数字平台分级分类机制。为增强平台监管的针对性与有效性，科学合理界定平台分类分级规则。在已有的《互联网平台分类分级指南》基础上，扩大数字平台覆盖范围，拓展判断维度和标准，进一步细化平台分类分级标准。

其次，强化大型平台事前监管要求。借鉴欧盟治理思路，坚持"平台越大、责任越大"的监管思路，在对数字平台企业分级分类的基础上，将其中规模较大、影响显著的超大型平台认定为数字"守门人"，并对其实施事前强监管，要求其承担如平台治理、开放生态、数据管理、促进创新等方面的主体责任，在保障市场公平竞争的同时增进公共福祉。但同时应认识到，平台履行相应主体责任需要付出较大合规成本，过多的合规义务及举证责任将造成大型平台的发展阻碍，反而不利于平台经济的创新发展，因此，应充分评估政策约束的可行性，坚持宽严有度，避免对数字平台发展的直接干预，扰乱市场机制的正常运行。

## （二）建立内外部结合的算法审计机制

当前数字平台实施"算法歧视"等行为隐蔽性更强，形成了数字平台算法使用行为约束的新挑战，为增强治理监测能力，应加快建立内外部结合的算法审计机制。

探索在行业内与监管部门内，建立一批以大数据为依托的算法监管机构，负责监测数字平台进行数据操作行为的合理性和透明度。其中，监管部门内的算法监管机构相当于数据审计员，提供大数据审计与应用程序安全性监测等服务。而行业内的算法监管机构具有行业自律属性，负责在平台企业内部监督数字平台的大数据活动，在监管介入之前对数据操作的合规性进行内部审查。政府与算法监管机构可就公共领域大数据的使用行为规范与规则进行探讨磋商，从而将社会性监督力量引入平台治理中，促进数字平台的社会性公平，实现经济效益与社会价值的平衡。

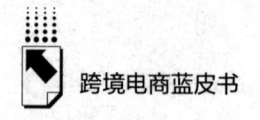

## （三）加强数字平台数据行为监管

在我国通过《数据安全保护法》、《个人信息保护法》及《网络安全保护法》已建立的数据资源治理法律制度框架基础上，基于数字平台的数据资源天然优势，强化针对数字平台的数据使用行为以及信息安全保护监管，围绕数据权属、数据交易、数据跨境流动、数据资产、数据定价、数据开放等方面，细化监管规则，明确行为边界，加快制定规范性文件和配套细则。探索数字平台数据的分类分级制度，强化平台主体责任，推动平台与政务部门之间数据互通，鼓励平台企业向政务部门合理开放数据，助力提升监管治理效能，推动政务数据及公共数据进一步面向社会开放，促进数据要素资源的市场化配置，充分释放数据资源的经济社会价值。

同时，多措并举提升数字平台数据安全保障能力。遵循最小授权原则，明确责任主体和权责边界，减少对个人信息的过度采集，及时销毁数据使用过程中的残留数据，加强数据全生命周期监测。加强数据安全关键技术研究和应用，探索采用零信任安全体系，加速区块链、隐私计算、人工智能等技术应用，加强风险感知和监测预警能力建设，提升数据治理能力。推动重要行业和领域制定关键信息基础设施认定规则，将符合条件的基础网络、大型专网、核心业务系统、云平台、大数据平台等纳入，着力提升风险识别能力和安全保障水平。

## （四）积极维护数字平台生态健康发展

平台是发展数字经济的重要载体，探索更加科学合理的监管方式，建立健全统一的市场规则和制度体系，是平台经济实现高质量发展的关键。

一是强化企业创新主体地位。推动数字平台领军企业提高对国家科技计划、科技重大专项参与度，支持企业承担国家重大科技项目，加强关键核心技术攻关，推动技术、人才、资金等创新要素向企业集聚。引导平台企业加大对人工智能、云计算、区块链等前沿技术的研发投入，支持发展开源社区和产业生态等，构建开放有活力的创新生态。二是健全知识产权保护制度。

优化专利资助奖励政策和考核评价机制，取消将专利申请、授权数量作为评定依据，强化质量导向的专利保护和激励制度。加快人工智能、大数据等新兴领域知识产权立法，进一步落实惩罚性赔偿制度。三是完善平台投资制度。明确平台投资"负面清单"，防止平台资本滥用和进入敏感领域。同时，大力鼓励平台资本"投小投早投科技"，给予投资便利化支持，积极投向对产业拉动大、风险安全可控、提升行业竞争力的领域。四是提升政策可预期性。坚持常态化监管，明确平台责任边界，形成明晰具体的制度性规则，并根据实践情况动态评估和不断完善。增强政策透明度，提升监管可预期性，着力构建一流的平台经济营商环境，提升市场信心。

## （五）健全数字平台企业出海扶持机制

在平台经济领域吸引风险投资能力持续下降、技术创新能力差距增大的背景下，应支持数字平台企业把握先机、提振核心竞争力，鼓励国内领军数字平台企业积极追赶国际同行步伐，提升国际化布局广度和深度，积极参与国际竞争。一是鼓励数字平台企业"抱团出海"，鼓励大型数字平台企业牵头建立数字平台企业出海联盟。二是完善企业"走出去"的多层次服务体系。针对企业在国际化运营过程中的痛点问题，助力企业强化风险评估能力、提升合规运营水平。积极将国内成熟且风险可控的商业模式，诸如移动支付、电子商务、网络游戏、视频社交等向海外推广，构建全球数字生态。三是积极参与数据跨境流动、数字货币、数字税等数字领域国际规则的制定工作，同时参与反垄断、反不正当竞争的国际协调。四是培育专业化的中介服务，包括知识产权、商事协调、法律顾问等。开展试点工作，探索便捷的司法协调、投资保护和救济机制。强化海外知识产权风险预警、维权援助、纠纷调解等工作机制，切实保护我国平台企业和经营者在海外的合法权益，为平台企业和相关市场经营主体的出海行动保驾护航。

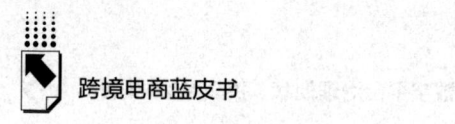

**参考文献**

蔡笑天、马爽：《国家创新体系视角下的数字平台垄断现象及其治理策略》，《全球科技经济瞭望》2023年第1期。

孙晋：《数字平台垄断与数字竞争规则的建构》，《法律科学（西北政法大学学报）》2021年第4期。

张茉楠、何欣如：《构建数字平台"走出去"的安全保障体系》，《开放导报》2024年第2期。

# B.22 "文化出海"对中国数字贸易发展的影响研究

李豪强 张 萌[*]

**摘 要：** 在数字贸易时代下，"文化出海"有效推动文化软实力与经济硬实力协同跃升，成为中国外贸高质量发展的新力量。本文通过总结中国文化产品出口和数字贸易的发展现状，分析文化产业与数字贸易领域之间的联系和作用，发现数字文化贸易正成为中国外贸发展新动能。在借鉴国外"文化输出"经验做法的基础上，指出我国"文化出海"面临文化理念差异大、数据监管体系欠缺、数字技术水平参差不齐、知识产权保护难等挑战，应强化数字内容产业的数据治理，支持数字文化产业做大做强，加快数字文化贸易主体出海，推动文化传播与跨境电商融合发展，提升中国文化的影响力和吸引力。

**关键词：** 文化出海 数字贸易 数字文化贸易 融合发展

"文化出海"作为国家软实力建设的重要载体，近年来不仅上升至国家战略高度，更成为社会热议焦点。"文化出海"在向世界展现中华文化魅力的同时，也在国际贸易领域发挥重要作用，不仅推动国潮产品风靡海外、实现文化溢价，而且通过打造文化新质生产力、推动文化贸易加快出海步伐，成为推动数字贸易高质量发展的关键力量。

---

[*] 李豪强，河南国际数字贸易研究院助理研究员，主要研究方向为跨境物流、数字贸易；张萌，郑州职业技术学院教师，主要研究方向为跨境电商、产业经济。

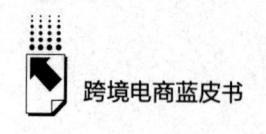

# 一 "文化出海"在国际贸易中具有独特地位

## （一）文化出海，全面提升国际影响力

中国政府长期致力于中华文化在全球的传播，其中孔子学院是向世界展示中国语言文化魅力的重要窗口，2024年全球共有499所孔子学院和764个孔子课堂，[1]为促进中外文化交流、纠正文化偏见和维护国家形象打下坚实基础。随着数字技术、信息技术的快速发展，文化出海的方式变得多元化，短视频、新媒体、游戏等在国际社会的影响日益增大，逐渐成为中国文化出海的"新武器"。特别是中华文化融合能力较强，互联网快速传播的特性将中华文化呈现给全球更多人群，李子柒便是新时代下中国文化出海的成功案例，对我国进一步提升国际影响力和话语权具有重要作用。2024年8月，《黑神话：悟空》正式登陆PC、PS5平台，在Steam平台上的销量突破了2000万份，[2]已经成为2024年Steam上最畅销的游戏，其对中国传统文化元素的深入挖掘和创新运用，成功吸引全球各界人士目光。2025年2月，中国电影《哪吒2》惊艳全球观众，强势进入全球影史票房榜前10，再次向世界展现了深厚的中华民族文化内涵。近年来，以游戏、影视等为代表的数字产品频繁出现现象级"文化出海"，掀起全球各地体验娱乐热潮，来自不同文化、不同种族、不同语言的用户共同享受中国文化带来的震撼。

## （二）文化赋能，引领国际市场潮流走向

文化作为塑造社会价值观、审美偏好和消费习惯的核心力量，在国际市场潮流中扮演着至关重要的角色。文化通过影视、音乐、艺术和文学等载体

---

[1] 《孔子学院建设助力高校发展（孔院二十年）》，人民网，2024年12月13日。
[2] 《黑神话：悟空收入超67亿！Steam销量已超2000万份》，第一财经，2024年9月20日。

传播，形成全球性的文化共鸣，不仅带动了相关产业的国际化，还催生了周边商品、时尚潮流和生活方式的变化。文化差异推动了市场需求的多样化，不同地区的消费者对产品设计、功能和服务有着独特的偏好，企业需要根据当地文化进行定制化调整。同时，TikTok、YouTube等社交媒体和数字化平台加速了文化潮流的传播，推动了日本的动漫文化、北欧的极简设计风格等地域文化走向全球，进而影响全球消费者的审美和消费选择。文化认同感在推动国际市场潮流中发挥了关键作用，消费者越来越倾向于选择能够体现自身文化身份或价值观的产品，促使企业在全球化过程中更加注重文化包容性和多样性。文化不仅是国际市场潮流的驱动力，也是连接全球消费者的桥梁，通过理解和尊重文化差异，创造更具吸引力的产品和服务，从而在国际竞争中占据优势。

## 二 中国文化产品出口和数字贸易现状

### （一）文化产品出口现状

1. 文化产品的界定

依据联合国教科文组织（UNESCO）《2009年文化统计框架》的分类方法，文化产品主要包含文化商品和文化服务，是代表传播符号、生活方式的消费品，共分为自然遗产、表演和庆贺、视觉艺术和工艺品、书籍和新闻产品、音像和互动媒介、设计创意六大类。本文将文化产品与世界海关组织的HS商品编码相结合，对中国文化产品贸易进行定量分析。

2. 文化产品出口现状分析

图1数据显示，2014~2023年中国文化产品出口额呈现先大幅下降、后缓慢上升的态势。2014年中国文化产品受到全球消费者青睐，但2015年国际金融危机、2020年新冠疫情对全球经济造成严重打击，中国文化产品对外贸易产生波动。近年来，中华文化传播力、影响力不断增强，推动中国文化产品走向全球市场，2021~2023年中国文化产品出口规模有所回升，但文

化产品出口额占总出口额的比重处于下降趋势，中国文化产品在国际市场仍具有较大发展空间。

**图1　2014~2023年中国文化产品出口贸易情况**

资料来源：联合国商品贸易统计数据库。

从产品结构方面来看，视觉艺术和工艺品类产品是中国文化产品出口的主力，2014~2023年占比均在80%左右，金银首饰、珍珠宝石等价值较高且具有装饰美化功能的文化产品更受市场青睐，能为全球消费者带来更为丰富、独特的产品体验；表演和庆贺类产品在中国文化产品出口规模中排第二，2014~2023年占比在10%~15%，中国已成为世界乐器制造、消费及出口的主要国家；① 书籍和新闻产品在中国文化产品出口规模中排第三，报纸、期刊和书籍是文化交流的重要载体，但中国出版机构的图书在海外的传播力度较弱，仅有53家出版机构的65种图书在Goodreads平台上获得评分或评论，② 中国图书产品的海外传播效果仍有待进一步加强。自然遗产、音像和互动媒介、设计创意三类文化产品出口占比偏低，在国际市场具有待开发的空间。

---

① 《中国民族乐器大数据中心，数字化浪潮下的乐器产业创新引擎》，人民网，2024年4月26日。
② 北京外国语大学、中国出版传媒商报社：《2024年中国图书海外馆藏影响力研究报告》，2024年6月17日。

## （二）数字贸易发展现状

### 1. 数字贸易的界定

数字贸易是随着数字技术和互联网的快速发展而兴起的一种新型贸易形式，其定义和范围在学术界和实践中存在一定的争议和演变。国际上对数字贸易的定义尚未完全统一，目前，经济合作与发展组织（OECD）、世界贸易组织（WTO）和国际货币基金组织（IMF）在《关于衡量数字贸易的手册》中将数字贸易分为数字订购贸易和数字交付贸易，是被各个国家和学者引用最多的框架之一。

### 2. 数字贸易发展现状

中国数字贸易整体发展势头强劲，逐渐成为对外贸易发展的新动能新优势。2023年全球数字贸易总额高达7.13万亿美元，比2021年增长了14.44%，中国数字贸易规模位居全球前三，已成为国际贸易的重要组成部分。[1] 中国政府高度重视数字贸易发展，先后出台政策文件，推动数字中国、贸易强国建设。截至2024年7月，全国243个地方政府上线数据开放平台，开放数据集超37万个，数据交易机构达24家，[2] 持续推动数据确权、流通和收益分配机制创新。此外，中国积极加入CPTPP、DEPA等国际协定，发布《全球数据跨境流动合作倡议》，推动"丝路电商"伙伴国扩至33个[3]，不断强化数字贸易规则话语权。

中国数字订购贸易发展潜力加快释放，2024年中国跨境电商进出口达2.63万亿元，增长10.8%，约占外贸总额的6%，[4] 有效助力中国外贸稳规

---

[1] 全球数字贸易博览会组委会和国际贸易中心（ITC）：《全球数字贸易发展报告2024》，2024年9月26日。

[2] 复旦大学数字与移动治理实验室：《2024中国地方公共数据开放利用报告》，2024年9月26日。

[3] 《商务部电子商务司负责人介绍2024年我国电子商务发展情况》，商务部官网，2025年1月24日。

[4] 《国新办举行"中国经济高质量发展成效"系列新闻发布会 介绍2024年全年进出口情况》，国新网，2025年1月13日。

模、优结构。随着人工智能、大数据、区块链等数字技术与跨境电商加深融合应用,"跨境电商+产业带""直播电商"等新模式发展如火如荼,中国跨境电商平台迅速抢占全球市场份额,已经成为企业开展国际贸易的首选和外贸创新发展的排头兵。经过多年的沉淀和发展,中国已经形成比较完善的跨境电商生态链,高速发展的种子在全国各地开花结果。

中国可数字化交付服务贸易平稳增长,正成为数字贸易增长的重要贡献者。2023年中国可数字化交付服务贸易规模达3859亿美元(约合2.72万亿元),同比增长3.5%(见图2);① 2024年前三季度,中国可数字化交付服务进出口额2.13万亿元,② 再创历史新高,可数字化交付服务贸易成为服务贸易发展最快的领域。随着数字技术创新应用水平的提高,数字金融、云外包等数字服务贸易规模持续扩大,云计算、卫星导航等技术贸易实现全球领先,到2035年,中国可数字化交付服务贸易将占服务贸易总额的50%以上。③ 数字技术的快速发展改变了经济模式,由创新、连接和技术颠覆驱动的数字经济在推动经济增长、生产力和社会变革方面发挥着关键作用。中国数字贸易已进入高速发展阶段,政策支持和基础设施不断完善,数字贸易已成为经济增长的核心驱动力之一。

**(三)文化产品是数字贸易领域崛起的新蓝海**

随着科学技术的不断进步和人类对精神层面需求的持续增加,文化成为爆款产品重要的创作来源之一,中国文化产品、数字文化内容及平台加速走向国际舞台,极大丰富了人类社会的精神生活。我国特色商品在跨境电商平台上受到全球消费者喜爱,刺绣、陶瓷、剪纸等中国传统手工艺品,战国袍子、秦汉曲裾、宋明马面裙等服饰,在海外迎来新的消费热潮,越来越多具有中国传统文化元素的产品,通过跨境电商平台走向全球市场,成为中国

---

① 商务部:《中国数字贸易发展报告2024》,2024年10月15日。
② 《商务部召开例行新闻发布会》,商务部官网,2024年12月5日。
③ 中共中央办公厅、国务院办公厅:《关于数字贸易改革创新发展的意见》,新华社,2024年8月17日。

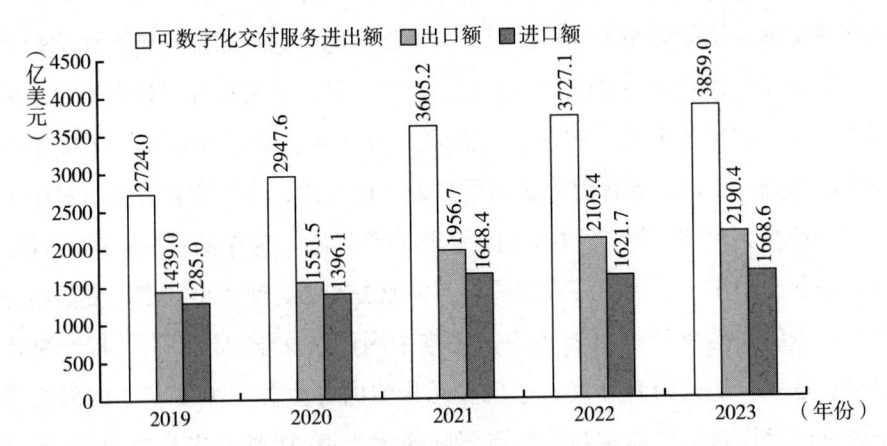

图 2 2019~2023 年中国可数字化交付服务进出口规模

资料来源：商务部。

"文化出海"的重要组成部分。跨境电商平台是文化传播的"数字丝绸之路"，具有"东方灵感"的服饰在 SHEIN 平台上畅销海外，带有非遗元素的手工商品在 Etsy 平台上深受海外消费者喜爱，阿里巴巴国际站开展"非遗闪耀计划"，为中国文化产品出海提供更多渠道。文化元素的植入使商品突破价格竞争困局，通过电商实现"文化溢价"，国潮美妆品牌"花西子"以东方美学设计打开东南亚市场，海外定价普遍高于国内和当地同类产品。

## 三 数字文化贸易成为中国外贸发展新动能

数字化浪潮成为全球经济发展主旋律，文化产业通过数字化转型催生文化新业态，中国数字文化贸易在全球市场大放异彩。其中，网络文学、网络影视和网络游戏（包括电竞）被称为文化出海"新三样"，逐渐成为中国数字文化产品开拓国际市场的新力量。

### （一）网络文学

网络文学经过 30 余年的发展历程，已经成为传播中国声音和讲好中国故事的重要文化载体。在精品化、IP 转化提速、全球化等趋势推动下，中

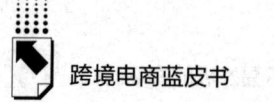

国网络文学的国际影响力逐渐扩大，越来越多的热门作品推广到海外文学平台，向世界传达别具一格的东方文化。现实、科幻、玄幻等多种类型的中国网文题材，满足了不同地区读者的需求，2024年，起点国际阅读量破千万的作品达到411部，累计海外访问用户近3亿人次，许多读者表达出对中国历史和传统文化的兴趣。① 中国网络文学的跨界融合为作品带来新的表现空间，拓展出动漫、影视、游戏、周边等多业态产品，诞生出许多广受国内外用户喜爱的作品及IP。AI技术有力助推中国网络文学出海，有效提升翻译水平和速度，快速向海外读者呈现多元化的内容生态，2024年中国网文多个语种的翻译数量快速增长，起点国际新增出海AI翻译作品超2000部。② 通过AI创作的文学越来越受到大众的瞩目，尽管AI创作的文学作品缺乏独特的情感和稳定性，但依旧会对文学行业产生不小的冲击。

### （二）网络影视

网络影视出海步伐不断加快，大量影视作品涌入国际市场，为全球用户带来多元化的视听体验。中国丰富的文学体裁为影视制作提供大量素材，连续剧、网络剧、短剧、热播电影等为全球用户带来不一样的惊喜，在不同群体受众之间引起文化共鸣，《庆余年第二部》在Disney+上持续热播，YouTube累计上线中国动画721集，总播放量约12.37亿，③ 中国影视在国际市场欣欣向荣。数字平台成为助推中国网剧快速出海的重要引擎，全球流媒体平台和中国视频平台的国际化发展，"双轮驱动"中国网络视频多渠道出海，实现了中国影视国内外市场的"无时差"同步播放。特别是TikTok为网剧、短剧出海提供强力支撑，低成本、高时效、高频更新的短剧制作模式，"量大管饱"满足移动互联网用户的多元化需求，在TikTok上表现出巨大的增长潜力。2K、蓝光等数字技术的迭代更新，不断提升影视画质清晰度和用户观看体验，向全球用户展现绚丽多姿、立体丰富的中国形象。

---

① 中国音像与数字出版协会：《2024中国网文出海趋势报告》，2024年12月18日。
② 中国音像与数字出版协会：《2024中国网文出海趋势报告》，2024年12月18日。
③ 中国音像与数字出版协会：《2024中国网文出海趋势报告》，2024年12月18日。

## （三）网络游戏

中国网络游戏出海持续升温，已成为全球游戏市场的重要力量，表现出强劲的增长势头和发展潜力。2024年，中国自主研发游戏的海外收入达到了185.57亿美元，同比增长13.39%，[1] 中国游戏公司通过不断的探索和创新，在全球市场的竞争力不断提升。中国游戏公司通过在游戏引擎、服务器架构、跨平台兼容性等方面的技术积累，持续加深对云游戏、AI、VR/AR等新技术的应用，为全球化布局提供了坚实支撑，快速适应了全球市场的需求。《原神》《黑神话：悟空》等国产游戏先后在全球范围内取得巨大成功，中国游戏的影响力持续扩大。但伴随国际游戏市场竞争日益激烈，欧美、日韩等传统游戏强国逐渐意识到中国游戏企业的威胁，同时各国对游戏内容、数据隐私、未成年人保护等方面的政策法规各不相同，增加了合规成本和运营风险，中国游戏公司将面临更多国际竞争压力。凭借技术、运营和创新优势，中国游戏公司有望在全球市场中占据更加重要的地位，加速中国游戏产业的全球化进程。

## 四 国际社会"文化输出"的实践经验

### （一）美国：超级大国全方位的"文化输出"

自冷战结束以后，美国通过掌握军事霸权、科技霸权、金融霸权、文化霸权，其"文化输出"战略取得重大成效。美国"文化输出"的模式通过国家主义与公共外交相辅相成，具备隐蔽性、侵略性、全球性等特征。[2] 美国的"文化输出"表现在多个领域，好莱坞电影和美剧通过大规模的市场推广，对全球观众的文化取向和生活方式产生较大影响。开放教育资源

---

[1] 中国音数协游戏工委：《2024中国游戏产业报告》，2024年12月12日。
[2] 秦悦：《"公共外交"还是"国家主义"？——二战后美国对外文化输出模式的研究》，华东政法大学硕士学位论文，2023。

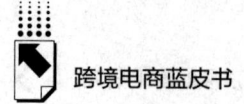

（特别是高等教育资源）改变了留学生的价值观、学术方法和生活方式，2024年在美本科及以上留学生数量超过112万，[①]创下历史新高并呈现持续增长态势。Google、Apple等科技公司或互联网公司塑造了全球的文化趋势和消费习惯，NBA、MLB等体育赛事在全球范围内得到认可和追捧。美国的"文化输出"策略包括展示其文化的多样性和价值观，依托强大的市场营销能力和全球化的商业战略，通过多种渠道和形式，将文化价值观、生活方式和创新传播到世界各地。

### （二）日本：将文化与娱乐融合的"文化输出"

日本十分重视国家文化软实力的发展，提出了以提升文化软实力为主线的国家战略，在国际上掀起了日本文化消费热潮。日本政府在"文化输出"中扮演了重要角色，通过出台支持政策、设立文化基金、推动文化交流项目等方式，如《酷日本战略》、"日本屋"项目等，推动"文化输出"和地方"走出去"。日本动漫和电子游戏是日本"文化输出"的尖刀利刃，借助动漫游戏媒介，和服、樱花、祭典等日本文化元素得以在全球广泛传播。音乐、影视等也起到了"文化输出"的作用，日本科幻和历史剧集受到多国人民喜爱认可，同时日本偶像团体通过巡演和网络传播在全球扩散日本的娱乐文化。通过餐馆、料理节目、食谱书籍等方式，寿司、拉面、和食等日本料理在全球范围内广受欢迎，向国际社会展现了日本的饮食文化。日本将文化与娱乐深度融合，通过多元化的"文化输出"途径，推动日本文化融入全球文化景观中，并在全球文化市场中确定战略定位和持续创新。

### （三）法国：软实力强悍的"文化输出"大国

法国文化在全球范围内具备较大影响力，是软实力超过硬实力为数不多的国家，从美食、时尚、艺术到电影、音乐和文学，法国的文化元素在全球市场无处不在。法国文化历史悠久且传播广泛，从17、18世纪起，

---

[①] 《美报告：在美本科及以上留学生人数超112万人》，中国新闻网，2024年11月19日。

法国作为欧洲启蒙运动的中心，一直是欧洲主要的文化输出国，文学、艺术、哲学、自然科学等领域均对欧洲产生了深远影响。法国政府认为文化传播与经济发展具有同等重要的地位，先后制订了《对外文化计划》《法国文化振兴计划》等，有效推动了文化产业化和产业国际化的进程。法国长期坚持文化多元化的传播理念，对其他国家文化表现出较大的包容性，从2001年开始，法国积极与其他国家以文化年、文化季等方式互办节庆交流活动，强化国家和地区间文化领域的多边合作，通过举办国际性比赛或赛事，使巴黎成为时尚和艺术之都。文化产业成为法国经济发展的重要支撑之一，在时尚、美食、奢侈品等领域一直领先全球，香奈儿、迪奥等知名品牌在全球市场树立了法国形象。数字时代背景下，法国强调加入新的时代元素，利用网络和新媒体进行文化产业的数字化转型，使其在全球范围内保持了较强的活力。

## 五 "文化出海"推动数字贸易发展面临的挑战

### （一）文化和理念差异造成认知鸿沟

不同国家和地区的文化背景、价值观、审美偏好等存在差异，导致文化产品在跨区域传播中可能产生"文化折扣"，降低其吸引力和市场接受度。数字文化产品在输出过程中需适应目标市场的文化偏好与价值观，中国影视作品在东南亚市场的份额虽有所提升，但欧美主流市场仍依赖亚裔群体，非主流受众的接受度有限。发达国家通过长期积累的文化输出经验，主导全球流行文化叙事，中国在市场环境与规则制定方面处于劣势。

### （二）数据监管体系仍待加强

随着数字内容产业的快速发展，数据已成为核心资产，但同时也面临数据安全、隐私保护、合规性等多重挑战。全球范围内的数据隐私法规日趋严格，要求企业在数据收集、存储和处理过程中必须遵循透明、合法和最小化

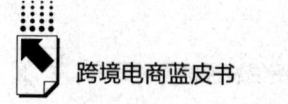

原则。数据泄露和滥用问题频发，不仅损害用户权益，还可能导致企业声誉受损和法律风险。数据质量参差不齐、标准化程度低等问题也制约了数据的有效利用和创新应用。

### （三）数字技术发展水平参差不齐

核心技术自主可控是出海主体竞争力的关键。当前，中国在移动端游戏、数字文娱、网络文学、短视频等领域优势显著，但底层技术仍受制于海外，芯片、算法、XR设备等关键环节依赖进口，制约了数字贸易的高端化发展，导致数字文化产品的技术竞争力不足。同时世界各地区数字基础设施发展不平衡，加剧了"文化出海"壁垒，影响了文化产品的跨境流通效率。

### （四）知识产权保护难度加大

数字技术的快速发展使知识产权侵权行为更加隐蔽和多样化，进一步增加了知识产权保护的难度。全球数字文化资源确权缺乏统一标准，中国在数字版权贸易中的法律环境和个人保护意识较弱，数字文化产品容易被复制和盗版，阻碍数字贸易的健康发展。不同国家和地区的法律体系差异导致侵权行为难以追责，一些国家对数字文化产品实行严格的内容审查制度，增加了文化产品跨境传播的不确定性和风险。

## 六 "文化出海"推动数字贸易高质量发展的路径

### （一）强化数字内容产业的数据治理

强化数字内容产业的数据治理是当前数字经济时代的重要课题，也是保障行业可持续发展、提升用户信任度和国际竞争力的关键举措。在政策层面，政府应健全数据治理相关法律法规，推动制定行业数据分类分级标准，企业需建立完善的数据治理框架，明确数据管理的责任和流程，确保合规性；推动企业、行业组织、政府部门之间的数据交换与共享，积极参与国际合作和国际贸易组织的规则治理；鼓励企业参与国际数据治理规则和技术标准制定，促进和规范企业数据跨境流动。在技术层面，采用加密、访问控制、区块链等先进技术，提升数据安全性和可信度，通过数据清洗、标准化和质量管理，提高数据的准确性和可用性。在用户层面，强化隐私保护，赋予用户对其数据的控制权，并通过透明化操作增强用户信任，提升全员数据治理意识，建立应急响应机制，应对潜在的数据安全事件。强化数据治理不仅是应对监管要求的必要举措，更是数字内容产业实现创新和全球化发展的基石，推动中国数据治理框架体系与国际贸易规则相衔接，通过构建系统化、规范化的数据治理体系，占据数字经济浪潮中领先地位。

（二）支持数字文化产业做大做强

数字化时代下我国具有发展数字文化产业的市场优势，数字文化产业作为文化与科技深度融合的新兴领域，既是经济增长的重要引擎，也是国家文化软实力的战略支点。以数字技术全面赋能文化产业链，推动文化贸易业态创新，支持发展具备交互性、沉浸感、新奇性的数字文化产品，鼓励更加多元化的数字产品讲好"中国故事"，推动更多中国商品增加中华文化符号。制定数字文化产业发展专项规划，设立国家级文化大数据中心，推进5G+8K超高清、区块链、AIGC等底层技术研发应用，突破VR/AR/MR终端设备、数字渲染引擎等"卡脖子"技术。培育元宇宙原生IP、跨媒介叙事产品，开发智能创作工具包，推动"文化IP+实体经济"深度融合，发展数字藏品、虚拟演出、沉浸式文旅等新业态，激活IP价值链。建设数字文化贸易港，探索NFT国际交易、跨境数字版权确权等制度创新，推动数字文化产业向"科技引领、价值赋能、全球辐射"方向升级。支持单一产品向"IP+场景+生态"立体化延伸，对元宇宙社交、生成式AI等新业态设置"监管沙盒"，维持数字文化产品监管与创新动态平衡。完善数字版权保护体系，加强数字版权保护的国际合作，打击盗版行为，维护创作者和企业的合法权益。

（三）加快数字文化贸易主体出海

加快数字文化贸易主体出海，推动中国从"文化消费大国"向"文化

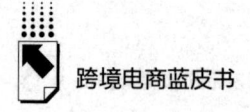

科技策源地"转型。鼓励文化企业加快数字化转型，借助数字文化平台等新模式新渠道拓展国际业务，深度参与国际文化产业分工协作。构建"造船出海"与"借船出海"双轨模式，针对目标市场的文化习惯、价值观进行内容适配，促进数字文化贸易企业本土化发展和精细化运营。加强海外创作者生态建设，形成"中国故事+全球创作"的协同网络。推动IP全产业链开发，延长IP生命周期，布局3A游戏、虚拟演唱会、数字藏品等高附加值领域，加强数据驱动的用户运营，依托TikTok、ReelShort等平台算法，动态调整内容策略，提升海外用户黏性。发挥自贸区、文化保税区、国家对外文化贸易基地的集聚、示范和引领作用，鼓励文化企业积极运用基地的国际文化市场信息服务、文化金融支持服务、市场渠道拓展等多元协同服务功能，以及基地的文化艺术品保税仓储、展示、交易和数字内容加工服务，推动文化贸易高质量发展。随着Web3.0与空间计算技术成熟，虚实共生的文化新场景将重塑全球文化贸易格局，中国数字文化贸易企业将迎来更多发展机遇。

## （四）推动文化传播与跨境电商融合发展

推动文化传播与跨境电商融合发展，以文化赋能提升跨境电商产品附加值，有利于形成"文化赋能"与"电商出海"的双向增益机制。深入挖掘中华优秀传统文化、地域特色文化、非物质文化遗产等资源，打造具有鲜明文化特色和时代精神的IP形象和品牌故事，形成可复制的文化产品矩阵。利用跨境电商平台，联合地方政府开展"一城一品"出海计划，集中推广区域特色文化商品，将中国传统文化与现代生活方式相结合，讲好中国品牌故事，提升品牌国际知名度和美誉度。借助直播电商平台，邀请文化名人、非遗传承人等，进行产品讲解、文化展示和互动交流，打造沉浸式文化体验，提升消费者购买欲望。利用社交媒体平台，构建以文化为主题的消费社群，分享文化知识、产品体验和生活方式，增强用户黏性和品牌忠诚度。发展"海外仓+文化体验店"混合模式，在仓储配送功能外增设文化展示区。建立"文化跨境数据中心"，打通文物数字化、IP授权、生产制造、物流追踪全链路数据，发展文化跨境 SaaS 工具，为中小企业提供智能翻译、文化合规检测等服务平台，降低出海门槛。建立文化误读预警系统，通过 AI 监测海外社交媒体舆情，及时调整文化传播策略。通过 AR 试穿汉服，虚拟解读服饰纹样历史，实现"即看即买即学"的沉浸式消费。举办线上线下相结合的文化交流活动，鼓励海外消费者通过数字藏品持有参与文化 IP 共创，向世界展示中华文化的独特魅力，提升中国文化的影响力和吸引力。

**参考文献**

周建新等:《文化自信视域下文化产业数字化转型的基础、困境与路径》,《治理现代化研究》2023 年第 2 期。

方英:《全球数字文化贸易格局与我国的样态创新》,《人民论坛》2024 年第 15 期。

# 附录一
# 2024年中国跨境电商行业大事记

**2024年3月5日** 李强总理代表国务院在十四届全国人大二次会议上作政府工作报告。报告提出，促进跨境电商等新业态健康发展，优化海外仓布局，支持加工贸易提档升级，拓展中间品贸易、绿色贸易等新增长点；积极扩大优质产品进口；出台服务贸易、数字贸易创新发展政策；加快国际物流体系建设，打造智慧海关，助力外贸企业降本提效。

**2024年3月21日** 海关总署举行2024年促进跨境贸易便利化专项行动部署活动。海关总署牵头部署在沈阳、济南、合肥等20个城市集中开展2024年促进跨境贸易便利化专项行动，进一步打造市场化、法治化、国际化一流口岸营商环境示范高地。

**2024年3月28日** 连连数字正式在香港交易所主板挂牌上市。本次上市发行6430万股股份，募集资金将在未来五年内用于提高公司的技术能力、扩大公司的全球业务运营、未来的战略投资及收购以及用于一般公司用途及营运资金需求。

**2024年4月17日** 广交会引入贸易新业态，首次设置跨境电商综试区和海外仓展示区，吸引来自11个省份的158家跨境电商和海外仓企业，展示主营产品，开展服务宣传。

**2024年4月26日** 商务部印发《数字商务三年行动计划（2024~2026年）》，鼓励"丝路电商"伙伴国在我国电商平台设立展销专栏，支持地方举办国别电商主题周、驻华大使直播等特色活动；引导电商平台设立外贸优品内销专区、专场等；组织跨境电商综试区开展平台和卖家出海等专项行动；支持跨境电商赋能产业带等。

**2024年5月28日** 海外仓第一股、跨境电商供应链服务商"易达云"在港交所上市。募集资金将主要用于加强全球物流网络建设、改进智能系统并优化效率以及加强客户关系以提升市场份额。

**2024年6月12日** 商务部、国家发展改革委、财政部等9部门印发《关于拓展跨境电商出口推进海外仓建设的意见》，从经营主体培育、金融支持、基础设施和物流体系建设、监管与服务优化、标准规则建设与国际合作五个方面推出15条举措，旨在拓展跨境电商出口，优化海外仓布局，加快培育外贸新动能。

**2024年6月14日** 中消协发布提示称，跨境电商零售进口食品原产地有关质量、安全、卫生、环保、标识等标准或技术规范要求，可能与我国标准存在差异，消费者自行承担相关风险。尤其是宣称功能的进口食品，其管理方式与我国不同，消费者应谨慎购买。

**2024年7月12日** 国家邮政局联合工业和信息化部等八部门印发《关于国家邮政快递枢纽布局建设的指导意见》提出统筹推进国际邮件、快件、跨境电商货物综合处理场所和通关设施等改造和建设，加强与境外航空枢纽、海外仓等设施协同联通。

**2024年8月29日** 2024年跨境电商综试区现场会在广东省广州市召开。会议发布了2023年跨境电商综试区考核评估结果，回顾了2023年我国跨境电商发展和跨境电商综试区建设成效，研究部署下一阶段重点工作，其中，上海、苏州、杭州、宁波、厦门、青岛、郑州、广州、深圳、重庆（排名不分先后）10个优秀跨境电商综试区获评第一档"成效明显"。

**2024年8月29日** 中国信保河南分公司出具全国首张省级跨境电商出口政治风险统保平台保单。该模式下保险公司对因购买者所在国政治风险导致货物无法清关或无法配送至终端消费者，承担保险责任。

**2024年8月底** 国家税务总局印发《跨境电商出口海外仓出口退（免）税操作指引》，旨在为跨境电商出口海外仓企业提供翔实的办税指导，帮助企业深入准确理解出口退（免）税政策规定，熟练掌握出口退（免）税业

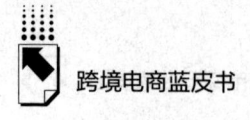

务办理操作流程，更好地适应行业发展新形势，促进跨境电商出口海外仓业态蓬勃发展。

**2024年10月22日** 海关总署开展跨境电商零售进口关税保证保险试点。首批试点为青岛、杭州、宁波、济南、重庆和成都海关。该模式下，由具备资质的保险公司为跨境电商企业提供税款担保，企业不需要以实物抵押向银行争取额度，也无须缴纳高额的税款保证金。货物通关时，企业凭借"一张保单"即可享受"先放行后缴税"的便利优惠。企业一旦未按海关规定缴纳税款，相关保险公司会按照保险合同约定，向海关赔付投保人应缴纳的税款。

**2024年11月8日** 深圳跨境大卖傲基股份正式在香港交易所主板挂牌上市，股票代码为"02519"，前后四次冲击"上市"，终于顺利开启资本市场发展新征程。

**2024年11月25日** 海关总署印发《关于进一步促进跨境电商出口发展的公告》，提出取消跨境电商出口海外仓企业备案、简化出口单证申报手续、扩大出口拼箱货物"先查验后装运"试点、推广跨境电商零售出口跨关区退货监管模式四项措施，优化跨境电商出口监管。

# 附录二
# 2024年中国跨境电商综试区重点政策

**2024年1月16日** 福建省外贸外资（稳价保供）协调机制办公室印发《关于推动福建省跨境电商创新发展的若干措施》，围绕"强化主体培育，带动产业提升""强化要素配置，夯实发展基础""强化合规运营，促进规范发展""强化部门协同，优化营商环境"等四个方面提出12条具体措施。

**2024年1月23日** 南京海关所属南京地区三家海关单位联手出台《海关支持南京市跨境电商高质量发展细化落实措施》，包括支持培育跨境电商经营主体、促进跨境电商融合创新发展、优化监管服务推进贸易便利化、加强协同配合营造良好生态等方面共计19条措施，为南京建设成为全省跨境电商产业新高地提供政策支持和有效保障。

**2024年2月6日** 南通市政府办公室印发《南通市推进跨境电商高质量发展行动计划（2024~2026年）》，围绕市场主体培育、载体平台建设、业态模式融合、贸易便利提升、发展环境优化等方面确立了五大工程16项主要任务，明确了南通跨境电商今后三年的发展目标和主要任务。

**2024年2月26日** 淮安市政府办公室印发《淮安市推进跨境电商高质量发展行动计划（2024~2026年）》，从产业发展、主体培育、服务提升、人才培养四个方面提出14条具体行动，加快推进淮安跨境电商综试区建设，推动跨境电商高质量发展。

**2024年2月28日** 陕西省商务厅印发《加快跨境电商和海外仓高质量发展实施方案》围绕综试区创新、市场主体培育、生态服务体系构建、海外仓建设共四个方面提出15项主要任务，推进全省跨境电商和海外仓高质

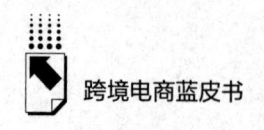

量发展，培育外贸发展新动能。

**2024年3月6日** 广州市商务局印发《广州市进一步推动跨境电子商务高质量发展若干政策措施》，从龙头企业培育、园区建设、品牌打造、仓储配套建设四个方面对企业给予资金扶持，从公服平台搭建、海外仓发展、监管机制优化、金融支持等12个方面给予政策引导。

**2024年3月12日** 郑州航空港出台跨境电商扶持政策"17条"，涵盖产业园建设、固定资产投资、平台运营、仓库办公用房租金、海外仓、跨境电商标准制定、融资支持等方面，覆盖跨境电商全流程、全产业链条、全产业要素，全方位支持跨境电商企业发展。

**2024年4月7日** 长沙市商务局、长沙市财政局印发《长沙市开放型经济发展专项资金（跨境电商部分）管理办法的通知》，详细列出了13条针对性扶持政策，加快推进长沙跨境电商高质量发展。

**2024年4月15日** 常州市人民政府办公室印发《常州市推进跨境电商高质量发展三年行动计划（2024~2026年）》，围绕平台载体建设、跨境电商产业、业态模式融合、开拓国际市场、贸易便利提升、创优发展环境、合规机制建设7个方面提出20项具体行动措施，加快跨境电商综试区建设。

**2024年5月22日** 宁波海关推出2024年促进跨境贸易便利化18条措施，从进一步提升海关信息化智能化水平、进一步提高进出口货物口岸通关效能、进一步助推外贸新业态高质量发展、进一步强化海关服务企业政策供给等四方面着手，以更大力度优化口岸营商环境，全力助推外贸"质升量稳"。

**2024年6月13日** 陕西省商务厅印发《陕西省跨境电商产业园认定支持办法的通知》，明确了省级跨境电商产业园基本条件及对产业园的支持举措，加快推动陕西省跨境电商产业规模化、标准化、集聚化发展。

**2024年6月25日** 无锡市政府发布《无锡市关于支持跨境电商9810"白名单"企业的十项措施》，在货物通关、出口退税、外汇收支、信贷投放、出口信保、汇率避险等方面，为符合条件的跨境电商企业提供一揽子支持。

**2024 年 8 月 23 日**　浙江省人民政府办公厅印发《浙江省加力推动跨境电商高质量发展行动计划（2024~2027 年）》，将统筹实施主体引育壮大、平台提质增效、基础设施提能、生态体系赋能、服务保障提升五大行动，加力推动跨境电商高质量发展，打造高能级跨境电商国际枢纽省。

**2024 年 8 月 30 日**　杭州海关推出《支持浙江跨境电商高质量发展 10 项措施》，从模式创新、服务能力提升、监管制度优化等多维度提升跨境电商贸易便利化水平。

**2024 年 9 月 5 日**　宁波海关印发《宁波海关加力推动跨境电商高质量发展 10 条措施》，创新优化跨境电商出口前置仓监管模式，支持符合条件的企业开展"先查验后装运"试点；支持开设全货机、海运快船等跨境出口物流专线；支持跨境电商企业开辟"保税仓+直播"新赛道；推广应用跨境电商零售进口税款电子支付等。

**2024 年 9 月 10 日**　海南省商务厅等 12 部门印发《关于推进跨境电子商务高质量发展的指导意见》，从完善载体平台、筑牢市场根基、促进贸易便利化、强化保障措施等四个方面提出 12 条举措，推动全省跨境电商高质量发展。

**2024 年 9 月 23 日**　杭州市人民政府办公厅印发《杭州市加力推动跨境电商高质量发展行动计划》，将实施市场主体量质提升行动、平台企业链主领航行动、基础设施提效扩容行动、生态服务赋能强基行动、发展要素优化提升行动等五大行动。

**2024 年 10 月 10 日**　山东省 11 部门联合印发《山东省推进海外仓建设促进跨境电商发展行动方案（2024~2026 年）》，明确支持海外仓企业加强与跨境电商头部企业合作，在省内设立口岸集货仓、产地分拨仓等仓储物流设施；支持海外仓企业与当地大型寄递物流企业合作、自建本土化物流团队等；积极发展"中欧班列+跨境电商+海外仓"模式等。

**2024 年 10 月 11 日**　四川省商务厅等四部门印发《推动跨境电商高质量发展助力外贸稳规模优结构行动方案（2024~2027 年）》，围绕市场主体、产业园和产业带、平台、出海品牌、发展质效、监管、合作交流等七个

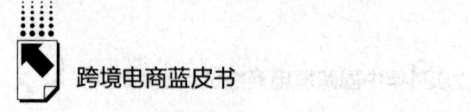

方面提出 20 条具体举措,加快培育外贸转型升级新动能,助力全省外贸稳规模优结构。

**2024 年 10 月 31 日** 嘉兴市人民政府办公室印发《嘉兴市加力推动跨境电商高质量发展实施方案（2024～2027 年）》,围绕主体引育、平台提质增效、基础设施提能、生态体系赋能、服务保障提升等五个方面提出 25 条具体行动举措,进一步提升全市跨境电商发展水平。

**2024 年 11 月 6 日** 天津市人民政府办公厅印发《天津市推动跨境电商高质量发展实施方案》,围绕培育经营主体、创新发展模式、优化服务供给、构建良好产业生态四个方面提出 18 条具体举措,加快培育外贸新动能。

**2024 年 11 月 18 日** 温州市人民政府办公室印发《温州市提速推进跨境电商高质量发展实施方案（2024～2027 年）》,围绕跨境电商主体、跨境电商业态、物流网络、生态服务、服务保障等五个方面实施跨境电商提质增效工程。

# 附录三
# 中国跨境电商综试区十周年大事记

**2015年3月7日** 杭州市成为我国首个获批设立的跨境电商综试区，其创新构建的"六体系两平台"顶层设计框架在全国范围内得到广泛复制与应用。

**2015年5月14日** 质检总局印发《关于进一步发挥检验检疫职能作用促进跨境电子商务发展的意见》，进一步发挥检验检疫职能作用，促进跨境电商健康快速发展。

**2015年6月9日** 质检总局印发《关于加强跨境电子商务进出口消费品检验监管工作的指导意见》，进一步提升我国跨境电商进出口消费品质量安全水平，保障消费者健康与安全，促进跨境电商健康发展。

**2015年6月16日** 国务院办公厅印发《关于促进跨境电子商务健康快速发展的指导意见》，支持国内企业更好地利用电子商务开展对外贸易，进一步完善跨境电商进出境货物、物品管理模式，明确规范进出口税收政策，逐步建立适应跨境电子商务发展特点的政策体系和监管体系。

**2016年1月6日** 天津市、上海市、重庆市、合肥市、郑州市、广州市、成都市、大连市、宁波市、青岛市、深圳市、苏州市12个城市获批设立第二批跨境电子商务综合试验区。

**2016年3月24日** 财政部、海关总署、国家税务总局发布《关于跨境电子商务零售进口税收政策的通知》，自2016年4月8日起，跨境电商零售进口实施正面清单管理，将此前的行邮税调整为跨境电商综合税（关税税率为0，进口环节增值税、消费税按法定应纳税额的70%征收），规定跨境

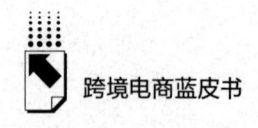

电子商务零售进口商品的单次交易限值为人民币 2000 元，个人年度交易限值为人民币 20000 元。

**2016 年 4 月 6 日**　海关总署印发《关于跨境电子商务零售进出口商品有关监管事宜的公告》，根据税收新政对税收、订购人、完税价格、商品类目进行较大调整。

**2016 年 4 月 7 日**　财政部等 11 个部门首次发布《跨境电子商务零售进口商品清单》，4 月 15 日，财政部等 13 个部门发布《跨境电子商务零售进口商品清单（第二批）》。第一批清单包括 1142 个税则号列商品，第二批清单共有 151 个税则号列商品，此后 2018 年 11 月、2019 年 12 月、2022 年 1 月先后对清单进行优化调整，清单税则号列数达 1476 个。

**2016 年 3 月 24 日~4 月 7 日**　此阶段政策调整被行业称为"四八新政"，跨境电商零售进口商品不再按"物品"征收行邮税，而是按"货物"征收关税、增值税、消费税，且必须按照一般贸易要求提供通关单，并对化妆品、婴幼儿配方奶粉、保健食品等提出了首次进口许可批件、注册或备案要求。此番政策调整为快速发展的跨境电商零售进口行业踩下"急刹车"。

**2016 年 5 月 25 日**　海关总署发布《关于执行跨境电子商务零售进口新的监管要求有关事宜的通知》，全面敲定有关跨境电商"新政"过渡期政策的执行细节，即到 2017 年 5 月 11 日的 1 年过渡期内，"一线"进区（货物入境）时暂不验核通关单，暂不执行"正面清单"备注中关于化妆品、婴幼儿配方奶粉、医疗器械、特殊食品的首次进口许可证、注册或备案要求，但新政中关于税率的调整保持不变。此后，过渡期分别延长至 2017 年底和 2018 年底。

**2017 年 11 月 28 日**　商务部等 14 个部门发布《关于复制推广跨境电子商务综合试验区探索形成的成熟经验做法的函》，将"六体系两平台"成熟做法面向全国复制推广。

**2018 年 4 月 13 日**　海关总署发布《关于规范跨境电子商务支付企业登记管理》，进一步规范海关跨境电子商务监管工作。

**2018 年 7 月 24 日**　北京市、呼和浩特市、沈阳市、长春市、哈尔滨市、南京市、南昌市、武汉市、长沙市、南宁市、海口市、贵阳市、昆明市、西安市、兰州市、厦门市、唐山市、无锡市、威海市、珠海市、东莞市、义乌市等22个城市获批设立第三批跨境电子商务综合试验区。

**2018年8月31日** 全国人民代表大会常务委员会出台《中华人民共和国电子商务法》，明确规定"电子商务经营者从事跨境电子商务，应当遵守进出口监督管理的法律、行政法规和国家有关规定"。

**2018年9月28日** 财政部、国家税务总局、商务部、海关总署四部门发布《关于跨境电子商务综合试验区零售出口货物税收政策的通知》，2018年10月1日起，对跨境电商综试区内的跨境电商零售出口企业未取得有效进货凭证的货物，凡符合规定条件的，试行增值税、消费税免税政策。

**2018年11月8日** 海关总署发布《关于实时获取跨境电子商务平台企业支付相关原始数据接入有关事宜的公告》，要求参与跨境电商零售进口业务的跨境电商平台企业应当向海关开放支付相关原始数据，供海关验核。

**2018年11月28日** 商务部等6部门印发《关于完善跨境电子商务零售进口监管有关工作的通知》，明确了过渡期后跨境电商零售进口有关监管安排。通知明确了跨境电商零售进口的商品概念、跨境电商零售进口主体；对跨境电商零售进口商品按个人自用进境物品监管，不执行有关商品首次进口许可批件、注册或备案要求；按照"政府部门、跨境电商企业、跨境电商平台、境内服务商、消费者各负其责"的原则，明确各方责任，实施有效监管。

**2018年11月29日** 财政部、海关总署、国家税务总局三部门发布《关于完善跨境电子商务零售进口税收政策的通知》，将跨境电商零售进口商品的单次交易限值由人民币2000元提高至5000元，年度交易限值由人民币20000元提高至26000元，进一步完善跨境电子商务零售进口税收政策，促进跨境电子商务零售进口行业的健康发展。

**2018年12月10日** 海关总署发布《关于跨境电子商务零售进出口商品有关监管事宜的公告》，全面规定了跨境电商企业管理、零售进出口商品通关管理等事项，为跨境电商零售进出口商品监管工作提供了详细的法规

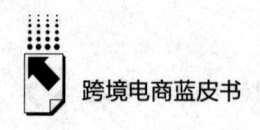

依据。

**2019年2月23日** 国家邮政局、商务部、海关总署发布《关于促进跨境电子商务寄递服务高质量发展的若干意见（暂行）》，鼓励打造更多跨境寄递服务通道平台，支持跨境寄递服务企业在重要节点区域设置海外仓，促进跨境寄递服务高质量发展，保障寄递安全，改进用户体验，形成线上线下协同发展新格局。

**2019年10月26日** 国家税务总局发布《关于跨境电子商务综合试验区零售出口企业所得税核定征收有关问题的公告》，进一步明确跨境电商企业所得税核定征收有关问题，促进跨境电商企业更好开展出口业务。

**2019年12月15日** 石家庄市、太原市、赤峰市、抚顺市、珲春市、绥芬河市、徐州市、南通市、温州市、绍兴市、芜湖市、福州市、泉州市、赣州市、济南市、烟台市、洛阳市、黄石市、岳阳市、汕头市、佛山市、泸州市、海东市、银川市等24个城市获批设立第四批跨境电子商务综合试验区。

**2020年1月17日** 商务部、国家发展改革委、财政部、海关总署、国家税务总局、国家市场监管总局六部门发布《关于扩大跨境电商零售进口试点的通知》，将石家庄、秦皇岛等50个城市（地区）和海南全岛纳入跨境电商零售进口试点范围，按照规定要求，开展网购保税进口（海关监管方式代码1210）业务。

**2020年3月27日** 海关总署发布《关于全面推广跨境电子商务出口商品退货监管措施有关事宜的公告》，使跨境电商商品出得去、退得回，推动跨境电子商务出口业务健康快速发展。

**2020年3月28日** 海关总署发布《关于跨境电子商务零售进口商品退货有关监管事宜的公告》，优化跨境电子商务零售进口商品退货监管，推动跨境电子商务健康快速发展。

**2020年4月27日** 雄安新区、大同市、满洲里市、营口市、盘锦市、吉林市、黑河市、常州市、连云港市、淮安市、盐城市、宿迁市、湖州市、嘉兴市、衢州市、台州市、丽水市、安庆市、漳州市、莆田市、龙岩市、九江市、东营市、潍坊市、临沂市、南阳市、宜昌市、湘潭市、郴州市、梅州市、惠州市、中山市、江门市、湛江市、茂名市、肇庆市、崇左市、三亚市、德阳市、绵阳市、遵义市、德宏傣族景颇族自治州、延安市、天水市、西宁市、乌鲁木齐市等46个城市和地区获批设立第五批跨境电子商务综合试验区。

**2020年5月20日** 国家外汇管理局发布《关于支持贸易新业态发展的通知》，对跨境电商、市场采购贸易、外贸综合服务等贸易新业态涉外收支依法实施监督管理，支持简化跨境电商的收汇和申报手续，加快跨境电子商务等贸易新业态发展，提高贸易外汇收支便利化水平。

**2020年6月12日** 海关总署发布《关于开展跨境电子商务企业对企业出口监管试点的公告》，增列海关监管方式代码"9710""9810"，在北京海关、天津海关、南京海关、杭州海关、宁波海关、厦门海关、郑州海关、广州海关、深圳海关、黄埔海关开展跨境电商B2B出口监管试点。2020年8月13日又增加了上海、福州、青岛、济南、武汉、长沙、拱北、湛江、南宁、重庆、成都、西安等12个直属海关开展跨境电商B2B出口监管试点。

**2021年3月18日** 商务部、国家发展改革委等六部门联合印发《关于扩大跨境电商零售进口试点、严格落实监管要求的通知》，将跨境电商零售进口试点扩大至所有自贸试验区、跨境电商综试区、综合保税区、进口贸易促进创新示范区、保税物流中心（B型）所在城市（及区域）。

**2021年5月8日** 国务院印发《关于同意在河南省开展跨境电子商务零售进口药品试点的批复》，批准河南省开展跨境电子商务零售进口药品试点，试点期为自批复之日起3年。

**2021年6月22日** 海关总署发布《关于在全国海关复制推广跨境电子商务企业对企业出口监管试点的公告》，跨境电商B2B出口监管试点全国放开。

**2021年7月2日** 国务院办公厅印发《关于加快发展外贸新业态新模式的意见》，支持跨境电商、海外仓、市场采购贸易等外贸新业态新模式发展。

**2021年9月10日** 海关总署发布《关于全面推广跨境电子商务零售进

口退货中心仓模式的公告》，推广"跨境电商零售进口退货中心仓模式"。

**2022年1月22日** 鄂尔多斯市、扬州市、镇江市、泰州市、金华市、舟山市、马鞍山市、宣城市、景德镇市、上饶市、淄博市、日照市、襄阳市、韶关市、汕尾市、河源市、阳江市、清远市、潮州市、揭阳市、云浮市、南充市、眉山市、红河哈尼族彝族自治州、宝鸡市、喀什地区、阿拉山口市等27个城市和地区获批设立第六批跨境电子商务综合试验区。

**2022年3月30日** 商务部首次发布2021年跨境电子商务综合试验区年度考核评估成果，上海、杭州、宁波、义乌、青岛、广州、深圳、南京、郑州、厦门10个城市获评第一档，评估结果为"成效明显"。

**2022年11月14日** 廊坊市、沧州市、运城市、包头市、鞍山市、延吉市、同江市、蚌埠市、南平市、宁德市、萍乡市、新余市、宜春市、吉安市、枣庄市、济宁市、泰安市、德州市、聊城市、滨州市、菏泽市、焦作市、许昌市、衡阳市、株洲市、柳州市、贺州市、宜宾市、达州市、铜仁市、大理白族自治州、拉萨市、伊犁哈萨克自治州等33个城市和地区获批设立第七批跨境电子商务综合试验区。

**2023年1月30日** 财政部、海关总署、国家税务总局联合发布《关于跨境电子商务出口退运商品税收政策的公告》，对符合规定的跨境电商出口退运商品，免征进口关税和进口环节增值税、消费税，出口时已征收的出口关税准予退还。

**2023年5月31日** 商务部发布2022年跨境电商综试区考核评估结果，上海、苏州、杭州、宁波、义乌、青岛、长沙、广州、深圳、成都10个城市获评第一档，评估结果为"成效明显"。

**2023年6月13日** 海关总署制定并印发《跨境电子商务统计调查制度》，进一步发挥海关统计决策支持作用，准确统计我国跨境电子商务进出口的实际规模，完善跨境电商统计体系。

**2023年10月17日** 国务院批复《关于在上海市创建"丝路电商"合作先行区的方案》，从扩大电子商务领域开放、营造先行先试环境、大力推进国际和区域交流合作三个方面提出19条行动。

**2024年6月8日** 商务部、国家发展改革委等九部门印发《关于拓展跨境电商出口推进海外仓建设的意见》，推动跨境电商与海外仓等新型外贸基础设施协同联动。

**2024年8月30日** 商务部公布2023年度跨境电子商务综合试验区考核评估结果，深圳、广州、杭州、上海、宁波、青岛、郑州、厦门、苏州、重庆等10个跨境电商综试区获评第一档"成效明显"。

**2024年11月25日** 海关总署印发《关于进一步促进跨境电商出口发展的公告》，取消跨境电商出口海外仓企业备案，简化出口单证申报手续，扩大出口拼箱货物"先查验后装运"试点，推广跨境电商零售出口跨关区退货监管模式，优化跨境电商出口监管。

# Abstract

In 2024, the global economy experienced a slowdown in growth and weak demand. The rise of trade protectionism and the intensification of geopolitical conflicts posed unprecedented challenges to the international trade order. Faced with dual pressures from external challenges and internal difficulties, China's cross-border e-commerce has been continuously transforming and growing in the profound changes of the global economic landscape, driven by technological innovation. It actively adopts new technologies, new trends, and cultivating the new driving forces. It demonstrates strong and resilient vitality. In 2024, the Third Plenary Session of the 20th Central Committee of the Communist Party of China proposed to "Improve the system for promoting the deep integration of the real economy and the digital economy" and "Improve the system and mechanism for developing new quality productive forces according to local conditions". The Central Economic Work Conference proposed to actively develop the service trade, the green trade, and the digital trade, which has pointed out the direction for the resilient growth and the high-quality development of cross-border e-commerce. At present, the development of cross-border e-commerce in China has changed from "the high-speed growth" to "the steady progress", from the commodity export to the supply chain going overseas, from the extensive development to the compliance going overseas. It has officially entered a new stage driven by new quality productivity. With the theme of "New Quality Productive Forces Enable the High-Quality Development of Cross-Border E-Commerce", this book comprehensively summarizes the new environment, the new characteristics and the new challenges for the development of China's cross-border e-commerce in 2024. It deeply analyzes the new development trend of China's cross-border e-

## Abstract

commerce, and exploring the high-quality development path of China's cross-border e-commerce from the multiple dimensions such as the new technologies, the new services, the new modes, the new growth drivers and the new advantages, aiming to promote China's cross-border e-commerce towards the green and sustainable development through the new quality productive forces.

In 2024, the technological innovation and the ecological co-construction have interwoven a new picture of global trade, and China's cross-border e-commerce has also experienced deep changes, showing a development trend of deep integration of the industrial change and the technological innovation. Firstly, the policy support and institutional innovation have become the core driving forces. Adapting to the adjustment of international trade policies and the changes in market supply and demand, cross-border e-commerce regulatory service policies keep up with the times, building a policy matrix from national to regional, and providing strong support for the transformation and upgrading of the industry. Secondly, the technological innovation leads the overall upgrading of the industry. Big data, blockchain, artificial intelligence and other technologies are widely used in the precision marketing, the intelligent logistics and the supply chain management, and comprehensively improving the controllability and resilience of cross-border e-commerce supply chains. Thirdly, the diversified channel layout and the emerging market expansion have become the new growth engines. Cross-border e-commerce enterprises practice a diversified strategy going overseas, with multi-channel layouts of e-commerce platforms, stand-alone website, offline supermarkets. The shelf e-commerce, the content e-commerce, the social e-commerce work together, while adhering to the traditional mature markets in Europe and the United States, expanding Southeast Asia, the Middle East, Africa and Latin America and other emerging markets, and actively exploring sustainable growth paths. Fourthly, the trend of the green sustainable and personalized consumption is significant. Faced with the preference of European and American consumers for green and environmentally friendly products, cross-border e-commerce sellers use the green production lines, the recyclable packaging, and the environmentally friendly materials to create the green supply chains, and achieve the accurate supply through the data mining to meet consumers' personalized customization needs. Finally, the model innovation of logistics and supply chain has become the key to competition. The "shipping consolidation + overseas warehouse" model gradually replaces the traditional direct mail, avoiding the risk of tariff policy fluctuations. The supply chain layout of "Southeast Asian production+global distribution" further strengthens the cost advantage.

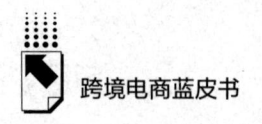

In the grand blueprint for the development of cross-border e-commerce in China, the rise of the new quality productive forces is not only the key to meet the current challenges, but also the necessary path to lead the industry to higher quality development. New quality productive forces reshapes the combination of production factors in cross-border e-commerce through the digital technology, significantly improving total factor productivity, promoting the evolution of cross-border e-commerce supply chains towards digitization and greening, and facilitating the deep integration of Chinese enterprises into the global supply chain system. Especially in the field of cross-border e-commerce, the application of AI technology is extensive and in-depth, from product selection to sales, from content generation to customer service, comprehensively improving operational efficiency and user experience, becoming a powerful engine for promoting high-quality development of the industry. Relying on digital technologies such as artificial intelligence, big data, and cloud computing, cross-border e-commerce replaces the traditional model driven by labor and capital, leaps from goods trade to "Digital Trade 2.0", and gradually forming a path of new quality productive forces dominated by the knowledge capital, leveraged by the digital technology, and supported by the institutional openness.

**Keywords**: Cross-Border E-Commerce; New Quality Productive Forces; High Quality Development; Artificial Intelligence; Supply Chain Going Overseas

# Contents

## Ⅰ  General Report

**B.1**  New Quality Productive Forces Enable High-Quality
Development of Cross-Border E-Commerce : The
Overall Situation and The Strategies of Cross-Border
E-Commerce in 2024—2025
*Research Group of Henan World Electronic Trade Research Institute,*
*Global ( Zhengzhou) Cross-Border E-Commerce Research Institute / 001*

**Abstract:** In 2024, the global economic and political environment is undergoing a new round of profound adjustment, and the foreign trade policies of many countries and regions have undergone significant changes, adding more unstable factors to the complex international trade situation. Therefore, how to promote cross-border e-commerce to achieve the resilient growth and the high-quality development have become a key issue that needs to be solved by the industry. The Third Plenary Session of the 20th Central Committee of the Communist Party of China proposed to "Improve the system for promoting the deep integration of the real economy and the digital economy" and "Improve the system and mechanism for developing new quality productive forces according to local conditions", which has pointed out the direction for the development of the industry. The high-quality development of cross-border e-commerce cannot be separated from the deep reshaping of production relations and modes by new quality productive forces. Giving full play to the enabling role of new quality productive forces on cross-border e-commerce is the key path and basic support for promoting the sustainable development in China. Based on the current domestic and international economic environment, the report systematically analyzes the new environment, the new pattern and the new challenges faced by the development of China's cross-border e-commerce in 2024. It summarizes the development trends of cross-border e-commerce supply chain going overseas, the enterprise compliance going overseas, the new quality productive forces enabling the brand and quality dual-wheel driving, the content productivity explosion, and the business modes innovation. In the new stage of development, China's cross-border e-commerce should build an intelligent supply chain system with the new technologies, promoting brand building and localization layout with new driving forces, improving overseas comprehensive service system with new services, strengthening enterprise empowerment and ecological co-construction with new formats, enhancing policy and regulatory adaptability with new advantages, and rely on the power of new quality productivity to integrate technological innovation and industrial transformation to promote the high-quality development of China's cross-border e-commerce.

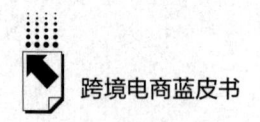

**Keywords**: Cross-Border E-Commerce; New Quality Productive Forces; Supply Chain Going Overseas; Compliant Going Overseas; Digital Technique

## Ⅱ Thematic Reports

**B.2** Moving Towards with "New" and Going Overseas with "Quality": New Quality Productive Forces Refactoring the New Competitive Pattern of Cross-border E-commerce

*Yin Wenjia* / 039

**Abstract**: As an advanced form of productivity characterized by technological innovation and high-quality development, the new quality productive forces promotes cross-border e-commerce to achieve qualitative leaps in business models, supply chain management and service experience through technological innovation, factor innovation and industrial innovation, injecting strong momentum into the development of the industry, and becoming an important force to promote and reshape the new pattern of global trade. The report elaborates the development status of cross-border e-commerce and the integration of cross-border e-commerce and the new quality productive forces, and analyzes the challenges faced by the development of cross-border e-commerce under the guidance of the new quality productive forces, including the potential risks in the early stages of new technology application, the systemic risks caused by policy uncertainty, the profit compression caused by disorderly competition, the rising costs caused by intellectual property disputes, the increased regulatory difficulties caused by information barriers, and the internal resource consumption caused by policy competition. It put forward targeted countermeasures and suggestions by strengthening industry supervision, enriching AI technology supply, promoting high-quality development of overseas warehouses, exploring cross-border data asset capitalization, and optimizing industrial top-level design.

**Keywords:** Cross-Border E-Commerce; Overseas Warehouses; New Quality Productive Forces; Artificial Intelligence; Data Elements

**B.3** Exploring The New Quality Productive Forces of China's Cross-Border E-Commerce from the Perspective of the "New Trio" of Foreign Trade　　　　*Pan Yong* / 053

**Abstract:** In recent years, the "new trio" of cross-border e-commerce represented by electric automobiles, lithium batteries, and solar cells have emerged as a new force with China's foreign trade, becoming a new engine of new quality productive forces. The report analyzes the mechanism of the new quality productive forces driving the development of cross-border e-commerce in the "new trio" of foreign trade by the constituent elements of foreign trade "new trio" and quality productive forces, and analyzes the distribution of production locations and export destinations of the "new trio" export enterprises based on the statistical data of the General Administration of Customs. Finally, it proposes the suggestions and strategies from the aspects of the technological innovation and upgrading, the market expansion and diversification, the supply chain optimization and coordination, the brand building and upgrading based on the increasing trade barriers and policy risks, the challenges of logistics and supply chains, the improvement of market competitiveness and brand influence, and the enhancing of technological innovation capabilities and intellectual property rights in the current "new trio" of cross-border e-commerce.

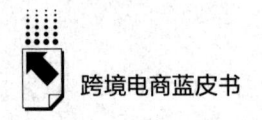

**Keywords**: New Quality Productive Forces; "New Trio" of Foreign Trade; Cross-Border E-Commerce

**B.4** AI Big Data Model: A New Engine and Revolutionary Power for Cross-Border E-Commerce

*Xing Chaoyang, Zhang Xiaoxia and Hou Dongwei* / 067

**Abstract**: At present, AI technology is profoundly changing the cross-border e-commerce, and AI big data models have become the key driving force for the development of the industry. By discussing the multi-dimensional applications of AI in cross-border e-commerce, the report analyzes the revolutionary power it brings, such as improving customer experience, efficient supply chain management, bringing out the new business models, improving operational efficiency and data-driven decision-making, and combining case analysis to discuss the specific application effects of AI in cross-border e-commerce. However, in practical applications, AI also faces challenges such as data privacy and security, regulatory compliance, technology integration, data quality and accuracy. Based on this, it should combine with the future development trend of AI in cross-border e-commerce. Enterprises should actively embrace technology and formulate strategies to help cross-border e-commerce take greater steps on the path of intelligence, personalization, and globalization.

**Keywords**: AI Big Data Model; Cross-Border E-Commerce; Customer Service; Supply Chain Optimization

**B.5** Application Research and Prospect Analysis of the Artificial Intelligence Technology in Cross-Border E-Commerce Industry　　　　　　　*Wu Yue, Xiao Xuesong and Song Yijia* / 084

**Abstract**: The report analyzes the background of the digital tool revolution in cross-border e-commerce, especially the driving factors from the market demand, the technological progress and so forth. After introducing the development history and current situation of artificial intelligence, the report focuses on the typical application of artificial intelligence technology in the whole business process of cross-border e-commerce supply chain management, the marketing services, the compliance delivery, and selects six mature application cases in the subdivisions of the product selection operation, the marketing customer service, the image generation, and the policy consulting for interpretation. The cross-border e-commerce industry provides the rich business scenarios for the application of artificial intelligence technology, and continues to promote the application of artificial intelligence technology in more scenarios. The level of intelligence in the entire process of cross-border e-commerce will be further improved, and cross-border e-commerce enterprises need to actively embrace technological changes and build a new type of "AI+" competitiveness.

**Keywords**: Cross-Border E-Commerce; Artificial Intelligence; Artificial Intelligence Large-Scale Model

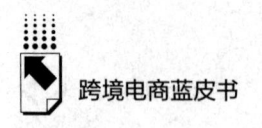

# III  Regional Reports

**B.6** Research on the Strategy of New Quality Productive Forces to Promote the High-Quality Development of Cross-Border E-Commerce in Henan Province

*Wang Yuedan, Xu Feng and Zhang Yixin* / 099

**Abstract:** In recent years, the overall scale of cross-border e-commerce in Henan Province has grown from small to large, and then to excellent, becoming an important manifestation and a carrier of the new quality productive forces in foreign trade. Studying how the new quality productive forces can promote the high-quality development of cross-border e-commerce in Henan Province is an important part of promoting the cultivation of new quality productive forces and the high-quality development of an export-oriented economy in Henan Province in the new stage. It has a great significance for enhancing the competitiveness and influence of Henan province in global trade, and promoting the construction of an inland institutional system. The report summarizes and elaborates on the logical relationship between the cross-border e-commerce and the new quality productive forces, comprehensively analyzes the current situation, opportunities and challenges of the development of cross-border e-commerce in Henan Province, and finally proposes that the new quality productive forces should be taken as the core driving force, and making efforts to help Henan's cross-border e-commerce achieve the "advantage reconstruction" and the high-quality development.

**Keywords:** New Quality Productive Forces; High-Quality Development; Cross-Border E-Commerce; Henan Foreign Trade

Contents

**B.7** Exploration and Breakthrough of Sichuan Cross-Border
E-Commerce Industrial Zone Going Overseas

*Liu Qian, Shu Yang and Song Jing* / 114

**Abstract:** As a key path to promote the innovative development of cross-border e-commerce, "cross-border e-commerce +industrial zone" has become a strong driving force for digital transformation of industrial zone and an inevitable choice for cultivating new quality productivity. Sichuan Province actively promotes innovation and high-quality development in foreign trade, accelerating the digital transformation and internationalization process of local industrial zone. The report is based on the current development status of the cross-border e-commerce industry zone in Sichuan Province, and summarizes the practical experience and typical cases of the industry zone going overseas. It proposes the practical constraints faced from five dimensions: the industry, the enterprise, the market, the ecology, and the talent. It also suggests breaking through the current situation by differentiating the cultivation of the "Chuanzi Hao" industry zone, promoting the transformation of production-oriented enterprises going overseas, expanding the global market layout, building an integrated ecological service system for domestic and foreign trade, establishing an integrated education system for industry and education, and constructing a cross-border "trade oriented industry zone" to accelerate the digital transformation of the industry zone and achieve high-quality development of cross-border e-commerce.

**Keywords:** Cross-Border E-Commerce; Industrial Zone Going Overseas; Service Ecosystem; Sichuan Province

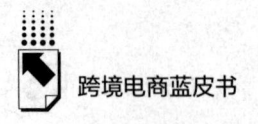

**B.8** Research on High-Quality Collaborative Development of Cross-Border E-Commerce in the Huanghe River Basin: Practice Report of Cross-Border E-Commerce Industry Alliance in the Huanghe River Basin　　　　　*Liu Baojun* / 131

**Abstract**: Cross-Border E-Commerce is the new quality productive forces in the foreign trade. Implementing the national Huanghe river strategy through cross-border e-commerce has the spatial conditions and industrial foundation, which is of great strategic significance for promoting the innovation and green transformation of the industrial economy in the basin and advancing the opening-up to a higher level. On the basis of elaborating the connotations of "high quality" and "coordinated development" of cross-border e-commerce in the Huanghe river basin, the report introduces the effective exploration of cross-border e-commerce industrial alliance in the Huanghe river basin in terms of the innovation coordination mechanism, the construction of resource docking platform, and the smooth passage along the Huanghe river, the land and the sea. It also proposes that the development of cross-border e-commerce in the Huanghe river basin should focus on "cross-border e-commerce + industrial zone", multi-functions in one region, multi-mode operations in one store, "full channel, full mode, full category, full experience, and high-quality supervision", and institutional openness, ultimately promoting cross-border e-commerce towards the path of coordinated development of industrial economy.

**Keywords**: The Huanghe River Basin; Cross-Border E-Commerce; Industrial Economy; High-Quality development; Coordinated Development

**B.9** Research on the Development of Cross-Border E-Commerce in Nanyang Wormwood Industry　　　　*Zhang Jincan, Zhao Min* / 143

**Abstract**: With its profound historical and cultural heritage, rich wormwood resources and innovative development concepts, Nanyang wormwood products industry has made remarkable achievements in cross-border e-commerce. At present, the market scale of Nanyang wormwood products is growing rapidly, gradually forming a diversified market structure, and its competitiveness in domestic and foreign markets is significantly enhanced. We have explored and formed a development model with characteristics such as one leading enterprise in one zone, internal training and external introduction, "industrial belt + cross-border e-commerce", industry-university-research integration, and united agriculture development, through innovation in the brand building, the product technology, the sales model, the industrial integration, the supply chain and other aspects. However, there are also significant challenges in market competition and brand building, product quality and standard certification, and cross-border e-commerce operations. In the future, Nanyang can further promote the sustainable and healthy development of cross-border e-commerce in the wormwood industry from the aspects of the brand building and promotion, the product quality and standards, the market channels expansion and marketing, the industrial ecology and environment.

**Keywords**: Wormwood Industry; Cross-Border E-Commerce; Nanyang City

**B.10** Research on the Construction of Outdoor Leisure Products industrial Zone in Pingyu under the New Development Pattern     *Zhang Yukun, Cui Fuxia, Han Zhen and Li Yang* / 160

**Abstract**: Pingyu seized the opportunity of coastal industry transfer, and built the transformation and upgrading base of the national foreign trade for outdoor leisure products and the largest outdoor leisure product industry base in central China. Based on the overview of the development of the global outdoor leisure products industry, the report supposes that the outdoor leisure products industry in

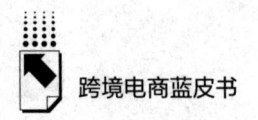

Pingyu has a strong development momentum, mainly due to the smooth logistics channels, the superior business environment, the complete industrial foundation, the diversified investment channels, the intelligent manufacturing, the sufficient human resources, the innovation and brand enhancement, and the diversified sales channels in a complete industrial environment. However, Pingyu outdoor leisure products industry also has problems such as a single export model, the insufficient online transformation, and a shortage of professional talents. It is urgent to increase support for new business models, integrating the service resources, promoting the development of green economy, and building the team of cross-border e-commerce talents to enable the high-quality development of the industry.

**Keywords:** Outdoor Leisure Products; Cross-Border E-Commerce; Pingyu County

## Ⅳ Comprehensive Reports

**B.11** Practice and Innovation of International Talent Cultivation in Vocational Colleges for Cross-Border E-Commerce with New Quality Productive Forces: A Case Study of Zhengzhou Technical College  *Ren Fangjun, Lu Yaqi / 175*

**Abstract:** In the context of the new productive forces, China's cross-border e-commerce industry has experienced rapid growth, injecting new vitality into the cultivation of international cross-border e-commerce talent and raising higher demands. However, there are some shortcomings in the international talent training of cross-border e-commerce in China that need to be paid attention to and solved. The report takes Global (Zhengzhou) Cross-Border E-Commerce Research Institute as an example to discuss its practices and innovative measures in cultivating international talents for cross-border e-commerce. The college relies on local industrial advantages to build a "four in one" talent training "highland", covering four platforms of the professional construction, the research institutes, the sino-foreign cooperative colleges, and the communities. It deepens the integration of industry and education, and innovates the mode of talent cultivation. At the same time, the college takes system construction as the key, collaborating with multiple entities for innovation, strengthening the scientific and technological innovation services, expanding the international cooperation, and creating a "high-rise" for international talent cultivation in cross-border e-commerce. We have comprehensively improved the level of talent cultivation, achieved the integration and coordinated development of education and industry, and formed a unique "Zhengzhou model" through measures such as "five transformations," "two optimizations," and "one improvement". It provides important reference for cultivating new driving forces for economic development and promoting "vocational education going overseas," and has demonstrative significance for the international talent cultivation of cross-border e-commerce for other vocational colleges.

**Keywords**: Vocational Education; Cross-Border E-Commerce; Internationalization; Talent Cultivation; Integration of Industry and Education

**B.12** Research on the Effectiveness and Strategy of International Cooperation of "Silk Road E-Commerce"

*Hong Yong, Li Yi, Cui Xinye and Liu Huaiyu* / 187

**Abstract**: With the development of cross-border e-commerce, "Silk Road E-Commerce" has become a key part for China to build national trade with "the Belt and Road". At present, China has signed bilateral e-commerce cooperation memorandums and established cooperation mechanisms with 33 countries, forming a global cross-border e-commerce ecological chain. In the context of the continuous acceleration of global e-commerce development, the scale of cross-border e-commerce market in the countries of "the Belt and Road" has grown rapidly, the innovation of the "Silk Road E-Commerce" model has continued to accelerate, and the conditions of the basic development have been constantly optimized. The report considers that "Silk Road E-Commerce" presents characteristics such as the continuous expansion of cooperation scope, the growth policies, the mutual benefit cooperation models, and the institutional openness. However, "Silk Road E-Commerce" also faces many challenges, including the logistics network infrastructure needs to be improved, the corporate compliance awareness and the localization level needs to be improved, the cross-border e-commerce laws and regulations are different, there are multicultural and language barriers, and the restrictions of destination countries trade. In the future, it should accelerate the construction of infrastructure, optimizing the cross-border payment processes, establishing a unified legal system of e-commerce, strengthening the localized training of cross-border talents, so as to better achieve the higher quality development of "Silk Road E-Commerce".

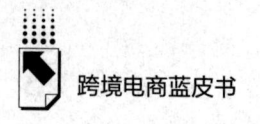

**Keywords:** Silk Road E-Commerce; International Cooperation; Artificial Intelligence; Green and Low-Carbon

**B.13** Research on the Global Layout of Cross-Border E-Commerce Industrial Chain and Supply Chain　　　　*Wang Li* / 202

**Abstract:** The report focuses on the globalization layout of cross-border e-commerce industrial chain and supply chain, and deeply analyzes its development trend in the context of global trade pattern reshaping. Under the tide of globalization, cross-border e-commerce presents three major development trends, such as the growth of global market scale, the diversification of regional pattern, and China's strength appearing increasingly. Meanwhile, cross-border e-commerce faces opportunities such as the market potential, the technological progress, the policy support, and the supply chain advantages in the process of globalization, as well as challenges such as the international trade policies, the supply chain coordination, and the market competition. In the face of a complex international environment, enterprises must enhance their capabilities in the technology empowerment, the market cultivation, the compliance management and the brand building to improve their international competitiveness, and make forward-looking plans in the technological innovation, the market expansion and the industrial synergy.

**Keywords**: Cross-Border E-Commerce; Industrial Chain and Supply Chain; Global Layout

**B.14** Research on Brand Going Overseas Strategy of Cross-Border E-commerce Enterprises *Song Siyuan / 215*

**Abstract**: The report introduces in detail with the development process of China's cross-border e-commerce products going overseas, high-quality products going overseas, and brands going overseas in three stages and the characteristics of sellers at different stages, and puts forward "ten path options" from five aspects of the enterprise positioning, the product strategy, the supply chain management, the overseas marketing and the after-sales service system construction. Finally, it is suggested that cross-border e-commerce brand sellers should plan and promote the entire lifecycle from the market positioning, the product strategy, the supply chain, the marketing strategy and the customer service, so as to build a global brand with international visibility and influence.

**Keywords**: Enterprise Going Overseas; Cross-Border E-Commerce; Brand Going Overseas

**B.15** Research on Financial and Tax Risk Management of Cross-Border E-Commerce Export Enterprises
*Hou Dongwei, He Beibei and Tao Ye / 230*

**Abstract**: In recent years, China has strengthened the supervision and crackdown on illegal and criminal activities such as the false issuing invoices, the tax evasion, the tax fraud, the fraudulent subsidies in new modes of cross-border e-commerce. Especially in the context of "Golden Tax 4th Phase + Big Data +AI", the tax authorities have achieved the dimensional trio-flow tracking of cross-border e-commerce trading activities, including "transaction chain + capital flow + bill flow", making it easier for tax systems to detect non-compliant financial and tax issues of enterprises. Therefore, for cross-border e-commerce export enterprises, ensuring financial and tax compliance is the foundation for long-term sustainable development. Therefore, the report analyzes the current tax compliance methods commonly used by cross-border e-commerce enterprises, and combines the financial and tax risks faced by enterprises. It put forward to improve the financial and tax supervision ecology of China's cross-border e-commerce export, strengthening the internal management to enhance compliance awareness, optimizing tax planning to reduce tax risks, strengthening external cooperation to enhance compliance capacity, establishing a financial and tax compliance audit mechanism, and using the financial technology to enhance the efficiency of financial and tax compliance, so as to help cross-border e-commerce export enterprises going overseas with high quality compliance.

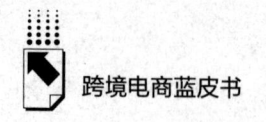

**Keywords:** Financial and Tax Compliance; Cross-Border E-Commerce; Compliant Going Overseas

**B.16 Research on the Enterprises Going Overseas Strategy of Cross-Border E-Commerce Industrial Zone**

*Yang Lan, Zhang Dandan / 242*

**Abstract:** Under the background of the vigorous development of cross-border e-commerce, the enterprises of traditional industrial zone directly connect with global consumers through cross-border e-commerce, which is not only an inevitable choice to comply with the trend of the times, but also an important opportunity to enhance their competitiveness and expand the international market. On the basis of sorting out the current situation of the enterprises going overseas in cross-border e-commerce industry zone, the report deeply analyzes many difficulties faced by the traditional enterprises of industrial zone in the process of transforming to cross-border e-commerce, involving several key areas such as the thinking mode, the production mode, the talent pool, the capital investment, the brand building and supply chain collaboration. It is from six aspects of the thinking innovation, the production reconstruction, the talent cultivation, the cost investment planning, the transformation of brand strategy, the ecological optimization to propose the way to break the deadlock, helping the enterprises of industrial zone to achieve the goal of "selling globally".

**Keywords:** Cross-Border E-Commerce; Enterprise Going Overeseas; Digital Transformation; Industrial Zone

## V Exploration Reports

**B.17** Analysis of Compliance Pathway in Phase 2.0 of Cross-Border Data Flow Regulation from the Perspective of Cross-Border E-Commerce *Miao Kai / 253*

**Abstract:** The development of cross-border e-commerce industry involves the flow of relevant data between entities in different jurisdictions. Based on the latest laws and regulations, the report analyzes the regulatory mechanism for cross-border data in China from the perspective of cross-border e-commerce industry. According to the different enterprise subjects and data types, the cross-border flow compliance paths of data outbound security assessment, personal information protection certification, and signing standard contracts are discussed respectively. From an international perspective, the regulatory differences in global data flows will not disappear for a considerable period of time. For Chinese cross-border e-commerce enterprises. it is necessary to combine compliance resources that match the business and scale investment with regulatory differences in different markets.

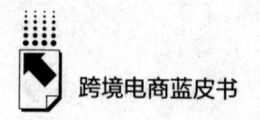

**Keywords:** Cross-Border E-Commerce; Data Outbound; Compliance; Personal Information

**B.18** Research on the Path and Strategy of Cross-Border E-Commerce "Vocational Education Going Overseas" in the Context of "The Belt and Road" Initiative

*Zhou Wenchao, Lu Yaqi / 266*

**Abstract:** In the context of the "the Belt and Road" initiative, the rapid development of cross-border e-commerce has put forward an urgent demand for vocational education, providing opportunities and challenges for China's cross-border e-commerce vocational education to "go overseas". The report focuses on the path and strategy of "vocational education going overseas" of cross-border e-commerce, and explores its opportunities and challenges in international cooperation. By exporting mature vocational education resources and models from China, "Vocational education going overseas" can cultivate the composite cross-border e-commerce professionals, promote technological and business model innovation, and strengthen the standardized construction of international vocational education. However, the current cross-border e-commerce "vocational education going overseas" still faces challenges such as insufficient localization of educational content, lack of vocational education standard certification, inadequate stability of cooperation mechanism, pressure on the sustainable resource investment, and differences in cultural and policy environments. Therefore, it is necessary to enhance the international influence of China's vocational education by strengthening policy support, innovating cooperation models, strengthening the construction of teacher teams, optimizing the curriculum system, strengthening cultural exchanges and integration, and establishing quality assurance systems, helping "the Belt and Road" to jointly build the development of national cross-border e-commerce, and contribute to the construction of a community with a shared future for mankind.

**Keywords**: Cross-Border E-Commerce; Vocational Education Going Overseas; The Belt and Road

**B.19** Research on ESG and Sustainable Development of Cross-Border E-Commerce　　*Wang Xiaoyan, Zhang Meng* / 278

**Abstract**: ESG plays an important role in promoting business to achieve the sustainable development goals, and cross-border e-commerce as an important force driving the globalization. It is increasing the widespread concern with the capacity building of ESG. Based on the introduction of the connotation, the value, the development background and the current situation in cross-border e-commerce enterprises' ESG, the report proposes that cross-border e-commerce enterprises face ESG compliance challenges such as the compliance with the carbon emission regulation, the labor rights, the privacy and data security, the intellectual property compliance, and the sustainable supply chain management. It is also suggested that enterprises adhere to the working ideas of the endogenous integration, the intelligent driving and localization issues, and start from the aspects of ESG vision and objectives, ESG governance structure, ESG implementation framework, ESG information disclosure and communication quality, so as to improve the construction of enterprise ESG capacity and the level of modern green governance.

**Keywords**: Cross-Border E-Commerce; ESG; Sustainable Development; Enterprise Going Overseas

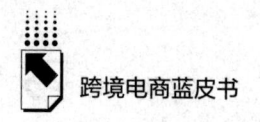

**B.20** Research on the Challenges and Strategies of Industrial Cross-Border E-Commerce Development in the Context of Digitization: Taking the Machinery Manufacturing Category as an Example    *Lu Yaqi / 292*

**Abstract:** In the context of global production and supply chain reconstruction, cross-border e-commerce has become an important channel for China's industrial products going overseas. Taking industrial products of machinery manufacturing category as an example, the report explores the development status of cross-border e-commerce of industrial products in the context of digital intelligence. The global industrial market of cross-border e-commerce has expanded in scale, and its participants diversified. The digital technology has brought new opportunities for it. Meanwhile, the development of this field faces many challenges, such as a small number of e-commerce platforms, defects in function and processes, weak support for logistics and warehousing, insufficient regulatory service systems, and difficulties in digital transformation. Therefore, the report puts forward strategic suggestions such as optimizing the platform types and functions, strengthening the construction of key link support services, improving the regulatory system and supporting policies, and accelerating the digital transformation, so as to promote the development of cross-border e-commerce of industrial products and enhance the global value chain position of "Made in China".

**Keywords:** Industrial Products; Cross-Border E-Commerce; Digitization; Machinery Manufacturing

**B.21** Research on the Current Status, Challenges, and Strategies of Digital Platform Governance    *He Xinru / 305*

**Abstract:** In recent years, with the rapid development of the digital economy, digital platforms have become a key competence to promote the development of the digital economy with the fast technological innovation, the strong network effects, the prominent economies of scale, and the fierce dynamic competition. However, the rapid development of digital platform enterprises has put forward new requirements for platform governance, which not only has a certain impact on the existing system, but also brings new challenges such as the data governance, the network security and the personal information protection. The report analyzes the development trends and governance characteristics of digital platform between nation and abroad, and points out the difficulties and challenges currently faced by the governance of digital platform in China. On this basis, the system puts forward the thoughts and principles of China's digital platform governance, and puts forward relevant suggestions and measures such as promoting the refined platform governance, establishing the algorithm audit mechanisms, strengthening the supervision of digital platform data behavior, maintaining the ecological health of digital platforms, and improving the support mechanism for digital platforms going overseas.

**Keywords**: Digital Platform; Platform Governance; Digital Governance

**B.22** Research on the Impact of Culture Going Overseas on the Development of China's Digital Trade

*Li Haoqiang, Zhang Meng* / 321

**Abstract**: In the era of digital trade, "Culture Going Overseas" effectively promotes the coordinated improvement of cultural soft strength and economic hard strength, and becomes a new force for the high-quality development of China's foreign trade. The report summarizes the current development status of China's cultural industry and digital trade, analyzes the relationship between the cultural industry and the digital trade, and finds that the digital cultural trade is becoming a new driving force for China's foreign trade. On the basis of learning from the experience and practices of foreign cultural exports, it points out that China's "culture going overseas" faces challenges such as the large differences in cultural concepts, the lack of data supervision system, the uneven level of digital technology, and the difficult protection of intellectual property rights. It should strengthen the data governance of the digital content industry, support the growth and strengthening of the digital cultural industry, accelerate the internationalization of digital cultural trade entities, promote the integration of cultural dissemination and cross-border e-commerce, and enhance the influence and attractiveness of Chinese culture.

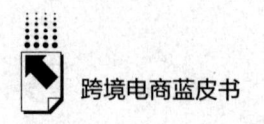

**Keywords**: Culture Going Overseas; Digital Trade; Digital Cultural Trade; Integrated Development

## Appendix I
Chronicle of China's Cross-Border E-Commerce Industry
Events in 2024 / 336

## Appendix II
Key Policies of China's Cross-Border E-Commerce
Comprehensive Test Area in 2024 / 339

## Appendix III
The 10th Anniversary Events of China's Cross-Border
E-Commerce Comprehensive Test Area / 343

社会科学文献出版社

# 皮 书

## 智库成果出版与传播平台

### ❖ 皮书定义 ❖

皮书是对中国与世界发展状况和热点问题进行年度监测,以专业的角度、专家的视野和实证研究方法,针对某一领域或区域现状与发展态势展开分析和预测,具备前沿性、原创性、实证性、连续性、时效性等特点的公开出版物,由一系列权威研究报告组成。

### ❖ 皮书作者 ❖

皮书系列报告作者以国内外一流研究机构、知名高校等重点智库的研究人员为主,多为相关领域一流专家学者,他们的观点代表了当下学界对中国与世界的现实和未来最高水平的解读与分析。

### ❖ 皮书荣誉 ❖

皮书作为中国社会科学院基础理论研究与应用对策研究融合发展的代表性成果,不仅是哲学社会科学工作者服务中国特色社会主义现代化建设的重要成果,更是助力中国特色新型智库建设、构建中国特色哲学社会科学"三大体系"的重要平台。皮书系列先后被列入"十二五""十三五""十四五"时期国家重点出版物出版专项规划项目;自2013年起,重点皮书被列入中国社会科学院国家哲学社会科学创新工程项目。

# 皮书网

（网址：www.pishu.cn）

发布皮书研创资讯，传播皮书精彩内容
引领皮书出版潮流，打造皮书服务平台

## 栏目设置

◆ **关于皮书**
何谓皮书、皮书分类、皮书大事记、
皮书荣誉、皮书出版第一人、皮书编辑部

◆ **最新资讯**
通知公告、新闻动态、媒体聚焦、
网站专题、视频直播、下载专区

◆ **皮书研创**
皮书规范、皮书出版、
皮书研究、研创团队

◆ **皮书评奖评价**
指标体系、皮书评价、皮书评奖

## 所获荣誉

◆ 2008年、2011年、2014年，皮书网均在全国新闻出版业网站荣誉评选中获得"最具商业价值网站"称号；

◆ 2012年，获得"出版业网站百强"称号。

## 网库合一

2014年，皮书网与皮书数据库端口合一，实现资源共享，搭建智库成果融合创新平台。

皮书网

"皮书说"
微信公众号

**权威报告·连续出版·独家资源**

# 皮书数据库
## ANNUAL REPORT(YEARBOOK) DATABASE

### 分析解读当下中国发展变迁的高端智库平台

**所获荣誉**

- 2022年，入选技术赋能"新闻+"推荐案例
- 2020年，入选全国新闻出版深度融合发展创新案例
- 2019年，入选国家新闻出版署数字出版精品遴选推荐计划
- 2016年，入选"十三五"国家重点电子出版物出版规划骨干工程
- 2013年，荣获"中国出版政府奖·网络出版物奖"提名奖

皮书数据库　　"社科数托邦"微信公众号

**成为用户**

登录网址www.pishu.com.cn访问皮书数据库网站或下载皮书数据库APP，通过手机号码验证或邮箱验证即可成为皮书数据库用户。

**用户福利**

- 已注册用户购书后可免费获赠100元皮书数据库充值卡。刮开充值卡涂层获取充值密码，登录并进入"会员中心"—"在线充值"—"充值卡充值"，充值成功即可购买和查看数据库内容。
- 用户福利最终解释权归社会科学文献出版社所有。

数据库服务热线：010-59367265
数据库服务QQ：2475522410
数据库服务邮箱：database@ssap.cn
图书销售热线：010-59367070/7028
图书服务QQ：1265056568
图书服务邮箱：duzhe@ssap.cn

社会科学文献出版社　皮书系列
卡号：752128774663
密码：

# S 基本子库
## SUB DATABASE

**中国社会发展数据库**（下设 12 个专题子库）

紧扣人口、政治、外交、法律、教育、医疗卫生、资源环境等 12 个社会发展领域的前沿和热点，全面整合专业著作、智库报告、学术资讯、调研数据等类型资源，帮助用户追踪中国社会发展动态、研究社会发展战略与政策、了解社会热点问题、分析社会发展趋势。

**中国经济发展数据库**（下设 12 专题子库）

内容涵盖宏观经济、产业经济、工业经济、农业经济、财政金融、房地产经济、城市经济、商业贸易等 12 个重点经济领域，为把握经济运行态势、洞察经济发展规律、研判经济发展趋势、进行经济调控决策提供参考和依据。

**中国行业发展数据库**（下设 17 个专题子库）

以中国国民经济行业分类为依据，覆盖金融业、旅游业、交通运输业、能源矿产业、制造业等 100 多个行业，跟踪分析国民经济相关行业市场运行状况和政策导向，汇集行业发展前沿资讯，为投资、从业及各种经济决策提供理论支撑和实践指导。

**中国区域发展数据库**（下设 4 个专题子库）

对中国特定区域内的经济、社会、文化等领域现状与发展情况进行深度分析和预测，涉及省级行政区、城市群、城市、农村等不同维度，研究层级至县及县以下行政区，为学者研究地方经济社会宏观态势、经验模式、发展案例提供支撑，为地方政府决策提供参考。

**中国文化传媒数据库**（下设 18 个专题子库）

内容覆盖文化产业、新闻传播、电影娱乐、文学艺术、群众文化、图书情报等 18 个重点研究领域，聚焦文化传媒领域发展前沿、热点话题、行业实践，服务用户的教学科研、文化投资、企业规划等需要。

**世界经济与国际关系数据库**（下设 6 个专题子库）

整合世界经济、国际政治、世界文化与科技、全球性问题、国际组织与国际法、区域研究 6 大领域研究成果，对世界经济形势、国际形势进行连续性深度分析，对年度热点问题进行专题解读，为研判全球发展趋势提供事实和数据支持。

# 法律声明

"皮书系列"（含蓝皮书、绿皮书、黄皮书）之品牌由社会科学文献出版社最早使用并持续至今，现已被中国图书行业所熟知。"皮书系列"的相关商标已在国家商标管理部门商标局注册，包括但不限于LOGO（ ）、皮书、Pishu、经济蓝皮书、社会蓝皮书等。"皮书系列"图书的注册商标专用权及封面设计、版式设计的著作权均为社会科学文献出版社所有。未经社会科学文献出版社书面授权许可，任何使用与"皮书系列"图书注册商标、封面设计、版式设计相同或者近似的文字、图形或其组合的行为均系侵权行为。

经作者授权，本书的专有出版权及信息网络传播权等为社会科学文献出版社享有。未经社会科学文献出版社书面授权许可，任何就本书内容的复制、发行或以数字形式进行网络传播的行为均系侵权行为。

社会科学文献出版社将通过法律途径追究上述侵权行为的法律责任，维护自身合法权益。

欢迎社会各界人士对侵犯社会科学文献出版社上述权利的侵权行为进行举报。电话：010-59367121，电子邮箱：fawubu@ssap.cn。

社会科学文献出版社